# SATYRE MÉNIPPÉE.

PARIS, IMPRIMÉ PAR BÉTHUNE ET PLON.

# SATYRE MÉNIPPÉE

DE LA

VERTU DU CATHOLICON D'ESPAGNE

ET

DE LA TENUE DES ESTATS DE PARIS

NOUVELLE ÉDITION

Accompagnée de Commentaires et précédée d'une Notice sur les Auteurs

PAR M. CHARLES LABITTE.

---—oOo—---

PARIS,

CHARPENTIER, LIBRAIRE-ÉDITEUR,

29, RUE DE SEINE.

1841.

# AVERTISSEMENT
## DE L'ÉDITEUR.

Les éditions de la *Satyre Ménippée* sont innombrables : on trouvera la liste des plus importantes dans la *Bibliothèque historique de la France* du P. Lelong, n° 19,491 et suiv., dans le *Manuel du Libraire* de M. Brunet, et enfin dans les quelques pages mises par M. Nodier en tête de la réimpression in-8° de 1824. L'édition princeps de la *Ménippée* paroît être celle donnée à Tours, dès les premières semaines de 1594 (malgré la fausse date de 1593 que portent quelques éditions), par Jamat Métayer, imprimeur royaliste, lequel avoit suivi Henri III dans cette ville ; il est facile de la reconnoître par la gravure en pied d'un charlatan qui joue du luth. C'est le texte de cette édition princeps qui a été reproduit ici ; on a eu soin d'ailleurs de donner toutes les variantes de quelque importance.

La grande édition de Ratisbonne (1726, 3 vol. in-12), donnée par Prosper Marchand, et qui contient les remarques de Du Puy, les savants commentaires de Le Duchat et les additions de Godefroy, a servi de base pour les notes nombreuses et explicatives qui accompagnent notre texte. On a toujours conservé les notes des précédents commentateurs chaque fois qu'elles offroient quelque intérêt ; mais on ne s'est fait aucun scrupule d'en abréger la prolixité et d'en corriger la forme, quand cette forme étoit trop choquante. Enfin, par un certain nombre d'annotations nouvelles, on a essayé de rendre plus facile encore la lecture d'un livre qui est à la fois un monument historique par la prodigieuse influence qu'il a exercée et un monument littéraire par le style et par l'esprit que les auteurs y ont semés avec tant de verve. Qu'on n'oublie pas d'ailleurs que la *Satyre Ménippée* est le seul ouvrage en prose qui soit définitivement *resté* entre Montaigne et les premiers grands écrivains de l'époque de Louis XIV.

On a ajouté à cette nouvelle édition de la *Satyre Ménippée* quelques pièces justificatives indispensables, les *Singeries de la Ligue* de Jean de Lataille, et les *Nouvelles des régions de la Lune*, imitation ingénieuse de l'*Icaroménippe* de Lucien et de *la Navigation du compagnon à la bouteille* dans Rabelais; ces morceaux, sans faire partie nécessaire de la *Ménippée*, y ont été joints de si bonne heure, qu'il n'est presque plus possible de les en séparer.

Enfin, dans une notice préliminaire, on s'est appliqué à faire mieux connoître la biographie des différents auteurs de la *Ménippée*, et on a recherché dans les œuvres de chacun d'eux ce qui pouvoit éclaircir l'histoire de ce spirituel pamphlet. Le devoir d'un éditeur est avant tout de donner des textes et des faits.

# NOTICE SUR LES AUTEURS
## DE
# LA SATYRE MÉNIPPÉE.

A MON AMI CH. LOUANDRE.

# LES AUTEURS
# DE LA MÉNIPPÉE.

La *Satyre Ménippée* a pour objet la tenue des États, convoqués à Paris, le 10 février 1593, par le duc de Mayenne; ces États, on le sait, avoient mission d'élire un roi, et de connoître des prétentions de ceux qui briguoient la couronne; mais la violence des partis et la division des intérêts rendirent impossible tout résultat sérieux et définitif. Les Espagnols proposèrent d'abolir la loi salique, de ne point reconnoître le roi de Navarre pour légitime souverain, quand même il entreroit dans le sein de l'Église, et de déclarer l'infante d'Espagne reine de France. Les avis ouverts par les ligueurs françois ne furent guère plus favorables aux véritables intérêts du royaume. Le duc de Mayenne, indigné du peu de cas que les Espagnols faisoient de sa personne, engagea les États à consentir à une conférence entre les catholiques des deux partis, ce qui fut accordé. La conférence eut lieu à Suresne, le 29 avril, et ce fut là, dit le président Hénault, tout le succès de cette assemblée. Hénault se trompe : les États furent l'occasion de la *Ménippée*, et, comme il le dit quelques lignes plus loin, cette satire ne fut pas moins utile à Henri IV, au parti national et à la paix que la bataille d'Ivry.

L'idée première de la *Ménippée* appartient à Pierre Le Roy, chanoine de Rouen, et aumônier du nouveau cardinal de Bourbon, dont il ne favorisa pas sans doute les projets ambitieux quand le jeune prélat s'avisa, au milieu des troubles de la Ligue, de vouloir créer un *tiers-parti*. Si de Thou n'avoit pas, en passant, loué le caractère probe et la fermeté politique de

Pierre Le Roy [1], on ne sauroit absolument rien sur l'homme honorable qui, après s'être fait écrivain par devoir et satirique par conviction, après avoir conçu l'un des plus anciens chefs-d'œuvre de notre langue, se réfugia humblement dans l'obscurité, et, une fois le succès obtenu, n'essaya pas d'arracher à la gloire, par d'autres travaux, une réputation qu'elle n'auroit pu lui refuser.

Le Roy avoit tracé le cadre de la *Ménippée*, le plan général de l'ouvrage; ses amis en rédigèrent les différents morceaux, et Pierre Pithou, revoyant l'ensemble, amena le livre à cet état de perfection qui donna aussitôt à la *Ménippée* un succès universel et éclatant, un succès que nul pamphlet jusque-là n'avoit obtenu, et que les partis opposés eux-mêmes (tant l'esprit a de puissance!) n'osèrent ni arrêter ni contredire [2].

Mais quels furent ces amis inspirés qui surent si bien s'entendre pour improviser de la sorte, en face des événements, sous la loyale impression du sentiment patriotique et sous le libre aiguillon de l'esprit françois, une bonne action en même temps qu'un bon livre? Quels furent les hommes qui, au milieu de la dispersion des partis, eurent la force de faire à la fois et d'un seul coup, selon la vive et juste expression de notre spirituel et savant critique, M. Philarète Chasles, un pamphlet, une comédie et un coup d'état [3]? Ils n'étoient pourtant ni ministres, ni grands seigneurs, ni chefs de parti, ni tribuns; chose singulière! ce n'étoient pas même des ambitieux : Philippe II ne leur payoit pas de pensions; la maison de Lorraine ne leur promettoit pas de faveurs; ils n'espéroient rien de la féodalité huguenote ni de la turbulente démagogie des Seize. La *Ménippée* est tout simplement l'œuvre honnête, sincère, de quelques bons bourgeois disant un beau jour la vérité à leur pays sur les mensonges po-

---

1 « Vir bonus et a factione summe alienus... » (Thuan, *Hist.*, l. cv.)

2 « Cum is tantum prima theatri vestigia delineasset, succedens alius scenam perfecte struxit; in eoque argumento natura et arte perfectam industriam mira felicitate exercuit : adeo ut nihil, toto horum bellorum tempore, in publicum emanarit, quod tam avide ab utriusque partis elegantibus ingeniis acceptum, lectum et probatum sit. » (*Ibid.*)

3 *Tabl. de la litt. franç. au seizième siècle*, 1829, in-8°, p. 213.

litiques, et cela par tous les moyens, par le sarcasme, par la raillerie, par l'éloquence.

Ces courageux écrivains n'aspiroient point à la renommée, et le temps a consacré cependant leur mémoire; on les lit toujours, on les aime, on les chante même; et M. Rénée, dans les poésies qu'il a publiées récemment, a exprimé avec bonheur et avec grâce les constantes sympathies de l'esprit françois pour leur courage et leur verve.

> Vieux héritiers du caustique trouvère,
> Mêlant toujours à la raison sévère
> Babil mordant, capricieux accès,
> Ferme courage, esprit et cœur françois,
>
> Salut à vous qui, mieux que par l'épée,
> Fîtes campagne avec la Ménippée,
> Qui, visant droit et narguant le danger,
> Mîtes la flèche au cœur de l'étranger.
>
> Le trait gaulois, mêlé de grâce attique,
> N'est pas chez vous le rire du sceptique,
> Abus d'esprit, édifice moqueur
> Qui se construit des ruines du cœur.
>
> Honneur à vous, compagnons, gais compères!
> Gens bien disants, au franc parler nourris,
> Encor tout pleins du rire de nos pères,
> Vous êtes bien enfants du vieux Paris,
>
> Fils du bourgeois, voisin de la basoche,
> S'en revenant de Bouvine ou Cassel,
> Qui sur la route à maint passant décoche
> Brocards pétris de malice et de sel.
>
> Chez nous l'esprit de tout temps a fait rage;
> Partout le rire attache son grelot;
> Haute raison, honneur, vertu, courage,
> Il faut à tout l'aigrette d'un bon mot [1].

C'est chez Gillot [2] que la *Satyre Ménippée* a été écrite, chez ce Gillot qui, on le sait, étoit habitué à recevoir tous les beaux

---

[1] *Heures de poésie*, 1841, pag. 131.

[2] Voy. Notice de M. de Monmerqué sur Gillot. (*Collect. de Mém.* de Pétitot, sér. 1, t. XLIX, p. 241.)

esprits de son temps, depuis Desportes[1] jusqu'à Scaliger. Né en Bourgogne vers 1560, d'abord doyen de l'église de Langres, puis chanoine de la Sainte-Chapelle, et enfin conseiller-clerc au parlement de Paris en 1573, Gillot se plaisoit à consacrer sa fortune à ses amis et aux lettres. Il me représente assez bien, sous Henri IV, mais avec le tour d'esprit tout autrement vif et avec une science bien moins puérile, ce que fut Conrart sous Louis XIII. C'est aussi une imagination sobre, une intelligence paresseuse qui encourage et fait faire bien plus qu'elle ne produit elle-même; c'est un collecteur curieux qui ne se permet que l'opuscule, un *anecdotier* qui aime les réunions littéraires, qui se complaît aux petits cercles; il est obligeant et loyal; on le consulte, on lui emprunte des livres, on admire ses manuscrits, on lui adresse toutes sortes de vers, on lui dédie des volumes; il est enfin le type du savant aimable et choyé.

Le Roy, Nicolas Rapin, Passerat, Pithou, Florent Chrestien, tous les auteurs de la *Ménippée*, étoient assidus aux réceptions de Gillot, dans sa maison du quai des Orfèvres, dans la chambre même (on l'a prétendu, et le détail seroit piquant) où est né depuis Boileau[2]. C'est là que se réunissoit, le soir, cette association choisie d'hommes lettrés, nourris de la culture grecque et latine, et qui conservoient pourtant les vraies traditions fran-

---

[1] Desportes, attaché à l'amiral de Villars-Brancas, se jeta vivement dans l'Union, bien qu'il eût été comblé de bienfaits par Henri III. (V. Lestoile, *Journ. de Henri IV*, édit. Champollion, p. 80.) Le cercle de Gillot cessa sans doute de voir Desportes pendant les violences de la Ligue, et l'aigreur s'en mêla même. Ainsi, dès les premières pages de la *Ménippée* (v. plus loin, p. 9), on trouve ces mots : « Athéiste et ingrat comme le poëte de l'admirauté. » Mais, après l'avénement de Henri IV, l'abbé de Tyron se rapprocha probablement de ses anciens amis. En 1602, en effet, à propos de la mort d'un des plus spirituels auteurs de la *Ménippée*, il écrit :

Passerat dont les vers coulent comme ambroisie,
Si tu vis de ton temps naistre la poésie,
Je puis dire à ta mort l'avoir vue au tombeau.
(V. *OEuvres de Passerat*, 1606, in-8°, p. 465.)

[2] Le fait a été controversé. Voir les notes de Brossette et de Saint-Marc sur la *X*e *Satire* de Boileau, et la Notice de M. de Saint-Surin, p. XLV.

çoises, les libres allures de l'esprit. L'entraînement de la renaissance classique ne leur avoit pas fait répudier le vieil héritage des trouvères.

L'amitié de Gillot, qui étoit l'âme de ces réunions, et sans lequel la *Ménippée* ne se seroit jamais faite, cette amitié sincère alloit, pour quelques-uns de ceux que je viens de nommer, jusqu'à la plus exquise tendresse. Rapin, par exemple, ne pouvoit se passer de lui :

> ...... Pars, Gillote, animæ dimidiata meæ,
> Hoc unum quod abes torquet me, cetera lætum... 1

et ce sont incessamment des prévenances charmantes. Ainsi Rapin envoie à son ami du gibier et des volailles, il le prie avec grâce de fournir le vin, et il s'offre à présider le banquet. Les vers respirent un véritable parfum antique :

> .... Ergo tibi sapidum et generosum mitto penellam,
> Indica cui comes est addita pinguis avis.
> Jungitur et perdix, teneri quoque lumbulus agni :
> Natus et urbana pipio corte duplex.
> Cætera te præbere decet, mappamque focumque
> Caseolum et quidquid mensa secunda feret.
> Cumque tibi in propria sit nobilis amphora cella,
> Suspicor externo non opus esse mero.
> At si me dominum cœnæ velit esse choragus,
> Hospitibus tantis quam cupide hospes ero 2.

Les célèbres madrigaux de Fortunat à Radegonde pour la remercier des friandises qu'elle lui envoyoit, ont-ils ce tour attique et cette grâce?

Les habituelles réunions de ces fidèles amis furent interrompues, en janvier 1589, quand Gillot eut été jeté à la Bastille, avec Achille de Harlay, par ordre de Bussy-Leclerc. Rendu bientôt à la liberté, il se hâta d'aller rejoindre à Tours la partie du parlement demeurée fidèle à la royauté. Des circonstances qu'on ignore ne tardèrent pas à le ramener à Paris. Profitons de son absence et de la dispersion momentanée de ce cercle aimable pour en mieux connoître les membres actifs, ceux que la tradition signale

---

1 *OEuvres lat. et franç.*, de Nicolas Rapin, 1610, in-4°, p. 37.
2 V. *Ibid.*, p. 80.

comme ayant pris part à la rédaction de la *Ménippée*. Les uns maintenant sont exilés, les autres vivent dans les camps : la fortune, ou pour mieux dire les malheurs des temps, les réunira tout à l'heure.

Avant de défendre la cause de Henri IV par la plume, Nicolas Rapin [1] alla la soutenir par les armes. On sait avec quelle ardeur il signala son courage à la bataille d'Ivry, sous les yeux du maréchal d'Aumont. Il se plaignoit même plus tard que son style gardât de ses habitudes militaires je ne sais quelle dureté farouche :

>     Sic mediis olim ludebam miles in armis,
>       Dura, sub invicto principe, castra sequens.
>     Nec mirum si multa insunt dura, aspera, et acri
>       Scripta stylo : stylus hic scilicet ensis erat [2].

Nicolas Rapin étoit né à Fontenay-le-Comte, dans le Poitou, en 1535. Le *Scaligerana* le fait fils d'un prêtre : c'est une des mille billevesées calomnieuses dont ce livre est rempli, et que Bayle eût beaucoup mieux fait de ne pas adopter sans preuves [3]. Après avoir achevé ses études à Poitiers et s'être fait recevoir avocat, Rapin acheta une charge de judicature à Fontenay. Marié

---

[1] V. Niceron, t. xxv, p. 397 et suiv. — Dreux du Radier, *Biblioth. du Poitou*, t. III, p. 118-150. — Goujet, *Biblioth. françoise*, t. xiv, p. 119 et suiv.

[2] *OEuvres*, p. 28.

[3] *Dict. crit.*, art. Nicolas Rapin. — Voici le passage même du *Scaligerana*: « Tous les gens de Fontenay ne valent rien, et M. Rapin » à qui j'ay sauvé la vie, le confessa bien. Il est fils d'un prêtre. Il » étoit maire en sa ville de Fontenay, et fit meurtrir quelques gens » de la religion, tellement qu'aux *Grands-Jours*, il fut poursuivy » par tous ceux de sa ville, et catholiques et réformez, et de toute » la noblesse du Bas-Poitou. Je m'opposay seul à tout cela : il m'a- » voit corrompu et scavoit bien que j'avois grand crédit. Après M. le » président Harlay, je luy fis sauver la vie, tellement qu'il aime » maintenant ceux de la religion.... » Tout cela mérite-t-il grand crédit ? Ce qu'on sait seulement, c'est qu'en 1570, Rapin étoit maire de Fontenay, et que les huguenots, qui le détestoient, s'étant emparés de cette ville, refusèrent de le comprendre dans la capitulation, et le forcèrent ainsi à déguerpir. Mais où le *Scaligerana* a-t-il vu que Rapin fût haï des catholiques ?

en 1565, il eut une foule d'enfants, dont l'aîné fut tué plus tard au siége de Paris, en 1590. Avec une si nombreuse famille, la vie étoit dure en temps de troubles ; aussi Rapin n'avoit-il que les Muses pour se consoler çà et là :

> Je suis de sept enfants chargé,
> A cent créanciers engagé,
> Et mes forces sont consommées
> Des frais que j'ay faicts aux armées....
> Je fays des vers une fois l'an
> Et pour le duché de Milan
> Je ne voudroy ni ne souhaite
> Qu'on me tint pour un grand poëte....
> Mais s'il faut que ce qui m'est dû,
> Mon bien et mon temps soit perdu,
> Au lieu de me mesler de crimes,
> J'iray me consoler de rymes.

Ainsi, sans viser fastueusement à une réputation poétique, Rapin cherchoit dans les lettres un refuge contre les malheurs de son temps. Il fut même un des beaux esprits qui, aux *Grands-Jours* de Poitiers, en 1579, luttèrent sur tous les rhythmes pour célébrer la fameuse puce de mademoiselle Des Roches. Rapin fut aussi un de ceux qui s'essayèrent avec le plus d'obstination à introduire dans notre langue les vers métriques ; mais il n'y réussit guère mieux que Baïf. Ses poésies latines ont du sel et un tour bien plus aisé que ses poésies françaises. On y reconnoît un sage désabusé du monde, ami de l'*aurea mediocritas*, et qui rêve quelque Tibur tranquille et le seul bruit des cascatelles :

> Et moy je vis de mon petit domaine
> A peu de train, sans pension du roy,
> Faisant des vers et ne me donnant peine
> De ce qu'on dict de moy [1].

Ses devoirs de citoyen et la guerre civile rendirent forcément Rapin à la vie publique.

Après avoir acheté la charge de prévôt des maréchaux de France en Bas-Poitou, il avoit été nommé, en 1584, et par

---

[1] *OEuv. lat. et franç.* de Nicolas Rapin, 1610, in-4°, p. 129.

l'active protection du président Harlay, lieutenant de robe-courte dans la prévôté de Paris. Enfin, Henri III, sur l'expresse recommandation de ce magistrat, donna à Rapin la place de grand-prévôt de la connétablie. « C'étoit un homme d'esprit, dit Bayle, et qui ne se laissa pas débaucher par les ligueurs. » En effet, durant les États de Blois de 1588, et avant que le meurtre des Guises ne fût accompli, Rapin ne craignit pas d'embrasser ouvertement la cause de la royauté; il conseilla même la résistance, une résistance violente, contre les conspirations perpétuelles des Lorrains :

..... Pete vi vim ferre parantem....

L'exclusion du Béarnois lui paroissoit d'ailleurs un véritable attentat contre les droits héréditaires dévolus à ce prince :

> Neu patere externos invadere sceptra latrones
> Et generi, et meritis debita sceptra tuis.

Selon lui, les vœux de la jeunesse françoise appeloient au trône ce noble représentant des lis, auquel le ciel réservoit sans doute de grandes destinées :

> ................... Media inter lilia natum,
> Gallica te pubes ad nova regna vocat [1].

Une fidélité si marquée, un pareil attachement à la monarchie future de Henri IV, au milieu de l'abandon général et de l'essor tumultueux des ambitions privées désignoient naturellement Rapin à la colère des partis. Aussi, comme un factieux de bas étage, La Morlière, notaire au Châtelet, et l'un des Seize, désiroit sa place, Rapin fut chassé de Paris *pour estre bon serviteur du roy* [2] : « de laquelle injustice, ajoute Lestoile, il se revengea sur le papier par des vers, n'en pouvant avoir autre raison :

> Ergone, post longos provecta ætate labores,
> Navatæ hæc referam præmia militiæ?
> Nec poterit prodesse fides, multosque per annos

---

[1] *Ibid.*, p. 41-42.
[2] Lestoile, *Journ. de Henri IV*. (Collect. Petitot, sér. 1, p. 368.)

Obsequium, et studii tot monimenta mei?
Quo fugiam extorris, sine munere, privus et exspes,
Conjuge cum chara, pignoribusque novem? »

Les devoirs, les besoins s'étoient augmentés pour Rapin, on le voit; ce n'étoit plus sept enfants, mais neuf qu'il lui falloit soutenir : et cependant voilà que son indignation mêlée de tristesse s'exhale en distiques; et c'est si bien un érudit du seizième siècle, un poète de la renaissance classique, que la pensée de l'exil ne lui fait pas même oublier l'habile mélange des dactyles et des spondées.

Comment Rapin rentra-t-il à Paris pour coopérer à la *Ménippée?* On ne sait; et pourtant il se montrera à nous tout à l'heure comme l'un des plus entendus et des plus zélés parmi les spirituels rédacteurs de ce pamphlet. Outre les *Harangues* qu'il a écrites, Rapin est encore, avec Passerat (bien que pour une moindre part que ce dernier), l'auteur des vers qui sont répandus dans la Satyre[1]. Ne séparons donc pas deux noms que la postérité a l'habitude d'unir, et auxquels, dans l'incertitude, on est également en droit d'attribuer les meilleures épigrammes de la *Ménippée*. Qu'importe d'ailleurs qu'on soit dans l'impossibilité de distinguer exactement cette collaboration poétique? Le lot de chacun demeure légitime; car l'esprit, la verve, le bon sens ne faisoient défaut ni à l'un ni à l'autre.

Né à Troyes, en octobre 1534, et élevé par un oncle chanoine, Jean Passerat[2] eut une enfance aventureuse; il perdit d'abord un œil en jouant à la paume; une autre fois, se trouvant maltraité dans le collége où on l'avoit mis en pension, il s'enfuit à Bourges, et prit du service chez un maréchal. Rentré enfin en grâce auprès de son tuteur, il vint achever ses études à Paris, puis il fut nommé professeur d'humanités au collége de Plessis. Ayant pris goût à l'étude de la linguistique latine, il s'y livra

[1] V. Bon. d'Argonne, *Mélang. de Vigneul Marville*, t. 1.
[2] V. Niceron, t. II, p. 320 et suiv. — Teissier, *Éloges des Hommes savants*, 1715, in-12, t. IV, p. 431 et suiv. — Goujet, *Mém. s. r le Collége royal*, 1758, in-4°, part. III, p. 128 et suiv. — *Id., Biblioth. franç.*, t. XIV, p. 1 et suiv.

*b*

bientôt avec passion, jusqu'à séjourner à Bourges pendant trois ans pour suivre assidûment le cours de Cujas, et pénétrer ainsi à fond la terminologie des légistes.

De retour à Paris en 1569, ce laborieux philologue, toujours occupé de rudiments et de glossaires, ce philologue, qui étoit en même temps un homme d'esprit (et c'est là une alliance rare, malgré l'exemple de Henri Estienne), se lia intimement avec le maître des requêtes, Henri de Mesmes, dans la maison duquel il demeura pendant plus de vingt-neuf années. On a tout un volume des étrennes poétiques que Passerat adressoit régulièrement à son protecteur.

Après la mort sanglante de Ramus, à la Saint-Barthélemy, Passerat fut appelé à lui succéder dans sa chaire du Collége royal. Ce nouvel enseignement eut un grand succès; beaucoup de membres du parlement assistoient régulièrement à ses leçons, et il compta Ronsard et Baïf dans son auditoire.

Comme l'a très-bien dit M. de Sainte-Beuve, Passerat est une de ces figures à physionomie antique qui rappellent Varron et Lucien tout ensemble [1] : c'est aussi un bourgeois de Paris à face rubiconde, un vrai descendant de Rabelais [2], à la parole alerte et joviale, aimant la plaisanterie et l'érudition [3], et n'aiguisant jamais mieux une épigramme maligne qu'au sortir de quelques lourdes scholies ou de quelque fatras de commentateur ; difficile d'ailleurs dans ses jugements, sévère en matière de goût, impitoyable pour les mauvais écrivains et pour les mauvais livres : *homo emunctæ naris, et cui aliena vix placerent* [4]. De Thou l'a défini d'un mot.

---

[1] *Tabl. de la poés. franç. au seizième siècle*, 1828, in-8°, p. 148.

[2] Il avoit composé un commentaire sur le *Pantagruel*, que son confesseur lui fit brûler. (Manuscrit de Colletet, ap. Sainte-Beuve, p. 155.)

[3] On a mis en doute la science de Passerat ; c'est encore le *Scaligerana*: « Il étoit fort ignorant. Vix octo legerat libros ; bene insti-
» tuebat juventutem, duo verba latina sciebat ; omnes reprehende-
» bat ; non erat tantus quantus habebatur. » Dans le *Pithœana*, on fait également dire à François Pithou que, hors Cicéron, il ne savoit rien. — Mais ne sont-ce pas là des calomnies d'érudit envieux, les plus implacables des calomnies ?

[4] Thuan, *Hist.*, l. cxxvii, § 17. — Ed. Lond., t. vi, in-f°, p. 128.

Goujet a dit de Passerat : « Quant à sa religion, il est sûr qu'il a toujours été sincèrement ennemi des nouvelles opinions et très-attaché à la foi de l'Église catholique[1]. » C'est un témoignage bon à recueillir, parce que les admirateurs de la Ligue sont naturellement tentés de voir dans les Politiques, et à plus forte raison dans les auteurs de la *Ménippée*, des huguenots déguisés, ou au moins des indifférents, pour ne pas dire des athées. Passerat, au contraire, avoit toujours montré un grand zèle pour les intérêts du catholicisme. Ainsi, dès 1569, on le voit célébrer la victoire de Moncontour sur les réformés, et bientôt, s'adressant aux reistres[2] :

> Empistolez au visage noirci,
> Diables du Rhin, n'approchez point d'icy...
> ........................................
> Encore un coup, sans espoir de retour,
> Vous trouveriez le roy à Moncontour ;
> Ou maudiriez votre folle entreprise,
> Rassiégeants Metz, gardé du duc de Guise ;
> Et, en fuyant, battus et désarmez,
> Boiriez de l'eau que si peu vous aimez...
> ........................................
> Bref, tous souhaits vous puissent advenir,
> Fors seulement d'en France revenir
> Qui na besoin, ô estourneaus estranges,
> De vostre main à faire ses vendanges...

On ne peut donc mettre en suspicion la sincérité des opinions religieuses de Passerat. C'est lui encore qui, dans un sonnet spécial sur la cérémonie de l'abjuration de Henri IV, s'adresse ainsi à l'Aurore :

> Sus, sus, debout, vermeille avant courière !...
> Viens voir un roy, très bon et très chrestien,
> L'espoir de France et son ferme soustien,
> Qui n'a son pair et n'a qui le seconde :
> Puis quand, au soir, coucher tu t'en iras
> En l'Océan, à Téthys tu diras
> Que tu as vu le plus grand roy du monde[3].

---

1 *Hist. du Collége royal*, part. III, p. 130.
2 *OEuv. poét.*, 1606, in-8°, p. 150.
3 *Ibid.*, p. 273.

Ce n'est là assurément ni le langage d'un impie, ni le langage d'un calviniste.

Pendant la Ligue, Passerat interrompit ses cours au Collége royal, et, n'étant plus payé de ses appointements, il se consola par des études approfondies sur Plaute, dont il relut alors le théâtre *plus de quarante fois*[1]. Peut-être pourroit-on retrouver dans la *Ménippée* quelques traces de l'influence que dut infailliblement exercer sur Passerat cette fréquentation assidue du grand comique latin. Ainsi, l'un des plus ridicules orateurs de la Satyre, Rieux, parle souvent comme le *Miles gloriosus*. Il ne seroit pas impossible que la Harangue de ce matamore, dont la tradition n'indique pas l'auteur, eût été rédigée par Passerat.

Bien avant les suprêmes excès de l'Union, ses minces appointements suffisoient à peine au poète; il avoit, il est vrai, des pensions dues à la munificence royale; mais les trésoreries rebelles étoient quelquefois des années sans lui rien solder. De là des requêtes de toute sorte, des placets en vers pour être *payé comptant*[2], des récriminations agréablement tournées, jusqu'à demander, par exemple, la place d'un fou du roi qui venoit de mourir:

> Faictes de son estat un poète hériter :
> Le poète et le fou sont de même nature [3].

L'amertume s'en mêloit même quelquefois :

> Las! je suis envieilli, sans récompense avoir...
> En me couchant bien tard, en me levant matin,
> J'appris, sot que j'étois, du grec et du latin....
> Dont rien me revient sinon un peu de gages,
> Avecque le nom vain de quelque pension
> Que l'on rogne de sorte, et retranche, et recule,
> Qu'elle ne suffit pas à nourrir une mule.

Mais n'anticipons pas sur les temps; ce sont là des paroles de vieillard aigri contre un pouvoir qu'il a aidé, et qui n'en sait pas être reconnoissant. Nous retrouverons les plaintes plus tard : la *Ménippée* n'est pas encore écrite. Passerat sembloit s'y essayer d'avance par des épigrammes qu'il aiguisoit au fur et à

---

[1] *Chevræana*, t. 1, p. 266.
[2] V. *OEuv.*, p. 426.
[3] *Ibid.*, p. 253.

mesure des événements, et qu'on se montroit sous le manteau.
La plupart furent recueillies dès qu'on imprima la *Satyre*, dont
elles formoient naturellement l'appendice. On en a pourtant
négligé quelques-unes, celle-ci, par exemple, que je retrouve
dans les Œuvres de Passerat, et qui est pleine d'une grâce
maligne :

ESTRENNES A MADAME DE ROISSY.

1591.

L'an recommence sa carrière,
Vous aussi vos dévotions.
Quelle sera vostre prière,
Seul remède aux afflictions?
Prier pour la paix, c'est offense :
Au moins on nous l'a deffendu.
Sans outrepasser la deffense
Le contraire soit entendu.
Madame, priez pour la guerre,
(Il ne faut que de nom changer.)
Qu'elle aille loin de ceste terre
Et retourne chez l'estranger.
Ainsi la France resjouye
Reverra meilleure saison.
Priez, et vous serez ouye [1],
Car Dieu oyt des bons l'oraison.

On connoît maintenant la plupart des auteurs de la *Ménippée*,
le chanoine Le Roy, le conseiller Gillot, le prévôt Rapin, le
professeur Passerat : il ne manque plus que deux noms, mais
dont le dernier est le plus illustre de tous, Chrestien et Pithou.
Il faut leur donner place.

Fils d'un gentilhomme breton qui fut tour à tour médecin de
François Ier et de Henri II, Florent Chrestien [2] étoit né à Orléans
en 1540. « Il avoit, dit de Thou, qui fait un grand éloge de
sa culture littéraire, il avoit l'esprit noble et élevé. Sa plume,
qui ne fut jamais ni servile ni vénale, comme celle de tant d'au-

[1] *Ibid.*, p. 442.
[2] V. Niceron, t. XXXIV, p. 122 et suiv. — Teissier, *Éloges des Hommes savants*, t. IV, p. 282 et suiv.

*b.*

tres, parut toujours l'interprète de ses sentiments et jamais l'instrument d'un basse complaisance. Peut-être se montra-t-il quelquefois un peu caustique; mais sa critique causa moins de chagrin à ceux qui en étoient l'objet qu'elle ne les porta à rechercher son amitié[1]. » De Thou avoit beaucoup connu Florent Chrestien, et ses paroles ne peuvent être suspectes de partialité. Cette dernière assertion est d'ailleurs tellement exacte, que Ronsard et Pibrac, qu'il avoit vivement attaqués, le premier comme calomniateur des calvinistes, le second comme apologiste de la Saint-Barthélemy, prirent à cœur et regardèrent comme une gloire de gagner son affection[2]. Après avoir adhéré durant des années au huguenotisme, dont il avoit reçu la tradition de son père, Florent Chrestien se convertit au catholicisme, et cela en pleine Ligue, avant la publication de la *Ménippée*, avant l'avénement de Henri IV. Sa bonne foi ne peut donc être révoquée en doute. Prosper Marchand a pu l'appeler « l'un des plus honnêtes hommes de son siècle. »

Chrestien étoit un érudit estimable; sans doute les *monuments éternels* que lui attribue la bienveillance de de Thou[3] se bornent à la spirituelle Harangue de Pelvé dans la *Satyre;* mais c'est assez pour faire vivre son nom. Personne ne se souvient des additions savantes qu'il a données, des mauvais vers françois qu'il a commis, des médiocres traductions qu'il a écrites; mais tout le monde se rappellera son nom après avoir lu les quelques pages pleines d'une verve si plaisante qu'il a prêtées au cardinal, et ce grotesque latin qui présage déjà les bouffonneries de Molière.

Dès que le jeune prince de Béarn, qui devoit régner un jour sous le nom de Henri IV, avoit été d'âge à avoir un précepteur, la reine sa mère « luy avoit baillé Florent Chrestien, l'un des

[1] « ...Litteris elegantioribus haud mediocriter excultus... Ad hæc ingenio excelso præditus et contra animi sententiam, ut aliis placeret, quod plerique alii calamo venali hodie faciunt, scriberet: interdum mordacior, ita tamen ut non tam sensum doloris in eorum ingeniis quos mordebat, quam stimulum ad se ab iisdem amandum, relinqueret... » (Thuan, *Hist.*, l. CXVII, § IX; édit. Lond., in-f°, t. V, p. 643.)

[2] « Postquam a Florente aculeate perstricti sunt, ab eodem amari et laudari in magna gloria duxerunt... » (*Ibid.*)

[3] « Ad æternitatem victura monumenta testantur... » (*Ibid.*)

anciens serviteurs de la maison de Vendosme, homme versé en toutes bonnes lettres et en la poésie, en quoy la reine se plaisoit[1]. » Henri IV, qui, dans la vive indépendance de son caractère, avoit peut-être conservé contre son ancien pédagogue quelque rancune d'écolier, ne favorisa guère Chrestien[2]. Cependant, quand son ancien maître eut été fait prisonnier par les ligueurs, à Vendôme, ce prince se hâta de payer sa rançon. Mais, plus tard, au contraire, arrivé sur le trône, il affecte de ne se plus guère souvenir d'un vieux serviteur qu'il n'aimoit pas à entendre louer, et il lui fit payer à peine une minime pension. J'ai dit que ce n'étoit pas par ambition que les auteurs de la *Ménippée* avoient combattu la Ligue. Ils ne mirent pas à profit le crédit que sembloient leur donner le succès, la victoire de l'esprit et du sens sur l'opinion égarée.

Les différents écrivains que nous venons de mettre en scène coopérèrent tous, chacun pour leur part, à jeter le ridicule sur les excès de la Ligue, sur les ambitions des prétendants, par les allégories bouffonnes, les brocards, les parodies mordantes, les plaisanteries de toute espèce, les jeux de mots, les sarcasmes, tout un feu roulant enfin d'épigrammes étincelantes. Ils avoient fait passer les bonnes raisons par des bons mots et les vérités les plus dures sous le voile attique de la raillerie. Pierre Pithou changea tout à coup le caractère du pamphlet, et, dans la dernière partie, substitua, avec un singulier talent, l'éloquence, une éloquence sincère, rapide, simple, entraînante, sérieuse, au ton léger des premières pages. La *Harangue de d'Aubray* est presque une date : c'est bien le tiers-état qui s'apprête à s'emparer des affaires, et qui, en attendant, s'essaie à en parler le langage; le voilà, en effet, qui discute merveilleusement les

---

[1] Palma Cayet, *Chronol. Novennaire*, collect. Petitot, série I, t. XXXIX, p. 249.

[2] « Monsieur Chrestien pour avoir été loué par moy devant le roy, le roy en fut fâché... je dis que c'est parce qu'il a été son précepteur... il ne lui donne que vingt ou trente écus de rente... c'étoit un folâtre... Erat vitæ parum probatæ... » (*Scaligerana.*) Décidément Daillé, le collecteur du *Scaligerana*, en vouloit aux auteurs de la *Ménippée*, ou c'est un singulier hasard de médisance.

intérêts des classes moyennes, le voilà qui déjoue les intrigues aristocratiques et les passions populaires.

Pierre Pithou étoit né à Troyes en 1539. Après de brillantes études faites à Paris, et un long apprentissage du droit sous Cujas, il se livra au barreau, où il fit la connoissance de Loysel, qui devint son ami intime. Mis en relation, dès sa jeunesse, avec des calvinistes, et entraîné naturellement dans ce parti, Pithou fut forcé par prudence de se réfugier à Bâle en 1568. Revenu à Paris, il n'échappa aux assassins de la Saint-Barthélemy qu'en se sauvant en chemise par une lucarne, et en gagnant, à l'aide des toits, le refuge que lui offrit un ami. Sa bibliothèque avoit été pillée, et il fut obligé, pendant plus d'une année, de se dérober aux regards.

Loin de se réfugier cette fois en Suisse, et de se jeter par colère, comme firent Hotman et Languet, dans les théories démocratiques, Pierre Pithou resta, au contraire, fidèle à ses croyances politiques, à sa patrie. Son patriotisme étoit proverbial [1], et on sait qu'il eut le droit de redire dans son testament ces belles paroles : *patriam unice dilexi*.

Pithou abjura le calvinisme dans l'année qui suivit la Saint-Barthélemy; sa réputation de probité étoit telle; *vir plane bonus*; son caractère avoit une telle rigueur persistante dans le bien, *indeflexo per omnes vitæ partes probitatis tenore*; il jouissoit d'une estime si unanime, que personne n'osa en aucun temps mettre en suspicion son absolue sincérité.

Pithou, à la fin du seizième siècle, est déjà le représentant de cette génération, des Du Cange, des Sainte-Marthe, des Godefroy, qui a rendu de si innombrables services à l'érudition. Ses nombreux travaux sur le droit canonique, les excellentes éditions qu'il a données, tant de science réelle et dévouée, un amour si sincère, si pur, si désintéressé des lettres, tant de zèle pour défendre les libertés de l'Église gallicane, glorieusement soutenues depuis par Bossuet, tout cela a maintenu autour de Pithou je ne sais quelle vénérable réputation de science, d'intégrité, de vertu, qui s'est noblement perpétuée à travers

---

[1] « ... Patriæ servandæ ultra modum flagrabat... » (Thuan, *Hist.*, l. CXVII, § IX; éd. Lond., t. V, p. 644.)

les siècles. Loysel le comparoit à Socrate, et la plume tomboit des mains de de Thou quand il apprenoit que cet incomparable ami, qui lui avoit inspiré son *Histoire,* n'étoit plus de ce monde.

Après sa conversion, Pierre Pithou avoit été nommé bailli de Sancerre, puis substitut du procureur-général La Guesle, en 1579. Pendant la Ligue, enfermé à Paris avec sa femme et ses enfants, sans trop d'aisance, mais réparant le manque de fortune par la sobriété, Pithou, que dégoûtoit le triste spectacle des factions politiques aux prises, sans espérance d'une issue prochaine, Pithou exécuta plusieurs morceaux d'érudition de la plus haute importance, et qui sont demeurés des monuments. Ce qui brisoit son cœur dans les sanglants conflits d'ambitions auxquels il assistoit, c'étoit de voir la France se livrer elle-même à l'étranger. On en trouve la preuve, une preuve éloquente, dans la belle épître qu'il adressa, en 1587, à son ami de Thou [1] :

....... Sceleri obtendunt altaria...........
Et sibi quisque Deos avido certamine fingit.

L'année suivante (et à cette date ce n'étoit pas une flatterie de courtisan, mais le courageux témoignage d'un sujet fidèle), Pithou, publiant une édition des Capitulaires, osoit inscrire le nom de Henri III en tête, avec cette maxime : « Regis sacro-» sanctam majestatem, qui vel tantulum imminuit, Dei ipsius, » summi omnium regis ac imperatoris, imaginem violasse non » immerito videatur [2]...... » Assurément, à la veille de l'attentat de Jacques Clément, à la veille des théories régicides de la Ligue, il falloit une certaine audace d'esprit pour proclamer avec une pareille assurance et dans toute sa plénitude la théorie de l'inviolabilité royale. On voit qu'avant les Seize comme après les Seize, Pithou professa la même doctrine. En dévoilant, avec la verve entraînante d'un homme d'esprit et l'accent spontané d'un honnête homme en colère, toutes les hontes, toutes les intrigues, tous les intérêts contradictoires des chefs de l'Union, il porta un coup terrible à la Ligue. Pithou, d'ailleurs, étoit tolérant pour les personnes, s'il étoit inflexible pour les principes. Ainsi,

---

[1] V. Grosley, *Vie de Pithou*, 1756, in-12, t. I, p. 230.
[2] *Ibid.*, p. 241.

pour ne citer qu'un exemple, le légat Gaëtano a sa Harangue ridicule dans la *Ménippée*, et pourtant le fougueux protecteur de la Ligue faisoit mille politesses à Pithou à cause de l'immense réputation dont ce savant jouissoit en Italie. Pithou voyoit donc assez familièrement le légat, qu'il combattoit; et au moment où Gaëtano se prononçoit fortement contre la loi salique, il poussoit, par son crédit dans le parlement, à cet arrêt mémorable, qui contribua si puissamment à fortifier, à sauver la monarchie nationale.

Nous avons énuméré, sans en excepter un, tous les auteurs de la *Ménippée*. Peut-être seroit-il juste d'accorder encore une simple mention à l'auteur d'une délicieuse pièce, très-connue d'ailleurs, et qui se trouve jointe à la *Satyre* : je veux parler des « regrets funèbres sur la mort de l'âne ligueur. » C'est un chef-d'œuvre de fine raillerie qui fait pressentir *Vert-Vert*. L'auteur, Gilles Durant [1], sieur de La Bergerie, étoit né en Auvergne; et, après avoir étudié le droit à Bourges sous Cujas, il vint plaider avec éclat au barreau de Paris. Mais cette carrière ne lui plaisoit guère; du moins il s'en plaint avec amertume :

> Mon humeur n'est point tournée
> Au train de ma destinée;
> Ce que je suis me déplaist,
> Ce que je ne suis me plaist :
> Plaider, consulter, écrire,
> Et me donner de l'ennuy
> Pour les affaires d'autruy,
> N'est point ce que je désire.
> Je suis soul de ma fortune,
> Ce que je fais m'importune,
> Le palais m'est un poison.
> Je n'aime point le Jason,
> Le Balde, ni le Bartole;
> Je ne puis les caresser,
> Quand ils devroient m'amasser
> Tous les sablons de Pactole.

---

[1] Gouget, *Biblioth. franç.*, t. XIV, p. 219 et suiv.

Durant est un poète dans le vrai sens du mot, qui adore les vers et le *far niente* :

> Et cependant je m'amuse
> Aux doux mestiers de la Muse
> Qui me font passer le temps :
> A ces gentils exercices
> J'ay mis toutes mes délices
> Depuis mes plus jeunes ans.

Il n'y met pas d'ailleurs de prétentions, et il se donne comme un simple amateur :

> Pourtant je ne suis poète,
> Si beau nom je ne souhaite ;
> Aussi jamais je n'eus soin
> D'aller dormir sur Parnasse,
> Tant de vers que je brouillasse
> Ne viennent pas de si loin....

Malgré son indifférence, Gilles Durant a donné, çà et là, un souvenir aux misères de son temps. Le spectacle

> D'un peuple bigarré de tant de factions,

l'attriste, et il s'écrie avec véhémence en s'adressant aux François :

> .................. Les peuples infidelles
> Se mocquent à vous voir sanglants de vos querelles...

Durant d'ailleurs est bon catholique ; il suffit, pour constater le fait, de lire l'appel qu'il adresse à son pays sur la mort de Marie Stuart :

> Je vous dis qu'une royne et vertueuse et belle
> Meurt contre toutes lois d'une façon cruelle
> Pour avoir embrassé la foy que vous suivez,
> Si c'est crime cela, vivre vous ne devez [1].

Ses paroles sont bien plus explicites quand il s'adresse aux

---

[1] V. Durant, *Imitat. tirées du latin de Jean Bonnefons, avec autres amours et meslanges poét. de l'invent. de l'autheur.* Paris, 1588, in-8°, in-12, p. 125 B.

princes de la cour de France, pour les engager à exterminer les hérétiques de la Grande-Bretagne :

> Vous estes protecteur de la foi catholicque,
> Princes exterminez ceste gent hérétique
> Qui sur les oingts de Dieu respand ses cruautez
> Et ne scait respecter sceptres ny royautez.

Ainsi, on a beau vouloir déguiser les auteurs de la *Ménippée* en huguenots ; ce sont de bons et naïfs catholiques, restés fidèles à la foi de leurs pères, et qui veulent, non la royauté de Philippe II ou la royauté lorraine, mais la royauté françoise ; non les folies théocratiques et sacerdotales réveillées du moyen âge, mais la franchise des libertés gallicanes ; non la démocratie tyrannique et intolérante des Seize, mais la liberté de conscience et la monarchie tempérée.

Tous ceux qui prirent une part plus ou moins active à la *Satyre Ménippée* nous sont maintenant connus : un chanoine de la Sainte-Chapelle, un conseiller-clerc au parlement, un professeur au Collége royal, un jurisconsulte, le précepteur d'un prince et le prévôt de la connétablie, tels furent les collaborateurs qui se rassembloient chez Gillot, quelquefois chez Pierre Le Roy, et qui, s'aiguillonnant les uns les autres par la causerie, se trouvèrent un jour, sans s'en douter, avoir écrit un livre durable, l'un des premiers livres qui soient entrés dans la domaine définitif et inaliénable de la littérature françoise.

Une tradition qui mérite croyance paroît avoir ainsi distribué les parts :

L'idée première et le plan appartient à Pierre Le Roy ;

La Harangue du légat est de Jacques Gillot ;

Celle du cardinal de Pelvé est de Florent Chrestien ;

Celles de monsieur de Lyon et du recteur Rose sont de Nicolas Rapin ;

Enfin celle de d'Aubray est de Pierre Pithou.

Quant aux vers, ils ont été pour la plupart composés par Passerat : le reste appartient à Rapin.

Il y a, on le voit bien, des portions de l'ouvrage dont on ignore encore les auteurs ; ainsi la Description des tapisseries et

des tableaux, et les deux harangues du lieutenant-général et de
Rieux. C'est une lacune qu'il est impossible de combler à une
pareille distance des hommes et des événements. On n'a d'ailleurs aucun détail sur la mystérieuse composition du livre.
Comment se distribuèrent les rôles? Il a dû se passer là des
scènes piquantes, des scènes qu'il seroit curieux de reproduire
pour étudier les secrets de naissance et d'exécution de la pensée
littéraire. Mais, bien plus encore que pour les *Provinciales* (car
il s'agissoit là de la destinée même de la France, de l'état et du
gouvernement), le plus profond secret fut gardé; on observa
le plus strict anonyme, et ce n'est que dans le courant du dix-
septième siècle qu'on connut avec certitude les auteurs de la
*Ménippée*.

Il seroit même impossible de déterminer exactement la date
réelle de la rédaction et de la publication de ce pamphlet.
M. Petitot affirme[1] qu'il en circuloit des copies à Paris dès l'ouverture de la Conférence de Suresne; d'autres disent qu'il n'y
eut point de copies à l'avance, et que l'édition princeps se fit
seulement à Tours, après le sacre du roi[2].

Par l'examen interne du livre, il est facile de se convaincre que
ces morceaux, dus à des plumes différentes, sont de différentes
dates, et que les auteurs ont fait successivement des changements,
des additions, des surcharges, à mesure que les événements
marchoient et qu'un nouvel acte venoit ajouter un nouveau trait
au caractère de l'un des personnages. C'est ainsi qu'à un endroit
il est parlé de l'abjuration du roi (août 1593) comme d'un fait
désirable, qui n'est pas accompli encore, mais qui s'accomplira
bientôt; et qu'ailleurs il est parlé du meurtre de Saint-Paul, qui
fut tué seulement le 26 avril 1594, et même de la défection de
Vitry et de l'exil de d'Aubray, qui n'eurent lieu qu'en mars. Il
y a là des difficultés à éclaircir, et que je ne fais qu'indiquer.

---

[1] Introduct. aux *OEconomies* de Sully. (Collect. de Mém., sér. II, p. 167.

[2] Peut-être l'exemplaire extrêmement abrégé de la *Ménippée*,
qu'on trouve aux manuscrits de la Bibliothèque royale (fonds de
Béthune, n° 8933 2), n'est-il qu'une de ces copies imparfaites qui
couroient sous le manteau avant l'édition de Tours. Il y a d'ailleurs
des variantes qui semblent de première rédaction.

A peine connue, la *Satyre Ménippée* fit le plus grand bruit et fut lue avec une incroyable avidité [1]. On fut obligé de la réimprimer quatre fois et à grand nombre en moins de quatre semaines. Mais écoutons un témoignage contemporain, qu'il est bon de recueillir; c'est Cheverny qui parle : « Quelques bons et
» gentils esprits du temps, qui s'employèrent à descrire la tenue
» et l'ordre des Estats de Paris, en firent un livre intitulé le
» *Catholicon d'Espagne* ou *Satyre Ménippée*, dans lequel, souz
» parolles et allegations pleines de raillerie, ils bouffonnèrent
» comme en riant. Le vrai se peut dire; ils déclarèrent et firent
» apertement recognoistre les menées, desseins et artifices, tant
» des chefs de la Ligue et Espagnols, que desdits Estats par
» eux apostez; et si par divers discours et harangues qu'ils firent
» faire aux uns et aux *autres*, selon *leurs* humeurs, caprices et
» intelligences, en telle sorte qu'il se peut dire pour servir de
» perfection à cette satyre, qui bien entendue sera grandement
» estimée par la postérité; et d'autant qu'aux premières impres-
» sions d'icelle, il y avoit certaines choses un peu libres, mais
» très-véritables, qui touchoient quelques particuliers et entre-
» metteurs du dit party, lesquels estoient depuis revenus en
» l'obéissance du roy, ils firent tant qu'aux secondes impres-
» sions ils en retranchèrent ce qui les offençoit, et ne purent
» néant-moins empescher que le tout ne fust demeuré dans la
» mémoire et dans la bibliothèque des plus curieux du temps,
» pour leur servir de honte et d'exemple à leurs semblables de
» ne se laisser emporter à telles furies pour leurs intérêts et
» passions à chacun en particulier [2]. »

La *Ménippée*, on a eu occasion de le dire ailleurs, montre ce que peut l'esprit au service d'une bonne cause. L'aménité de ces plaisanteries attiques, malgré leur naïveté un peu crue, cette verve de bon sens, cette malice pleine de goût constrastoient si bien avec la férocité et le cynisme des derniers suppôts de l'Union, que tout le monde demeura convaincu.

La Ligue, pendant plusieurs années, avoit usurpé presque seule le monopole des presses de Lyon, de Paris, de Rouen, et

---

[1] V. d'Aubigné, *Hist. univ.*, 1626, in-f°, t. III, p. 353.

[2] *Mém.* de Cheverny, ap. coll. Petitot, sér. I, t. XXXVI, p. 248, 249.

toutes les municipalités insurgées avoient multiplié à l'envi ces pamphlets sans nombre qui alloient ranimer le zèle affoibli de la foule, tandis que partout, dans chaque ville, des orateurs séditieux, formant par toute la France une formidable association politique, les reproduisoient dans les chaires, en y ajoutant le feu de l'improvisation, l'accent, le geste, la passion.

La *Satyre Ménippée* transporta tout à coup du côté des Politiques l'avantage littéraire, la supériorité de l'esprit, et ce fut alors, parmi les partisans de Henri IV, à qui s'escrimeroit par la presse contre le despotisme démagogique de l'Union. La *Ménippée* étoit une sorte de bataille d'Ivry dans l'ordre des intelligences ; elle répandit un ridicule amer sur la Ligue ; elle ramena les esprits les plus obstinés à Henri IV. Il n'eut plus à triompher que des intérêts et des ambitions, et son entrée à Paris put s'accomplir.

Les auteurs de la *Satyre Ménippée*, presque tous vieux, survécurent peu à leur œuvre. Excepté Gillot, dont la vie se prolongea assez obscurément jusqu'en 1619, tous moururent sous le règne « de cet adorable Henri IV, comme dit Voltaire [1], auquel ils avoient aplani le chemin du trône. Le cercle de ces anciens amis se dispersa vite, et ils eurent à peine le temps de goûter les prémices d'une paix qu'ils avoient désirée pour la France. Dès 1596, on perdit Florent Chrestien, à l'âge de soixante-six ans, et Pierre Pithou, dont les derniers mots furent : « O roi, ô mon roi, que tu es mal servi ! ô pauvre royaume, que tu es déchiré [2] ! » C'étoit un souvenir par trop effrayé des saturnales de la Ligue. Pithou ne prévoyoit pas toutes les ressources d'esprit de Sully ; il ne prévoyoit ni Richelieu ni Louis XIV.

La vie de Rapin et Passerat se prolongea quelques années encore. C'est par eux que nous avons commencé ce tableau biographique, c'est par eux que nous terminerons : il faut faire les honneurs aux poètes.

Passerat, après la reddition de Paris, continua à poursuivre les débris de l'Union de ses sarcasmes vengeurs ; ce sont là des

---

[1] *Mélanges*, t. III. (Œuv. compl., éd. Delangle, in-8°, t. LXIV, p. 215.)

[2] Grosley, *Vie de Pithou*, t. 1, p. 379.

pièces justificatives pour la *Satyre Ménippée*. Ainsi ce quatrain sur les feux de joie allumés lors de l'entrée de Henri IV :

> Les cœurs de vos sujets vivement enflammés
> De l'amour de leur roy ont ces feux allumés :
> Et telle est ceste ardeur, sire, à vostre venue,
> Que la Ligue par elle est cendre devenue 1 ?

Et cet autre sizain :

> Pleurez, mauvais François, la Ligue est trespassée :
> Riez, tous bons François, la tempeste est passée.
> Quand le roy est entré les Seize sont sortis :
> Et les feux de la guerre ont esté amortis.
> France se va remettre en paix et en concorde ;
> Pendez-vous, Espagnols, nous fournirons la corde 2.

Passerat, d'ailleurs, comme les poètes, se faisoit un peu trop d'illusion sur l'influence exercée par ses vers ; il donne vraiment de l'importance à ses rimes, et on diroit que Henri IV lui doit exclusivement son trône :

> Or ai-je tant crié que mon humble prière
> Est enfin parvenue à l'aureille des dieux ;
> Ils nous ont renvoyé le soleil radieux ;
> Mais sur moi ne luit point sa clarté coutumière...

En termes nets, cela veut dire que l'*appointement* est en retard ; et l'auteur ajoute même en s'adressant au roi :

> S'il vous plaist, commandez à monsieur de Souci
> Qu'il face le soleil dedans ma bourse luire 3...

Ainsi, dans ses derniers jours, cassé par l'âge, fatigué d'esprit, Passerat en étoit aux expédients, au triste rôle de solliciteur, et il

---

1 *OEuvres* de Passerat, 1606, in-8°, p. 417.

2 *Ibid.* — On peut consulter une très-curieuse diatribe de Passerat contre les ligueurs obstinés, qu'il publia en 1595, sous le titre de *Præfatiuncula in disput. de ridiculis quæ est apud Ciceronem, l. II, de Oratore.* (V. *Passeratii Orationes et præfationes*, Paris, 1637, in-8°, p. 137.)

3 *OEuvres poét.* de Passerat, p. 286.

prioit tout le monde, au hasard, de faire augmenter sa *pension :* c'est l'éternel refrain. On en peut juger par ce madrigal à Sully :

> De chanter vos vertus ma Muse me commande,
> Afin qu'en les chantant elle se recommande,
> Petite de pouvoir, grande d'affection.
> Vous m'en ferez avoir assez de récompense,
> S'il vous plaist seulement comme j'espère et pense
> Pour moy dire un bon mot et pour ma pension 1.

En 1594, Passerat s'étoit hâté de reprendre ses leçons au Collége royal ; mais, en 1597, une attaque de paralysie le rendit aveugle. Ce fut dès lors une longue agonie toute chrétienne, et, quand il mourut, cinq années plus tard, à l'âge de soixante-huit ans, Rapin put écrire à ses amis :

> Non illum vere dicemus mortuum amici
> Dicamus potius desinet ille mori 2...

Et le poète, avec l'exagération d'un disciple, s'écrioit :

> Passerat fut un Dieu sous humaine semblance
> Qui vit naistre et mourir les Muses en la France...

c'étoit trop dire ; l'honnête Lestoile, plus tempéré dans ses jugements, et qui prenoit tout en note, même les bavardages des bonnes femmes, Lestoile inscrivoit aussitôt sur son registre, à la date du 14 septembre 1602 : « M. Passerat, homme docte » et des plus déliez esprits de ce siècle, bon philosophe et grand » poëte, mourut à Paris, ayant langui long-temps et perdu la » vue avant que mourir de trop étudier, et aussi (disent quel- » ques-uns) de trop boire : vice naturel à ceux qui excellent en » l'art de poésie, comme faisoit ce bon homme, duquel la sé- » pulture est aux Jacobins 3. » Il ne s'agit que des poètes du seizième siècle, bien qu'on puisse prévoir Saint-Amand, d'Assoucy et tous les goinfres de l'époque de Louis XIII.

Nicolas Rapin eut une fin moins rude que Passerat : il ne fut

---

1 *Ibid.*, p. 418.
2 *OEuvres litt. et franç.* de Rapin, 1610, in-4°, p. 37.
3 Lestoile, ap. Petitot, sér. 1, t. XLVII, p. 349.

pas obligé de flatter les puissants; et s'il disoit à Sully en un vers magnifique :

« Tes pensers qui jamais n'inclinent au sommeil, 1 »

c'est que sa conviction seule le lui inspiroit. La cessation des troubles rendit à Rapin quelque aisance. S'étant démis, en 1599, de sa charge de prévôt de la connétablie, il se retira en une maison charmante dont il avoit choisi le site, et qu'il avoit fait bâtir, avec toute sorte d'élégance, dans les faubourgs de Fontenay²; c'est là, c'est dans cette retraite tranquille que Rapin alla passer les dernières années d'une existence mêlée à tant de troubles, à tant d'événements, à tant d'hommes et de choses. Durant l'hiver de 1608, Rapin voulut venir visiter ce qu'il lui restoit à Paris de vieux amis et de connoissances fidèles; mais ce déplacement lui fut fatal, il tomba malade à Poitiers, et y mourut, le 16 février 1608, à l'âge de soixante ans. Le père Garasse, avec sa forfanterie habituelle et de ce ton d'insolence sincère qui déguise tant de mensonges, prétend avoir assisté à toute cette scène. « Je me trouvai dans Poitiers, dit-il,
» à la mort de feu M. Rapin, lequel ayant vescu avec un assez
» grand libertinage, suivant la fougue du siècle et de ses pre-
» mières humeurs qui l'engagèrent en des cognoissances assez
» dangereuses; après avoir langui quelques semaines, il mourut
» entre les mains de quatre pères de nostre compagnie, avec un
» sentiment merveilleux de ce qu'il rendoit si heureusement
» son ame entre les mains de ceux qu'il avoit persécutés toute
» sa vie, sans les cognoistre ³. » Je livre le très-suspect témoignage de Garasse pour ce qu'il vaut, faute de sources pour le contredire. La scène pourtant n'est guère vraisemblable, du moins d'après ce que raconte Lestoile. Le fils de Rapin s'étant en effet approché de son père agonisant pour lui demander « comment il alloit, » le malade, avec un merveilleux sang-froid,

---

1 *Les Vers mesurez* de M. Rapin, 1610, in-4°, p. 17.

2 « ... Ædificaverat villam in Fontenaii suburbiis amœno sitam loco, et structuræ elegantia pulcherrimam. In eo secessu, liber et quietus reliquam fere ætatem exegit... » (Nic. Rapini elogium, auct. Scæv. Sammarthano.)

3 Garasse, *Doctr. cur.*, l. II, p. 124 et suiv.

lui dicta des vers latins fort beaux sur les progrès de la mort qui frappoit tout son organisme et qui commençoit à frapper son intelligence :

> .................. Cui tempore pauco
> Tempora labuntur..................
> Et linguæ titubans non se regit ordine sermo,
> Ejus spes nulla est, animumque videbis ovantem
> Scandere supremas multo cum gaudio ad arces 1.

Et Lestoile ajoute : « Ces vers montrent le grand jugement qu'eut » cest homme jusques à la fin. » Mais il n'est aucunement question de jésuites : c'est sans doute une invention du P. Garasse, et ce n'est pas la seule.

Ainsi disparurent successivement de la scène du monde les modestes auteurs d'un livre qui avoit fait tant de bruit, et dont la renommée devoit leur survivre.

Le dix-septième siècle admira cette raison supérieure qui s'allioit si bien à la raillerie; il comprit, ainsi qu'on l'a très-bien remarqué[2], que ce n'étoit pas un crime de défendre le trône de Henri IV avec cet esprit national que Marguerite de Navarre avoit transmis à Henri IV lui-même. C'est dans un moment de mauvaise humeur que Voltaire, qui, avec son esprit preste, avoit tant à prendre et a tant pris dans la *Ménippée*, a pu la traiter « d'ouvrage très-médiocre [3]. » Le jésuite René Rapin, qui devoit avoir des préventions, convient lui-même dans ses *Réflexions sur la poétique*, que c'est « un chef-d'œuvre de dé- » licatesse, de finesse et de naturel, » et il va jusqu'à lui donner place à côté de *Don Quichotte*.

Ce qui a consacré la durée définitive de la *Ménippée*, et ce qui fait la gloire de ses auteurs, c'est d'avoir tracé des caractères en même temps que des portraits. M. Saint-Marc Girardin a parfaitement fait ressortir la vérité de ce point de vue : « Dans ce livre, dit-il, chaque acteur a une part de vérité contempo-

---

1 Lestoile, ap. Petitot, série I, t. XLVIII, p. 109.

2 Sainte-Beuve, *Tabl. de la poés. franç. au seizième siècle*, 1828, in-8°, p. 149.

3 *OEuv. compl.* de Voltaire, éd. Delangle, t. XXXV, p. 176.

raine qui marque sa date et son nom, et une part de vérité abstraite et philosophique qui lui donne quelque chose d'éternel. C'est par là que la *Ménippée* est autre chose qu'un admirable pamphlet, car les pamphlets ne peignent des gens que les costumes et les dehors. La *Ménippée*, qui est une comédie, perce jusqu'à l'homme, et, sous les ridicules du jour, elle montre et fait ressortir les passions éternelles de notre nature. »

La place de la *Ménippée* est à jamais marquée, dans notre langue, entre Rabelais et Pascal; elle continue le premier, elle présage le second : c'est la transition entre *Gargantua* et les *Provinciales*.

Ch. LABITTE.

# AVIS DE L'IMPRIMEUR

## AU LECTEUR.

(EN TÊTE DES PREMIÈRES ÉDITIONS.)

---

Ce discours de la tenue des Estats de Paris, et de la vertu du Catholicon d'Espagne, fut faict en langue italienne, par un gentil-homme florentin, qui estoit à Paris pendant que les Estats s'y tenoyent, en intention, comme il est à presupposer, de le porter à son maistre le duc de Florence, pour luy representer l'estat admirable des affaires de France. Mais il advint comme il s'en retournoit en son pays et passoit par Amiens pour aller en Flandre, que son palefrenier, Breton de nation, ne se voulant hazarder à si long voyage, et ayant recogneu que son maistre n'estoit pas autrement bon catholique, parce qu'il appelloit le Biarnois : *Il Rè di Francia*, se separa doucement de luy sans luy rien dire qui le faschast, ne qui le troublast en son repos : mesme pour le soulager de la nourriture de deux chevaux, en emmena le meilleur avec la valize en laquelle estoit l'original dudit discours. Mais Dieu voulut qu'il fust pris par quelques religieux du Chasteau-Verd[1] et mené devant le maire de Beauvais[2], ou il eust esté declaré de bonne prise, à cause de quelque sac de doublons qui se trouva dans la valize, sinon qu'il leur monstra une once de Catholicon, reduit en pouldre,

---

[1] Les religieux de Château-Verd donnoient asile à des paysans pillards.
[2] Godin, maire de Beauvais, vendu à l'Espagne, et qui fit tout pour livrer cette ville à Philippe II. Il fut chassé en 1594. (V. de Thou et Palma Carzet.)

qu'il portoit en sa bourse avec sept grains benits, et une chemise de Chartres[1] qui avoit demouré neuf jours et neuf nuicts aux pieds de Nostre-Dame soubs terre[2], pour empescher les coups de canons et d'artillerie et d'estre pris ny en guerre ny en justice. Tellement qu'il confessa librement qu'il avoit laissé son maistre apres avoir cogneu qu'il estoit heretique en ce qu'il appeloit le Biarnois Roy de France. Or entre les hardes de la valize dont inventaire fut faicte en presence du maire et du docteur Lucain[3] superintendant des prises et rançons, se trouva l'original dudit discours italien, que le maire n'entendoit pas, et pria ledit docteur Lucain de le traduire en bon françois. De quoy, ledit docteur s'excusa disant qu'encore qu'il sçeut bien parler le langage de Rome, toustefois il ne le sçavoit pas approprier à la naiveté françoise. Si bien qu'on fut contraint le donner à un petit moyne Romipete qui le lendemain se desroba pour la haste qu'il avoit d'estre à Paris à la benediction solemnelle, et procession generale que devoit faire le legat pour la saincte et catholique entreprise, que Pierre Barriere d'Orleans avoit faicte et jurée entre ses mains, d'assassiner Sa Majesté à Melun. Mais il advint que ledit moyne fut pris par quelques gentils-hommes et trouvé chargé dudit discours, lequel leur sembla si plaisant qu'incontinent l'un d'entre eux le tourna en françois, et de main en main la traduction est venue jusques à moy, qui l'ay imprimé, tant pour relever de peine les curieux de veoir toutes nouveautez, que pour piquer ceux qui languis-

[1] Chemises dédiées à Notre-Dame de Chartres et qu'on croyoit miraculeuses. « Jean Chastel fut trouvé avoir au col une *chemise de Chartres*, où au-dessus estoit écrit *Henrico quarto*, des grains bénits, et un *Agnus Dei*, et sur lui des billets où estoient ces mots : Seigneur, donnez-moi la force d'exécuter contre Henri de Bourbon. » (*Mém.* de Du Plessis Mornay.)

[2] « A Chartres il y a deux N. D., dont l'une est dans le temple, l'autre au-dessous. Celle qui est dedans s'appelle *N. D. d'en-haut*, l'autre *N. D. d'en-bas*, parce qu'elle est en quelque creux *sous terre*, fait en façon de cave. » (Henri Estienne, *Apol. pour Hérodote*, ch. xxxviii.)

[3] Guillaume Lucain, prédicateur séditieux, qui voulut déposséder Morenne de la cure de Saint-Méry, comme avoient fait Guincestre à Saint-Gervais et Pigenat à Saint-Nicolas-des-Champs. (V. les *Mém. de la Ligue*, éd. de Gorget, in 4°, t. v, p. 472.

sent encore soubs le joug de la tyrannie : car il faudra qu'ils soyent parfaitement ladres clavelez[1], s'ils ne se sentent ce poignant esguillon, et ne jettent pour le moins quelque souspir de leur mourante liberté. A Dieu.

[1] De *claveau*, maladie des bêtes à laine.

# SATYRE MENIPPÉE.

## LA VERTU DU CATHOLICON.

Parce que les Estats catholiques n'agueres tenuz à Paris, ne sont point Estats à la douzaine, ni communs et accoustumez [1] ; mais ont quelque chose de rare et singulier par dessus tous les autres qui ayent jamais esté tenuz en France : j'ay pensé faire chose agreable à tous bons catholiques zelez, et servir à l'edification de la foy, d'en mettre par escrit un sommaire, qui est comme un elixir et quinte-essence tiree et abstraicte, non seulement des harangues, mais aussi des intentions et pretentions des principaux personnages qui jouerent sur cest eschaffaut. Or, d'autant que les provinces assignees à longs termes, et les assignations par plusieurs fois frustrees, à cause des escharpes blanches [2] qui traversoyent les chemins des deputez, ne se peurent assembler à jour nommé, veritablement l'assemblee ne fut pas si grande qu'on avoit esperé et desiré : toutesfois il s'y trouva de notables et signalez officiers, qui ne ce-

---

[1] Les éditions postérieures à la première portent : *de bale, ni de ceux qu'on vend à la douzaine.*
[2] Les troupes répandues dans la campagne.

doyent rien en grandeur de barbe et de corsage aux anciens pairs de France : il y en avoit trois pour le moins de bonne cognoissance qui portoyent calottes à la catholique, et un qui portoit grand chapeau[1], et rarement se defubloit : ce que les Politiques, qui sont encore plus de seize dans Paris, detorquoyent en mauvais sens, et disoyent que les trois calottiers estoyent tigneux, et le grand chapeau avoir la teste comme le poete Æschylus : tellement que leur commun dire estoit qu'ausdits Estats n'y avoit que trois tigneux et un pelé[2] : et si l'inquisition d'Espagne eust esté de bonne heure introduite, j'en vey plus de cinq cents, que dis-je cinq cents? mais cinq mille, qui ne meritoyent par leurs blasphemes rien moins que l'acollade du president Brisson[3]. Mais le sort ne tomba sur aucun d'eux, ains sur un pauvre malotru meneur d'asne, qui pour haster son miserable baudet tout errené de coups et du fardeau, dit tout haut en voix intelligible ces mots scandaleux et blasphematoires : *Allons, gros Jean, aux Estats* : lesquelles paroles ayants esté prises au bond par un ou deux du nombre du cube quarré[4], et deferees aux deux promoteurs de la foy, Machault[5] et Baston[6], le blasphemateur

[1] Le cardinal de Pelevé.

[2] Termes imités de Rabelais (l. II, ch. v);—surnom donné par les huguenots, dès 1586, au cardinal de Pelevé, quand le roi lui eut enlevé ses bénéfices.

[3] Pendu par les Seize.

[4] C'est-à-dire les Seize, qui, de quatre qu'ils étoient d'abord, se multiplièrent en seize, et, par la suite, en un nombre infini.

[5] Conseiller au Parlement, membre du Conseil des Quarante, et qui ne put être rétabli en sa charge après la reddition de Paris au roi.

[6] Antoine de Baston, mort à Lille. Il faut lire *de Heere*, comme à la première édition. Ce Denis de Heere, conseiller au Parle-

fut sainctement et catholiquement condamné à estre battu et fustigé nud de verges à la queue de son asne par tous les carrefours de Paris : qui fut un prognostic infaillible et avant-jeu signalé pour tesmoigner à tous les peuples assemblez pour ceste solemnelle action, que les procedures de tous les Ordres seroyent pleines de justice et d'equité, comme le dit jugement, qui fut l'echantillon de la grande piece de la justice des Estats futurs.

Or, pendant qu'on faisoit les preparatifs et eschaffauts au Louvre, ancien temple et habitacle des roys de France, et qu'on attendoit les deputez de toutes parts, qui de mois en mois se rendoyent à petit bruit sans pompe ny parade de suitte, comme on faisoit anciennement quand l'orgueil et la corruption de nos peres avoyent introduit le luxe et la superfluité vicieuse, il y avoit en la court dudit Louvre deux charlatans, l'un espagnol[1], et l'autre lorrain[2], qu'il faisoit merveilleusement bon veoir vanter leurs drogues, et jouer de passe passe tout le long du jour devant tous ceux qui vouloyent les aller veoir sans rien payer. Le charlatan espagnol estoit fort plaisant, et monté sur un petit eschaffaut jouant des regales[3], et tenant banque, comme on

ment, eut le crédit de faire substituer un autre nom au sien dans les éditions qui suivirent. De Thou assure qu'il se retira de bonne heure de la Ligue, et Mainbourg ajoute que Bussy-le-Clerc le fit mettre à la Bastille parmi les suspects. On trouve pourtant le nom de Heere dans la *liste* de ceux qui furent bannis après l'entrée de Henri IV. (*Mém. de Nevers*, t. II, p. 708.)

[1] Le cardinal de Plaisance.
[2] Le cardinal de Pelevé.
[3] Épinette organisée. Il y a une édition de 1593 où le charlatan espagnol, au lieu de jouer des régales, est représenté tenant en sa main une espèce de luth.

en veoit assez à Venise en la place Sainct-Marc. A son eschaffaut estoit attachee une grande peau de parchemin escrite en plusieurs langues, scellee de cinq ou six seaux d'or, de plomb, et de cire, avec des tiltres en lettres d'or, portant ces mots :

LETTRES DU POUVOIR D'UN ESPAGNOL,
ET DES EFFECTS MIRACULEUX DE SA DROGUE,
APPELEE HIGUIERO D'INFIERNO,
OU CATHOLICON COMPOSÉ.

Le sommaire de toute ceste pancharte estoit que ce triacleur[1], petit-fils d'un Espagnol de Grenade relegué en Afrique pour le mahumetisme, medecin du cherif, qui de maistre d'eschole et prescheur, se fit roi de Marroque par une espece de *higuiero*, en depossedant son maistre peu à peu, et enfin le tuant, et se mettant en sa place. Le pere de ce triacleur estant mort, il vint en Espagne, se fit baptiser, et se mit à servir à Tollede[2] au college des jesuistes : ou ayant appris que le Catholicon simple de Rome n'avoit d'autres effets que d'édifier les ames, et causer salut et beatitude en l'autre monde seulement, se faschant d'un si long terme, s'estoit advisé par le conseil testamentaire de son pere, de sophistiquer ce Catholicon, si bien qu'à force de le manier, remuer, alambiquer, calciner et sublimer, il en avoit composé dedans ce college un electuaire souverain, qui surpasse toute pierre philosophale, et duquel les preuves estoyent deduites par cinquante articles, tels qu'ils s'ensuyvent.

I. Ce que ce pauvre mal-heureux empereur Charles

---

[1] Débitant de thériaque, charlatan.
[2] Tolède passoit pour l'école de la magie. (Cf. Rabelais, l. III, ch. XXIII.)

Quint n'a peu faire avec toutes les forces unies et tous les canons de l'Europe, son brave fils Don Philippes moyennant ceste drogue l'a sceu faire en se jouant avec un simple lieutenant de douze ou quinze mil hommes.

II. Que ce lieutenant ait du Catholicon en ses enseignes et cornettes, il entrera sans coup ferir dans un royaume ennemy, et luy yra-lon au devant avec croix et bannieres, légats et primats[1] : Et bien qu'il ruyne, ravage, usurpe, massacre, et saccage tout : qu'il emporte, ravisse, brusle, et mette tout en desert, le peuple du pays dira : Ce sont de nos gens, ce sont de bons catholiques, ils le font pour la paix, et pour nostre mere saincte Eglise.

III. Qu'un roy casannier[2] s'amuse à affiner ceste drogue en son escurial, qu'il escrive un mot en Flandres au pere Ignace, cacheté de Catholicon, il luy trouvera homme lequel (*salva consciencia*), assassinera son ennemy[3] qu'il n'avoit peu vaincre par armes en vingt ans.

IV. Si ce roy se propose d'asseurer ses estats à ses enfants apres sa mort, et d'envahir le royaume d'autruy à petits fraiz, qu'il en escrive un mot à Mendoze son ambassadeur, ou au pere Commelet[4], et qu'au bas de sa lettre il escrive avec *de l'higuiero del infierno: Yo el Rey*, ils luy fourniront un religieux apostat, qui s'en yra soubs beau semblant, comme un Judas,

---

[1] Le cardinal de Pelevé, archevêque de Reims, et l'archevêque de Lyon, Pierre d'Espinac.

[2] Philippe II, roi d'Espagne.

[3] Allusion à l'assassinat du prince d'Orange par Balth. Gerard. On sait que Philippe II avoit mis à prix la tête de ce duc.

[4] Jésuite, l'un des orateurs les plus séditieux de la Ligue.

assassiner de sang froid un grand roy de France[1], son beau frère, au milieu de son camp, sans craindre Dieu ny les hommes : ils feront plus, ils canoniseront ce meurtrier, et mettront ce Judas au dessus de sainct Pierre, et baptiseront ce prodigieux et horrible forfaict, du nom de coup du ciel, dont les parrains seront cardinaux, legats et primats[2].

V. Qu'une grande et puissante armee de piteux et horribles[3] François soit preste à bien faire pour la deffense de la couronne et patrie, et pour venger un si espouvantable assassinat, qu'on jette au milieu de ceste armee une demie dragme de ceste drogue, elle engourdira tous les bras de ces braves et genereux guerriers.

VI. Servez d'espion au camp, aux tranchees, au canon, à la chambre du roy, et en ses conseils[4], bien qu'on vous cognoisse pour tel, pourveu qu'ayez pris des le matin un grain de *higuiero,* quiconque vous taxera, sera estimé huguenot ou fauteur d'heretique.

VII. Tranchez des deux costez, soyez perfide et desloyal : touchez l'argent du roy pour faire la guerre, mais n'aigrissez rien, et pratiquez avec les ennemis tout vostre saoul, pourveu que vous colliez vostre espee dedans le fourreau avec du Catholicon, vous serez estimé trop homme de bien.

---

[1] Le jacobin Jacques Clément, assassin de Henri III.

[2] Les cardinaux Gaëtan et de Plaisance, légats; le cardinal de Pelevé et l'archevêque de Lyon.

[3] L'éd. des *Mém. de la Ligue* porte: *preux et terribles;* mais Le Duchat observe très-bien que *piteux* est placé ici par antiphrase pour *maupiteux.*

[4] Peut-être est-ce là une allusion contre Villeroy qui sut se tirer à temps de la Ligue, mais dont le rôle politique n'a pas toujours été très-franc.

VIII. Voulez vous estre un honorable rieur et neutre? faictes peindre à l'entour de vostre maison, non du feu sainct-Anthoine[1], mais des croix de *higuiero*, vous voilà exempt du hoqueton, et de l'arriereban.

IX. Ayez sur vous le poids de demy escu de Catholicon, il ne vous faut point de plus valable passeport pour estre aussi bien venu à Tours qu'à Troyes[2], à Orleans qu'à Chartres, à Compiegne qu'à Paris.

X. Soyez recogneu pour pensionnaire d'Espagne, monopolez; trahissez, changez, vendez, trocquez, desunissez les princes, pourveu qu'ayez un grain de Catholicon en la bouche, l'on vous embrassera, et entrera-lon en deffiance des plus fideles et anciens serviteurs, comme d'infideles et huguenots, quelques francs catholiques qu'ils ayent toujours esté.

XI. Que tout aille de mal en pis, que l'ennemy advance ses desseins, et ne se recule de la paix que pour mieux sauter, voyant le beau jeu qu'on lui faict, que l'Eglise catholique mesme courre risque, qu'il y ait pervertissement de tout ordre ecclesiastique ou seculier, à faute de parler bon françois, semez finement un petit de *higuiero* par le monde, personne ne s'en souciera, et n'en osera parler; craignant d'estre reputé huguenot.

XII. Cantonnez vous et vous instalez tyranniquement dans les villes du roy, depuis le Havre jusques à Me-

---

[1] Les malades atteints du *feu Saint-Antoine* étoient enfermés dans des *maladreries* spéciales, sur les murailles desquelles on peignoit extérieurement des flammes; il étoit, après cela, très-dangereux de manquer de respect pour ces espèces d'hospices. (Cf. Rabelais, l. II, ch. XXX.)

[2] Al. : *Mante*.

zieres, et depuis Nantes jusques à Cambray¹, soyez vilain, renegat ou perfide, n'obeissez ny à Dieu, ny à roy, ny à loy, ayez là-dessus en main un petit de Catholicon, et le faictes prescher en vostre canton, vous serez grand et catholique homme.

XIII. Ayez la face honnie², et le front ulceré, comme les infideles concierges³ du Pont-Audemer⁴, et Vienne⁵, frotez vous un peu les yeux de ce divin electuaire, il vous sera advis que vous serez preud'homme et riche.

XIV. Si un pape comme Sixte cinquiesme⁶, faict quelque chose contre vous, il vous sera permis, *illæsa conscientia*, de l'execrer, maudire, tonner, blasphemer contre luy, pourveu que dedans vostre ancre il y ait tant soit peu de *higuiero*.

XV. N'ayez point de religion, mocquez vous à gogo⁷ des prestres et des sacrements de l'Eglise, et de tout droict divin et humain, mangez de la chair en caresme en depit de l'Eglise, il ne vous faudra d'autre absolution ny d'autre chardonnerette⁸ qu'une demie dragme de Catholicon.

---

¹ Pays occupés par les partisans de la Ligue

² Flétrie.

³ Gouverneurs.

⁴ D'Aigueville, que la *Ménippée* nomme plus loin Hacqueville, livra au ligueur Villars, en 1592, la ville de Pont-Audemer, dont Henri IV lui avoit confié le gouvernement. Il fut tué, en 1595, au combat de Doullens, après avoir été réintégré dans sa charge.

⁵ Cette ville fut vendue, en 1592, par Maugiron, au duc de Nemours.

⁶ Sixte-Quint avoit fini par se retirer presque de la Ligue, ce qui irrita fort Philippe II.

⁷ A discrétion.

⁸ Assaisonnement fait avec le cardon d'Espagne.

XVI. Voulez vous bientost estre cardinal? frottez une des cornes de vostre bonnet de *higuiero :* il deviendra rouge, et serez fait cardinal, fussiez vous le plus incestueux et ambitieux primat du monde [1].

XVII. Soyez aussi criminel que La Mothe Serrant [2], soyez convaincu de faulse monnoye, comme Mandreville [3], sodomite comme Senault [4], scelerat comme Bussy Le Clerc [5], atheiste et ingrat comme le poete de l'admirauté [6], lavez vous d'eau de *higuiero,* vous voilà agneau immaculé et pillier de la foy.

XVIII. Que quelque sage prelat ou conseiller d'estat vray catholique françois, s'ingere de s'opposer aux vulpines entreprises des ennemis de l'estat, pourveu qu'ayez un grain de ce Catholicon sur la langue, il vous sera permis les accuser de vouloir, tandis que Dieu s'endormira, laisser perdre la religion catholique, comme en Angleterre.

XIX. Que quelque bon predicateur non pedant soit

---

[1] Pierre d'Espinac, archevêque de Lyon.

[2] Guillaume de Brie, sieur de La Mothe-Serrant, gentilhomme angevin, ligueur violent protégé par les Guises, et enfin exécuté à Tours à cause de ses crimes odieux. (V. de Thou, l. 93.)

[3] Martin du Bosc, seigneur d'Esmendreville, gouverneur de Sainte-Menehould pour la Ligue, en 1588. (V. Bayle, au mot *Esmendreville.*)

[4] L'un des Seize, surnommé par les Politiques le *finet-madré.* D'abord clerc au greffe du Parlement, ensuite secrétaire du conseil de la Ligue, il fut chassé de Paris en 1594. Le prédicateur Senault étoit son fils.

[5] Procureur de la Cour, l'un des Seize, qui emprisonna le Parlement, et fut ensuite gouverneur de la Bastille.

[6] Alias : *comme celui qui a un bénéfice de son nom.* Il s'agit de Desportes, abbé de Bon-Port, retiré près de l'amiral de Villars, ligueur acharné, qui lui donnoit la table.

sorty des villes rebelles pour aider à desensorceler le simple peuple, s'il n'a un brin de *higuiero* dans son capuchon, il s'en peut bien retourner d'où il est venu.

XX. Que l'Espagne mette le pied sur la gorge de l'honneur de la France, que les Lorrains s'efforcent de voler le legitime heritage aux princes du sang royal, qu'ils leur debatent non moins furieusement, que cauteleusement ils leur disputent la couronne, servez vous la dessus de Catholicon, vous verrez qu'on s'amusera plutost à veoir hors de saison quelque dispute *de la chape à l'evesque*[1], sur le perron du Plessis[2], qu'à travailler à rames et à voiles pour faire lascher prise aux tyrans matois qui tremblent de peur.

C'est à peu pres la moitié des articles que contenoit la pancharte du charlatan espagnol, le temps vous fera veoir les autres.

Quant au charlatan lorrain, il n'avoit qu'un petit escabeau devant luy couvert d'une vieille serviette, et dessus une tirelire d'un costé, et une boucte de l'autre, pleine aussi de Catholicon, dont toutesfois il debitoit fort peu, parce qu'il commençoit à s'esventer, manquant de l'ingredient plus necessaire, qui est l'or, et sur la boucte estoit escrit :

FIN GALIMATIAS,
ALIAS CATHOLICON COMPOSÉ.
POUR GUARIR DES ESCROUELLES.

Ce pauvre charlatan ne vivoit que de ce mestier, et se morfondoit fort, combien qu'il fust affublé d'un

---

[1] Expression proverbiale, c'est-à-dire disputer sur une chose à laquelle un tiers a seul intérêt.

[2] Le cardinal Du Perron, qui disputa, à Tours, sur le calvinisme avec Du Plessis-Mornay, et qui s'en moqua.

caban¹ fourré tout pelé; à cause dequoy les pages l'appeloyent *Monsieur de Pelevé :* et pour autant que le charlatan espagnol estoit fort bouffon et plaisant, ils l'appeloyent *Monsieur de Plaisance :* A la vérité la drogue de cestuy-cy estoit souveraine. J'ai veu monsieur d'Aumale comte de Boulongne, qu'elle a guary de la jaunisse saffrannee, dont il languissoit² : le poete de l'admirauté en a esté guary de la gratelle, dont il estoit rongé jusques aux os³ : le greffier Senault de la caquesangue⁴ : plus de dix mille zelez du haut mal de la corde, et un millier qui s'en alloyent mourir en chartre sans cet *higuiero* : et si le concierge de Verneuil⁵ eust eu en temps et lieu de cette drogue, il se fust bien passé de lever la fierte de sainct Romain de Rouen⁶; monsieur de Mayenne en prend tous les jours dans un posson de laict d'asnesse, pour guarir du plus desloyal et malin hocquet du monde. Le duc de Savoye en avoit aussi pris pour le guarir de la boulimie⁷ et gloutonnie, mais il revomit tout, le pauvre homme. Il

---

¹ Vieux manteau avec manches.

² D'Aumale étoit couvert de dettes avant la Ligue : or le jaune étoit la couleur des débiteurs insolvables; on peignoit de jaune le devant de la maison des banqueroutiers.

³ Mots supprimés dans les éditions postérieures à 1600.

⁴ Flux de sang, *cacare sanguinem.*

⁵ Théodore de Ligneri, gouverneur de Verneuil, qui livra cette ville aux ligueurs, en 1590, sous prétexte qu'il n'avoit pas une garnison assez nombreuse.

⁶ Un ancien usage accordoit annuellement la liberté à un criminel de Rouen, pourvu qu'il levât la *fierte* (châsse) de saint Romain. On abusa beaucoup de ce privilége pendant la Ligue. (V. le livre de M. Floquet.)

⁷ Maladie qui cause un appétit désordonné.

y a de pires saincts en Bretaigne que le catholique valet de monsieur de Fontaines gouverneur de Sainct-Malo, qui coupa la gorge¹ à son maistre en son lict, moyenant deux mil escus pour nostre mere saincte Eglise : le devot chrestien est par les bas Bretons estimé un second sainct Yves², pource qu'il n'est jamais desgarny de *higuiero* et de Catholicon. En somme tous les cas reservez en la bulle *In cœna Domini*, sont absoubs à pur et à plein par ceste quinte-essence catholique, jesuistique, espagnole.

¹ Crime commis à l'instigation du duc de Mercœur.
² Saint Ives étoit né près de Tréguier, en Basse-Bretagne. (Cf. Rabelais, l. III, ch. III.)

# ABREGÉ
## DES ESTATS DE PARIS

CONVOQUEZ AU DIXIESME FEVRIER 1593

PAR LES CHEFS DE LA LIGUE :

TIRÉ DES MEMOIRES DE MADAMOISELLE DE LA LANDE [1],
ALIAS LA BAYONNOISE,
ET DES SECRETTES CONFABULATIONS D'ELLE
ET DU PERE COMMELET, JESUISTE [2].

---

Monsieur le duc de Mayenne, lieutenant de l'estat et couronne de France, le duc de Guise, le connestable d'Aumale, le comte de Chaligny, princes lorrains, et les autres deputez d'Espagne, Flandres, Naples et autres villes de l'Union, estant assemblez à Paris, pour se trouver aux Estats convoquez au dixiesme fevrier 1593, voulurent que devant que commencer un si sainct œuvre, fust faicte une procession [3], pareille à celle qui fut

---

[1] Intrigante employée par madame de Nemours.

[2] Les premières éditions portent *Comme-laid*.

[3] Cette procession de la Ligue n'est pas le moins du monde imaginaire ; seulement les auteurs de la *Ménippée* ne s'astreignent pas à la chronologie. (V. Félibien, *Histoire de Paris*, t. II, p. 1190 ; — Lestoile, *Journal de Henri IV*, édit. Champollion, p. 19 B. ; — Cf. Labitte, *de la Démocratie chez les prédicateurs de la Ligue*, 1841, in-8°; p. 117 et suiv.) — D'Aubigné a donné une cynique parodie de cette ridicule procession au IV° livre du *Baron de Fœneste*.

jouée en la presence de monsieur le cardinal Cayetan.
Ce qui fut aussi tost dit, aussi tost faict : car monsieur
Roze n'agueres evesque de Senlis[1] et maintenant grand
maistre du college de Navarre, et recteur de l'université,
fit le lendemain dresser l'appareil et les personnages par
son plus ancien bedeau. La procession fut telle : Ledit
recteur Roze quittant sa capeluche rectorale prit sa robe
de maistre-ès-arts avec le camail et le roquet, et un
hausse-col dessus : la barbe et la teste rasee tout de
fraiz, l'espee au costé, et une pertuisane sur l'espaule :
les curez Amilthon, Boucher, et Lincestre[2] un petit
plus bizarrement armez faisoyent le premier rang; et
devant eux marchoyent trois petits moynetons et novices,
leurs robes troussees, ayants chacun le casque en teste
dessoubs leurs capuchons, et une rondache pendue au
col, ou estoyent peinctes les armoiries et devises desdits
seigneurs : maistre Julian Pelletier curé de Sainct-
Jacques[3] marchoit à costé, tantost devant, tantost derriere, habillé de violet en gendarme scholastique, la
couronne et la barbe faicte de fraiz, une brigandine[4]
sur le dos, avec l'espee et le poignard, et une halebarde
sur l'espaule gauche, en forme de sergent de bande,
qui suoit, poussoit et halletoit pour mettre chacun en
son rang et ordonnance. Puis suyvoient, de trois en trois,
cinquante ou soixante religieux, tant cordeliers que
jacobins, carmes, capuchins, minimes bons hommes,
feuillants et autres, tous couverts avec leurs capuchons

[1] Il ne jouissoit plus de cet évêché, que lui avoit donné Henri III.

[2] Le premier, curé de Saint-Côme, le second de Saint-Benoît, et le troisième de Saint-Gervais.

[3] De la Boucherie.

[4] Cotte de mailles.

et habits agrafez, armez à l'antique catholique, sur le modele des Epistres de sainct Paul[1] : entre autres y avoit six capuchins, ayant chacun un morion en teste, et au dessus une plume de coq, revestuz de cottes de maille, l'espee ceinte au costé par dessus leurs habits, l'un portant une lance, l'autre une croix, l'un un espieu, l'autre une harquebuse, et l'autre une arbaleste, le tout rouillé par humilité catholique : les autres presque tous avoyent des piques qu'ils bransloyent souvent, par faute de meilleur passe temps, horsmis un feuillant boiteux[2], qui, armé tout à crud, se faisoit faire place avec une espee à deux mains, et une hache d'arme à sa ceinture, son breviaire pendu par derriere, et le faisoit bon veoir sur un pied faisant le moulinet devant les dames[3]. Et à la queue y avoit trois minimes tous d'une parure, sçavoir est, ayants sur leurs habits chacun un plastron à corroyes, et le derriere descouvert, la salade[4] en teste, l'espee et le pistolet à la ceinture, et chacun une harquebuse à croc sans fourchette. Derriere estoit le prieur des jacobins[5] en fort bon poinct, trai-

---

[1] Cf. *Ad Corint.*, ep. II, c. x, vers. 4, où saint Paul parle de l'*armure spirituelle*. C'est une malice contre les moines ligueurs.

[2] Bernard de Montgaillard, dit le *Petit Feuillant*.

[3] Ne diroit-on pas que de Thou a traduit ce passage, à la fin de son XCVIII° livre: « .... Qui altero pede claudus nunquam certo loco consistens, sed huc illuc cursitans, modo in fronte, modo in agminis tergo latum ensem ambabus manibus rotabat et claudicationis vitium gladiatoria mobilitate emendabat. » C'est là le génie même de la satire, d'exagérer à peine la réalité et de la rendre pourtant ridicule.

[4] Casque.

[5] Il étoit mort à cette date.

nant une halebarde gauchere[1], et armé à la legere en morte-paye. Je n'y vey ni chartreux, ni celestins, qui s'estoyent excusez sur le commerce[2]. Mais tout cela marchoit en moult belle ordonnance catholique[3], apostholique et romaine : et sembloyent les anciens cranequiniers[4] de France. Ils voulurent en passant faire une salve, ou escoupeterie : mais le legat leur deffendit, de peur qu'il ne luy mesadvint, ou à quelqu'un des siens, comme au cardinal Cayetan[5]. Apres ces beats peres, marchoyent les quatre mendiants, qui avoyent multiplié en plusieurs ordres, tant ecclesiastiques, que seculiers : puis les paroisses : puis les Seize quatre à quatre, reduits au nombre des apostres[6], et habillez de mesme, comme on les joue à la Feste Dieu. Apres eux marchoyent les prevost des marchands et eschevins, bigarrez de diverses couleurs[7], puis la cour de parlement telle quelle, les gardes italiennes, espagnoles et wallonnes de monsieur le lieutenant, puis les cent gentils-hommes de fraiz graduez par la sainte Union, et apres eux quelques veterinaires[8] de la confrairie Sainct-

---

[1] Plaisanterie contre ce moine, auquel on avoit déjà fait passer le pas lors des États de 1593. — Rabelais dit n'avoir vu les *hallebardes gauchères* qu'en tableau. (L. v, ch. xxx.)

[2] Ces moines étoient fort riches, tandis que tous les autres étoient *mendiants*.

[3] Allusion à la *Ligue*.

[4] Arbalétriers.

[5] Un homme fut tué à la portière de son carrosse, par un jeune moine maladroit qui voulut prendre part aux salves.

[6] Mayenne en avoit fait pendre quatre : Louchard, Anroux, Ameline et Aymonnot.

[7] A cette date il n'y avoit plus qu'un vrai ligueur parmi les échevins et cinq parmi les membres du Parlement.

[8] Maréchaux-ferrants de la Ligue.

Eloy. Suyvoyent apres monsieur de Lyon tout doucement : le cardinal de Pelvé tout bassement, et apres eux, monsieur le legat, vray miroir de parfaicte beauté [1], et devant luy marchoit le doyen de Sorbonne, avec la croix ou pendoyent les bulles du pouvoir. Item venoit madame de Nemours, representant la royne mere, ou grande mere (*in dubio*) du roy futur [2] : et luy portoit la queue mademoiselle de La Rue, fille de noble et discrete personne monsieur de La Rue [3], cy devant tailleur d'habits sur le pont Sainct-Michel, et maintenant un des cent gentilshommes et conseillers d'estat de l'Union, et la suyvoyent madame la douairiere de Montpensier [4], avec son escharpe verte, fort sale d'usage [5], et madame la lieutenante [6] de l'estat et couronne de France, suyvie de mesdames de Belin, et de Bussy le Clerc. Alors s'avançoit et faisoit veoir monsieur le lieutenant, et devant luy deux massiers, fourrez d'hermines, et à ses flancs deux wallons portants hoquetons noirs, tous parsemez de croix de Lorraine rouges, ayants devant et derriere une devise en broderie, dont le corps representoit l'histoire de Phaeton, et estoit le mot :

*IN MAGNIS VOLUISSE SAT EST.*

Arrivez qu'ils furent tous en ceste equipage en la

---

[1] Le cardinal de Plaisance étoit fort laid.

[2] Elle étoit mère du duc de Mayenne et aïeule du jeune duc de Guise, tous deux prétendants.

[3] Jean de La Rue, émissaire des Seize, et fripon avéré.

[4] Catherine Marie de Lorraine, veuve de Louis de Bourbon, duc de Montpensier.

[5] Parce qu'elle l'avoit eue d'un de ses amants, dit Du Puy. Selon Le Duchat, c'est parce qu'elle n'avoit cessé de la porter depuis la nouvelle de la mort de Henri III.

[6] Henriette de Savoie, duchesse de Mayenne.

chapelle de Bourbon, monsieur le recteur Roze quittant son hausse-col, son espee et pertuisane, monta en chaire ou ayant prouvé par bons et valides arguments, que c'estoit à ce coup que tout iroit bien, proposa un bel expedient pour mettre fin à la guerre dans six mois pour le plus tard, ratiocinant[1] ainsi : En France y a dix-sept cents mille clochers[2], dont Paris n'est compté que pour un : qu'on prenne de chacun clocher un homme catholique, soldoyé aux despens de la paroisse, et que les deniers soyent maniez par les docteurs en theologie, ou pour le moins graduez nommez, nous ferons douze cents mille combattants, et cinq cents mille pionniers. Alors tous les assistants furent veuz tressaillir de joye, et s'escrier : ô coup du Ciel ; puis exhorta vivement à la guerre, et à mourir pour les princes lorrains, et si besoin estoit pour le roy tres catholique, avec telle vehemence qu'à peine put on tenir son regiment de moynes et pedants, qu'ils ne s'encourussent de ce pas attaquer les forts de Gournay et Sainct-Denis : mais on les retint avec un peu d'eau beniste, comme on appaise les mouches et frelons avec un peu de poussiere[3] : puis monsieur le cathedrant acheva par ceste conclusion : *Beati pauperes spiritu*, etc.[4] Le sermon finy, la messe fut chantée en haute note par monsieur le reverendissime cardinal de Pelvé, à la fin de laquelle les chantres entonnerent ce motet : *Quam*

---

[1] Argumentant.

[2] Allusion à la fanfaronnade, à l'expédient des *dix-sept cent mille clochers* qui furent proposés par Jacques Cœur à Charles VII.

[3] Cf. Virgile, *Géorg.*, liv. IV, v. 86.

[4] Rose passoit pour être un peu fou.

*dilecta tabernacula tua*[1]. Lors tous ceux qui devoyent estre de l'assemblee, accompagnerent monsieur le lieutenant au Louvre : le reste se retira en confusion qui çà qui là, chacun cheux soy.

[1] Dans le psaume, ces mots sont suivis de *Domine;* or, il faut se rappeler que les ligueurs occupoient la chapelle royale.

# LES PIECES DE TAPISSERIE

DONT LA SALLE DES ESTATS FUT TENDUE.

Or devant que vous parler des ceremonies, et de l'ordre des seances desdits Estats, il ne sera pas hors de propos de vous figurer la disposition de la sale ou l'assemblee se devoit faire. La charpenterie et eschaffaudage des sieges estoit toute semblable à celle des Estats qui furent tenuz à Troyes, environ l'an 1420, soubs le roy Charles VI, à l'instance et poursuitte du roy d'Angleterre et du duc de Bourgongne, lorsque Charles VII, dauphin et vray heritier de la couronne de France, fut par lesdits Estats degradé, et declaré incapable de succeder au royaume, luy et tous ses adherents et fauteurs excommuniez, agravez, reagravez, cloches sonnants, et chandelles esteintes, puis bannis, *ad tempus*. Mais la tapisserie dont ladite sale estoit tendue, en douze pieces, ou environ, sembloit estre moderne, et faicte expres, richement estoffee à haute lisse, et le daiz de mesme, soubs lequel devoit estre assis monsieur le lieutenant. A un des costez et pante du daiz par le dedans estoit representé au vif un Sertorius habillé à la françoise parmy des Espagnols, consultant une biche fée, dont il disoit entendre la volonté des dieux. En l'autre pante estoit l'effigie de Spartacus haranguant son armee d'esclaves qu'il avoit faict armer et revolter contre l'empire Romain. En la troisiesme, estoit le portraict dudit personnage ayant un flambeau dans la main, qui venoit de mettre le feu en un temple, et au bas de la pante y avoit escrit :

*SI AQUA NON POSSUM, RUINA EXTINGUAM.*

La quatriesme ne se pouvoit veoir, à cause de l'obscurité contre son jour. Au dessus de la teste et au fond dudit daiz estoit un crucifix à la stampe moderne de Paris, ayant la main gauche attachee à la croix, et la droite libre, tenant une espee nue ou estoit entouré ce dictum:

*SUPER TE, ET SUPER SANGUINEM TUUM.*

Par le dehors des trois pantes de devant estoyent fort bien elabourees les cheutes d'Icare et de Phaeton : et faisoit fort beau veoir les sœurs de ce jouvenceau se metamorphoser en arbres de peupliers, dont l'une, qui s'estoit rompue une hanche en courant, pour secourir son frere, ressembloit naivement à la douairiere de Montpensier [1] toute deschevelee et eploree.

La premiere piece de tapisserie proche du daiz estoit l'histoire du veau d'or, comme elle est descrite en Exode, XXXII° chapitre, ou Moyse et Aaron y estoyent representez par le Roy defunct Henry III, et feu monsieur le cardinal de Bourbon : mais le veau d'or estoit la figure du feu duc de Guyse haut eslevé, et adoré par le peuple : et les deux tables rapportoyent la loy fondamentale des Estats de Blois [2], et l'edict de juillet 1588 [3], et au bas de la piece estoyent escrits ces mots :

*IN DIE ULTIONIS VISITABO,*
*ET HOC PECCATUM EORUM.*

La seconde piece estoit un grand paysage de diverses

---

[1] Elle étoit boiteuse.
[2] Henri IV y fut exclu du trône comme hérétique, l'an 1588.
[3] V. cet édit dans les *Mémoires de la Ligue*, t. II, p. 574.

histoires anciennes et modernes, distinctes et separees l'une de l'autre, et neantmoins se rapportants fort ingenieusement à mesme perspective : au plus haut se voyoit representee la belle entree de nuict que fit le duc Jean de Bourgongne à Paris; et quand les Parisiens crierent Noel des la Toussaincts[1].

A un des coings estoit la harelle de Rouen[2], ou un marchand nommé Le Gras, estoit esleu roy par la populace. A l'autre coing estoit la Jaquerie[3], de Beauvoisin, avec leur capitaine Guillaume Caillet : au coing d'embas estoyent les pourcelets[4] liguez de Lyon, et à l'autre coing, les faicts heroiques des anciens maillotins[5], soubs les capitaines Simonnet, Caboche, et Jaques Aubriot, roys des bouchers, et escorcheurs : Et le tout en personnages racourcis, ne servant que de paysage : mais au fond et au milieu de la piece estoyent figurees les barricades de Paris, ou l'on voyoit un roy simple et bon catholique, et qui avoit tant faict de biens, et donné tant de privileges aux Parisiens, estre chassé de sa maison, et assiegé de toutes parts, avec tonneaux et barriques, pour le prendre. Là estoyent representez plusieurs braves stratagemes des sires qui menoyent

---

[1] Parce que les faubourgs de Paris furent pris par le roi le jour de la Toussaint, et que beaucoup de Parisiens périrent dans cette circonstance, après avoir crié *Noël*. (V. Comines.)

[2] Sédition mue à Rouen, en 1382, au sujet des impôts, et où on peut voir dans Juvénal des Ursins (*Hist. de Charles VII*) pourquoi cette révolte fut appelée Harelle.

[3] Révolte du Beauvoisis sous le roi Jean, en 1358.

[4] Ainsi nommés à cause du tripot *le Pourcelet*, où fut arrêté le projet d'abattre la citadelle.

[5] Séditieux du règne de Charles VI, en 1413, ainsi appelés des maillets qu'ils avoient enlevés dans l'hôtel-de-ville de Paris.

Tremont, Chastigneraye, Flavacourt[1], et autres bateurs de pavé[2], au lieu d'honneur, et au bas de ladite piece estoit escrit ce quatrain :

> Jupiter de ses tonneaux
> Le bien et le mal nous verse ;
> Mais par ceux-ci tous nouveaux
> Il met tout à la renverse.

La troisiesme piece contenoit l'histoire d'Absalon, qui baricada son pere, et le chassa de la ville de Jerusalem : ayant gaigné et corrompu par caresses indignes les plus abjects et faquins du menu peuple[3] : puis se voyoit la punition qu'il en receut, et comment Architophel son mauvais conseiller finit mal-heureusement ses jours. Tous les visages estoyent approchants d'aucuns desdits Estats, et se recognoissoyent aisement le president Jeannin[4], Marteau[5], Ribault[6], et autres à qui le feu duc de Guise faisoit tant de *bona dies*[7] aux Estats de Blois. Aussi se voyoyent Choulier[8], La Rue,

---

[1] Partisans du duc de Guise entrés avec lui dans Paris avant les barricades qui eurent lieu le 12 mai 1588.

[2] Malfaiteurs, fainéants. (Cf. Fauchet, *Ant. Gaul.*, l. III, ch. XIX, et Rabelais, l. V, ch. XXVI.)

[3] Les barricades commencèrent au quartier de la place Maubert, qui n'étoit guère habité que par la *racaille*, dit Le Duchat.

[4] Adjoint au Conseil des Quarante, député en Espagne par Mayenne.

[5] La Chapelle Marteau, maître des Comptes, prévôt des marchands de Paris, député aux États de Blois, puis secrétaire d'état de la Ligue.

[6] Trésorier du duc de Mayenne.

[7] Bonjours.

[8] Greffier de la Cour des Aides ; il fut exilé de Paris en mars 1594.

Pocart[1], Senault et autres, bouchers, maquignons, jusques aux cureurs de fosses, tous gens d'honneur de leur mestier, que ledit defunct martyr baisoit en la bouche[2] par zele de religion.

La quatriesme representoit en gros les faicts d'armes des anciens et modernes assassins, autrement appellez Bedouins et Arsacides, qui ne craignoyent d'aller tuer jusques à la chambre, et jusques au lict, ceux que leur prince imaginaire, Aloadin, surnommé le vieil des six ou sept montagnes[3], leur commandoit. Entre autres, y avoit deux figures plus apparentes, l'une d'un comte de Tripoli, assassiné par un Sarrazin zelateur de sa religion, en lui baisant les mains. Et l'autre d'un roy de France et de Pologne proditoirement frappé d'un cousteau, par un moyne debauché zelateur en lui presentant à genoux une lettre missive; et sur le front dudit moyne estoit escrit en grosses lettres l'anagramme de son nom, frere Jacques Clement :

*C'EST L'ENFER QUI M'A CREÉ.*

En la cinquiesme se voyoit la bataille de Senlis, où monsieur d'Aumale fut faict connestable[4], et luy es-

---

[1] Toussaint Pocart, potier d'étain, coupable de plusieurs meurtres, et qui, avec le charcutier Gilbert, gagna tous les bouchers de Paris, au nombre de 1500.

[2] Baiser introduit par les Italiens à la cour de Henri III, et que Henri Estienne appelle *cataglottisme*.

[3] Il est impossible de désigner plus clairement le pape. Cette allégorie sanglante est même devenue le texte du rare ouvrage de David Home, intitulé : *l'Assassinat du roy, ou maximes du viel de la montagne vaticane et de ses assassins, pratiquées en la personne de deffunt Henry le grand. Imprimé nouvellement.* 1614. (Note de M. Nodier.)

[4] Raillerie contre Claude de Lorraine, duc d'Aumale, qui se

toyent baillez les esperons aislez et zelez, par monsieur de Longueville, prince politique[1], et par La Noue bras de fer[2], et Givry[3], son suffragant : autour d'icelle estoyent escrits ces vers par quatrain :

> A chacun nature donne[4]
> Des pieds pour le secourir :
> Les pieds sauvent la personne ;
> Il n'est que de bien courir.
>
> Ce vaillant prince d'Aumale,
> Pour avoir fort bien couru,
> Quoy qu'il ait perdu sa male,
> N'a pas la mort encouru.
>
> Ceux qui estoyent à sa suitte
> Ne s'y endormirent point,
> Sauvants par heureuse fuitte
> Le moule de leur pourpoinct.
>
> Quand ouverte est la barriere
> De peur de blasme encourir,
> Ne demeurez point derriere :
> Il n'est que de bien courir.

sauva à Saint-Denis, après avoir perdu la bataille de Senlis, en mai 1589.

[1] Henri d'Orléans, duc de Longueville, gouverneur de Picardie, et général des troupes qui gagnèrent la bataille de Senlis. Il fut tué à Doullens en 1595. Il étoit du parti modéré, *politique*.

[2] On sait que François de La Noüe (qui fut tué au siége de Lamballe en 1591) étoit surnommé Bras-de-Fer, parce qu'ayant eu le bras gauche fracassé par un coup d'arquebuse, en 1570, au siége de Fontenai-le-Comte, il s'en étoit fait remettre un de fer.

[3] Anne d'Anglure, seigneur de Givry, gouverneur de Brie, tué au siége de Laon, en 1594. Il est appelé *suffragant* de La Noüe, parce qu'il commandoit sous lui à la bataille de Senlis.

[4] Ces vers sont de Passerat.

Courir vaut un diadesme,
Les coureurs sont gens de bien,
Tremont[1] et Balagny[2] mesme,
Et Congy[3] le sçavent bien.

Bien courir n'est pas un vice,
On court pour gagner le prix :
C'est un honneste exercice :
Bon coureur n'est jamais pris.

Qui bien court, est homme habile :
Et a Dieu pour son confort :
Mais Chamois[4] et Menneville[5]
Ne coururent assez fort.

Souvent celuy qui demeure,
Est cause de son meschef :
Celui qui fuit de bonne heure,
Peut combattre de rechef[6].

Il vaut mieux des pieds combattre,
En fendant l'air et le vent,

---

[1] Fuyard de la bataille de Senlis, capitaine des gardes du duc de Mayenne, qui lui donna le commandement de la Bastille, en décembre 1591.

[2] Jean de Montluc-Balagny, fils de l'évêque de Valence. Il se sauva à Paris après la déroute de Senlis, et fit trophée d'une légère blessure qu'il avoit reçue au visage en fuyant.

[3] Chevalier du guet, grand poltron qui avoit aussi pris la fuite à l'affaire de Senlis.

[4] Ancien gentilhomme du duc d'Anjou (V. Brantôme) tué à Senlis.

[5] Lieutenant pour le duc de Mayenne au gouvernement de Paris. Il montra beaucoup de courage à la bataille de Senlis, où il fut tué. (V. de Thou et La Noüe.)

[6] Balagny avoit promis aux Parisiens, pour les consoler, de retourner dans trois jours à l'ennemi avec de nouvelles troupes. (Cf. Rabelais, l. IV, ch. LV.)

Que se faire occire ou battre
Pour n'avoir pris le devant.

Qui a de l'honneur envie,
Ne doit pourtant en mourir :
Où il y va de la vie
Il n'est que de bien courir.

Et au coin de ladite piece, se voyoit Pigenat[1] au lict malade, furieux et enragé de ceste fortune, et attendant la response de la lettre qu'il avoit escrite en poste à madame saincte Genevieve, bonne Françoise s'il en fut jamais [2].

En la dixiesme estoit depeinct le miracle d'Arques[3], ou cinq ou six cents desconfortez, prests de passer la mer à nage, faisoyent la nique, et mettoyent en route par les charmes du Biarnois, douze ou quinze mille rodomonts, fendeurs de nazeaux, et mangeurs de charrettes ferrees : et ce qui en estoit le plus beau, estoyent les dames de Paris aux fenestres, et autres qui avoyent retenu place dix jours devant sur les boutiques et ouvroirs de la rue Sainct-Anthoine, pour veoir amener le Biarnois prisonnier en triomphe, lié, et bagué, et comment il leur bailla belle, parce qu'il vint en autre habit par les faux-bourgs Sainct-Jacques et Sainct-Germain [2].

La septiesme contenoit la bataille d'Ivry la Chaussee, ou se voyoyent les Espagnols, Lorrains, et autres ca-

---

[1] Odon Pigenat, jésuite, qu'on confond à tort avec son frère, le curé de Saint-Nicolas-des-Champs : ils étoient tous deux ligueurs.

[2] On invoqua très-souvent le patronage de cette sainte durant la Ligue. (V. Pasquier.)

[3] Victoire de Henri IV sur les ligueurs.

[4] Allusion à la prise des faubourgs de Paris par Henri IV.

tholiques zelez, par moquerie ou autrement, monstrer leur cul aux maheustres [1], et le Biarnois tout eschaufé, qui à bride abatue chevauchoit l'Union par derriere. Il y faisoit beau veoir monsieur le lieutenant maudissant le dernier [2], et laissant le comte d'Egmont pour les gages, trompé d'outre moitié de juste prix, s'encourir sur un cheval turcq [3], pour prendre Mantes par le guichet [4], et dire aux habitants en note basse et courte haleine : « Mes amis, sauvez moi, et mes gens; tout » est perdu, mais le Biarnois est mort. » Sur tout y avoit un merveilleux plaisir d'y veoir sagement inventorier ses coffres et bahuts, et d'en veoir religieusement aveindre l'estendart de la foy, ou estoit peinct un crucifix sur taffetas noir, avec l'inscription :

*AUSPICE CHRISTO*,

tel qu'on le veoit pendant en l'eglise de Mantes [5]. C'est celui estendart, peuple chrestien, qui devoit servir d'oriflambe à ses successeurs roys, à l'advenir, si la corde n'eust rompu. Au coing de la petite tapisserie y avoit une danse de bergers et paysants, et aupres d'eux comme un tableau, dedans lequel estoit escrit ceste chanson :

> Reprenons la danse,
> Allons, c'est assez ;

[1] Huguenots.

[2] C'est-à-dire fuyant en désordre.

[3] Ce cheval turc, sur lequel le duc de Mayenne avoit combattu à Ivry, étoit le plus beau de son espèce qui fût jamais venu en France.

[4] Après Ivry, Mayenne s'étant dirigé sur Mantes, trouva la porte fermée et entra par le guichet.

[5] Cf. *Mém. de la Ligue*, t. IV, p. 280.

Le printemps commence,
Les Roys sont passez.

Prenons quelque trefve[1],
Nous sommes lassez :
Ces Roys de la febve
Nous ont harassez.

Un Roy seul demeure :
Les sots sont chassez :
Fortune à ceste heure
Joue aux pots cassez.

Il vous faut tout rendre
Roys embarrassez,
Qui voulez tout prendre,
Et rien n'embrassez.

Un grand capitaine
Vous a terrassez :
Allons, Jean du Mayne,
Les Roys sont passez.

La huictiesme estoit la representation des paradis de Paris, *in plurali*, dedans lesquels et par dessus le sainct ciboire, estoyent les images de trois saincts[2] nouvellement imprimees depuis le calendrier gregorien, portants jeusnes doubles. L'un d'iceux estoit habillé de noir et de blanc, en pie griesche, ayant un petit cousteau en la main, comme un coupeur de bourse, tout autre que celuy de sainct Barthelemy. L'autre estoit vestu d'une soutane rouge, et d'une cuirasse par dessoubs, et un chapeau de mesme à longs cordons, ayant

---

[1] Elle fut conclue peu de temps après.

[2] Le premier est le jacobin Jacques Clément; le second, le cardinal de Guise, tué à Blois; et le troisième, le duc de Guise, son frère.

en la main une coupe pleine de sang, dont il sembloit vouloir boire, et de la bouche d'iceluy sortoit un escriteau en ces mots :

*STATE IN GALEIS, POLITE LANCEAS,*
*ET INDUITE VOS LORICIS.*

Le troisiesme estoit un sainct à cheval, comme sainct Georges, ayant à ses pieds force dames et damoiselles à qui il tendoit la main[1], et leur monstroit une couronne en l'air, à laquelle en souspirant il aspiroit avec ceste devise :

*DIFFICILIA QUÆ PULCHRA.*

Le peuple leur portoit force chandelles, et disoit de nouveaux suffrages, attendant qu'ils feissent miracles[2], mais le vent emportoit et souffloit tout[3]. Les bordures de ladite piece estoyent de processions blanches, et de sermons et Te Deum renforcez, ou se voyoyent en petit volume les faces de Boucher[4], Lincestre, et le Petit Feuillant, exhortant le peuple à la paix par une figure nommee antiphrase, et formant tous les syllogisgisme en *ferio*[5].

La neufiesme faisoit veoir au naturel une grande geante, gisante contre terre qui avortoit d'une infinité de viperes et monstres divers, les uns intitulez gaul-

---

[1] La galanterie du duc de Guise étoit proverbiale.

[2] Il les regardoit comme des saints.

[3] Dès le soir même de la mort des deux Guises, on brûla leurs corps, et on en jeta les cendres au vent, de peur que le peuple ligueur n'en vint jusqu'à les idolâtrer. On en fit autant du cadavre du jacobin, après qu'on l'eut tiré à quatre chevaux.

[4] Curé de Saint-Benoît, du Conseil des Quarante.

[5] Argument de la vieille logique; allusion de mots avec le *fer* dont les sermonnaires vouloient armer leurs auditeurs.

tiers¹, les autres catillonnois², lipans³, ligueurs, catholiques zelez⁴, et chasteauverds⁵ : et sur le front de ladite geante estoit escrit :

> C'EST LA BELLE LUTECE,
> QUI POUR PAILLARDER AVEC SES MIGNONS,
> A FAIT TUER SON PERE ET SON ESPOUX.

Madame d'Espagne luy servoit de sage femme et de nourice, pour recevoir et allaicter son fruict.

En la dixiesme estoit fort bien historiee la prise de la ville de Sainct-Denis, par le chevalier d'Aumale, et y paroissoit le sieur de Viq, et le sainct apostre de France, qui lui fortifioit sa jambe de bois⁶. Et sainct Anthoine des champs, qui mettoit le feu aux poudres, pour espouventer les Parisiens. Au dessus de ladite piece estoit un escriteau contenant ces mots :

> Saint Antholne pillé⁷ par un chef des Unis,
> Alla comme au plus fort s'en plaindre à sainct Denys,

---

¹ Paysans de Normandie qui s'étoient révoltés, en 1589, sous les ordres de La Chapelle-Gaultier. (V. de Thou, l. xcv.)

² Ligueurs picards qui, en 1589, vinrent au secours d'un seigneur nommé Châtillon (en patois Catillon), assiégé dans Neufchâtel. Ils furent battus.

³ Successeurs des *gaulliers*. (V. d'Aubigné, *Hist. univers.*, t. III, l. III, ch. XVIII.)

⁴ Ceux qui vouloient la ruine complète des Politiques et des Huguenots.

⁵ Sorte de paysans voleurs, auxquels les moines de Château-Verd prêtoient asile.

⁶ Dominique de Viq, ami de De Thou, avoit eu la cuisse amputée par suite d'une blessure reçue, en 1586, au siége de Sainte-Bazaille. Après avoir rendu de grands services à la cause du roi, il devint gouverneur de la Bastille, d'Amiens, de Calais, puis vice-amiral de France. Il mourut de douleur de l'assassinat de Henri IV.

⁷ En mai 1590, pendant le siége de Paris, le chevalier d'Au-

Qui lui a de ce tort la vengeance promise.
Un peu de temps apres, ce paillard entreprit
De prendre Sainct-Denys, mais sainct Denys le prit,
Et vangea dessus luy l'une et l'autre entreprise.

Et au bas estoit l'epitaphe dudit chevalier d'Aumale, comme il s'ensuit, fors qu'il ne faisoit nulle mention, qu'il fust mangé des rats et des souris [1].

Celuy qui gist icy fut un hardy preneur,
Qui fit sur Sainct-Denys une fine entreprise :
Mais sainct Denys, plus fin que cet entrepreneur,
Le prit et le tua dedans sa ville prise.

En l'unziesme se voyoit au plus pres la piteuse contenance du pauvre president Brisson, et de ses diacre et soubs diacre [2], quand on leur parla de confession, en leur baillant l'ordre de l'Union : ensemble leur elevation en Greve. Et parce que ladite piece n'estoit assez large pour couvrir l'huis, de l'entree, à icelle estoit attachee une demie piece de l'apotheose, ou canonisation des quatres evangelistes et martyrs, saincts Louchard, Ameline, Anroux, et Aymonnot [3], faisant la lon-

male feignit de vouloir faire une vigoureuse sortie; mais son expédition se borna à piller l'abbaye de Saint-Antoine-des-Champs, qui appartenoit à des bernardines.

[1] Voici ce qu'en dit De Thou : « Corpus ejus repertum arca lignea, quando plumbum non suppetebat, inclusum, et in imo majoris templi sacello depositum est ; posteaque animadversum mures sive ob fœtorem, sive alia causa fuit per commissuras irrepsisse et partes omnes carnosas erodisse. » (L. ci.)

[2] Le 15 novembre 1591, Claude Larcher, conseiller au Parlement, et Jean Tardif, conseiller au Châtelet, furent arrêtés avec Brisson à neuf heures du matin, confessés à dix, et pendus à onze. Cromé, conseiller au Grand Conseil, les jugea au nom des Seize, sans autre forme de procès.

[3] Quatre des Seize, qui furent pendus au Louvre par ordre du

gue lettre¹, et à leurs pieds estoit escrit ce quatrain :

> Meschants pendards qui les juges pendez,
> Impunité par là vous vous prétendez :
> Mais vous devez tout le contraire attendre :
> Oncques pendard ne put son juge pendre :

La douziesme et derniere aupres des fenestres, contenoit le portraict fort bien tiré de son long, de monsieur le lieutenant, habillé en *Hercules gallicus*², tenant en sa main des brides sans nombre, desquelles estoyent enchevestrez des veaux aussi sans nombre. Au dessus de sa teste comme en une nue y avoit une nymphe qui avoit un escriteau portant ces mots :

*GARDEZ VOUS DE FAIRE LE VEAU*³.

Et par la bouche dudit sieur lieutenant en sortoit un autre, ou estoyent escrits ces mots :

*JE LE FERAY.*

Voila au plus pres ce que je peu remarquer dedans ladite tapisserie. Quant aux bancs, aux sieges, ou se

---

duc de Mayenne, comme meurtriers de Brisson, et que Boucher, curé de Saint-Benoît, traita en chaire de martyrs.

¹ Il s'agit ici du grand I de l'alphabet romain : c'est une imitation de Plaute, qui fait dire à un valet :

« *Faciam ex me litteram longam.* »
AULUL., act. I, sc. I, v. 38.

² C'est-à-dire qu'il en avoit l'habit sans en avoir la valeur. (Cf. Lucien, dial. du *Jupit. tragique*.)

³ Proverbe usité pour désigner quelqu'un qui, par sa propre faute, manque de réussir dans quelque affaire considérable : c'est que Mayenne, avec l'envie de devenir roi, s'y prenoit mal pour arriver au trône.

devoyent asseoir messieurs les Estats, ils estoyent tous couverts de tapis parsemez de croisettes de Lorraine, noires et rouges, et de larmes miparties de vray et de faux argent, le tout plus vuide que plein [1], pour l'honneur de la feste.

[1] Parce qu'il y avoit peu de députés, attendu que plusieurs provinces reconnoissoient le roi.

# DE L'ORDRE

## TENU POUR LES SEANCES.

Apres que l'assemblee fut entree bien avant dedans la grande sale, approchant des degrez ou le daiz estoit eslevé, et les chaires preparees, la place fut assignee à chacun par un heraut d'armes intitulé Courte-joye sainct-Denys[1], qui les appella tout haut par trois fois ainsi : Monsieur le lieutenant, monsieur le lieutenant, monsieur le lieutenant de l'estat et couronne de France, montez là haut en ce throsne royal, en la place de vostre maistre. Monsieur le legat, mettez vous à *latere*. Madame la representante la royne mere, ou grandmere, mettez vous de l'autre costé. Monsieur le duc de Guise, pair de la lieutenance de l'estat et couronne de France, mettez vous tout le fin premier pour ce coup, sans prejudice de vos droicts à venir. Monsieur le reverendissime cardinal de Pelvé, pair, *ad tempus*[2], de la lieutenance, mettez vous vis à vis, et n'oubliez vostre calepin[3]. Madame la douairiere de Montpensier, comme princesse de vostre chef, mettez vous sous vostre nep-

---

[1] Parce que le chevalier d'Aumale ayant surpris Saint-Denis où il fut tué, le bruit courut que cette ville étoit prise : de là *courte joye* à Paris.

[2] Le cardinal de Pelevé, comme ligueur, avoit obtenu du pape l'archevêché de Reims ; mais il n'y avoit pas été nommé par le roi.

[3] Il étoit tenu pour fort ignorant.

veu¹. Madame la lieutenante, la lieutenante de l'estat, sans prejudice de vos pretentions, mettez vous contre elle. Monsieur d'Aumale ; connestable et pair de la lieutenance à cause de vostre comté de Boulongne erigee en pairie², mettez vous coste à coste du reverendissime, et gardez de deschirer sa chape, avec vos grands esperons. Haut et puissant principion comte de Chaligny³ qui avez cest honneur d'avoir monsieur le lieutenant pour cadet⁴, prenez vostre place, et ne craignez plus Chicot qui est mort⁵ : monsieur le primat de Lyon in-

¹ Le duc de Guise passoit pour son amant. Ménage assure avoir vu des lettres fort passionnées qu'elle lui écrivoit.

² Le duc de Nevers dit dans son *Traité de la prise d'armes :* « Vous avez M. d'Aumale, qui a fait déjà assez ample
» preuve de sa valeur et sage conduite au siége de Boulogne,
» qu'il leva sans sonner tabourin, en si grande haste qu'il y
» laissa de son artillerie, comme aussi au siége de Senlis, et
» en la bataille qu'il perdit là auprès, et en la fuite que derniè-
» rement il fit en la ville d'Amiens, avec si grand effroy, qu'il
» laissa perdre la pluspart de ses gens, et creva deux ou trois
» chevaux à force de piquer. » De là la plaisanterie des grands éperons.

³ Henri de Lorraine, comte de Chaligny, enfant d'un troisième lit de Nicolas de Lorraine, comte de Vaudremont, frère du duc de Mercœur. Il commandoit la cavalerie que le duc de Lorraine tenoit au service de la Ligue.

⁴ Le duc de Mayenne n'étoit que le cousin du duc régnant de Lorraine, au lieu que le comte de Chaligny, quoique peut-être plus jeune que Mayenne, étoit son neveu.

⁵ « Ce Chicot, dit Du Puy, étoit gascon, grand bouffon, riche,
» et vaillant : il prit le comte de Chaligny lors du siége de
» Rouen : en le prenant, il ne lui dit pas qui il étoit, et l'a-
» mena au Roy, et lui dit : « Tiens, je te donne ce prisonnier
» qui est à moi. » Le comte de Chaligny, indigné de se voir
» pris, luy bailla un coup d'épée dont il mourut quinze jours
» après, par un mauvais régime : en la chambre où il étoit ma-

faillible futur cardinal de l'Union [1], pair et chancelier de la lieutenance [2], laissez là vostre sœur [3], et venez icy prendre vostre rang. Monsieur de Bussy le Clerc [4], jadis grand penitencier du parlement, et grand œconome spirituel de la ville et chasteau de Paris, mettez vous aux pieds de monsieur le lieutenant, comme grand chambellan de la lieutenance. Monsieur du Saulsay [5], pair et grand maistre de la lieutenance, à faute d'autre, prenez ce baston, et vous allez tout doucement seoir en ce siege mollet, preparé pour vous. Messieurs les mareschaux de la lieutenance [6], Rosne, Dom Diego, Bois-

» lade il y avoit un soldat mourant; le curé du lieu vint pour
» le confesser, mais il ne le voulut pas absoudre, parce qu'il
» étoit au service d'un roi huguenot; Chicot se leva du lit en
» furie, outragea de fait et de paroles le curé, et mourut peu
» après. »

[1] Il espéroit le chapeau par l'aide de la Ligue. (V. de Thou, l. xciii.)

[2] Le duc de Mayenne l'avoit fait garde des sceaux.

[3] Il étoit soupçonné de trop grandes privautés avec elle, ce qui est souvent répété dans cette satire.

[4] Il avoit d'abord été un assez bon prévôt de salle; puis, s'étant fait procureur au Parlement, il fut nommé lieutenant du gouverneur de la Bastille, en 1588. Le Clerc, en l'absence du gouverneur, fit enfermer tous les membres du Parlement à la Bastille. Il ajouta alors à son nom celui de Bussy, pour rappeler Bussy-d'Amboise. Après la mort de Brisson, le duc de Mayenne le dépouilla de tous les trésors qu'il avoit extorqués, et le retint prisonnier près de lui.

[5] Frère du cardinal de Pelevé, et du Conseil des Quarante.

[6] Mayenne, pour donner quelque apparence d'autorité aux États de la Ligue, auxquels il prévoyoit bien qu'il ne se trouveroit aucun officier légitime de la couronne, avoit créé quatre maréchaux de France : Claude de La Châtre, Urbain de Laval Bois-Dauphin, Chrétien de Savigny, baron de Rosne, et Antoine,

Dauphin, et signor Cornelio, voilà un banc pour vous quatre, sauve à augmenter ou diminuer, si le cas y escheoit. Messieurs les secretaires d'estat, Marteau, Pericard[1], Des Portes[2], et Nicolas[3], ceste forme d'en bas est pour vous quatre, si les fesses de monsieur Nicolas y peuvent tenir : monsieur de Sainct-Paul[4], comte de Rethelois, à tiltre de precaire, n'approchez pas si pres de monsieur de Guise, de peur de l'eschauffer, et vous tenez aupres du sieur du Rieu ou de Rieux : messieurs les ambassadeurs d'Espagne, Naples, Sicile, Lorraine, et comté de Bourgongne, ce banc à main gauche est pour vous, et le banc à main droite, destiné pour les ambassadeurs d'Angleterre, Portugal, Venise, seigneurs, comtes et princes d'Allemagne, Souysse, et Italie, qui font defaut, sera pour les dames et damoiselles[5], selon la date de leur impression.

dit le capitaine Saint-Paul. L'auteur ne nomme ni La Châtre, qui avoit quitté la Ligue lors de la publication de la *Ménippée*, ni Saint-Paul, qui étoit mort. Il les remplace malicieusement par les noms de deux agents de Philippe II.

[1] Ancien secrétaire du duc de Guise, qui fut secrétaire d'état de la Ligue. Henri IV l'envoya plus tard en Flandre comme ambassadeur.

[2] Secrétaire de Mayenne, et depuis intendant des finances.

[3] Secrétaire du roi sous Charles IX, remarquable par son obésité. Brantôme le traite de *bon compagnon*. (*Vie de Charles IX.*)

[4] Il étoit du Conseil des Quarante, mais de bas lieu. L'auteur l'appelle duc de Rhetelois, parce qu'il jouissoit de ce duché. Le duc de Mayenne le fit maréchal de France de la Ligue, et le duc de Guise le tua de sa main à Reims, le 26 avril 1594. Voilà pourquoi il est dit ici : « *N'approchez pas si pres de M. de Guise, de peur de l'eschauffer.* » (V. de Thou, l. cx.)

[5] On sait le grand crédit que les princesses de la Ligue, et les femmes de ses principaux chefs, avoient dans cette faction, qui d'ailleurs avoit laissé prendre de grands airs à de petites bour-

Au demourant que tous les deputez prennent place à raison de leurs pensions. Telle fut à peu pres la seance de messieurs les Estats : le tout sans dispute pour les preseances : hormis que le gardien des cordeliers, et le prieur des jacobins contesterent quelque peu[1], à qui iroit devant : mais madame de Montpensier se levant, bailla l'avantage au prieur des jacobins, en commemoration, comme elle disoit, de sainct Jacques Clement. Il y eut aussi un peu de garbouil entre mesdames de Belin et de Bussy[2], à l'occasion que l'une ayant lasché quelque mauvais vent pseudocatholique, madame de Belin dit tout haut à la Bussy : Allons, procureuse, la queue vous fume[3], vous venez icy parfumer les croix de Lorraine : mais monsieur le grand maistre de Saulsay[4], oyant ce bruit et en sachant la cause, leur cria, le baston en la main : Tout beau, mesdames, ne venez point icy conchier nos Estats, comme ma fille fit n'a pas long-temps le bal du feu roy en cette sale mesme. Le bruit, et la mauvaise odeur passee, monsieur le lieutenant commença à parler en ceste façon, avec un grand silence et attention de messieurs les Estats.

geoises. Or, il faut savoir que l'entrée des États avoit toujours été interdite aux femmes, excepté aux reines.

[1] Allusion aux anciennes querelles des cordeliers et des jacobins au sujet de la Conception.

[2] Toutes les éditions, depuis 1595, excepté celle des *Mémoires de la Ligue*, ont mis ici *madame de Rône*, en la place de *madame de Belin*, parce que Belin ayant été un des premiers à se soumettre, on vouloit l'épargner, au lieu qu'on ridiculisoit Rône, qui s'étoit opiniâtré dans sa rébellion. Quant à la *Bussy*, c'étoit la digne compagne de Bussy-le-Clerc.

[3] Allusion aux manières indécentes de la Bussy.

[4] Père du cardinal de Pelevé, député au Conseil des Quarante.

# HARANGUE

## DE MONSIEUR LE LIEUTENANT[1].

Messieurs, vous serez tous tesmoins que depuis que j'ay pris les armes pour la saincte Ligue, j'ay tousjours eu ma conservation en telle recommandation que j'ay preferé de tres bon cœur mon interest particulier, à la cause de Dieu, qui sçaura bien se garder sans moy, et se venger de tous ses ennemys : mesme je puis dire avec verité que la mort de mes freres ne m'a point tant outré, quelque bonne mine que j'aye faict, que le desir de marcher sur les erres[2] que mon pere, et mon bon oncle le cardinal m'avoyent tracees, et dedans lesquelles mon frere le balafré[3] estoit heureusement entré. Vous sçavez qu'à mon retour de mon expedition de Guyenne, que les Politiques appellent incagade[4], je n'effectuay pas en ceste ville ce que je pensoy : à cause des traistres qui advertissoyent le tyran leur maistre : et ne tiray autre fruict de mon voyage, que la prise de l'heritiere de Caumont[5], que je destinoy pour femme à mon fils :

---

[1] Le duc de Mayenne.

[2] *Errements, traces*, terme de chasse.

[3] Henri de Guise, blessé à la joue gauche en 1575, et tué à Blois en décembre 1588.

[4] Escapade, fanfaronnade.

[5] Fille de Geoffroy de Caumont, seigneur huguenot, qui fut enlevée par ordre du duc de Mayenne, lequel vouloit la donner en mariage à son fils aîné; mais elle épousa le comte de Saint-

mais le changement de mes affaires m'en faict à present disposer autrement. Davantage, vous n'ignorez pas que je ne voulus point engager mon armee à aucun grand exploict, ni siege difficile (en quoy toutesfois Castillon me trompa[1], que je pensoy emporter en trois jours), afin de me reserver plus entier pour executer mes catholiques desseins. Quant à mon armee de Dauphiné, je luy feis tousjours faire halte, et me tins aux escoutes, pour attendre si aux Estats de Blois, vous auriez affaire de moy. Mais les choses y ayant pris le contrepied de nos souhaits et attentes, vous veistes en quelle diligence je vous vins trouver en ceste ville, et avec quelle dexterité mon cousin le connestable d'Aumale cy present, fit prealablement descendre le Sainct Esprit en poste sur une partie de messieurs de Sorbonne. Car aussi tost dit, aussi tost faict : et de là sont procedez tous nos beaux exploites de guerre : de là ont pris origine ces milliers de saincts martyrs françois, qui sont morts de glaive, de faim, de feu, de rage, de desespoir, et autres violences, pour la cause de la saincte Union : de là est venu le chastiment de tant de piaffeurs, qui vouloyent faire les galants, et s'accomparer aux princes : de là procede la ruyne et demolition de tant d'eglises et

---

Paul. Le duc de Nevers dit dans son *Traité de la prise d'armes* : « Pour tout trophée de son voyage de Guyenne, il ra-
» mena la fille de madame de Caumont, nourrie huguenotte dès
» la mamelle, en l'âge de douze ans, et la prit par force en
» la maison de M. de la Vauguion, pour la faire espouser à l'un
» de messieurs ses enfants : de quoi le sieur de Vivans eut pour
» ses épingles, par la faveur de M. du Maine, absolution de
» tous les crimes et sacrilèges qu'il avoit faits. »

[1] Castillon sur Dordogne, dont Mayenne s'empara en 1586, après un siége de deux mois. Les huguenots la reprirent la même année.

4.

monasteres qui nuisoyent à la seureté de nos bonnes villes : de tant de sac et pillage que nos bons soldats, francs archers, et novices ont faict en maintes villes, bourgs et villages, qui ont servi de curee pour la foy aux devots enfants de la messe de minuict : de tant de belles filles et femmes qui ont, sans nopces, et malgré elles esté saoulees de ce qu'en mariage elles ayment le plus : et Dieu sçait, si ces jeunes moynes tout fraischement defroquez, et ces prestres desbauchez y ont devotement tourné les feuillets de leur breviaire, et gaigné planieres indulgences. Bref ceste est la seule cause du prompt et zelé Decret[1] de messieurs de nostre mere Sorbonne après boire[2], qui a faict enfin eclatter force

---

[1] Allusion au décret de la Faculté de Théologie qui délioit les sujets du serment de fidélité à l'égard de Henri III (janv. 1589). Le duc de Nevers dit à ce propos dans son *Traité de la prise d'armes :* « MM. de Sorbonne de haute lutte jettèrent le Roy » par terre dans leur Faculté, par le moyen de l'avis qu'ils don- » nèrent qu'il ne le falloit plus tenir pour Roy ; ce qui feut receu » par une multitude de peuple suscitée par les prédicateurs ; » voire par leurs propres curez, jusqu'à leur denier l'absolution, » et par conséquent la communion et la sépulture en terre » sainte, à quiconque ne se départoit de l'obéissance de Henry de » Valois, ou de cet apostat, tyran et perfide, ne le nommant » jamais autrement. »

[2] En décembre 1587, la Faculté de Théologie avoit décrété « qu'on pouvoit ôter le gouvernement aux princes qui ne remplissent pas leurs devoirs, comme l'administration à un tuteur suspect. » Henri III fit mander les docteurs de Sorbonne et les prédicateurs ; et il leur tint le langage suivant : « Vous êtes notoirement malheureux et damnés ; vous avez calomnié votre roi légitime, ce qui est défendu par l'Écriture. Je sais votre belle résolution, à laquelle je n'ai point eu égard, parce qu'elle a été faite après déjeuner par trente ou quarante maîtres-ès-arts crottés qui, après grâces, traitent des sceptres et couronnes.

coups du ciel : et par nostre bonne diligence, nous avons faict que ce royaume qui n'estoit qu'un voluptueux jardin de tout plaisir et abondance, est devenu un grand et ample cymetiere universel, plein de force belles croix peinctes, bieres, potences, et gibets.

Arrivé donc que je fu en ceste ville, apres avoir envoyé guarir la ville d'Orleans de trop d'aise, et interdire le commerce de Loire, qui entretenoit leurs delices, j'en voulu autant faire en ceste ville : et bien m'en prit : en quoy madame ma mere, ma sœur, ma femme, et la cousine d'Aumale[1], qui sont icy pour m'en desmentir, m'assisterent fort catholiquement. Car elles et moy n'eusmes autre plus grand soin et sollicitude qu'à faire fond pour la guerre, et en ce faisant soulager et descharger tous les devots habitants bons catholiques, de la pesanteur de leurs bourses, et vaquer curieusement de pieds et de mains à rechercher et nous saisir des riches joyaux de la couronne[2] à nous appartenants en ligne collaterale, et par forfaicture du seigneur feodal[3] : nous

---

Sixte V a envoyé aux galères des religieux de Saint-François qui avoient médit de lui; je pourrois faire comme le pape; mais je vous pardonne à la charge de n'y retourner plus. » (Félibien, *Hist. de Paris*, t. II, p. 1165. — Cf. *Hist. Ecclésiastique* de Fleury, continuée par le père Fabre, in-4°, t. XXXVI, p. 133; et Lestoile, *Journal de Henri III*, édit. Champollion, gr. in-8°, p. 234 et suiv.)

[1] Marie de Lorraine, sœur du duc d'Elbeuf et femme du duc d'Aumale. Mayenne étoit en mauvaises relations avec les d'Aumale. (V. de Thou, l. XCV.)

[2] Le duc de Mayenne se raille de lui-même et de la maison de Guise, qui s'approprioit les joyaux de la couronne, à l'exclusion de la branche de Lorraine, où il y avoit un prince né de la fille de Henri II.

[3] Les princes de la maison de Guise, vassaux de Henri III,

trouvasmes force tresors inutiles : nous descouvrismes à peu de fraiz par la revelation d'un catholique maçon, et la saincte innocence de monsieur Machault[1], que je nomme icy par honneur, le beau et ample muguot de Molan[2], nonobstant ses demons gardiens, et ses esprits familiers, que ledit Machault sceut vertueusement conjurer, remplissant à cachette d'escus au soleil le fond de ses chausses. Et sans ce divin secours, Messieurs, vous sçavez que ne sçavions encore de quel bois faire flèche : dont la saincte Union est grandement redevable au soigneux mesnagement dudit Molan, qui refusoit si honnestement son maistre[3] et tous ses amis de leur ayder d'argent pour nous le conserver si à propos : et n'oubliez de lui en faire chanter un *Salve,* quoy que soit luy promettre une messe la main levee, quand on luy

s'étoient révoltés contre ce roi, sous prétexte de sa mauvaise administration. Or, on appeloit *forfaiture* la révolte du vassal contre le seigneur féodal.

[1] *L'innocence* de Machault étoit de s'être fait un cas de conscience de garder tout le trésor, alors qu'il n'avoit point hésité à en détourner une partie.

[2] Trésorier de l'épargne. L'argent qu'il avoit dérobé au roi et au public fut découvert, le 5 mars 1589, par quelques domestiques corrompus par Machault, qui y fut envoyé avec un nommé Soly. Ils trouvèrent en divers lieux de la maison deux cent cinquante mille écus d'or et plusieurs beaux meubles. Une partie fut baillée à Mayenne, et l'autre dissipée.

[3] Pierre Molan étoit à Tours avec le roi, lorsque son trésor fut découvert à Paris, et pillé par les ligueurs. Le roi, à qui il venoit de refuser une médiocre somme d'argent, le fit arrêter ; de sorte que, *pour apaiser cette colère, il lui en coûta encore trente mille écus,* dit Mézeray, à quoi Palma Cayet ajoute qu'il fut même privé de son office. Ce trésor étoit, selon de Thou, de 360 mille écus d'or (l. xcv). Il fut de la plus grande utilité aux ligueurs.

fera faire son testament tout debout. Je ne veux oublier les somptueux meubles d'or, d'argent, tapisseries, et autres richesses que nous fismes prendre, vendre, et subhaster[1], appartenants à ces meschants Politiques royaux, dont ma cousine d'Aumale feit fort bien son devoir, fouillant elle mesme dedans les cabinets, et jusques aux fosses ou elle sçavoit qu'il y eust de la vaisselle d'argent cachée. Tellement que des lors nostre tres cher cousin, son mary et elle, et son grand page, feirent grandement leurs besongnes, et furent guaris de la jaunisse catholique[2] dont ils estoyent ensaffranez depuis les guerres de leur comté de Boulongne[3], à eux catholiquement et legitimement devolu par le merite de leurs patenostres et devotes processions, non point par usurpation et larcin domestique, comme disent les heretiques relaps : ce faict pour monstrer ma liberalité et magnificence apres m'estre asseuré de plusieurs villes, chasteaux et clochers, qui aisement se laisserent persuader aux bons predicateurs, ausquels j'avoy faict part de mon butin : je dressay ceste puissante et glorieuse armee de vieux soldats aguerris tous fraischement esmoulus, que je menay avec un grand ordre et discipline tout droit à Tours, ou je cuiday dire comme un Cesar catholique : *Je suis venu, j'ay veu, j'ay vaincu.* Mais ce fauteur d'heretiques[4] feit venir en poste le Biarnois, lequel je ne voulus attendre de trop pres, ny le voir en face[5],

[1] Vendre à l'encan.

[2] C'est-à-dire la pauvreté des ligueurs.

[3] Le duc d'Aumale avoit de ridicules prétentions sur ce comté.

[4] Henri III qui fit venir le roi de Navarre.

[5] Lorsque le duc de Mayenne, dit de Thou (l. xcv), eut reconnu que Henri III, qu'il vouloit prendre dans Tours, avoit

de peur d'estre excommunié : et puis vous sçavez que la levee du siege de Senlis, ou mon cousin cy present a bien faict parler de luy, joincte à la deffaicte de Saveuse, me donnerent couverture de tourner visage. Ce que je feis aussi volontiers que vous messieurs de Paris le desiriez, et m'en requeriez ardemment. Depuis vous sçavez à quel poinct nous fusmes reduits, quand ce tyran fortifié de l'hérétique vint à nostre barbe prendre Estampes et Ponthoise : mais par les bonnes et devotes prieres des peres jesuistes, et l'intercession de madame ma sœur, avec l'entremise de plusieurs saincts et religieux confesseurs, nous trouvasmes ce sainct martyr, qui feit esclater ce coup du ciel[1], et nous delivra de la misere et captivité ou nous estions prests de tomber en peu de jours. Tellement qu'ayant pris haleine, et faict nouveaux desseins, et nouveaux marchez avec nostre bon roy tres catholique et pere nourricier, je levay les cornes hautes, et avec une gaillarde armee mi-partie[2], m'en allay haster d'aller les maheustres, qui suivant les bons advis qu'en avoit reçuz madite dame et sœur, s'enfuyoyent outre mer à petit train : mais parce qu'ils ne trouverent leurs vaisseaux prests à Dieppe ou je fu les visiter, je me my en devoir de les vous amener tous prisonniers en ceste ville, et vous souviendra bien avec quelle asseurance je le vous promy, et avec quels preparatifs vous les attendiez[3] : toutesfois quand je vey que

été renforcé par les troupes du roi de Navarre, il prit le parti de se retirer sans bruit.

[1] Mayenne, dans sa déclaration de décembre 1592, avoit qualifié de *coup du ciel* l'assassinat de Henri III par Jacques Clément.

[2] De François et d'Espagnols.

[3] On avoit fait courir le bruit que Henri IV étoit prisonnier, et qu'on l'amenoit à Paris. (V. de Thou, l. xcvii.)

ces heretiques nous faisoyent barbe de foirre[1], et ne se vouloyent pas laisser prendre sans mitaines, je fu en Flandre pour en chercher[2] : et leur laissay cependant faire ceste bourrasque aux fauxbourgs de ceste ville, puis leur permy d'aller se pourmener tout l'hyver à Vendosme, au Mans, Laval, Argentan, Faleze, Alençon, Verneuil, Evreux et Honfleur, que je leur laissay tout expres prendre, m'asseurant bien que tost apres j'auroy tout leur butin en gros, quand ils se seroyent bien morfonduz et laissez mourir de froidure. Et de faict je leur fey bravement lever le cul à Dreux, et s'en fussent fuis s'ils m'eussent voulu croire. Mais vous sçavez que ceste tirelaisse[3] nous couste[4] : car ces meschants Politiques n'en vouloyent qu'à moy, et m'eussent vilené s'ils m'eussent peu joindre, de quoy je me sçeu bien garder par le bon exemple de mon cousin de Nemours, et de mes amez et feaux aussi cousins les duc et chevalier d'Aumale, qui n'avoyent oublié le chemin de Mantes. Je ne puis, Messieurs, je ne puis parler de ceste renverse de fortune sans soupirs et sans larmes : car je seroy maintenant tout à faict, vous sçavez bien

---

[1] *Barbe de foirre* se disoit abusivement pour *gerbe de foüerre*. Ce proverbe tiroit son origine de ceux qui, sous l'ancienne loi, offroient seulement à Dieu des gerbes de paille, en feignant de lui en offrir de blé; il signifioit : donner à quelqu'un le moins possible, c'est-à-dire le tromper, se moquer de lui.

[2] Le duc de Mayenne, voyant que Henri IV avoit assiégé Dreux, et craignant de perdre cette ville qui étoit d'une extrême importance pour son parti, courut en hâte jusqu'à Bruxelles demander du secours au duc de Parme, qui lui en accorda un très-considérable, duquel étoit chef le comte d'Egmont.

[3] Espèce de jeu.

[4] Parce qu'il fut vaincu à Ivri.

quoy[1] : au lieu qu'il me falut aller querir et mandier un maistre en Flandres, et ce fut là que je changeay ma couverture françoise en cape à l'espagnole, et donnay mon ame aux demons meridionaux[2], pour desgager ce que j'avoy de plus cher dedans ceste ville. Mais je me fusse faict valet de Lucifer, aussi bien que du duc de Parme, pour faire despit aux heretiques. Je ne veux passer soubs silence les artifices, ruses et inventions dont j'ay usé pour amuser et retenir le peuple, et ceux qui nous cuidoyent eschapper : en quoy il faut recognoistre que madame ma sœur cy presente, et monsieur le cardinal Cayetan[3] ont faict de signalez services à la foy, par subtiles nouvelles et Tedeums chantez à propos, et drapeaux contrefaicts en la rue des Lombards[4], qui ont donné occasion à plusieurs de mourir alegrement de male rage de faim, plutost que parler de paix, et si on eust voulu croire monsieur Mendoze[5], zelateur de la foy, et amateur de la France s'il en fut onc, vous n'auriez plus ceste horreur de voir tant d'ossements aux cymetieres de Sainct-Innocent, et de la Trinité, et les eussent les devots catholiques reduits en pouldre, beuz et avalez et incorporez en leur propre corps[6],

[1] C'est-à-dire roi.

[2] Cette locution, qui revient souvent dans le *Catholicon*, est prise du psaume 90 : *Non timebis ab incursu et dæmonio meridiano*. C'est une allusion aux rapports de la Ligue avec Philippe II.

[3] Gaëtano, légat près la Ligue. Il reçut le chapeau en 1585, et mourut en 1599.

[4] En 1589, la duchesse de Montpensier fit faire secrètement des drapeaux pour faire croire aux Parisiens qu'on les avoit enlevés à l'ennemi. (De Thou, l. xcv.)

[5] Ambassadeur de Philippe II.

[6] Pendant le siége de Paris, on fit du pain avec des ossements

comme les anciens Troglodites faisoyent leurs peres et amis trespassez. Faut il que je recite les viles et serviles submissions que je fey pour amener nos nouveaux amis à vostre secours? et toutesfois je me suis tesmoin, que j'ay tousjours eu mon dessein à part, quelque chose que je disse et offrisse à ce bon duc[1], et me suy tousjours reservé avec mon Conseil[2] estroit de faire quelque chose de bon pour moy et les miens, engardant les gages si je puis : et advienne qui voudra, je ne m'en deferay que par force : et trouveray tousjours assez de difficultez pour executer ce qu'on me demande : ny ne manqueray pas de bulles et d'excommunications *merce* de monsieur le legat[3] qui en sçait tout le *tu autem*[4], pour embabouiner ceux qui y voudroyent croire. Nous avons desja pratiqué deux illustrissimes legats[5] pour nous ayder à vendre nos coquilles. Nous avons eu des pardons *gratis*, sans bourse deslier : et sçavons bien de quel biais il faut prendre nostre sainct pere en le menaçant un petit de

réduits en poudre. Mendoze assura aux ligueurs qu'en une ville de Turquie assiégée par les Perses, on avoit déjà usé de cet expédient. (V. de Thou, l. xcix.)

[1] Le duc de Parme.

[2] Le président Jeannin, Des Portes, Baudouin, secrétaire du duc de Mayenne, et Ribault, son trésorier. Le Maître en étoit aussi très-souvent. (V. Le Grain, *Décad. hist.*, l. v.)

[3] C'est-à-dire : merci à monsieur le légat.

[4] C'est-à-dire tout le contenu depuis le commencement jusqu'à la fin, qui est une façon de parler prise des leçons du bréviaire qui finissent par : *Tu autem, Domine, etc.* On sait que Rabelais l'a employée souvent. Du-reste, les proverbes sont si fréquents dans cette harangue, qu'il semble qu'on ait voulu insinuer que le gros duc de Mayenne n'en étoit guère moins farci que le bon Sancho Pança.

[5] Le légat Gaëtano et le légat de Plaisance.

faire la paix, s'il ne nous accorde ce que luy demandons. Avons nous pas eu de Rome des fulminations à tort et à travers contre nos ennemis politiques? Les avons nous pas faict excommunier et devenir noirs comme beaulx diables? Nous avons faict continuer les paradis à dessein, nous avons embouché des predicateurs affidez, et hypotequez soubs bon tiltre : nous avons faict renouveller les serments aux confrairies du cordon[1] et du nom de Jesus[2], nous avons mesnagé des processions nompareilles, qui ont obscurcy le lustre des plus belles mommeries qui furent onques veues : nous avons faict semer soubs mains par toute la France du catholicon d'Espagne, voire quelques doublons qui ont eu des effects merveilleux, jusques aux cordons bleuz politiques. Qu'eusse je peu faire davantage, sinon me donner aux diables par engagement et avancement d'hoyrie, comme j'ay faict? Lisez les livres de Josephe de la guerre des Juifs : car c'est quasi un mesme faict que le nostre, et jugez si les zelateurs Simon et Jean ont eu plus d'inventions et deguisements de matieres pour faire opiniastrer le pauvre peuple de Jerusalem à mourir de rage de faim, que j'en ay eu pour faire mourir de la mesme mort, cent mil ames dedans ceste ville de Paris, jusques à faire que les meres ayent mangé leurs enfants, comme ils firent en ceste sacree cité. Lisez ceste histoire je vous en prie, et pour cause, et vous trouverez que je n'ay espargné non plus qu'eux les reliques les plus sainctes et ustenciles d'eglise, que j'ay

---

[1] La confrérie du cordon régnoit principalement à Orléans, et elle agissoit de concert avec les Seize de Paris.

[2] Cette confrérie se tenoit à Saint-Gervais. Ses statuts ont été imprimés, Paris, Bichon, 1590, in-8°. Elle fut dénoncée au Parlement comme dressant des *rolles de soubçonnez politiques*.

peu faire fondre pour mes affaires. J'ay cent fois violé ma foy particulierement jurée à mes amis et parents, pour parvenir à ce que je desire sans en faire semblant, et mon cousin le duc de Lorraine, et le duc de Savoye en sçauroyent bien que dire[1], les affaires desquels j'ay tousjours postposees à la cause de l'eglise gallicane, et à la mienne. Quant à la foy publique, j'ay tousjours estimé que le rang que je tiens m'en dispensoit assez : et les prisonniers que j'ay retenuz, ou faict payer rançon contre ma promesse[2], ou contre la composition par moy faicte avec eux, ne me peuvent rien reprocher, puis que j'en ay absolution de mon grand aumosnier et confesseur. Je ne parleray point des voyages que j'ay faict faire vers le Biarnois pour l'amuser d'un accord ou je ne pensay jamais : les plus fins de mon party y ont esté embarquez, et n'en ont senty que la fraischeur du rasoir[3], et cela ne doit desplaire à Villeroy qui n'y est allé qu'à la bonne foy, comme pouvez croire. J'en ay bien apasté d'autres qui ne s'en vantent pas, et qui ont traicté pour moy à deux fins, tant pour haster nos amis de nous secourir, et que pour amuser nos ennemis à la moustarde, et si le Biarnois eust voulu croire quelques uns de son Conseil[4], qui ont quelque grain de catholicon sur la langue, et qui ont tousjours crié qu'il ne falloit rien aigrir de peur de desesperer tout, nous

---

[1] Il avoit promis à chacun d'eux en particulier de le faire élire roi de France, et il songeoit plutôt à le devenir lui-même.

[2] A Castillon, Puy-Normand et Montignac en 1586, et à Saint-Ouen près d'Amboise en 1589.

[3] Morfil d'un rasoir *fraichement* émoulu.

[4] Le maréchal de Biron et d'O, surintendant des finances, qui, malgré La Noue, empêchèrent Henri IV de marcher sur Paris après Ivry.

aurions maintenant beau jeu, au lieu que nous voyons que les peuples se sont mis d'eux mesmes à souhaiter et demander la paix, chose que nous devons tous craindre plus que la mort, et aymeroy cent fois mieux me faire Turcq ou Juif, avec la bonne grace et congé de nostre sainct pere, que de veoir ces heretiques relaps retourner jouir de leur bien, que vous et moy possedons à juste tiltre, et de bonne foy par an et jour, voir plus. Hé Dieu, mes amis, que deviendrions nous s'il falloit tout rendre? S'il falloit que je revinsse à mon ancien estat, comment entretiendroy je mon plat, et mes gardes? Il me faudroit passer par des secretaires et tresoriers de l'espargne tous nouveaux, au lieu que les nostres passent par mes mains. Mourons, mourons plutost que d'en venir là : c'est une belle sepulture, que la ruyne d'un si grand royaume que celuy cy, soubs lequel il nous faut ensevelir si nous ne pouvons grimper dessus. Jamais homme qui est monté ou je suis, n'en devala que par force : il y a plusieurs portes pour entrer à la puissance que j'ay : mais il n'y a qu'une yssue seule pour en sortir, qui est la mort. C'est pourquoy voyant qu'un tas de Politiques qui sont parmy nous, nous rompent la teste de leur paix, et de leur monarchie françoise, je me suis advisé de leur presenter une mommerie d'Estats, et apres avoir differé tant que j'ay peu, pour eluder et faire refroidir les instantes poursuites de leurs deputez, je vous ay icy convoquez pour y donner ordre avec vous, et feuilleter ensemble leurs cayers pour sçavoir ou le mal leur tient, et qui sont nos amis, et nos ennemis. Mais pour ne point vous en mentir, ce n'est que pour leur clorre le bec, et leur faire croire que nous travaillons fort pour le public, et entendons volontiers à faire accord. Car les bonnes gens pour cela n'en pisseront pas plus roide. Je sçay qu'il n'y a icy que de nos amis, non plus qu'aux Estats de Blois : et par consequent je m'asseure que voudriez tous, autant pour moy que pour chacun de vous, que moy, ou un prince de nostre maison fust roy, et vous vous en trouveriez bien. Si est ce que cela ne peut se faire sitost, et y a encore une messe à dire, et faudroit faire une grande breche au royaume, parce qu'il en conviendroit donner une bonne partie à ceux qui nous y auroyent aydé. D'autre part vous prevoyez bien les dangers et inconvenients de la paix, qui met ordre à tout, et rend le droict à qui il appartient. C'est pourquoy il vaut encore mieux l'empescher que d'y penser: et, quant à moy, je vous jure par la chere teste de mon fils aîné[1], que je n'ay veine qui y tende, et en suis aussi eslongné que la terre est du ciel : car encore que j'aye faict semblant par ma derniere *Declaration*, et par ma *Response* subsequente, de desirer la conversion du roy de Navarre : je vous prie croire que je ne desire rien moins : et aymeroy mieux veoir ma femme, mon nepveu[2], et tous mes cousins et parents morts, que veoir ce Biarnois à la messe. Ce n'est pas là ou il me demange. Je ne l'ay escrit et publié qu'à dessein, non plus que monsieur le legat son *Exhortation au*

---

[1] Henri de Lorraine, qui porta le nom de marquis de Mayenne jusqu'à la mort de son père, en 1611. Il fut tué au siége de Montauban, en 1621.

[2] Le duc de Mayenne n'aimoit point sa vieille femme; le jeune duc de Guise et tous les autres princes de la maison de Lorraine étoient autant d'obstacles au projet qu'il avoit de se faire roi, comme d'un autre côté la conversion de Henri IV lui ôtoit toute espérance de le pouvoir devenir.

*peuple françois*[1]. Et tous ces escrits que monsieur de Lyon[2] a faicts, et fera cy apres sur ce subject, ne sont qu'à intention de retenir le peuple, en attendant quelque bonne aventure (vous m'entendez bien) que les peres jesuistes nous procureront pour faire un second sainct martyr. Et d'ailleurs, c'est autant de division, et d'atedicment, et atiedissement à nos ennemis : et autant de preparatoires pour le tiers party[3] ou nous avons bonne part; comme estant un grand moyen, s'il esclate, pour faire bien nos besongnes, et à l'avancement duquel je vous prie tous d'employer vos alliances et intelligences, comme je fay les miennes : non pas pour contraindre l'Heretique de tourner sa robe : car je ne le desire, ny ne l'entends : et m'asseure qu'il n'en fera jamais rien; tant il a le cœur obstiné : qui est ce que je demande, afin qu'il demeure tousjours en sa peau; ce qui nous acquierera force bons amis catholiques, apostoliques, et romains, inspirez du Sainct Esprit, qui l'empescheront bien de leur costé, et le mettront en grand accessoire, et m'asseure que le roy qu'ils feront ne me contrepesera pas à la balance. Quoi qu'il en advienne, nous avons envoyé coup sur coup nos agents à Rome[4]; comme monsieur le cardinal de Pelvé mon bon precepteur vous pourra tesmoigner; pour renverser la negociation du cardinal de Gondy, qui ne

---

[1] Les trois pièces dont il est question sont insérées dans les *Mém. de la Ligue.*

[2] D'Espinac.

[3] Le jeune cardinal de Bourbon en étoit le chef. Cette faction avorta bientôt.

[4] Ces agents étoient le commandeur de Diou, Nicolas de Piles, abbé d'Orbais, le doyen de Reims Frizon, et le conseiller de la cour Coqueley.

s'y eschauffera pas plus qu'il doit [1]; et rompre les pratiques du marquis de Pisani, qui est trop bon François pour nous, qui sont allez à Rome chercher un chemin de paix : mais nous avons suscité nos ambassadeurs d'Espagne de protester contre l'audience, et contre ce que le pape voudroit faire sur la pretendue conversion du Biarnois. Monsieur le legat nous a aydé à faire nos memoires et instructions, et y employera de sa part ses habitudes, et confederations du consistoire. Et si sa Saincteté faict autrement, je sçay bien comment il en faut avoir la raison ; le menaçant que nous sçaurons bien faire en ce cas nostre accord avec les Politiques, aux despens et desavantage de l'eglise de Rome. Aussi ne me conseilleriez vous pas, que pour une messe que le roy de Navarre pourroit faire chanter, ce qu'à Dieu ne plaise, je me demisse du pouvoir que j'ay, et que de demy roy que je suis, je devinsse valet, et pour faire tomber l'orage de ceste guerre, sur la teste de ces bons catholiques Espagnols nos amis, qui nous veulent apprendre à croire en Dieu. Bien est vray que si ladite conversion advenoit à bon escient, je seroy en grande peine ; et tiendroy le loup par les oreilles. Toutesfois monsieur de Lyon, et nos bons predicateurs m'ont

---

[1] En octobre 1592, les principaux catholiques du parti du roi avoient envoyé le marquis de Pisani, avec le cardinal de Gondi, vers le nouveau pape, Clément VIII, pour le disposer à reconnoître Henri IV lorsqu'il se seroit converti. Les Seize, qui soupçonnoient Mayenne d'avoir donné son approbation à cette démarche, lui firent présenter une requête tendante *à ce qu'il lui plût les éclairer là-dessus*. C'est pour cela que Mayenne dit ici qu'il n'y a rien à craindre du cardinal de Gondi, qui ne s'emploieroit que *très-foiblement* à la réconciliation du roi avec le saint-siége.

appris[1], qu'il n'est pas en la puissance de Dieu de pardonner à un heretique relaps, et que le pape mesme ne sçauroit lui donner absolution, fust ce à l'article de la mort : ce que nous devons tenir pour treiziesme article de foy, et l'adjouster au Symbole des apostres : voire que si le pape s'en vouloit mesler, nous le ferions excommunier luy mesme par nostre mere la Sorbonne, qui sçait plus de latin ; et boit plus catholiquement[2] que le sainct consistoire de Rome. C'est donc sur quoy il nous faut principalement insister, par quels moyens nous empescherons la paix, et rendrons la guerre immortelle en France. Monsieur de Lyon sçait bien que le roy d'Espagne et moy luy avons promis sur nostre honneur un chapeau rouge, s'il peut tant faire par sa rethorique, d'en venir à bout, et sa sœur[3] a desja receu pour arres un carcan de trois mil ducats, et une chaisne de perles catholiques, avec quelques milliers de doublons. Nous avons aussi certains Politiques, au conciliabule et senatule des ennemis, qui filent desja quelques cordons dudit chapeau rouge, et si nous leur envoyons un peu de soye cramoisie pour faire les resnes de leur mule, ils nous ayderont bravement, et empescheront bien que ces meschants huguenots acariastres n'entrent

---

[1] La *Démonologie de la Sorbonne nouvelle*, pièce insérée dans les *Mémoires de la Ligue* (édition de Goujet, in-4°, t. v, p. 403 et suiv.), attribue aux prédicateurs de Paris, et aux sorbonistes d'alors, onze hérésies, dont ces deux points faisoient la sixième et la dixième.

[2] On se rappelle le « vin théologal » de l'*Apologie pour Hérodote*, ch. xxii. C'est ici un souvenir de Henri Estienne.

[3] D'Espinac avoit deux sœurs : il s'agit ici sans doute de Marguerite de Lux, laquelle révéloit aux ligueurs les secrets du conseil de Henri III, qu'elle connoissoit par son fils, favori de ce prince.

aux Estats, et que rien ne se fasse, ny se passe au détriement et deshonneur de nostre sainct pere, et du sainct siege apostolique, voire quand les privileges de l'Eglise gallicane s'en devroyent perdre. Je conjure donc toute ceste catholique assemblée de tenir la main, et employer verd et sec pour empescher que les Parisiens, et autres villes ne nous viennent rompre la teste de leur paix, mais qu'elles prennent la mort en gré, et souffrent leur totale ruyne, plutost que d'y penser et d'en ouvrir la bouche. Il faut racler des prieres de l'Eglise ces fascheux mots : *Da pacem, Domine,* comme monsieur le legat vous pourra tantost faire entendre qu'ils ne sont point de l'essence de la messe, ny mots sacramentaux : faisons seulement semblant et bonne mine : Si Villeroy s'en lasse [1], nous aurons Zamet [2], qui pour le plaisir que luy a faict mon bon cousin le duc d'Elbeuf, ne plaindra ses peines et voyages, et se laissera aisement beffler [3] sur l'esperance de ses greniers à sel. Quoy qu'il en soit, et advienne qui pourra, si nous nous entendons bien, et continuons nos intelligences avec ce bien-heureux tiers party, nous brouillerons si bien les affaires, que ceux de Bourbon ne se verront de trente ans ou ils pensent : car je ne feray jamais plus de cas d'eux que j'ay faict de leur oncle [4],

[1] Cet endroit désigne les négociations de Villeroy pour la paix, et les soupçons qu'on avoit déjà que ce ministre méditoit sa retraite de la Ligue.

[2] Sébastien Zamet, riche partisan, originaire de Lucques. Il avoit été cordonnier. Il fut long-temps employé par le duc de Mayenne pour obtenir du Béarnois une trève avec les ligueurs. Zamet reçut depuis plusieurs faveurs de Henri IV. (V. Tallemant-des-Réaux.)

[3] Berner.

[4] Le vieux cardinal de Bourbon, étant en prison à Fontenay-

que j'ay laissé mourir en prison et en necessité, sans me soucier gueres de luy, apres qu'il nous eut servy de pretexte, et de planche, que les huguenots appelloyent planche pourrie, pour monter ou je suis : car je sçay bien, que tant qu'il y auroit de ceste race bourbonnoise, qui faict meilleure preuve que moy de sa descente de sainct Loys, jamais ny moy, ny les miens ne regnerions sans querelle. C'est pourquoy vous ne devez douter que je feray tout ce que je pourray pour m'en deffaire. Pour le moins une chose me console, c'est que si les ennemis tiennent la ville de Sainct-Denis, ou les vieux roys sont enterrez, nous en tenons les joyaux[1], reliques, et ornements royaux, qui sont fricassez pour eux, par la saincte devotion de mon frere de Nemours, qui a faict fondre la couronne. Mais qui plus est, la saincte ampoule de Reims est en nostre puissance, quand nous en aurons affaire. Sans laquelle vous m'entendez bien. C'est un coup du ciel. Si prions tous bons confesseurs, predicateurs, curez, et autres devots pensionnaires, de faire rage sur ce sujet, afin que Dieu nous en saiche gré. Pour mon regard, je tiendray tant que je pourray les choses en balance, et apparence : comme j'ay tousjours faict au gouvernement de ceste ville, ne souffrant que le party des Politiques soit trop rabaissé, ny celuy des Seize trop eslevé et insolent, de peur que l'un des deux se faisant le plus fort, ne me

---

le-Comte, où il mourut, n'eut jamais le crédit de se faire accorder la moindre pension. (V. de Thou, l. xcvii.)

[1] Dès le commencement de 1589, le trésor et les reliques de saint Denis avoient été apportés à Paris par deux religieux qui y restèrent pour les garder, mais qui ne laissèrent point de les livrer, à mesure que les chefs de la Ligue les envoyèrent demander pour les mettre en gage ou à la monnoie.

voulust aussi faire la loy : ce que mon cousin le duc de
Lorraine me reproche que j'ay appris de la royne mere,
que Dieu absolve. Au reste, je croy qu'il n'y a pas un
de vous qui ne se souvienne de la mort de Sacremore[1],
apres m'avoir faict plusieurs bons services : j'ay esperance que moy, et mon nepveu en ferons bien d'autres
à l'honneur de ce bon Dieu, pourveu que vous autres
messieurs nous serviez de pareille affection, et attendiez
pareille récompense en ce monde ou en l'autre. Quant
à la pelade, que certains Politiques m'ont voulu im-
properer[2], m'accusant que la Saincte-Cere, ou la Loue[3]
(je ne sçay laquelle des deux) me l'avoyent donnee :
ils en ont menty les meschants, je n'y songeay jamais,
ce n'est que certaine chaleur de foye que les medecins
appellent alopecie, à laquelle moy et les miens sommes
sujets, et monsieur de Lyon sçait que les gouttes[4]
viennent bien sans cela. Et s'il est autrement, que les
loups me puissent manger les jambes, vous priant pour
l'honneur de la saincte Union n'en croire rien, et regarder à nos affaires. Car nous avons un ennemy qui
ne dort pas[5], et qui use plus de bottes que de sou-

---

[1] Il fut tué de sang-froid par Mayenne, en 1587, à cause de quelques fâcheux propos qu'il avoit tenus audit duc, touchant son propre mariage avec madame de Villars, fille aînée de madame de Mayenne, qu'il maintenoit lui avoir été promise.

[2] Reprocher.

[3] Filles de joie du temps. Il y a là sans doute quelque allusion à une partie de débauche, dont il est question à l'année 1589 dans Mézeray.

[4] D'Espinac étoit connu par son incontinence. Il mourut de la goutte en 1599.

[5] « Le duc de Mayenne, dit Mézeray, estoit pesant de corps;
» grand dormeur et grand mangeur : Henry IV, au contraire;

liers ¹ : vous y donnerez ordre, et vous vous garderez des escrouelles ³, et de tomber du haut mal ⁸ si vous pouvez. J'AY DIT.

Monsieur le lieutenant ayant achevé sa harangue, avec grand applaudissement de l'assistance, où le président de Nully ⁴, et Acharie ⁵ laquais de la Ligue furent veuz pleurer de joye, le doyen de Sorbonne grand dataire du legat se leva, et cria tout haut : *Humiliate vos ad benedictionem, et postea habebitis haranguam* ⁶ ; alors monsieur le legat, trois profondes et copieuses benedictions prealablement faictes, commença à parler ainsi :

» estoit prompt, actif et vigilant, ne se tenant pas si long-temps
» au lit que l'autre se tenoit à table. »

¹ Ce sont les propres paroles du duc de Parme à Mayenne. (Cayet, *Chron. novenn.*, l. II.)

² Après la levée du siége de Paris, les Parisiens furent fort tourmentés de ce mal.

³ C'est-à-dire d'être pendu.

⁴ Étienne de Nully, président en la Cour des Aides, du Conseil des Quarante. Il avoit fait tuer son prédécesseur à la Saint-Barthélemy pour avoir sa place. Nully étoit un des plus infâmes ligueurs. Il pleuroit toujours.

⁵ Maître des comptes du Conseil des Quarante ; on l'appeloit le *laquais de la Ligue,* à cause de l'empressement qu'il montroit, quoiqu'il fût boiteux. Chassé de Paris en 1594, il se retira aux Chartreux de Bourg-Fontaines, puis il alla mourir dans sa famille, en 1613.

⁶ Ce beau latin que l'auteur attribue ici au doyen de la Sorbonne, fait connoître en quel sens il disoit que la Sorbonne savoit plus de latin que le consistoire de Rome. Ce doyen n'avoit plus qu'à ajouter : *Vultis etiam pardonos? per diem vos habebitis, et nihil payabitis;* et il auroit parlé tout à fait comme Janotus de Bragmardo.

# HARANGUE

## DE MONSIEUR LE LEGAT [1].

*In nomine patris, etc.* † Io mi rallegro, e son quasi fuora di me stesso (ò signori, e popoli, piu catholici che i medesimi Romani) di vedervi qui collegati per un sogetto tanto grande, e catholico : ma d'altra parte mi truovo molto sbigottito di sentir tante opinione balorde fra voi altri Ligouri catholici, e mi pare che quella antica fattione di neri et bianchi [2] rinasce : percio che l'uni domandano bianco, e gli altri il nero [3]. Ma una sola cosa mi pare necessaria à la salute delle anime vostre : cio è, di non parlar mai di pace, e manco procurar la, che prima tutti gli Francezi non siano morti, à guiza di Macabei, e uccisi valorosamente come fù Samsone, fracassati e sotterrati trà le ruine di questo cattivo paradiso terrestre di Francia, per goder piu presto la quiete immortale del paradiso celeste. Guerra donque, guerra [4], ó valenti e magnifici Francesi, perche

[1] Cette harangue est du conseiller Jacques Gillot. On trouvera la traduction des passages italiens à la fin du volume.

[2] *Noirs* et *blancs*, noms de deux factions qui se disputèrent la Toscane en 1295.

[3] Ce proverbe se vérifioit à la lettre entre les ligueurs des deux factions de Lorraine et d'Espagne, dont les derniers vouloient l'infante qui étoit *noire*, et les premiers le jeune duc de Guise qui étoit *blanc*.

[4] Ceci est imité d'un des sermons de l'évêque d'Asti Paniga-

mi pare quando si ragiona della pace e si parla di trega con questi forfanti heretici manigoldi, che mi sia dato un servitiale d'inchiostro : considerando che molto meglio è per la quiete d'Italia, e la securità de la santa sede apostolica, che i Francezi e Spagnuoli guerreggiano tra loro in Francia, ò veramente in Fiandra per la religione, ò la corona, che in Italia per Napoli ò Milano : perche per vi dir il vero, non se ne cura il santissimo padre di tutti fatti vostri ; se non à tanto che li tocca di non esser spogliato d'annate e commende, e altre espeditioni che si fanno in Roma con oro e argento vostro. Date quanto volete le anime vostre al demonio inferno : poco gli è : proveduto che gli sia che le provende di Bretagna [1], et la riverentia antica, debita à sua santità, non gli mancano. Tanto piu grande e riverita sarà sua santità, quanto voi altri homuncioni sarete piccoli e piccolini : E non parlate piu di tanti beni, è tanti favori ch' i predecessori vostri hanno fatte à la santa sede apostolica, ancomeno delle richezze, e paezi che gli pape hanno del beneficio di Carlo magno, e di suoi successori

rolle, venu à Paris pour prêcher la Ligue. Il lui étoit un jour échappé de dire à quelqu'un en particulier qu'il eût mieux valu faire la paix, que de laisser tant d'ames innocentes languir et crier la faim. La chose ayant été rapportée aux Seize, ils lui déclarèrent que, s'il ne parloit autrement, *ils l'enverroient par eau porter* au Béarnois *des paroles de paix à Saint-Cloud*. Ce cordelier, qui craignoit les Seize, fit aussitôt sonner le sermon, monta en chaire, et dit, après quelque préambule, que des malveillants avoient fait courir le bruit qu'il étoit homme de paix, mais qu'ils en avoient menti. Alors il s'écria : *guerra, guerra, guerra*, et entra si fort en colère, qu'il oublia de boire un coup au milieu de son sermon, ainsi qu'il avoit contume de le faire. Voir sur Panigarolle : Tiraboschi, Davila, Lestoile, etc.

[1] La Bretagne a long-temps passé pour un pays d'obédience;

regi di Francia : questo è cosa fatale : le pardonanze che havete ricevute da pochi anni in qua, con le gratuite indulgenze, e jubilei, sono di molto piu pregio, basta che le corone e gli scettri del mondo sono à dispositione de sua santità, e si possono cambiare, trastullare, e torre e porre à suo modo. Scriptum est enim : Hæc omnia tibi dabo. Atque, ut pergam latina lingua vobis loqui, ne forte aliquis non satis intelligat italianem [1], dicam vobis summam legationis meæ quæ sumpta est ex Matth. 10 cap. Nolite arbitrari quia pacem venerim mittere in hanc terram : non veni pacem mittere, sed gladium. Nihil enim habeo magis in mandatis, et instructione secreta quam ut vos perpetuo exhortem ad bellum et prælium, atque totis viribus impediam ne tractetis ullo modo de reconciliatione, et pace inter vos. Quod sane magnum esset crimen et indignum christianis et catholicis hominibus. Alterum vero punctum quod habeo vobiscum agendum, est de electione cujusdam principis boni catholici, in regem vestrum, repudiata prorsus ista familia Borboniorum, quæ tota est hæretica, aut hæreticorum fautrix : ego vero scio, gratissimam rem vos facturos domino nostro papæ et sanctæ sedi apostolicæ, nec non benefactori meo, christianissimo [2] et catholicissimo Hispaniarum et tot regnorum regi, si Britanniæ Armoricæ ducatum conservetis illustrissimæ filiæ ejus Infanti [3] : regnum vero conferatis alicui prin-

[1] Tout le beau latin de cette harangue et de celle du cardinal de Pelevé s'accorde avec ce qu'en disoit un quidam, qui l'entendoit prononcer aux États de Paris : que c'étoit du latin de cardinal, et que ne le parloit pas qui vouloit. « Chacun, dit Le Grain, s'en rioit et gaussoit. »

[2] Il appelle ici le roi *très-catholique*, roi *très-chrétien*, parce qu'il considéroit déjà Philippe II comme roi de France.

[3] Philippe II prétendoit pour sa fille au duché de Bretagne.

cipi ex ejus familia, quem illa maritum eligere voluerit, et dotali corona Franciæ dignabitur in solidum utrique competenti[1]. Sed de hoc plura reverendissimus cardinalis de Pelve vobis disseret, et pro reliquo supplebit. Cognoscit enim melius quam me vestra negocia, quæ per viginti annos tam Lotharingice, quam Hispanice tractavit Romæ, adeo subtiliter, et fideliter, ut reduxerit res vestras ad punctum, ad quod illas nunc reductas videtis : idcirco cum crederet pius iste præsul, et civis, Franciam matrem suam esse in agone mortis, et trahere ultima suspiria, venit nuper ad visitandam eam, tanquam bonus et devotus confessarius et optimus compatriota ad vos juvandum, in pompa funebri, et exequiis ejus. Sed si velletis eligere aliquem in regem ex suis benefactoribus Lotharingiæ, et Guisiæ, sane vos faceritis ei secundum cor suum : et ille alacriter ungeret et sacraret eum ex oleo sanctæ ampullæ quod habet Remis expresse reservatum, et bene servatum sub custodia Sancti Pauli [2] Campaniæ et Retheliæ ducis. Vos videritis : ego de expresso mandato domini nostri, si quid in hoc feceritis contra leges et mores hujus regni, vel contra concilia Ecclesiæ, vel etiam contra Evangelium et Decalogum,

---

[1] En 1591, le roi d'Espagne avoit proposé qu'aux prochains États sa fille Isabelle fût déclarée reine de France, à l'exclusion de tous les princes, soit de la maison de Bourbon, soit de celle de Lorraine. En 1593, il avoit fait encore la même demande, sur ce que, disoit-il, tous les fils de Henri II étant morts sans héritiers légitimes, le royaume lui appartenoit comme étant descendue de l'aînée des filles de Henri II. Peu après, il revint à la charge par le moyen du légat, qui, ne pouvant se trouver à l'assemblée parce qu'il étoit malade, proposa par ses lettres que l'infante fût tenue d'épouser son cousin l'archiduc Ernest, moyennant quoi on les établiroit roi et reine *solidairement*.

[2] Le capitaine Saint-Paul.

saltem secundum impressionem hæreticorum, vobis promitto plenam absolutionem, et indulgentiam, idque gratis, in sæcula sæculorum. Amen.

Oi me, non mi ricordiva di vi far intendere una molto buona nuova, ch'ò ricevuta in freta di Roma, per mezzo di Zametto : cio è che la sua santità, scommunica, agrava, anathematiza tutti i cardinali, archivescovi, vescovi, abati, preti, e monachi chi sono reali politici, quanto catholici siano. E per torre ogni diferenza e gelosia tra gli Spagnuoli e Franceži : farà il santissimo padre, che i Franceži haranno le scrofole, come i Spagnuoli, e diventaranno anco bravadori, e bugeroni come essi. Oltre fà pieno indolgenze à tutti quanti buoni catholici Loreni ò Hispani Francesi, i quali amazzeranno padri, fratelli, cugini, vicini, podestate, principi reali, politici heretici, in questa christianissima guerra, fine à trecenta mille anni di vero perdono. E non dubitate ch' il Spirito Santo vi manca, perche il sacro consistorio lo fà descendere dalle braccia di Dio padre, à sua posta : come sapete ch' à designato doppo molti anni di creare alcuno papa che non fosse italiano, o hispano : in fine, fatte un rè, di gratia per amor mio : E non me ne curo che si sie, fosse e diavolo, modo che sia servitore e feudatario de la sua santità, e del rè catholico, per mezzo del qual son stato fatto cardinale, merce al buon duca di Parma. Ben vi dirò ch' il mio voto sarebbe volentieri per la infanta di Spagna, perche ella è valente donna, e amata molto di suo padre [1]. Neantedimeno farete quel

---

[1] Le duc de Nevers dit de l'infante dans son *Traité de la prise des armes :* « Vous pouvez dire qu'en l'âge de vingt-six » ans elle gouverne tous les estats du roi son pere; car elle le » soulage infiniment en toutes les grandes depesches qu'il faict, » l'ayant nourrie aupres de luy, et instruitte aux affaires, si bien

che piacera al signor duca di Feria, e *à monsour lo loutenant*. Ma guardatevi mentre d'aprir la bocca per ragionar di pace ò trega : altramente il sacro collegio rinegarà Christo. « Ego me vobis commendo iterum. » Valete. »

Ces mots finis, le petit Launay[1] cy-devant ministre passé en l'université de Geneve[2], et à présent boutecul[3] de Sorbonne, après avoir mangé les grands breviaires et heures du feu roy[4], à faire festins à monsieur le lieutenant, se mit à genoux avec Garinus[5] cordelier, et apostre apostat, et assistez de Ceuilly[6] curé de Sainct-Germain de l'Auxerrois, et d'Aubry[7] curé de Sainct-

» qu'à présent elle agence toutes les plus grandes du consente-
» ment de son pere, voire elle signe les lettres d'affaires au lieu
» dudit roy, ayant appris si bien à contrefaire sa signature, que
» les ambassadeurs et autres n'y connoissent aucune différence.
» Pour ceste occasion le roy la mene ordinairement avec luy
» quand il se retire en son monastere de l'Escurial, afin d'estre
» soulagé par elle, comme il l'est bien et fidellement. » (Cf. Brantôme, *Dam. ill.*, IVᵉ disc., vie d'Élizab. de France.)

[1] Il fut d'abord prêtre, puis *huguenot* et ministre, ensuite il se maria ; plus tard il redevint catholique, chanoine de Soissons, grand ligueur et du Conseil des Quarante. (V. *de la Dém. chez les préd. de la Ligue*, p. 67.)

[2] Dans l'édition supposée de Turin (1594); entre ces mots et les suivants, on lit : *et depuis fesse-chambrière*. Dans celle des Mémoires de la Ligue, après le mot *ministre*, on lit : *apostat et à présent boutecul*, etc.

[3] La populace appeloit ainsi les moines convers, ou demi-moines.

[4] Allusion aux gros et grands bréviaires que Henri III fit imprimer.

[5] Jean Garin, cordelier savoyard, l'un des prédicateurs furieux de la Ligue.

[6] Jacques Cueilly fut exilé en 1594.

[7] Il étoit du Conseil des Quarante.

André des Arcs, revenant de confesser Pierre Barriere[1], entonnerent à haute voix devant la croix de monsieur le legat :

> O crux ave, spes unica,
> Hoc passionis tempore.

Quelques uns de l'assemblee le trouverent mauvais : toutesfois chacun les suyvit en chantant de mesme, et le bransle finy, le sort toucha à monsieur le cardinal de Pelvé de parler, lequel se levant sur ses deux pieds, comme une oye, après avoir fait une tres profonde reverence devant le siege de monsieur le lieutenant, son chapeau rouge avalé en capuchon par derriere, puis une autre semblable devant monsieur le legat, et une autre bassissime devant les dames : puis s'estant rassis, et toussy trois bonnes fois, non sans excreation phlegmatique, qui excita aussi un chacun à faire de mesme, il commença de dire ainsi, addressant sa parole à monsieur le lieutenant, qui luy dit par trois fois : couvrez vous, mon maistre.

[1] Cet assassin étoit parti de Lyon dans l'intention de tuer le roi, et, n'ayant appris qu'à Paris la conversion de Henri IV, il s'étoit adressé à Christophe Aubry, qui lui persuada que la mort de cet hérétique abominable pouvoit seule assurer la religion catholique.

# HARANGUE

## DE MONSIEUR LE CARDINAL DE PELVÉ [1].

Monsieur le lieutenant, vous m'excuserez, si pour contenter ceste docte assemblee, et garder le decorum et la dignité du rang que je tiens en l'Eglise par la providence de vous et des vostres, je fay quelque discours en langage latin, auquel vous sçavez qu'il y a long temps que j'estudie, et en sçay presque autant que mon grand père qui fut un bon gendarme et un bon fermier quant et quant soubs le roy Charles huictiesme [2] : mais quand j'en auray dit trois mots, je reviendray à vous et à vos affaires : je m'adresserai donc à vous, hommes illustres, atque ex tota Galliarum colluvie electissimi, ut vobis intelligere faciam multa quæ gallica lingua satis non possunt exprimari ; est enim operæ pretium, ut nos præcipue qui studuimus in celeberrima academia Parisius, et sapimus magis quam fex populi, habeamus aliquid secreti quod mulieres non intelligant. Volo igitur vos scire (et hæc dicantur tantum piis auribus) quod exivit edictum [3], sive mavultis rescriptum

---

[1] Cette harangue est de Florent Chrestien.

[2] Thomas de Pelevé, premier du nom, et bisaïeul du cardinal. Il étoit écuyer, vicomte de Valognes en Cotentin (Normandie).

[3] C'est la prétendue bulle du pape Clément VIII, en date du 15 avril 1592. Elle paroissoit adressée au cardinal légat de Plaisance, et fut vérifiée au parlement de la Ligue à Paris, le 27 octobre suivant. Le parlement séant à Châlons protesta. (V. de Thou, l. CIII.)

per breve a domino nostro papa, per quod nobis permittitur eligere, creare, sacrare, et ungere regem novum, talem qualem vobis placuerit, modo sit de stirpe vel Austriaca vel Guysiaca, habetis igitur ad providendum ex utra gente mavultis principem. Nam de istis Borbonijs non sunt loquelæ neque sermones[1], quanto minus de isto hæretico relapso, quem idem dominus noster papa, per idem rescriptum adfirmat esse jam damnatum apud inferos, et animam ejus propediem, servituram Lucifero pro merenda pomeridiana. Sano ego sum Gallus[2], nec renegabo meam patriam : sed si ista electio vaderet ad libitum meum, profecto pro bono meo et meorum, atque etiam vestro libenter vos precarem, ut daretis vestras voces alicui ex familia Lotharena, quam scitis tam bene fecisse in republica catholica, et Ecclesia romana : fortasse vero Dominus Legatus habet aliud intentum, ad placendum Hispanis; sed non dicit omnia quæ habet in scrinio pectoris : vos interea hoc tenete firmum : nullo modo esse loquendum aut audiendum de pace facienda cum istis damnatis Politicis, quin potius armate et parate vos ad patiendum omnes extremitates, vel etiam mortem, famem, ignem et ruinam totius urbis vel regni : nihil enim potestis facere gratius et acceptabilius Deo, et regi nostro Philippo catholicissimo. Non ignoro Luxemburgum[3] et cardinalem Gondium et marchionem Pisanum Romam profectos, ut præparent animum domini nostri papæ, ad audiendam legationem Biarnezi, tractaturam de con-

[1] Cf. ps. 18.

[2] Équivoque : *coq, François*.

[3] Le duc de Luxembourg remplissoit à Rome les fonctions d'ambassadeur extraordinaire, et Pisani celles d'ambassadeur ordinaire.

versione sua : sed quantum tuta est luna a lupis, tantum aversum est cor Domini nostri a talibus negotiis : estote fortes et securi sicut et ego : modo sim intra muros Parisius. Sane paraveram aliquid boni ad dicendum vobis de beato Paulo cujus conversio heri celebrabatur : quia sperabam [1] quod heri in ordine meo me contingebat loqui. Sed me fefellit longa nimis oratio Domini de Mania [2] : et ideo cogor remittere in vaginam gladium latinitatis meæ, quem volebam stringere in conversionem istam, de qua Politici nonnulli nescio quid seminant in vulgum, quam tamen neque credo neque cupio : quoniam beatus Paulus multum distabat ab isto Navarra : erat enim nobilis, et civis Romanus : et quod nobilis fuerit, et stirpe nobilis editus, apparet ex eo quod Romæ fuit illi amputatum caput : iste vero est infamis propter hæresim, et tota familiam Borboniorum descendit de becario, sive mavultis de lanio, qui carnem vendebat in laniena Parisina, ut asserit quidam poëta [3] valde amicus sanctæ Sedis apostolicæ, et ideo qui noluisset mentiri. Paulus etiam conversus est cum miraculo : iste non, nisi forte dicat, obsidione se cinxisse hanc urbem menses circiter quatuor cum sex millibus hominum, dum intus essent plus quam centum millia : et hoc esse miraculum, et cepisse tot urbes et arces

---

[1] Pelevé se proposoit de haranguer le jour de la conversion de saint Paul, sur laquelle il avoit préparé quelque chose ; mais il fut remis au lendemain, jour de saint Polycarpe, ce qui le brouilla et mit en tel désordre, que toute l'assemblée des États rit de lui. (V. de Thou, l. cv.)

[2] Équivoque : *Mayenne, manie.*

[3] On sait que Dante fait dire à Hugues Capet dans *le Purgatoire :*

*Figlivol fui d'un beccaio di Parigi.*

fortissimas, sine murorum subversione, sed per invia foramina, et arctos cavos vix uni soli militi penetrandos : addite, quod Paulus timuit, et magno terrore est affectus ex fulgure cœli : at iste est imperterritus, nec timet quidquam, nec fulmen, nec fulgura, nec imbres, nec hyemem et glaciem, aut æstum, imo nec acies nostras et exercitus nostros tam bene instructos, quos cum pauca manu audet expectare et ante venire, et debellare aut fugare. Pereat male diabolus iste velox et insomnis, qui nos tam laboriose fatigat, et impedit dormire ad nostrum libitum. Sed hactenus de Paulo, ne Polycarpus cujus hodie festum agitur fortasse invideat; quem tamen prætermittam, quia de eo nihil prævidi, aut præmeditavi. Memini quidem cum essem Romæ [1] in tempore Gregorii papæ, me proposuisse in Consistorio quinque protesta, sive problemata disputanda [2], quæ tota respiciebant sanctissimam istam congregationem de eligendo rege Franciæ : nam ab eo tempore quo me Henricus defunctus iste fautor hæreticorum spoliavit meo episcopatu Senonensi [3], et in sua manu posuit meos reditus et beneficia quæ habebam in suo regno, semper habui animam et intentionem me vindicandi, et feci omnia quæ potui, et faciam in æternum, quando deberem animam meam tradere diabolo ut ista insignis injuria cadat in caput Gallorum omnium qui passi sunt, nec se opposuerunt opprobrio meo. Quod cum essem sæpius pretestatus, tandem effeci : et vos sciretis bene quid dicere. Sed alio me vocant principes isti, et

[1] En 1585. (V. de Thou, l. LXXXI.)

[2] C'étoient des protestations contre Grégoire XIII, sur ce que ce pape faisoit difficulté d'autoriser la Ligue.

[3] En 1586, Henri III avoit fait saisir les revenus du cardinal de Pelevé.

istæ totius orbis insignes uniones et gemmæ mirabiles, quos et quas alloqui nunc res postulat, cæteramque turbam deputatorum, et deputantium, quorum interest ut intelligant nic disserentem lingua gallica, quam pene dedidici loqui, adeo patriam meam sum oblitus.

Je retourneray donc à vous, monsieur le lieutenant, et vous diray que si j'eusse trouvé en France les affaires avoir reussi selon les pratiques et intelligences que j'ay mences depuis vingt-cinq ans[1] avec les Espagnols à Rome, je verrois maintenant feu monsieur vostre frere en ce throsne royal, et aurions occasions de chanter avec ce bon patriarche : *Nunc dimittis* : mais, puisque ce n'a pas esté la volonté de Dieu qu'ainsi fust; patience; assez va qui fortune passe. Si vous diray je en passant, que, *fide mea*, il vous faict fort bon veoir, ouy, monsieur le lieutenant, il vous faict fort bon veoir assis là où vous estes, et avez fort bonne mine, et remplissez bien vostre place, et ne vous advient point mal à faire le roy : vous n'avez faute que d'une bonne cheville pour vous y bien tenir : vous avez toute pareille façon, sauf l'honneur que je dois à l'Eglise, qu'un Sainct-Nicolas de village, *à fè de Dio*, il me semble que nous celebrons icy la feste des Innocents, ou le jour des Roys. Si vous aviez maintenant un plein verre de bon vin; et qu'il pleust à la majesté de vostre lieutenance boire à la compagnie, nous crierions tous *le Roy boit*, aussi bien n'y a il gueres que les Roys sont passez : ou nous empeschasmes bien qu'on ne fist de Roy de la febve, de peur d'inconvenient et de mauvais presage : mais si vous estes icy à ceste my-Caresme pro-

---

[1] Il avoit témoigné sa mauvaise volonté contre la France, dès l'an 1563, au concile de Trente. (V. Fra Paolo.)

chaine, nous chevaucherons tous avec vous par les rues, et ferons la my-caresme à cheval[1], si nous pouvons retenir jusques alors toute ceste catholique assemblee, à laquelle je veux maintenant adresser mon propos en general, et que tout le monde m'entende. Messieurs, ne me tenez pas pour homme de bien et bon catholique, si la maladie de France (je n'entends parler *del male Francioso*), je veux dire vos miseres et pauvretez, ne m'ont faict venir par deça, ou je me suis comporté en vray hypocrite, je vouloy dire Hipocrate, mais la langue m'a fourché. Ce grand medecin, voyant son pays affligé d'une maladie epidemique et peste cruelle, qui exterminoit tout le peuple, s'advisa de faire allumer force feux par toutes les contrees pour purger et chasser le mauvais air : et moy tout de mesme pour venir à bout de mes desseins catholiques, et pour antidote à nostre saincte Union qui est frappee de peste, j'ay esté un des principaux autheurs (je le dy sans vanterie) de tous ces feux et embrasements qui bruslent et ardent maintenant toute la France, et qui ont tantost mis et consommé en cendres le plus beau qui y fust de reste des Goths et Visigoths : si le feu Cardinal de Lorraine mon bon maistre[2] vivoit, il vous en rendroit bon tesmoignage : car m'ayant tiré de la marmite des capettes

---

[1] Cette expression étoit déjà une raillerie au temps de Rabelais (l. v, ch. xxx), qui dit qu'étant au pays de Satin, il y avoit vu la *my-caresme à cheval*; la montre ridicule que le clergé fit en 1590, à la veille du siége de Paris, avoit été appelée ironiquement une *my-caresme à pied*.

[2] Pelevé avoit d'abord été solliciteur au palais de Paris des affaires du cardinal de Lorraine, qui lui fit avoir un office de conseiller, puis un évêché.

de Montagu¹, puis mis en la Cour de Parlement, ou je descouvry bien l'eschole, quand il me feit evesque, puis archevesque, et enfin cardinal, ce fut tousjours à condition expresse d'acheminer ceste affaire à sa perfection et obliger ma vie et mon ame à l'avancement de la grandeur de Lorraine, et detriment de la maison des Valois et des Bourbons : à quoy je n'ay pas failly en tout ce qui possible m'a esté, et que ma cervelle s'est peu estendre : et en ces jours derniers les presidents Vetus, et Janin² m'ont assisté de memoire et pratiques, et ont quasi empieté mon credit, et devant eux encore mes collegues David³, et Piles⁴ n'eussent pas fait grand chose sans moy, ny moy sans eux. Le pauvre Salcede⁵ sçavoit bien un tantinet du secret, mais non pas tout : et n'eut pas bon bec : car il descouvrit le pot aux roses, dont il faillit à nous perdre avec luy : toutesfois nous avons bien eu la raison de tous ces Valesiens; et l'aurons, Dieu aidant, de ces Bourbonistes, si chacun de vous y veut faire *di galante uomo :* quant à moy, messieurs, me voicy à vostre commandement à vendre et despendre, pourveu que comme bons catholiques zelez, vous vous soubmetiez aux archicatholiques princes lorrains, et supercatholiques espagnols; qui ayment tant la France, et qui desirent tant le salut de vos ames

---

¹ Boursiers du collége de Montaigu, qui portoient de petits manteaux appelés *capets*.

² Membres du Conseil des Quarante.

³ Avocat qui se jeta avec violence dans la Ligue, et publia un mémoire violent pour pousser au renversement des Valois en faveur des Lorrains.

⁴ Nicolas Piles, abbé d'Orbais, chanoine de Notre-Dame de Paris, et secrétaire de la chambre du clergé aux États de la Ligue.

⁵ Voir au long l'histoire de Salcède, dans de Thou, l. LXXV.

qu'ils en perdent la leur par charité catholique, dont c'est grand pitié, et vous prie d'y adviser de bonne heure de peur que ce Biarnois ne nous joue quelque tour de son mestier : car s'il alloyt se convertir et ouyr une meschante messe seulement (*cancaro*), nous serions affolez, et aurions perdu tout à un coup nos doublons et nos peines. Mais encore que ces bonnes gens de Luxembourg [1] et Pisani le promettent à nostre Sainct Pere, il n'en sera peut estre rien. C'est pourquoy, *in dubio*, vous vous devez haster de vous mettre entre les mains des medecins ces bons chrestiens de Castille, qui sçavent vostre maladie et en cognoissent la cause, et par consequent sont plus propres à la guarir si les voulez croire : car ceux qui disent que les Espagnols sont dangereux empiriques, et font comme le loup qui promettoit à la brebis de la guarir de sa toux, cela est faux : ce sont tous heretiques qui le disent : et tout bon catholique doit croire sur peine d'excommunication et de censure ecclesiastique, que le preux roy [2] d'Espagne voudroit avoir perdu ses royaumes de Naples, Portugal et Navarre, voire son duché de Milan, et le comté de Roussillon, et tous les droits qu'il a aux Pays-Bas, que les Estats lui gardent, et que tous les François fussent bons catholiques, et voulussent volontairement et de hait recevoir ses garnisons avec la saincte Inquisition, qui est la vraye et unique touche, pour cognoistre les bons chrestiens et catholiques zelez, enfants d'humilité et obéissance. Ne croyez donc pas que ce bon roy vous

---

[1] François de Luxembourg, duc de Piney, avoit reconnu des premiers Henri IV, et lui avoit déclaré que la noblesse de son royaume désiroit qu'il embrassât la religion catholique.

[2] Équivoque : on sait que Philippe II eut à souffrir d'une espèce de lèpre.

envoye tant d'ambassadeurs, et vous fasse envoyer ces bons personnages legats du sainct Pere à autre intention que pour vous faire croire qu'il vous aime fort catholiquement[1] : penseriez vous que luy qui est seigneur de tant de royaumes qu'il ne les peut compter par les lettres de l'alphabet, comme Charles-Magne faisoit ses monastères[2], et si riche qu'il ne sçait que faire de ses tresors, voulust se mettre seulement en peine de souhaiter si petite chose que la seigneurie de France? Toute l'Europe, par maniere de dire, ne luy est pas une contree de ces nouvelles isles conquises sur les sauvages : quand il sue, ce sont des diadesmes : quand il se mousche, ce sont des couronnes : quand il rote, ce sont des sceptres[3] : quand il va à ses affaires, ce ne sont que comtez et duchez qui luy sortent du corps, tant il en est farcy et remply, *non eripit mortalia, qui regna dat cœlestia*[4]. Ce seroit donc bien à propos de soupçonner qu'il voulust estre roy de France: *ma de si*. Je ne dy pas que pour guarir des escrouelles, dont les pays meridionaux sont fort infectez, il ne fist quelque chose à la priere des devots habitans de sa bonne ville de Paris, qui l'ont supplié par lettres ex-

[1] Quelques éditions portent *sur toutes riens*, c'est-à-dire sur toutes choses.

[2] Le conte auquel ceci fait allusion est de *Martinus Polonus*, qui dit que l'empereur Charlemagne envoya vingt-trois lettres d'or du poids de cent livres aux vingt-trois monastères qu'il avoit fondés. (V. Naudé, *Apol. pour les grands hommes*, etc., ch. xix.)

[3] Cf. Rabelais, l. iv, ch. xxxii, où il est dit de Quaresme-prenant : « S'il mouchoyt, c'estoyent anguillettes sallees; s'il » suoyt, c'estoyent moulues au beurre frais; s'il rottoyt, c'es-» toyent huytres en escalle, etc. »

[4] Ces mots sont tirés de l'hymne *Hostis Herodes*, qui se chante le jour des Rois à vêpres.

presses¹ signees de leurs mains de les recevoir comme
ses bons subjects et serviteurs, et d'accepter le pesant
fardeau de la couronne de France : ou si son dos estoit
si courbé et chargé d'autres couronnes precieuses,
que celle de France n'y peust trouver place, pour le
moins il en recompensast quelqu'un de ses hidalgos,
qui luy en feroyt foy, hommage, et reverence : mais
autrement, je vous prie pour l'honneur de Dieu, ne
pensez pas qu'il y pense : ses comportements aux Pays
Bas, et aux terres neufves, vous doivent asseurer qu'il
ne pense à nul mal, non plus qu'un vieil singe : et quand
ainsi seroit qu'il vous auroit tous faict entretuer, et
perir par feu, fer, et famine, ne seriez vous pas bienheureux d'estre assis là haut en Paradis au dessus des
confesseurs et patriarches, et vous moquer des maheutres, que vous verrez dessoubs vous rostir et bouillir
aux chaudieres de Lucifer? Mourez quand il vous plaira,
nous avons assez de Mores, Africains, Wallons et Fo-
ruscits² pour mettre en vostre place : tuez, massacrez, et
bruslez hardiment tout : monsieur le legat pardonnera
tout : monsieur le lieutenant avouera tout : monsieur
d'Aumale vous adjugera tout : monsieur de Lyon scel-
lera tout, et monsieur Marteau signera tout. Je vous
serviray de pere confesseur et à la France aussi, si elle
a l'esprit de se laisser mourir bonne catholique, et faire
les Lorrains et Espagnols ses heritiers comme je vous
en prie tous en general et particulier : vous asseurant
apres monsieur le legat, que vos ames ne passeront point

¹ Cette célèbre lettre, par laquelle les Seize offroient la couronne à Philippe II, est du 2 novembre 1591 ; elle est rapportée
dans Lestoile et à la suite des Mémoires de Villeroy.
² *Bandits ou fuorusciti* d'Italie, qui formoient, avec les
*Mores, Africains* et *Wallons*, la garnison espagnole à Paris.

par le feu de Purgatoire, estants assez purgés par les feux que nous avons allumez aux quatre coings et au milieu de ce royaume, pour la saincte Ligue, et par la penitence, jeusnes, et abstinence que nous vous faisons faire en devotion. Quant à l'election d'un roy, je donne ma voix au marquis des Chaussons[1] : il n'est lipu[2] ny camus[3], ains bon catholique, apostolique et romain : je le vous recommande, et moy de mesme, *in nomine Patris, et Filii, et Spiritus Sancti. Amen.*

Ces mots finis, tous les docteurs de Sorbonne et maistres ès arts là presents fraperent en paulme, et crierent *vivat* par plusieurs fois, si fort que toute la sale en retentissoit : et apres que le bruit fut un peu cessé, se leva le prieur des carmes[4], hors de sa place, et monta sur son banc, ou il prononça tout haut de fort bonne grace ce petit quatrain, comme s'il l'eust composé sur le champ :

> Son éloquence il n'a peu faire veoir.
> Faute d'un livre ou est tout son sçavoir :
> Seigneurs Estats, excusez ce bon homme :
> Il a laissé son calepin à Rome.

Et tout à l'instant un petit maistre ès arts saillit aussi en pieds, et tournant le visage vers mondit sieur le cardinal de Pelvé, repliqua de mesme en autant de carmes[5] :

---

[1] Il veut dire Chaussins; et il entend par là François de Lorraine, marquis de Chaussins, frère du duc de Mercœur.

[2] C'est-à-dire de ceux de la famille d'Autriche, qui presque tous avoient de grosses lèvres.

[3] Le jeune duc de Guise étoit fort camus.

[4] Simon Fillieul.

[5] Équivoque : *carmen.*

Les frères ignorants[1] ont eu grande raison
De vous faire leur chef, monsieur l'illustrissime[2] :
Car ceux qui ont ouy vostre belle oraison
Vous ont bien recogneu pour ignorantissime.

Tout le monde trouva ceste rime fort plaisante, et apres avoir faict un second battement de mains, non toutesfois si long que le precedent, monsieur de Lyon se leva, et fit signe de la main qu'il vouloit parler : parquoy apres que tout le monde eust sonorement et theologalement toussy, craché et recraché, pour l'ouyr plus attentivement, à cause de la reputation de son eloquence, il discourut ainsi, ou environ.

[1] Il s'agit ici des capucins, appelés en Italie *fratelli ignoranti*. Le cardinal de Pelevé étoit protecteur de ces moines.

[2] On appeloit les cardinaux roturiers *révérendissimes* et les cardinaux princes *illustrissimes*. (V. Pasquier, *Catéch. des Jés.*, l. III, ch. XXIII.)

# HARANGUE

## DE MONSIEUR DE LYON [1].

Messieurs, je commenceray mon propos par l'exclamation pathetique de ce prophete royal David : *Quam terribilia judicia tua*, etc. O Dieu! que vos jugements sont terribles et admirables! Ceux qui prendront garde de bien pres aux commencements et progrez de nostre saincte Union, auront bien occasion de crier les mains jainctes au ciel : O Dieu! si vos jugements sont incomprehensibles, combien vos graces sont elles plus admirables! et de dire avec l'Apostre : *Ubi abundavit delictum, ibi superabundavit et gratia.* N'est-ce point chose bien estrange, messieurs les zelateurs, de veoir nostre Union maintenant si saincte, si zelee, et si devote, avoir esté presque en toutes ses parties composee de gens qui, auparavant les sainctes Barricades, estoyent tous tarez et entachez de quelqué note mal solfiee, et mal accordante avec la justice ? Et par une miraculeuse metamorphose, veoir tout à un coup l'atheisme converty en ardeur de devotion, l'ignorance, en science de toutes nouveautez, et curiosité de nouvelles : la concussion, en pieté et en jeusne : la volerie, en generosité et vaillance : bref, le vice et le crime transmués en gloire et en honneur? Cela sont des

[1] Cette harangue est de Nicolas Rapin.

coups du ciel, comme dit monsieur le lieutenant, de pardieu : Je dy si beaux que les François doivent ouvrir les yeux de leur entendement pour profondement considerer ces miracles, et doivent là dessus, les gens de bien, et de biens [1] de ce royaume rougir de honte avec presque toute la noblesse, la plus saine partie des prelats et du magistrat, voire les plus clairvoyants qui font semblant d'avoir en horreur ce sainct et miraculeux changement. Car qui a il au monde de plus admirable, et que peut Dieu mesme faire de plus estrange, que de veoir tout en un moment, les valets devenus maistres, les petits estre faicts grands, les pauvres riches, les humbles insolents et orgueilleux : veoir ceux qui obeissoyent, commander : ceux qui empruntoyent, prester à usure : ceux qui jugeoyent, estre jugez : ceux qui emprisonnoyent, estre emprisonnez : ceux qui estoyent debout, estre assis ? O cas merveilleux : ô mysteres grands : ô secrets du profond cabinet de Dieu, incogneuz aux chetifs mortels : les aulnes des boutiques sont tournees en pertuisanes : les escritoires en mosquets : les breviaires en rondaches : les scapulaires en corselets, et les capuchons en casques et salades ! N'est ce pas une autre grande et admirable conversion, de la plus part de vous autres messieurs les zelez, entre lesquels je nommeray par honneur les sieurs de Rosne, de Mandreville, la Mothe Serrand, le chevalier Breton [2], et cinquante autres des plus signalez de nostre party qui me feroyent faire une hyperbate et parenthese

---

[1] Presque tout ce qu'il y avoit en France, dit de Thou (liv. xcviii), de gens riches et de personnes d'honneur, avoient la Ligue en abomination.

[2] Compagnons du duc d'Anjou dans l'expédition de Flandres. (1581). V. de Thou, l. lxvi.

trop longue, (que ceux que je ne nomme point m'en sachent gré)? N'est ce pas, dy je, grand cas que vous estiez tous n'agueres en Flandres portants les armes politiquement, et employants vos personnes et biens contre les archicatholiques espagnols, en faveur des heretiques des Pays Bas, et que vous vous soyez si catholiquement rangez tout à un coup au giron de la saincte Ligue romaine? et que tant de bons matois, banqueroutiers, saffraniers [1], desesperez, haut-gourdiers [2], et forgeurs [3], tous gens de sac et de corde, se soyent jettez si courageusement et des premiers en ce sainct party, pour faire leurs affaires, et soyent devenuz catholiques, à double rebras [4], bien loin devant les autres? O vrays patrons de l'enfant prodigue dont parle l'Evangile : ô devots enfants de la messe de minuict : ô sainct Catholicon d'Espagne, qui es cause que le prix des messes est redoublé, les chandelles benistes rencheries, les offrandes augmentees, et les saluts multipliez, qui es cause qu'il n'y a plus de perfides, de voleurs, d'incendiaires, de faulsaires, de coupegorges et brigands : puis que par ceste saincte conversion, ils ont changé de nom, et ont pris cet honorable tiltre de catholigues zelez, et de gendarmes de l'église militante! O deifiques doublons d'Espagne, qui avez eu ceste efficace de nous faire tous rajeunir, et renouveler en une meilleure vie! C'est ce que dit nostre bon Dieu parlant à son pere en sainct Matthieu, chap. XI : *Abscondisti*

---

[1] Endettés.
[2] Pendards.
[3] Mandreville avoit été convaincu de fausse monnoie.
[4] Expression qui se retrouve dans Rabelais (l. II, ch. VIII; l. IV, chap. IV). Il y a ici un jeu de mots sur les *doublons* d'Espagne.

*a prudentibus et sapientibus, et revelasti ea parvulis.* Certes, Messieurs, il me semble reveoir ce bon temps, auquel les chrestiens, pour expier leurs crimes, se croisoyent et alloyent faire la guerre oultre mer, comme pelerins, contre les mescreants et infideles [1]. O saincts pelerins de Lansac [2], et ton bon frere bastard, evesque de Comminges [3], qui avez fait enroler à la foule en vos quartiers tant d'honnestes gens [4], qui ressemblants aux menestriers n'avoyent rien tant en haine que leur maison! Je ne veux icy comprendre maints gentils-hommes, et autres qui sont du bois dont on les faict : quoy que soit, qui en ont la mine, et se monstrent vaillants coqueplumets sur le pavé de Paris, lesquels ayants esté pages à pied, ou servy les princes catholiques, et leurs adherants, se sont obligez de gayeté de cœur à suyvre leur party, voire se fussent ils rendus Turcs, comme ils disent : aymants mieux estre traistres à leur roy, et à leur patrie, que manquer de parole à un maistre qui luy mesme est valet, et subject du roy. A la verité nous sommes grandement obligez à ces gens là, aussi bien qu'à ceux qui ayants receu quelque es-

---

[1] Entre ces mots et les suivants, l'édition des *Mémoires de la Ligue* ajoute à tort : « Tandis que les évêques de Rome mettoient, par humilité, leur pied sur le col des empereurs, et de leurs sceptres et couronnes forgeoient les clefs et la tiare, dont ils se sont tant fait valoir depuis. »

[2] Lansac fut défait dans le Maine, en 1590, avec les troupes qu'il avoit levées dans son pays pour venir au secours de la Ligue.

[3] Urbain de Saint-Gelais-Lansac, évêque de Comminges en 1579, et ardent ligueur. Il mourut en 1589.

[4] Il avoit institué à Toulouse une confrérie du saint-sacrement, dans laquelle entra le rebut de cette ville. (V. de Thou, l. xcvii.)

corne ¹ ou dommage du tyran, ou des siens, se sont par indignation, et esprit de vengeance, tournez vers nous, et ont preferé leur injure particulière à tout autre devoir ² : et devons aussi beaucoup remercier ceux qui ayants commis quelque assassinat ou insigne lascheté et volerie, au party de l'ennemy, se sont catholiquement jettez entre nos bras, pour eviter la punition de justice, et trouver parmy nous toute franchise et impunité : car ceux là plus que nuls autres sont obligez à tenir bon jusques à la mort pour la saincte Union : c'est pourquoy il ne se faut point defier du baron d'Alegre ³, ny de Hacqueville, gardien du Pont-Audemer, ny du concierge de Vienne ⁴, et autres qui ont faict de si beaux coups pour gaigner Paradis avec dispense de leur serment, ny pareillement de ceux qui ont courageusement mis la main au sang, et à l'emprisonnement des magistrats politiques : en quoy monsieur le lieutenant a eu beaucoup de dexterité pour les engager, et leur faire faire des choses irremissibles, et qui ne meritent d'avoir jamais pardon, non plus que ce qu'il a faict. Mais gardons nous de ces nobles qui disent qu'ils sont bons François, et qui refusent de prendre pensions, et doublons d'Espagne : et font conscience de faire la guerre aux marchands et laboureurs : ces gens sont dangereux, et nous pourroyent faire un faux bond : car ils se vantent que si le Biarnois alloit à la messe, jamais leurs

---

¹ Ignominie.

² Allusion à Villeroy qui se rangea du côté de la Ligue, parce que d'Espernon, en 1587, l'avoit traité de *petit coquin* et menacé de *cent coups d'éperon* : le roi n'avoit pas laissé Villeroy demander raison de cette injure.

³ Le marquis d'Alègre, ayant simulé une réconciliation avec Montmorency Halot, le tua à coups de poignard en l'embrassant.

⁴ Voir plus haut, page 8.

espees ne couperoyent contre luy, ny les siens : qu'il vous souvienne des entreveues, et parlements qu'aucuns font si souvent vers Sainct-Denys [1], et des passeports qu'on reçoit, et qu'on envoye si facilement de part et d'autre : ces gens là, Messieurs, n'oyent la messe que d'un genou, et ne prennent de l'eau beniste en entrant en l'Eglise qu'en leur corps deffendant. Ha pleust à Dieu qu'ils ressemblassent tous à ce sainct pelerin confesseur et martyr catholique zelé monsieur de La Mothe Serrand, lequel estant és prisons de Tours pour rendre tesmoignage de sa foy, refusa de disner et prendre sa refection de potage un jour de samedy après Noel, craignant qu'on eust mis de la graisse en sa soupe : et protesta ce champion de la foy, ce Machabee, ce devotieux martyr, de souffrir plus tost la mort que de manger soupe autre que catholique. O illustres assistants choisis et triez au volet pour la dignité de ceste notable assemblee, la pure cresme de nos provinces, la mere goute de nos gouvernements, qui estes venuz icy avec tant de travaux, les uns à pied, les autres seuls, les autres de nuict, et la pluspart à vos depens. N'admirez vous point les faicts heroiques de nos Louchard, Bussy, Senault, Oudineau [2], Morliere [3], Crucé [4], Goudard [5],

---

[1] Mayenne, de peur de voir la couronne tomber à son neveu, entama des négociations avec Henri IV. Les entrevues eurent lieu aux environs de Saint-Denis, le plus souvent en carrosse, afin de ne pas exciter les soupçons. Ceux qui y assistèrent pour le roi furent les sieurs de Schomberg, de Bellièvre, de Thou et Revol; et de la part du duc de Mayenne, les sieurs de Bassompierre, de Belin, Zamet et La Châtre. (V. de Thou, l. cvii.)

[2] Grand-prévôt.

[3] Notaire.

[4] Procureur au Châtelet.

[5] Aussi procureur au Châtelet.

et Drouart¹, qui sont si bien parvenuz par la plume²? Que vous semble de tant de caboches³ qui se sont trouvez, et que Dieu a suscitez à Paris, Rouen, Lyon, Orleans, Troyes, Toulouze, Amiens, ou vous voyez les bouchers, les tailleurs, les chiquaneurs, basteliers, cousteliers, et autres especes de gens de la lie du peuple, avoir la premiere voix au conseil, et assemblees d'Estat, et donner la loy à ceux qui auparavant estoyent grands de race, de biens et de qualité, qui n'oseroyent maintenant toussir ny grommeler devant eux? N'est ce pas en cela que la prophetie est accomplie, qui dit : *De stercore erigens pauperem*⁴? Seroit ce pas crime de passer soubs silence ce sainct martyr frere Jacques Clement, qui ayant esté le plus desbauché de son couvent (comme sçavent tous les jacobins de ceste ville) et mesme ayant eu plusieurs fois le chapitre, et le fouet diffamatoire pour ses larcins et meschancetez, est neantmoins aujourd'huy sanctifié, et maintenant est là haut à debattre la preseance avec sainct-Iago de Compostelle? O bienheureux confesseur et martyr de Dieu, que je seroy volontiers le paranymphe⁵ et encomiaste⁶

¹ Avocat.

² Ce sont autant de Seize. Les Politiques leur avoient donné des surnoms : Louchard *le rodomontadier*, Bussy *le fendant*, Senault *le finet-madré*, Oudineau *le pipeur*, La Morlière *le bizarre*, Crucé *le résolu*, et Drouart *le doucet*.

³ Allusion à la sédition des *cabochiens* en 1412.

⁴ Dans l'édit. des *Mém. de la Ligue*, au lieu de ce passage, on lit : « N'est-ce pas en cela qu'est accompli le commun dire?

» Si parfait ligueur tu veux être,
» De serviteur tu seras maître. »

⁵ Séance de la Faculté de Théologie dans laquelle on faisoit l'éloge des licenciés reçus dans les deux dernières années.

⁶ D'ἐγκώμιον, éloge.

de tes louanges, si mon eloquence pouvoit atteindre à tes merites. Mais j'ayme mieux m'en taire que d'en dire trop peu : et continuant mon discours parleray de l'estrange conversion de ma personne propre : encore que Caton die : *Nec te laudaris, nec te culpaveris ipse.* Si vous confesseray je librement, qu'auparavant ceste saincte entreprise d'Union, je n'estoy pas grand mangeur de crucifix, et quelques uns de mes plus proches, et qui m'ont hanté plus familierement, ont eu opinion que je sentoy un peu le fagot : à cause qu'estant jeune escholier j'avoy pris plaisir à lire les livres de Calvin, et estant à Toulouze m'estoy meslé de dogmatizer la nuict, avec les nouveaux lutheriens [1] : et depuis n'ay jamais faict grande conscience ni difficulté de manger de la chair, en caresme, ny de coucher avec ma sœur [2], suyvant les exemples des saincts patriarches de la Bible : mais depuis que j'eu signé la saincte Ligue, et la loy fondamentale de cest Estat, accompagnee des

---

[1] Pierre d'Espinac, archevêque de Lyon, étant à Toulouse, vers l'an 1563, pour ses études de droit, assistoit aux assemblées des Réformés, que quelques-uns appeloient en ce temps-là *nouveaux lutheriens*, par rapport aux protestants d'Allemagne. Mais aussitôt qu'il s'aperçut que les affaires de leur parti prenoient une tournure fâcheuse, il se déclara leur plus grand ennemi. (V. de Thou, l. xc.)

[2] Dans la *Confession des chefs de l'Union*, l'archevêque de Lyon parle ainsi :

> Je suis né à l'inceste, et des mon premier âge,
> J'ay de ma belle sœur abusé longuement :
> Puis avecque ma sœur je couche maintenant,
> Ayant pour cest effect rompu son mariage.

Cf. *le Divorce satyr.*, et d'Aubigné, *Hist. Univ.*, t. III, l. I, ch. XXIII, ann. 1588.

doublons, et de l'esperance du chapeau rouge, personne n'a plus douté de ma creance, et ne s'est enquis plus avant de ma conscience et de mes comportements. Veritablement je confesse que je doy ceste grace de ma conversion, apres Dieu, à monsieur le duc d'Espernon[1], qui pour m'avoir reproché au Conseil ce dont on ne doutoit point à Lyon touchant ma belle sœur, fut cause que de grand Politique, et un peu calviniste que j'estoy, je devins grand et conjuré ligueur, comme je suis à present directeur et ordinateur des affaires secrets et importants de l'estat de la saincte Union : ne plus ne moins que le benoist sainct Paul, qui de persecuteur des chrestiens, fut faict vaisseau d'election : C'est pourquoy il dit : *Ubi abundavit delictum, ibi abundavit et gratia.* Ne doutez donc plus de demeurer fermes et constants en ce sainct party, plein de tant de miracles, et de coups du ciel, desquels il faut que fassiez une loy fondamentale : Quant aux necessitez et oppressions du clergé, vous y adviserez, s'il vous plaist : car pour mon regard je mettray peine que ma marmite

---

[1] « En 1588, l'archevêque de Lyon se mit un jour à déclamer en présence de Henri III, contre le roi de Navarre, et à dire qu'il étoit indigne de succéder à la couronne. Le duc d'Espernon, justement choqué de ce discours, lui demanda s'il croyoit donc, lui qui vouloit que l'on eût de si grands égards pour le mérite, qu'un homme qui commettoit l'inceste avec sa sœur, qui faisoit un commerce simoniaque de toutes choses sacrées, qui avoit consumé tout son bien et celui de sa famille dans les plus sales débauches, fût digne de l'une des premières prélatures de l'Église? Il se reconnut à cela, sachant bien que c'étoient là les traits sous lesquels on le dépeignoit dans le monde; il se cabra, demanda satisfaction au roi, ne l'obtint point, et se déclara ensuite ouvertement en faveur des Guises et de la Ligue. » (De Thou, l. xc.)

ne soit renversee, et auray toujours credit avec Roland [1] et Ribault, qui ne manqueront de me payer mes pensions de quelque part que l'argent vienne. Chacun advisera à se pourvoir si bon luy semble, et de ma part je ne desire point la paix, que premierement je ne soye cardinal, comme on m'a promis [2], et comme je l'ay bien merité : car sans moy monsieur le lieutenant ne seroit pas au degré ou il est : à cause que ce fut moy qui retins le feu duc de Guise son frere, qui s'en vouloit aller des Estats de Blois, se deffiant de quelque sourde embusche du tyran : mais je le fey revenir pour attendre la depesche de Rome, qu'on me devoit apporter dedans trois jours, et ce fut pourquoy madame sa mere cy presente, m'a reproché maintesfois que j'estoy cause de sa mort : dont monsieur le lieutenant et tous les siens me doivent savoir bon gré : parce que sur ce pretexte, et pour venger ceste belle mort, nous avons excité les peuples, et pris occasion de faire un autre roy. Courage donc, courage, mes amis, ne craignez point d'exposer vos vies, et ce qui vous reste de biens, pour monsieur le lieutenant, et pour ceux de sa maison : ce sont bons princes et bons catholiques, et qui vous ayment tout plein : ne parlez point icy de luy abroger sa puissance, qu'aucuns murmurent, ne luy avoir esté donnee que jusques à une prochaine tenue

---

[1] Député aux États, et depuis grand audiencier à la chancellerie.

[2] Henri III le lui avoit promis depuis les Barricades ; il avoit même envoyé le cardinal de Gondi à Rome dans ce dessein ; mais la continuation des intelligences de l'archevêque avec les Guises ayant fait changer d'avis à ce prince, d'Espinac se jeta dans la Ligue, dont les chefs lui firent voir le chapeau en perspective.

des Estats[1] : ce sont des contes de la cigongne. Ceux qui ont gousté ce morceau ne demordent jamais : demanderiez vous un plus beau roy[2], et plus gros, et plus gras qu'il est? C'est, par sainct Jacques, une belle piece de chair, et n'en sçauriez trouver un qui le peze. Messieurs de la noblesse, qui tenez les villes et chasteaux au nom de la saincte Union, estes vous pas bien aises de lever toutes les tailles, decimes, aydes, magazins, fortifications, guet, corvees, imposts et daces[3] de toutes denrees, tant par eau que par terre, et prendre vos droicts sur toutes prises et rançons, sans estre tenuz d'en rendre compte à personne? Soubs quel roy trouveriez vous jamais meilleure condition? Vous estes barons, vous estes comtes et ducs en proprieté de toutes les places et provinces que vous tenez. Vous y commandez absolument et en roys de carte : Que vous faut-il mieux? Laissez et oubliez ces noms precieux de monarchie françoise, et ne vous souvienne plus de nos ancestres ny de ceux qui les ont enrichis et anoblis : bref, *chi ben sta, non si move*. Quant à vous, messieurs les ecclesiastiques, à la verité j'y perds mon latin, et veoy bien que si la guerre dure, il y aura moult de pauvres prestres : mais aussi n'esperez vous

[1] Ce qui est vrai, car la délibération du Conseil général de l'Union du 4 mars 1589, confirmée par arrêt de la Cour du 7 mai suivant, ne lui donnoit cette qualité de lieutenant général de l'État et couronne de France, que *jusqu'à la prochaine tenue des États*.

[2] Mayenne, dans sa harangue, avoit raillé l'archevêque de Lyon sur *ses gouttes;* ici ce prélat se moque du duc à son tour : ce qui est d'autant moins étonnant que l'archevêque étoit secret partisan du jeune duc de Guise. (V. de Thou, l. cvii.)

[3] De l'italien *dacio*, c'est-à-dire un impôt sur le transport des marchandises.

pas vostre recompense en ce monde caduc, ains au ciel, ou la couronne de gloire eternelle attend ceux qui patiront et mourront pour la saincte Ligue. Se sauve qui pourra : quant à moy je suis capable de porter un bonnet rouge, mais de remedier et obvier aux necessitez et oppressions du clergé, il n'est pas en ma puissance, et mes gouttes ne me donnent pas loisir d'y penser. Toutesfois je crains une chose, c'est que si le roy de Navarre revoque les passeports; et les main-levees qu'il a donnees aux monasteres et chapitres, il y aura danger que vous ne criez tous au meurtre apres le sainct Pere et monsieur le legat, et le reverendissime cardinal cy presents, qui pourroyent bien laisser les bottes en France, s'ils ne se sauvent de bonne heure de là les monts[1]. Je laisse à messieurs les predicateurs de tenir tousjours en haleine leurs devots paroissiens, et reprimer l'insolence de ces demandeurs de pain ou de paix. Ils sçavent les passages de l'Escriture pour accommoder à leurs propos, et les tourner, virer aux occasions comme ils en auront besoin. Car jamais ne fut dit pour neant que l'Evangile est un cousteau de tripiere, qui coupe des deux costez. *Juxta illud, et de ore ejus gladius utraque parte acutus exibat:* et comme dit l'apostre sainct Paul, *Vivus est sermo Dei, et efficax, et penetrabilior omni gladio ancipiti.* Or ce qui importe pour le present le plus à nos affaires, c'est de bastir une loy fondamentale par laquelle les

---

[1] Dans l'édition supposée de Turin, on lit après ceci: « Arriere » des griffes d'une legion de moynes affamés, que le jeûsne trop » long, la faim et la soif, jetteroient hors des gonds de la pa- » tience, (Quin) *hoc genus dæmoniorum non ejicitur* (du » couvent *scilicet et extra cardines rationis*) *nisi jejunio et* » *oratione.* » C'est une plate interpolation.

peuples françois seront tenuz de se laisser coiffer, embeguiner, enchevestrer, et mener à l'appetit de messieurs les cathedrants¹ : voire se laisseront escorcher jusques aux os, et curer leurs bourses jusques au fond, sans dire mot, ny s'enquerir pourquoy. Car vous sçavez, Messieurs, que nous avons affaire de nos pensions. Mais sur tout faictes souvent renouveller les serments de l'Union sur le precieux corps de nostre Seigneur, et continuez les confrairies du nom de Jesus et du cordon : car ce sont de bons colliers pour menues gens : de quoy nous chargeons l'honneur et conscience de nos bons peres les jesuistes : et leur recommandons aussi nos espions, afin qu'ils continuent de faire tenir seurement de nos nouvelles en Espagne, et reçoivent aussi les mandats secrets de sa Majesté Catholique, pour les faire tenir aux ambassadeurs, agents, curez, couvents, marguilliers et maistres des confrairies : et qu'en leurs particulieres confessions ils n'oublient pas de deffendre sur peine de damnation eternelle de desirer la paix, et encore plus d'en parler, ains faire opiniastrer les devots chrestiens au sac, au sang et au feu, plustost que de se soubsmettre au Biarnois, quand bien il iroit à la messe, comme il a donné charge à ses ambassadeurs d'en asseurer le pape : mais nous sçavons bien la contrepoison si cela advient, et donnerons bien ordre que sa saincteté n'en croira rien, et le croyant n'en fera rien, et le faisant, que nous n'en recevrons rien, si je ne suis cardinal. Pourquoy ne le seray je pas, si maistre Pierre de Frontac², estant simple advocat à Paris, du

¹ *Cathédrant*, président de thèses.
² Pierre de Fretigny, avocat au parlement et chanoine de l'église de Paris, que le pape ou anti-pape Clément VIII fit cardinal en 1385, parce qu'il avoit soutenu sa cause.

temps du roy Jean, le fut bien, pour avoir diligemment deffendu les causes de l'Eglise? Et moy qui ay quitté mon maistre, et trahy mon pays pour soubstenir la grandeur du sainct siege apostolique, je ne le seroy pas? Si seray, si je vous en asseure, ou mes amis me faudront. J'AY DIT.

Apres que ledit sieur archevesque eut fini son epiphoneme [1] en grande emotion de corps et de voix, il demanda permission tout bas à madame de Montpensier de se retirer pour changer de chemise, parce qu'il s'estoit eschauffé en son harnois. Le bedeau de monsieur le recteur qui estoit à ses pieds luy fit fendre la presse, puis s'estant escoulé par dessus les bancs des deputez, mondit sieur le recteur Roze revestu de son habit rectoral soubs son roquet et camail d'evesque portatif [2], ostant son bonnet par plusieurs fois, commença ainsi.

[1] Figure de rhétorique.
[2] Parce que Rose ne touchoit pas les revenus de son évêché, dont les royalistes étoient maîtres.

# HARANGUE [1]

## DE MONSIEUR LE RECTEUR ROZE,

JADIS EVESQUE DE SENLIS.

Tres illustre, tres auguste, et tres catholique synagogue, tout ainsi que la vertu de Themistocles s'eschauffoit par la consideration des triomphes et trophees de Miltiades : Ainsi me sens je eschauffer le courage en la contemplation des braves discours de ce torrent d'eloquence, monsieur le chancelier de la lieutenance, qui vient de triompher de dire. Et à son exemple, je suis meu d'une indicible ardeur de mettre avant ma retohorique, et estaler ma marchandise en ce lieu, ou maintesfois j'ai faict des predications [2] qui m'ont par le moyen du feu roy, faict de meusnier devenir evesque, comme par vostre moyen je suis d'evesque devenu meusnier : mais je pense avoir assez monstré par mes actions passees, que je ne suis point ingrat, et que je n'ai faict que ce que j'ay veu faire à plusieurs autres de ceste noble assistance, qui ont receu encore plus de biens que moy du roy defunct, et neantmoins l'ont bravement chassé de son royaume, et faict assassiner pour le bien de la foy catholique, soubs esperance d'avoir mieux, comme nous nous estions genereuse-

[1] Cette harangue est de Rapin.
[2] Il avoit été prédicateur et favori de Henri III.

ment promis. Or je ne veux icy refriquer les choses passees, ny capter votre benevolence par un long exorde, mais sommairement vous diray, messieurs, que la fille aisnee du roy, je ne dy pas du roy de Navarre, mais du roy que nous eslirons icy, si Dieu plaist, et en attendant je diray la fille aisnee de monsieur le lieutenant de l'Estat et couronne de France, l'université de Paris, vous remonstre en toute observance, que depuis ses cunabules et primordes[1], elle n'a point esté si bien morigenee, si modeste, et si paisible qu'elle est maintenant par la grace et faveur de vous autres, messieurs. Car au lieu que nous soulions[2] veoir tant de fripons, friponniers, juppins[3], galoches[4], marmitons, et autres sortes de gens malfaisants, courir le pavé, hanter les bordeaux, tirer la laine, et quereler les rostisseurs de Petit Pont, vous ne voyez plus personne de telles gens par les colleges : tous les suppostz des Facultez et Nations qui tumultuoyent pour les brigues de licences ne paroissent plus : on ne joue plus de ces jeux scandaleux, et satyres mordantes aux eschaffauts des colleges, et y voyez une belle reformation, s'estants tous ces jeunes regents retirez, qui vouloyent monstrer à l'envy, qu'ils savoyent plus de grec et de latin que les autres. Ces factions de maistres ès arts, ou l'on se batoit à coups de bourlet, et de chaperon, sont cessees; tous ces escholiers de bonne maison, grands et petits ont faict gille[5] : les imprimeurs, libraires, relieurs,

---

[1] Son berceau et ses commencements.

[2] *Solere*, avoir coutume.

[3] Habitués des clapiers. (V. Rabelais, l. III, ch. XII.)

[4] Nom que l'on donnoit aux *externes* des colléges, parce que la plupart d'entre eux portoient des galoches.

[5] Mot familier : *s'enfuir*.

doreurs, et autres gens de papier et parchemin, au nombre de plus de trente mille, ont charitablement fendu le vent en cent quartiers pour en vivre, et en ont encore laissé suffisamment pour ceux qui ont demouré apres eux. Les professeurs publics qui estoyent tous royaux et Politiques, ne nous viennent plus rompre la teste de leurs harangues, et de leurs congregations aux trois evesques; ils se sont mis à faire l'alquemie chacun chez soy : bref, tout est coy, et paisible, et vous diray bien plus : jadis du temps des Politiques et heretiques Ramus, Galandius, et Turnebus[1], nul ne faisoit profession des lettres qu'il n'eust de longue main et à grands fraiz estudié, et acquis des arts et sciences en nos colleges, et passé par tous les degrez de la discipline scholastique. Mais maintenant par le moyen de vous autres, messieurs, et la vertu de la saincte Union, et principalement, par vos coups du ciel, monsieur le lieutenant, les beurriers et beurrieres de Vanves, les ruffiens de Montrouge et de Vaugirard, les vignerons de Sainct-Cloud, les carreleurs de Villejuifve, et autres cantons catholiques sont devenuz maistres ès arts, bacheliers, principaux, presidents, et boursiers des colleges, regents des classes, et si arguts philosophes, que mieux que Ciceron maintenant ils disputent *de inventione*, et apprennent tous les jours, αὐτοδιδάκτως[2], sans autre precepteur que vous, monsieur le lieutenant, apprennent, dis-je, à decliner, et mourir de faim *per regulas.* Aussi n'oyez vous plus aux classes ce clabaudement latin des regents qui obtondoyent[3] les aureilles de tout le monde : au lieu de

---

[1] Tous trois professeurs célèbres du seizième siècle.

[2] Naturellement, spontanément. On prononçoit *aftodidactos.*

[3] Assourdissoient.

ce jargon, vous y oyez à toute heure du jour l'harmonie argentine, et le vray idiome des vaches et veaux de laict, et le doux rossignolement des asnes et des truyes qui nous servent de cloches, *pro primo, secundo et tertio* : nous avons desiré autrefois sçavoir les langues hebraique, grecque, et latine : mais nous aurions à present plus de besoin de langue de bœuf salee, qui seroit un bon commentaire¹ apres le pain d'avoyne : mais Le Mans, et Laval, et ces infaillibles voitures d'Angers, avec leurs chapons de haute graisse², et gelinotes nous ont failly, comme les langues, et n'avons plus qu'un amer souvenir de ces messagers academiques qui descendoyent à l'Arbaleste, et autres fameuses hostelleries de la rue de la Harpe, à jour et poinct nommé, au grand contentement des escholiers attendants, et de leurs regents friponniers. Vous estes cause de tout cela, monsieur le lieutenant, et tous ces miracles sont œuvres de vos mains : il est vray que nos predications et decrets n'y ont pas nui. Mais tant y a que vous en estes le principal motif et instrument, et pour vous dire en un mot, vous nous avez perduz et esperduz. Excusez moy, si je parle ainsi. Je diray avec le prophete David : *Loquebar in conspectu regum, et non confundebar* : vous avez, *inquam*, si inquiné³, et diffamé ceste belle fille aisnée, ceste pudique vierge, ceste fleurissante pucelle, perle unique du monde, diamant de la France, escarboucle du royaume,

---

¹ C'est ainsi que Rabelais dit : « Beaux pois au lard avec glose interlinéaire, *cum commento*. »

² Cette expression est également prise de Rabelais, qui fait dire au marchand Dindenaud que ses moutons étoient moutons de *haulte graisse* (l. IV, ch. VI).

³ Souillé.

et une des fleurs de-lys de Paris, la plus blanche, que les universitez estrangeres en font des sornettes grecques et latines, *et versa est in opprobrium gentium*. Cependant messieurs nos docteurs n'y trouvent que rire, ny que frire : car ils n'ont pas les questions quolibetayres si frequentes : plus ne se passent tant de bacheliers, licenciers, ny docteurs, où ils souloyent avoir leurs propines[1], et festins, et se saouloyent *usque ad guttur :* le vin d'Orleans ne vient plus, encore moins celuy de Gascongne : tellement que les ergots sont cessez : et si quelqu'un des plus espagnolisez a quelques doublons, et reçoit quelque pension du legat, à catimini[2], ce n'est pas à dire que les autres s'en sentent. Au reste, monsieur le lieutenant, vous avez faict pendre vostre argentier conzelateur Louchard[3], et avez declaré par consequent pendables tous ceux qui ont assisté à la ceremonie de l'ordre de l'Union[4] qu'on a baillee au president Brisson. Or est il que tous les jeunes curez, prestres et moynes de nostre université, et nous autres docteurs pour la pluspart avons esté promoteurs de ceste tragedie, *ergo gluc*[5] *:* et vous dy que si ne vous fussiez hasté de venir, nous en eussions bien faict d'autres, et n'eussions pas demouré en si beau chemin : et tel parle aujourd'huy bien haut à qui les dents ne feroyent point de mal si vous eussiez encore tardé trois jours à venir : Mais pour revenir à mon

---

[1] Du latin *propinatio*.

[2] En secret, à la dérobée, à la manière des chats.

[3] L'un des Seize que Mayenne fit pendre après l'exécution de Brisson.

[4] Une corde pour être pendu, comme l'avoit été le président Brisson.

[5] Cf. *Gargantua*, l. 1, ch. xx.

premier theme, j'argumente ainsi : Louchard et ses consorts ont esté justement penduz parce qu'ils estoyent pendarts : *Atqui* la plus-part de nous autres docteurs estions consorts et adherants, et conseillers dudit pendu, *ergo* pendarts, et pendables, et ne sert de rien d'alleguer l'abolition qui nous a esté faicte[1], touchant ce catholique assassinat. Car *remissio non dicitur nisi ratione criminis*, ne pouvant ladite abolition abolir la peine meritee, voire quand vous la destremperiez cent fois en Catholicon d'Espagne, qui est un savon qui efface tout. Il faut donc necessairement argumenter ainsi, *in barroquo*. Quiconque faict pendre les catholiques zelez, est tyran et fauteur d'heretiques, *atqui* monsieur le lieutenant a faict pendre Louchard et consorts catholicissimes, et zelatissimes : *Ergo* monsieur le lieutenant est tyran, et fauteur d'heretiques pire que Henry de Valois qui avoit pardonné à Louchard, Haste, et La Morliere[2], dignes du gibet plus de trois ans devant les Barricades : Qu'ainsi ne soit, *probo minorem, a majori ad minus :* Le Biarnois a tenu entre ses mains prisonniers les principaux chefs de la Ligue, comme Bois-Dauphin, Pescher, Fontaine Martel, Flavacourt, Tramblecourt, les Cluzeaux, et plusieurs autres[3] qui me doivent sçavoir gré si ne les nomme, lesquels il n'a pas faict pendre, le pouvant et devant;

---

[1] Après que Louchard et ses compagnons eurent été suppliciés, le 4 décembre 1591, le duc de Mayenne fit publier une *abolition* en faveur des autres qui pouvoient avoir contribué à la mort du président Brisson et des deux conseillers.

[2] Entrés tous trois dans la Ligue dès avant l'an 1587. (V. de Thou, l. LXXXVI et LXXXVII.)

[3] Tous ces seigneurs furent pris à la bataille d'Ivry par les soldats de Henri IV, qui les traita fort humainement.

*quia non vult mortem peccatoris, sed ut resipiscat*, comme plusieurs ont faict : Et neantmoins nous autres catholiques le tenons pour heretique relaps : *Ergo* monsieur le lieutenant est pire qu'heretique, qui a faict pendre ses meilleurs amis, lesquels luy avoyent mis le pain en la main. De dire que cela soit faict *ad majorem cautelam*, pour ravaler l'orgueil et insolence des Seize, cela est bon, mais cependant[1] on s'estrangle : Et ne peut, ce dicton, empescher que nous ne soyons tousjours jugez et reputez grands badaux, et caillettes, sots en latin et en françois, de l'avoir enduré, et qui pis est, que les Politiques ne concluent, *in modo et figura*, que la Sorbonne peut errer : chose qui me feroit de rechef devenir insensé, et courir les rues[2]. Car si cela avoit lieu, nous ne sçaurions prouver par toutes les fleurs de nostre rhetorique, ny par toutes les loix fondamentales du royaume, dont monsieur de Lyon a faict si grand cas[3], que tant de milliers de pauvres chrestiens que nous avons faict et faisons mourir de faim, de fer, et de feu, par nostre precipité decret, deussent estre jugez vrais martyrs, si tant est que nostredit decret ne les a peu absoudre du serment de fidelité, et obeissance naturelle que les subjects doivent à leur prince. Parquoy, messieurs, je vous supplie au nom de nostre academie, de pallier ce faict icy le plus catholiquement qu'on pourra, comme monsieur le legat faict les intentions du pape Sixte, qui n'aymoit pas tant la Ligue qu'on disoit. Au reste, je vous fourniray tant de passages de l'Escriture que vous voudrez : car j'en

---

[1] Jeu de mots : *se pendant.*

[2] Rose avoit des accès de folie.

[3] Raillerie contre l'archevêque de Lyon, dont on connoissoit les sentiments touchant les libertés de l'Église gallicane.

ay à revendre. Mais sur tout, messieurs, je vous recommande nos pensions[1], et de messieurs nos condocteurs de la saincte Faculté de theologie, comme aussi de messieurs les curez et predicateurs, pour lesquels je parle : car vous avez affaire de nous, et ne vous en sçauriez passer. Et madame de Montpensier a bien sçeu dire qu'elle gaignoit plus de villes, et faisoit plus de besongne avec un peu de doublons qu'elle distribuoit aux predicateurs et docteurs, que le roy de Navarre ne faisoit avec toutes ses tailles, et armees. Je vous adverty de bonne heure que si ne fournissez à l'apointement, il y a danger que nous ne nous mettions tous à prouver, qu'il n'est que d'avoir un roy legitime, *etiam discole*, pourveu qu'il nous laisse le pain de chapitre[2], et le purgatoire, sans rien innover jusques au futur concile. Mais en attendant advisez si nous ferons un roy ou non. Je sçay que monsieur le lieutenant voudroit bien l'estre : aussi feroit son nepveu, et encore son frere le duc de Nemours, et je ne doute pas que les ducs de Savoye et de Lorraine n'en ayent autant d'envie : car à la verité ils y ont autant de droit l'un que l'autre. Quant au duc de Mercur[3], ses agents y feront autant que luy. S'il eust pris de bonne foy le roy de Portugal dom Anthoine[4], et l'eust livré à son bon amy le roy tres-catholique comme il luy avoit promis, je

---

[1] La vénalité de Rose étoit patente.

[2] C'est-à-dire l'entière et absolue jouissance des biens immenses du clergé. Le *pain de chapitre* étoit proverbial pour sa friandise. (V. Henri Estienne, *Apol. pour Hérodote*, ch. XXII.)

[3] Mercœur. Peut-être, comme l'a remarqué l'éditeur de 1824, n'est-ce qu'une faute typographique de la première édition.

[4] V. de Thou, liv. LXXIII, et d'Aubigné, *Hist. Univ.*, liv. V, chap. III.

croy qu'il se fust contenté des droits qu'il a au duché de Bretagne[1], pareils à ceux qu'avoit son ayeul Jean par sa femme. Mais icy, qui n'y est, n'y prend. Premierement je vous conseille de ne vous arrester pas au duc de Savoye, ny au duc de Lorraine, ce ne sont, en parlant par reverence, que des couilles qui ont assez affaire à leur maison. Je m'asseure qu'ils se contenteront de peu : si vous voulez laisser au savoyard le Dauphiné et la Provence, avec une partie du Lyonnois, et du Languedoc, pourveu que vous luy faciez prendre Geneve, je voudroy gager ma vie qu'il ne vous demandera plus rien, que la confiscation d'Ediguieres. Quant au duc de Lorraine, ostez luy le duché de Bouillon, et luy baillez Sedan, Metz, toute la Champagne, et partie de Bourgongne qui est à sa bienseance, vous l'appaiserez par apres pour un morceau de pain. Je viens maintenant à vous, monsieur de Guyse, fils de bon pere et de bonne mere, que les propheties ont de long temps destiné aux royaumes et empires, et vous ont surnommé Pepin le brief : vous voilà sur le poinct d'estre un grand Charle Magne, vostre grand bis-ayeul si marché tient. Mais regardez à ne vous laisser pas tromper : ces messieurs d'Espagne, encore qu'ils soient nos bons amis, et bons catholiques, ne sont pas marchands à un mot, et ce n'est pas d'à ceste heure : car il y a plus de deux mil ans qu'ils s'en meslent, et qu'on leur donne le nom d'estre fins à doubler. Ils vous promettent ceste divine Infante en mariage, pour la faire royne *in solidum*, avec vous : mais prenez garde que le duc de Feria[2]

---

[1] Il prétendoit au duché de Bretagne par sa femme, Marie de Luxembourg, de la maison de Penthièvre.

[2] Ambassadeur extraordinaire de Philippe II près des États dans les intérêts d'Isabelle.

n'ait remply ses blancs signez sans charge. Il en a une pleine boucte, dont il se sert à toutes occurrences, comme d'une forme à tout soulier, et d'une selle à tous chevaux : il les date, ou antidate avec son urinal [1] quand il luy plaist. J'ay peur, quelque chose qu'il nous ait proposee, que ce ne soit qu'artifice pour nous amuser, quand il a veu que ne voulions entendre à rompre la loi salique : si vous avez tant soit peu de nez [2], vous le sentirez. Car nous sçavons de bonne part que le mariage est desja accordé d'elle, et de son cousin l'archiduc Ernest : *adde* que ceux de la maison d'Austriche font comme les juifs, qui ne se marient qu'en leur famille, et s'entretiennent par le cul l'un l'autre comme hannequins [3] ou hannetons. Quittez donc ceste vaine esperance de gynæcocratie, et croyez que les petits enfants s'en moquent, et en vont desja à la moustarde. J'en ouy l'autre jour un qui revenant tout bellement de la taverne, chantoit ce quatrain :

> La Ligue se trouvant camuse,
> Et les ligueurs fort estonnez,
> Se sont advisez d'une ruse :
> C'est, de se faire un roy sans nez [4].

Mais si j'eusse peu le faire attraper par le commissaire Bazin, qui courut apres [5], il n'eust pas moins eu

---

[1] Composition où il entroit de l'urine, en sorte que l'encre paroissoit et disparoissoit, et se couvroit avec d'autre encre, selon qu'il plaisoit au duc, qui consultoit en cela les intérêts du roi d'Espagne.

[2] Parce qu'il étoit fort camus.

[3] Ceux de la famille ligueuse des Hannequins se marioient souvent ensemble.

[4] Le jeune duc de Guise.

[5] Jacquet et Bazin, commissaires au Châtelet, étoient connus

que le meusnier, qui s'est mocqué de nos Estats. Que diriez vous de ces impudents Politiques, qui vous ont mis en figure en une belle feuille de papier, desja couronné comme un roy de carreaux, par anticipation, et en la mesme feuille ont aussi mis la figure de la divine Infante, couronnee en royne de France, comme vous, vous regardants huze à huze[1], l'un l'autre? Et au bas de ladite peinture, ont mis ces vers que j'ai retenuz par cœur, parce qu'il y va du vostre :

> Les François espagnols ont faict un roy de France,
> A l'infante d'Espagne ils ont ce roy promis;
> Royauté bien petite et de peu d'importance :
> Car leur France est comprise en l'enclos de Paris.
>
> N'apporte à ceste fois pour ce froid mariage,
> O Hymen, dieu nopcier, ton paisible flambeau;
> De ces corps eslongnez on assemble l'image,
> Qui font l'amour des yeux tous deux en un tableau.
>
> C'est une royauté seulement en figure :
> La feinte, et non l'amour ce mariage a faict :
> C'est bien raison qu'estant roy de France en peinture,
> D'une royne on luy fasse espouser le pourtraict.

Si monsieur Dorleans[2] en qualité d'avocat general,

pour avoir eu beaucoup de part à la mort du président Brisson. Le 19 juin 1593, le lieutenant-civil les chargea d'informer contre plusieurs personnes accusées d'avoir parlé avec mépris du pape, du légat et des princes de Lorraine. Des plaintes furent portées là-dessus au parlement, comme d'une entreprise qui tendoit à introduire en France l'inquisition d'Espagne. Jacquet et Bazin furent exilés en 1594.

[1] C'est-à-dire *hure à hure*, parce que sur les anciennes monnoies Ferdinand et Isabelle, roi et reine d'Espagne, sont représentés face à face.

[2] Raillerie contre Dorléans, grand ligueur et pamphlétaire,

veut faire recherche de ces meschants imprimeurs Politiques, c'est sa charge et se cognoist aux caracteres, et ses bons comperes Bichon, N. Nivelle, Chaudiere, Morel et Thierry[1], descouvriront la matrice; quant à moy je m'en deporte : car ces heretiques sont mesdisants comme diables, et craindroy qu'ils feissent quelque livre contre moy, comme ils ont faict contre le docteur catholique et jurisconsulte Chopin, soubs le nom de Turrelupin[2]. Messieurs du parquet y feront leur devoir, *more et loco solitis.* Je me contente de prescher la parole de Dieu, entretenir mes bedeaux, et solliciter mes pensions. Tout cecy soit dit par parenthese. Mais monsieur de Guyse, mon enfant, croyez moy, et vous croirez un fol, ne vous arrestez plus à cela : ce n'est pas viande pour vos oyseaux : n'en haussez pas vostre train, ny n'en allongez pas vostre table pour cela, il y a du foin, il n'y a que les bestes qui s'y amusent; mais faictes mieux : obtenez du sainct pere une belle croisade contre les Turcs, et allez reconquerir ce beau royaume de Jerusalem, qui vous appartient à cause de Godefroy vostre grand oncle, aussi bien que la Sicile et le royaume de Naples. Combien de palmes et de trophees vous attendent : combien de sceptres et de couronnes se preparent pour vous, si votre horoscope ne ment, comme vous dites que n'avez point de

qui soutenoit les imprimeurs des libelles contre le roi, au lieu de les poursuivre comme il l'auroit dû.

[1] Imprimeurs et libraires de Paris, grands ligueurs, principalement Bichon, des presses duquel sortirent beaucoup de livres en faveur de la Ligue.

[2] Ce livre, intitulé : *Antichoppinus per Turlupinum,* 1592, in-4°, fut composé par le sieur de Villiers Hotman, fils du jurisconsulte Hotman.

fortune bornée. Laissez ce malotru royaume de France à qui daignera s'en charger : il ne vaut pas que vostre esprit, né pour les empires et la monarchie universelle du monde habitable, s'humilie à si petits desseins et indignes de vous, et de vostre feu père, que Dieu absolve, s'il est permis d'ainsi parler des Saincts [1]. Et vous, monsieur le lieutenant (à qui il faut maintenant que je parle), que pensez vous faire? Vous estes gros et replet : vous estes pesant et maleficié [2] : vous avez la teste assez grosse pour porter une couronne : mais quoy, vous dites que n'en voulez point, et qu'elle vous chargeroit trop? Les meschants Politiques disent qu'ainsi disoit le regnard des meures. Vous empeschez soubs main que vostre nepveu ne soit esleu : vous deffendez aux deputez qu'on ne touche point sur ceste grosse corde de la royauté : Que ferons nous donc? il nous faut un roy : lequel, comme disent les docteurs Politiques, *melius sumitur, quam quæritur*. Vous faictes croire au roy d'Espagne que vous gardez le royaume de France pour luy et pour sa fille ; et soubs ceste esperance, vous tirez du bon homme tout ce que les Indes et le Perou luy peuvent envoyer : il vous entretient vostre plat : il vous envoye des armees, mais non pas à vostre devotion : car il se garde de vous, et vous deffiez l'un de l'autre comme aveugles, et vous entendez comme larrons : cependant vous avez irrité les Seize qui vous accusent qu'estes un marchand de couronnes [3], et avez mis celle de France au plus offrant :

[1] Les prédicateurs traitoient les Guises de martyrs.
[2] L'obésité de Mayenne étoit proverbiale.
[3] Le duc de Mayenne avoit d'abord offert la couronne au roi d'Espagne, moyennant qu'il fût vice-roi et lieutenant général; puis à l'archiduc Ernest, moyennant six cent mille écus; puis

ils en font des livres à votre prejudice, ou ils dechiffrent toutes vos actions : ils disent que vous avez des pratiques sourdes avec le Biarnois, et luy faictes porter des paroles par Villeroy et Zamet, pour l'endormir, et luy faire entendre qu'estes bon françois : et ne serez jamais espagnol, et que pouvez luy remettre Paris, et luy rendre tout son royaume paisible quand il aura esté à la messe, et recogneu notre sainct pere : et soubs ceste ruse avez tiré quarante mil escus politiques pour trois mois, qui devoyent valoir pour quatre, à dix mil escus piece, faisant entendre que le roy d'Espagne rougneroit vos distributions s'il sçavoit que traitassiez d'accord avec les heretiques. Mais on a descouvert que secretement vous envoyez vos agents à Rome et en Espagne, pour empescher que le pape ne luy donne absolution s'il la demande, et pour susciter le roy d'Espagne d'envoyer nouvelles forces sur la frontiere. Vous pensez estre bien fin : mais vos finesses sont cousues de fil blanc : enfin tout le monde les veoit : car ces Politiques ont des dragons[1] sur les champs qui prennent tous vos pacquets et devinent par art diabolique tous vos chiffres, aussi bien que ceux du roy d'Espagne et du pape, tant subtils puissent ils estre : si bien qu'ils sçavent toutes vos faciendes[2], et à Rome, et à Madrid, et en Savoye, et en Allemagne : vous befflez tout le monde, et tout le monde vous beffle aussi : danger y a que ne deveniez ce que fut le comte de Sainct-Paul, connestable de France du temps du roy Loys XI, lequel après avoir abusé son maistre, et le duc de Bourgongne,

---

enfin aux ducs de Lorraine et de Savoie ; tout cela au contraire de sa volonté.

[1] Arquebusiers à cheval.
[2] Intrigues.

et le roy d'Angleterre tout un temps, enfin fut faict cardinal en Greve¹, vous vous pouvez et devez souvenir de ce que le duc de Feria en dit une fois à Marteau vostre conseiller et secretaire d'estat. Quant à estre roy de vostre chef, ne vous y attendez pas, vostre part en est gelee : tous vos aisnez s'y opposent : vos cousins competiteurs feroyent plustost sésession *ad partes*² que de l'endurer : les Seize ne veulent plus de vous : car ils disent qu'ils vous ont faict ce que vous estes, et vous les pendez, et diminuez leur nombre tant que pouvez : le peuple avoit esperé sur vostre parole que vous deboucleriez la riviere, et renderiez les chemins et le commerce libre : mais ils voyent au contraire qu'ils sont plus serrez que devant, et que le pain et le peu de bien qu'ils ont pour vivre, ne vient pas de vostre bienfaict, ni de vostre vaillance, mais de la liberalité du Biarnois, et de son bon naturel, ou de l'avarice des aquiteurs qui en tirent tout le profit : Bref, la plus-part croit que voulez prolonger tant que pourrez la lieutenance en laquelle on vous a mis, et vivre tousjours en guerre et en trouble, bien à vostre aise, bien servy, bien traité, bien gardé de souysses et d'archers, qu'il n'y manque que les hoquetons et Sibilot³ pour estre roy, pendant que tout le reste du peuple meurt de male rage de faim. Vous voulez garder les gaiges, et estre curateur perpetuel aux biens vaquants, qui empesche et prolonge tant qu'il peut la delivrance des criees de

¹ Il fut décapité le 19 décembre 1475. (V. Comines, liv. II, ch. XII.)

² Bande à part.

³ Fou de la cour de Henri III. L'auteur veut dire par là que si le duc de Mayenne avoit eu des hoquetons et un fou à gages, sa maison auroit été aussi complète que celle de ce roi.

peur de rendre compte. Au reste vous ne pouvez estre roy par le mariage de l'Infante si vous ne faictes ce que vous conseille le legat[1] : vous estes marié, et mettez le doigt au trou : car vous avez chevauché la vieille[2], qui se garde bien du bouquon[3], et puis il faudroit un autre ramonneur que vous à ceste garse de trente ans, noire comme poivre, et d'apetit ouvert[4]. D'avantage, quand nous vous aurions esleu roy, vous auriez affaire au Biarnois, qui sçait mille tours de basque, et qui ne dort que tant qu'il veut, et à l'heure qu'il veut : lequel se rendant catholique, comme il vous en menace, tirera de son costé tous les potentats d'Italie et d'Allemagne : et quant et quant le cœur de tous les gentils-hommes françois, dont vous voyez desja la plus part bransler au manche, et minuter leur retraite avec tant de pauvres villes affligees, lasses de la guerre et de la pauvreté, qui ne demandent autre chose que ceste couleur et bonne occasion pour se retirer du pair, et en couvrir ou colorer leur repentance. Songez y, monsieur le lieutenant, pour la pareille : vous avez beau faire le roy, et contrepetter le Biarnois en edicts et declarations, en seaux, en gardes, en grands prevosts et maistres des requestes de vostre hostel. Quand vous devriez crever

---

[1] C'étoit de se séparer de sa vieille femme, suivant que ce prélat sembloit lui en donner la permission, en promettant sur la fin de sa harangue une pleine absolution de tout ce qu'on feroit contre les règles de l'Évangile.

[2] Henriette de Savoie, fille d'Honoré, bâtard de Savoie, marquis de Villars, et amiral de France. Le duc de Mayenne l'épousa alors qu'elle étoit veuve de Melchior des Prez, seigneur de Monpesat, duquel elle avoit deux fils et trois filles.

[3] Poison.

[4] *Alias :* « A cette brunette de trente ans. » — Ce passage a été altéré dans les éditions qui ont suivi la première.

et vous enfler gros comme un bœuf, comme feit la mere grenouille, vous ne serez jamais si gros seigneur que luy, encore qu'on die qu'il n'a pas de gresse sur tout son corps pour paistre une alouette. Mais sçavez vous que vous ferez? je vous conseilleroy, si n'estiez bigame[1], de vous faire abbé : quiconque sera roy, ne vous refusera pas l'abbaye de Clugny qui est de vostre maison [2]: vous aymez la soupe grasse, et vous ruez volontiers en cuisine : Vous avez le ventre ample et spacieux, et si serez couronné : je dy couronné de la mesme couronne, et vostre couronne faicte des mesmes ciseaux que madame vostre sœur disoit avoir penduz à sa ceinture pour faire la couronne monachale de feu Henry de Valois[3] : Vous ne m'en demandez ne foy ne serment, mais je suis de cet advis. Je ne parleray point icy de monsieur de Nemours vostre frere *uterin* (les Politiques disent *adulterin*), cestuy là a faict caca en nos paniers : il a ses desseins à part, et ressemble Picrocole, qui par discours bien raisonnez se faict monarque du monde pied à pied[4] ; s'il peut gouverner le roy des bestes[5] comme il a faict la nef de Paris[6], je diray qu'il sçaura plus faire que maistre Mousche : ces animaux mescognoissent quelquefois

---

[1] Ce n'étoit pas qu'il eût deux femmes, mais parce qu'il avoit épousé une veuve, ce qui, en droit canonique rigoureux, constitue une espèce de bigamie.

[2] Le premier commendataire de Cluny fut, en 1529, Jean, cardinal de Lorraine. Cette abbaye demeura très-long-temps dans cette famille.

[3] V. de Thou, l. XCIII.

[4] V. Rabelais, l. I, ch. XXXIII.

[5] Lyon. Ceux de cette ville, dont il étoit gouverneur, l'arrêtèrent prisonnier.

[6] On sait que Paris a pour armes un navire d'argent ; or, le duc de Nemours avoit été gouverneur de cette ville, en 1590.

leurs gouverneurs, mesmement s'ils changent d'habit : il ne sera pas mal partagé, s'il parvient à ses prétentions : à quoy vous monsieur le lieutenant, et monsieur de Lyon luy ferez, je croy, de bons offices. Somme toute, Messieurs, vous estes trop de chiens à ronger un os, vous estes jaloux et envieux les uns des autres, et ne sçauriez jamais vous accorder ny vivre sans guerre, qui nous mettroit en pire estat que devant : mais je vous diray, faisons comme on faict au consistoire à l'election du sainct pere. Quand deux cardinaux briguent la papauté, les autres cardinaux de peur d'encourir la haine de l'un ou de l'autre choisissent un d'entre eux le plus foible de reins et le font pape : faisons en ainsi. Vous estes quatre ou cinq brigands[1] au royaume, tous grands princes et qui n'avez pas faute d'appetit : je suis d'advis que pas un de vous ne soit roy, je donne donc ma voix à Guillot Fagotin, marguillier de Gentilly, bon vigneron, et preud'homme, qui chante bien au leterin, et sçait tout son office par cœur : cela ne sera pas sans exemple en tel temps celuy cy : tesmoin la Harelle de Rouen, ou l'on feit roy un nommé Le Gras[2], plus mal advisé que Guillot. Et voicy ou je fonde mon advis : j'ai leu quelquefois ce grand et divin philosophe Platon, qui dit que les royaumes sont heureux ou les philosophes sont roys, et ou les roys sont philosophes. Or sçay je qu'il y a tantost trois ans que ce bon marguillier et sa famille avec ses vaches medite jour et nuict la philosophie en une sale de nostre college[3], en laquelle y a

---

[1] Jeu de mots : *briguants*.

[2] Voyez plus haut, p. 22.

[3] Pendant le second siége de Paris, les colléges se remplirent de paysans, qui, des classes, faisoient des étables pour leurs vaches.

plus de deux cents bonnes années qu'on y a leu et traité, et disputé publiquement la philosophie, et tout l'Aristote, et toutes sortes de bons livres moraux : il n'est pas possible qu'ayant ce bon homme resvé, sommeillé et dormy tant de jours et de nuicts, entre ces murailles philosophiques, ou tant de sçavantes leçons et disputes ont esté faictes, et tant de belles paroles proferees, il n'en ait demeuré quelque chose qui ait entré et penetré dedans son cerveau, comme au poete Hesiode, quand il eut dormy sur le mont Parnasse. C'est pourquoy je persiste, et entends qu'il soit roy comme un autre.

Comme monsieur Roze achevoit ces paroles, il sourdit un grand murmure entre les deputez, les uns approuvants, les autres reprouvants son opinion, et furent veus les princes et princesses chucheter en l'aureille l'un de l'autre : mesme fut ouy que monsieur le lieutenant dit tout bas au legat : Ce fol icy gastera tout nostre mistere. Neantmoins ledit Roze voulut continuer son propos : mais quand il veit le bruit recommencer, avec un claquement general de mains, il se leva en colere, et cria en voix stentoree : Comment, Messieurs, est il pas permis icy de dire ce qu'on pense ? N'auray je point liberté de parler et conclure mes arguments, comme a faict monsieur de Lyon ? je sçai bien que si j'eusse esté courtisan comme luy, je n'eusse nommé personne : car il avoit charge du clergé de nommer le comte de Bouchage frere Ange[1] pour esperance que ce prince

---

[1] C'est de lui que Voltaire a dit :

Il prit, quitta, reprit et le froc et la hairc.

Il avoit été maréchal de France, puis capucin. Voulant ensuite sortir du monastère et quitter l'habit, il prit pour prétexte

aymant le changement, changeroit aussi nos miseres en coup du ciel : mais je vous prie gardez le pour porter l'oriflamme aux batailles : car il luy doit suffire d'avoir quitté la besace. A ces mots chacun se mit de rechef à crier, et siffler : et combien que les heraults, et massiers hurlassent : *Qu'on se taise*, n'osants dire : *Paix là*, et que monsieur le lieutenant commandast plusieurs fois de faire silence, il ne fut possible d'appaiser le bruit, tellement que ledit sieur recteur suoit, tempestoit, escumoit, et frappoit du pied : et voyant qu'il n'y avoit plus moyen de reprendre son theme, cria le plus haut qu'il peut : Messieurs, Messieurs, je vois bien que nous sommes à la cour du roy Petault, ou chacun est maistre : je le vous quitte, qu'un autre parle.

### J'AY DIT.

Et là dessuz se rassied en grommelant, et s'essuyant le front, et luy eschapperent à ce qu'on dit quelques rots odoriferants de l'estomac, qui sentoyent le parfum de sa colere avec des paroles en basse notte, se plaignant qu'on avoit fraudé l'assignation envoyee d'Espagne, pour messieurs les docteurs, et que d'autres en avoyent faict leur profict, mais que ce seroit l'or de Toulouze[1], qui leur cousteroit bien cher.

Enfin la rumeur commença un peu à se racoiser, monsieur de Rieux le jeune[2], comte et gardien de

---

la religion catholique, et obtint du pape la permission de changer de profession et de s'armer pour la Ligue comme chevalier de Malte; enfin, redevenu moine en 1599, il mourut, en 1608, à Rivoli, revenant de Rome.

[1] Le consul Quintus Servilius Cæpion ayant abandonné Toulouse au pillage, tous les soldats qui touchèrent à l'or des temples périrent misérablement. V. Aulu-Gelle, l. III, ch. VIII.

[2] On l'appelle ici M. de Rieux le jeune, pour avertir qu'il

Pierre-Font, député pour la noblesse de France, habillé d'un petit capot à l'espagnole, et une haute fraize, se leva pour parler, et ayant mis deux ou trois fois la main à la gorge, qui luy demangeoit[1], commença ainsi.

n'étoit pas de l'ancienne et bonne maison de Rieux, à laquelle appartenoient MM. de Sourdeac et de Beaumont.

[1] Parce qu'il fut pendu.

# HARANGUE

## DU SIEUR DE RIEUX [1],

### SIEUR DE PIERRE-FONT,

### POUR LA NOBLESSE DE L'UNION.

---

Messieurs, je ne sçay pourquoy on m'a deputé pour porter la parole en si bonne compagnie, pour toute la noblesse de nostre party? Il faut bien dire qu'il y a quelque chose de divin en la saincte Union, puisque par son moyen, de commissaire d'artillerie assez malotru, je suis devenu gentilhomme, et gouverneur d'une belle forteresse [2] : voire que je me puis esgaler aux plus grands, et suis un jour pour monter bien haut à reculon, ou autrement. J'ay bien occasion de vous suivre, monsieur le lieutenant, et faire service à la noble assemblée, à bis ou à blancq, à tort ou à droit, puisque tous les pauvres prestres, moynes et gens de bien, devots catholiques, m'apportent des chandelles, et m'adorent comme un sainct Macabee du temps passé. C'est pourquoy je me donne au plus viste des diables, que si aucun de mon gouvernement s'ingere à parler de

---

[1] Ancien petit commis des vivres, voleur de profession, connu par sa bravoure audacieuse dans les armées de la Ligue. Il fut attrapé en 1594, dans une de ses courses, par la garnison de Compiègne, et pendu comme voleur. (V. de Thou, l. ci et cv.)

[2] La forteresse de Pierre-Font.

paix, je le courray comme un loup gris : vive la guerre, il n'est que d'en avoir, de quelque part qu'il vienne. Je voy je ne sçay quels degoustez de nostre noblesse qui parlent de conserver la religion et l'Estat tout ensemble : et que les Espagnols perdront à la fin l'un et l'autre, si on les laisse faire : quant à moy je n'entends point tout cela : pourveu que je leve tousjours les tailles, et qu'on me paye bien mes appointements, il ne me chaut que deviendra le pape, ny sa femme. Je suis apres mes intelligences pour prendre Noyon[1] : si j'en puis venir à bout je seray evesque de la ville, et des champs[2], et feray la moue à ceux de Compiegne : Cependant je courray la vache et le manant, tant que je pourray : et n'y aura paysan, laboureur, ny marchand autour de moy, et à dix lieues à la ronde, qui ne passe par mes mains, et qui ne me paye taille ou rançon. Je sçay des inventions pour les faire venir à raison : je leur donne le frontal de corde liee en cordeliere : je les pends par les aisselles, je leur chauffe les pieds d'une pelle rouge, je les mets aux fers, et aux ceps : je les enferme en un four, en un coffre percé plein d'eau : je les pends en chapon rosty : je les fouette d'estrivieres : je les sale : je les fais jeusner : je les attache estenduz dedans un van : bref j'ay mille gentils moyens pour tirer la quinteessence de leurs bourses, et avoir leur substance pour les rendre belistres à jamais, eux et toute leur race : Que m'en soucie je pourveu que j'en aye ? Qu'on ne me parle point là-dessus du poinct d'honneur, je ne sçay que c'est, il y en a qui se vantent d'estre descenduz de ces vieux chevaliers françois qui chasserent les Sar-

---

[1] La Ligue avoit repris cette ville en février 1593.
[2] Proverbe qui désignoit un pendu, lequel *donne la bénédiction avec les pieds*.

razins d'Espagne, et remirent le roy Pierre en son royaume : les autres se disent estre de la race de ceux qui allerent conquerir la Terre Saincte avec Sainct-Loys : les autres de ceux qui ont remis les papes en leur siege par plusieurs fois, ou qui ont chassé les Anglois de France, et les Bourguignons de la Picardie : ou qui ont passé les monts aux conquestes de Naples et de Milan, que le roy d'Espagne a usurpé sur nous : Il ne me chaut de tous ces tiltres sans panchartes, ny d'armoiries, tymbrees ou non tymbrees : je veux estre vilain de quatre races, pourveu que je reçoive tousjours les tailles, sans rendre compte : je n'ay point leu les livres, ny les histoires, et annales de France, et n'ay que faire de sçavoir s'il est vray qu'il y ait eu des paladins et chevaliers de la table ronde, qui ne faisoyent profession que d'honneur, et de deffendre leur roy et leur pays, et fussent plustost morts que de recevoir un reproche, ou souffrir qu'on eust faict tort à quelqu'un : j'ay ouy conter à ma grand mere, en portant vendre son beurre au marché, qu'il y a eu autrefois un Gaston de Foix, un comte de Dunois, un La Hire, un Poton [1], un capitaine Bayart, et autres qui avoyent faict rage pour ce poinct d'honneur, et pour acquerir gloire aux François : mais je me recommande à leurs bonnes graces, pour ce regard : j'ay bonne espee, et bon pistolet : et n'y a sergent ny prevost des mareschaux qui m'osast adjourner : advienne qui pourra, il me suffist d'estre bon catholique : la justice n'est pas faicte pour les gentils-hommes comme moy : je prendray les vaches et les poules de mon voisin quand il me plaira : je leveray ses terres, je les renfermeray avec les miennes dedans mon

---

[1] Poton de Saintrailles, maréchal de France sous Charles VII.

clos, et si n'en oseroit grommeler : tout sera à ma bienseance : je ne souffriray point que mes subjects payent de taille, sinon à moy : et vous conseille, messieurs les nobles, d'en faire tous ainsi : aussi bien n'y a il que les tresoriers et financiers qui s'en engraissent, et usent de la substance du peuple, comme des choux de leur jardin : Par la mort Dieu, si je trouve ny sergent, ny receveur, ny homme de justice faisant exploict sur mes terres sans m'en demander congé, je leur feray manger leur parchemin, c'est trop enduré : sommes nous pas libres? Monsieur le lieutenant, ne nous avez vous pas donné liberté de tout faire : et monsieur le legat nous a il pas mis la bride sur le col, pour prendre tout le bien des Politiques, tuer et assassiner, parents, amis, voisins, pere et mere, pourveu qu'y fassions nos affaires, et que soyons bons catholiques? sans jamais parler ny de trefve, ny ne paix? j'en feray ainsi, et vous prie d'en faire de mesme. Mais j'ay encore une autre chose à vous remonstrer, c'est de ne parler plus de ceste loy salique : je ne sçay que c'est, mais le seigneur Diego[1] me l'a donné par memoire avec quelques pieces rondes qui me feront grand bien. C'est en tout cas, qu'il faut aller saccager ces chaperons fourrez de la cour de parlement, qui font les galants, et se meslent des affaires d'estat, ou ils n'ont rien que veoir : qu'on me les donne un peu à manier : jamais Bussy le Clerc n'y fit œuvre : si monsieur le legat me commande seulement de leur aller mettre la main sur le collet, il n'y a ny bonnet quarré, ny bourlet que je ne fasse voler s'ils m'eschauffent trop les aureilles, mesmement à ce monsieur Le Maistre, et ce du Vayr[2] qui mettent les

[1] Don Diego d'Ybarra, agent de Philippe II.
[2] Le Maistre étoit président en la cour, et Du Vair conseil-

autres en train : Que n'y donnez vous ordre, monsieur le lieutenant ; sçavez vous pas bien que le president de Nully vous a dit et nommé par nom et par surnom tous ceux qui ont opiné pour ceste meschante loy ? que ne les envoyez vous jetter en la riviere comme il vous a conseillé? Et ce beau Marillac¹ qui faisoit tant de l'eschauffé au commencement, et n'opinoit que feu et sang, je crains à la fin qu'il ne fasse banqueroute à la Ligue, si on luy promet d'estre conseiller d'estat du Biarnois : Gardons nous de ces gens qui tournent leur robe si aysement, et suyvent le vent de fortune, quand ils voyent que leur party va mal : Ha brave Machault²! Ha vaillant Bordeaux! vous estiez dignes d'estre comme moy, eslevez au plus haut degré³ d'honneur de noblesse : entre les robes longues je n'ayme que vous, et ce fameux president que je nommeray encore icy par honneur, monsieur de Nully, qui, outre le courageux commencement et progrez qu'il a faict à la Ligue, de laquelle il peut estre dit le pere putatif, a bien daigné exposer ses filles, et prostituer leur reputation au bourdel, pour faire service à messieurs les princes, et à messieurs ses curez et predicateurs⁴. Diray je aussi le faict heroique de ce bon Baston⁵, qui signa si valeu-

ler. L'un et l'autre avoient soutenu courageusement la loi salique.

¹ Conseiller au Parlement, membre du Conseil des Quarante.

² Il étoit marchand, et du Conseil des Quarante, de même que Bordeaux. (V. sur ces détails de Thou, l. xciv et cvi.)

³ Pendu.

⁴ Allusion à l'évêque Rose et à ses intrigues avec la fille de Nully.

⁵ Ce misérable, membre du Conseil des Quarante, avoit offert à Henri III d'assassiner le duc de Guise. Comme ce prince ne se fia pas à lui, il se jeta avec fureur dans la Ligue, et tira du

reusement la Ligue de son propre sang, tiré de sa main, laquelle depuis par miracle a demouré estropiée, tant ce glorieux martyr a voulu souffrir pour la saincte Union? et toy, genereux arc-boutant de l'Union, Loys Dorléans [1], ton *Catholique anglois* [2], et ton *Expostulation* [3], et la harangue faicte en faveur et à l'honneur du legat et des Espagnols, meritoyent qu'on te mist en la place du president Brisson ; mais on ne recompense pas les gens de bien comme il faut : non plus que ton compagnon [4] d'office, pour avoir escrit si curieusement les droicts de l'oncle contre le nepveu. Ceux là sont des hommes justes, et vertueux, non pas ces foireux, qui voyants qu'il n'y avoit plus rien à grabeler en leur palais de ceste ville, et que tous leurs sacs estoyent vides, ou penduz au croc, s'en sont allez à Tours et à Chaalons, ou ils sçavoyent que la mangeoire estoit pleine, et les rasteliers garnis. Bref ostez en cinq ou six [5] de toute ceste megnee, tout le reste n'en vaut rien, et au diable le meilleur : je ne sçay que ces gens de justice m'ont faict, mais je ne les ayme point ; je monstray une fois ma main à une vieille ægyptienne, qui me dit que j'avoy le poulce rond [6], et que je me

---

sang de son bras avec un canif, afin de signer le formulaire. (V. de Thou, l. xciv.)

[1] Voir la note sur Dorléans.

[2] Libelle infâme de Dorléans.

[3] Autre pamphlet du même auteur.

[4] Antoine Hotman, échevin des Seize en août 1591 et avocat du roi pour la Ligue, qui écrivit un traité en faveur du cardinal de Bourbon contre son neveu Henri IV.

[5] Il ne restoit en effet, à la date de la *Ménippée*, que cinq ou six ligueurs forcenés dans le Parlement.

[6] Pouce de voleur, pouce avec lequel on peut couvrir un écu.

gardasse de rond, ou de demy rond¹. Je croy qu'elle vouloit dire de ces gens là, qui portent le bonnet rond.

Enfin, Messieurs, j'ay charge de la noblesse, de vous remonstrer qu'il faut rabattre l'insolence de ces hoches-brides², et avaleurs de frimats, et faire vos affaires pendant que le temps est beau. Si la loy salique est entretenue, je crains que monsieur le legat s'en fasche, et que l'Infante soit en danger d'estre tondue : mais je m'en rapporte à monsieur le lieutenant qui sçaura bien rompre le coup, et faire la barbe à son nepveu sans rasoir : au demourant s'il faut eslire un roy, je vous prie vous souvenir de moy, et de mes merites : on m'a faict croire qu'il s'en est faict autrefois de pires que moy : les Lydiens (comme on dit, car je ne sçay quelles gens ce sont) en firent un qui menoit la charrue³. Les Flamands firent un duc qui estoit brasseur de biere⁴ : les Normands un cuisinier⁵ : les Parisiens un escorcheur⁶ : je suis plus que tous ceux là : car mon grand pere estoit mareschal en France, ou de France, et s'il a gaigné Enfer⁷, je gaigneray Paradis : voilà monsieur de Sainct-Paul maintenant comte de Rethelois, mareschal de l'Union, et archevesque de Reims⁸, qui a bien son pere n'agueres demourant en une cahuette couverte de chaulme pres de Nangy, et

---

¹ Allusion à Miron, intendant de la justice en l'armée du roi, et qui fit pendre De Rieux.

² Ceux qui sollicitoient les Parisiens de renoncer à la Ligue, et de s'opposer aux pernicieux desseins des Espagnols.

³ Gordius.

⁴ Philippe d'Artevelle.

⁵ Il a été déjà question de Le Gras un peu plus haut.

⁶ Caboche.

⁷ Équivoque : *en fer* et *enfer*.

⁸ Il s'étoit emparé des revenus de cet archevêché.

qui a encore ses sœurs mariees, l'une avec un tavernier, et l'autre avec un tisserant, neantmoins le voylà pair et mareschal de France, et qui preste argent sur bons gaiges à monsieur de Guyse son maistre, et bienfacteur[1]. A ce compte, vous pouvez bien me faire-roy, et ferez bien : car je vous laisseray faire tout ce que vous voudrez. J'aboliray toutes ces mangeries de justice : je supprimeray tous les sergents, procureurs, chiquaneurs, commissaires et conseillers, excepté ceux qui sont de nos amis : mais il ne se parlera plus d'adjournements ny de saisies, criees et executoires, ny de payer ses debtes : vous serez tous comme rats en paille, et me suffira que m'appelliez sire : Vous y adviserez : pour le moins je sçay bien que j'en vaux bien un autre : et vous en diroy davantage, sinon que je suis pressé d'aller executer mon entreprise sur Noyon, apres que j'auray combattu le gouverneur de ceste ville[2]; et sur ce, *bazos las manos de vostra merced*[3].

Apres que le sieur de Rieux eut finy sa concion militaire, chacun des assistants monstra au visage qu'on avoit pris plaisir à son éloquence naturelle, pour un homme qui n'avoit point de lettre, et qui pourroit faire un grand fruict s'il la faisoit longue[4] en ce monde : Là dessus se leva un des deputez, nommé le sieur d'An-

---

[1] Le duc Henri de Guise lui avoit fait épouser une veuve très-riche, et de bonne maison.

[2] Bellin, gouverneur de Paris, suspect aux Seize, et que Mayenne en avoit évincé en janvier 1594.

[3] On voit qu'il y a presque autant de barbarismes que de mots dans cette citation espagnole.

[4] *Faire la longue lettre*, c'est-à-dire être pendu.

goulevent¹, qui fit entendre tout haut qu'il avoit charge de la noblesse nouvelle, et de la part des honnestes hommes, et maistres de l'Union, de remonstrer quelque chose d'importance, touchant leur qualité; et qu'il estoit raisonnable qu'il fust ouy avant le tiers estat, qui n'estoit composé que de manants, requerant monsieur le lieutenant, de luy faire donner audience, et interpellant les gens du roy de l'Union, mesmement l'avocat general Dorleans, qui avoit autrefois escrit en faveur de ladite noblesse, d'adherer à son requisitoire, et ce disant monta tout debout sur le bancq ou il estoit assis, et commença à dire : *Monsieur le douziesme*², mais soudain il fut interrompu par un grand bruit de

---

¹ Espèce de badin du seizième siècle qui a laissé une réputation populaire.

² Voici comment Du Puy explique ces allusions : « On a voulu » ici se moquer dans tout ce passage du sieur d'Amours, con- » seiller au parlement, deputé par ceux qui estoient demeurez » à Paris, pour avec quelques autres de ses collegues aller jus- » ques à Estampes au devant de ceux du parlement de Paris, » qui retournoient de Tours, et les saluer. Ledit sieur d'Amours » estant arrivé à Estampes, fut à l'hostellerie ou estoit logé » monsieur le premier president de Harlay. Estant monté en sa » chambre, sans considerer qu'il n'y avoit aucun autre des pre- » sidents et conseillers, commença sa harangue par ces mots : » *Monsieur le douziesme;* sur quoi le premier president l'inter- » rompit, disant qu'il falloit envoyer querir messieurs les presi- » dents logez proche de luy. Ces presidents venus, d'Amours re- » commença par ces mesmes mots : *Monsieur le douziesme de* » *may.* Il fut encore arresté par ledit sieur premier président qui » luy dit qu'il attendoit monsieur le procureur général. Et d'A- » mours commença sa harangue pour la troisiesme fois par ces » mesmes mots, dont il fut fort moqué. Ce *douziesme de may* » est le jour des Barricades. »

paysants, qui estoyent derriere les deputez : lequel estant un peu cessé, commença de rechef : *Monsieur le douziesme,* et incontinent le bruit se leva plus grand que devant, neantmoins ne laissa pour la troisiesme fois de dire *monsieur le douziesme de may:* et alors se leva le sieur d'Aubray qui avoit charge de parler pour le tiers estat, et contesta qu'il n'appartenoit qu'à luy de parler de ce jour là des Barricades, et qu'on n'avoit point accoustumé en France de faire plus de trois Estats, et empeschoit que le deputé de la nouvelle noblesse fust ouy : comme n'estant qu'une dependance et un membre dudit tiers estat. Ledit sieur d'Angoulevent disputa long temps de sa part, disant que chacun estoit là pour son argent, et recommença plusieurs fois ces trois mots : *Monsieur le douziesme,* et à chaque fois fut interrompu : à la fin comme la rumeur croissoit, et desja s'eschauffoyent les factions pour l'un et pour l'autre jusques à en venir aux coups de poing, l'avocat Dorleans remonstra qu'il n'estoit plus temps de s'arrester aux anciennes coustumes[1], ny à toutes ces ceremonies du temps passé, sinon au faict de la religion : et que l'assemblee desdits Estats seroit inutile, si on n'y faisoit toutes choses de quelque nouvelle façon : et quant à luy, qu'il avoit veu les memoires de la noblesse nouvelle, lesquels meritoyent bien estre considerez : toutesfois attendu qu'il estoit tard, et que monsieur le lieutenant estoit par avanture à jeun, et que l'heure du disner de monsieur le legat se passoit, il requeroit que ledit sieur d'Angoulevent mit son dire par escrit, et au parsus se tairoit s'il pouvoit : *alias,*

---

[1] *Alias :* « Anciennes formes qui n'étoient que pour les cordonniers. »

à faute de ce, qu'on l'envoyroit au comte de Choisy[1]. Ce que monsieur le lieutenant approuva de la teste : et la rumeur peu à peu cessée, et ledit Angoulevent à peine rassis, le sieur d'Aubray, député du tiers estat, ayant laissé son espee, harangua à peu pres ainsi.

[1] C'est-à-dire à l'hôpital, puisque le comte de Choisy n'étoit autre que Jacques de l'Hospital.

# HARANGUE [1]

## DE MONSIEUR D'AUBRAY [2],

#### POUR LE TIERS ESTAT.

---

Par nostre Dame, Messieurs, vous nous l'avez baillé belle. Il n'estoit ja besoin que nos curez nous preschassent qu'il falloit nous desbourber, et desbourbonner [3]. A ce que je voy par vos discours les pauvres Parisiens en ont dans les bottes bien avant, et sera prou difficile de les desbourber. Il est désormais temps de nous appercevoir que le faux Catholicon d'Espagne est une drogue qui prend les gens par le nez : et ce n'est pas sans cause que les autres nations nous appellent caillettes; puisque comme pauvres cailles coiffées, et trop credules, les predicateurs, et sorbonistes, par leurs caillets [4] enchanteurs, nous ont faict donner dans les

---

[1] Cette harangue est de Pierre Pithou.
[2] Claude d'Aubray passoit pour le chef des Politiques.
[3] Le curé Boucher prêchant à Notre-Dame, le 12 mai 1593, pour l'anniversaire des Barricades, avoit pris pour texte le mot de l'Écriture : *Eripe nos de luto ;* et, équivoquant grossièrement sur le sens de la traduction qu'il donna : « Il est temps de se *desbourber*, de se *desbourbonner ;* ce n'est pas à tel *boueux* que le trône appartient. » Lestoile assure avoir entendu le propos de ses aureilles. (V. *de la Démocr. chez les Prédicat. de la Ligue,* 1841, in-8°, p. 174 et 266.)
[4] Rets à prendre les cailles.

rets des tyrans, et nous ont par apres mis en cage, renfermez dedans nos murailles pour apprendre à chanter. Il faut confesser que nous sommes pris à ce coup, plus serfs, et plus esclaves, que les chrestiens en Turquie, et les juifs en Avignon. Nous n'avons plus de volonté, ny de voix au chapitre. Nous n'avons plus rien de propre, que nous puissions dire : cela est mien ; tout est à vous, Messieurs, qui nous tenez le pied sur la gorge, et qui remplissez nos maisons de garnisons. Nos privileges et franchises anciennes sont à vau-l'eau[1] : nostre hostel de ville que j'ay veu estre l'asseuré refuge du secours des roys en leurs urgentes affaires, est à la boucherie[2] : nostre cour de parlement est nulle : nostre Sorbonne est au bourdel, et l'université devenue sauvage. Mais l'extrémité de nos miseres est, qu'entre tant de malheurs, et de necessitez, il ne nous est pas permis de nous plaindre, ny demander secours : et faut qu'ayants la mort entre les dents, nous disions que nous nous portons bien, et que sommes trop heureux d'estre malheureux pour si bonne cause. O Paris qui n'es plus Paris, mais une spelunque de bestes farouches, une citadelle d'Espagnols, Wallons, et Neapolitains[3] : un asyle, et seure retraicte de voleurs, meurtriers, et assassinateurs, ne veux tu jamais te ressentir de ta dignité, et te souvenir qui tu as esté, au prix de ce que tu es, ne veux tu jamais te guarir de ceste frenesie, qui pour un legitime et gratieux roy, t'a engendré cinquante

---

[1] Allusion à l'édit de Henri III donné à Blois en février 1589, lequel fut amplifié par un autre édit donné à Châtellerault le mois de mai suivant. (V. de Thou, l. xcvi.)

[2] Allusion à Charles Boucher, prévôt des marchands.

[3] La garnison de Philippe II à Paris étoit composée d'Espagnols, de Wallons et d'Italiens.

roytelets, et cinquante tyrans? Te voila aux fers, te voila en l'inquisition d'Espagne, plus intolérable mille fois, et plus dure à supporter aux esprits nez libres et francs, comme sont les François, que les plus cruelles morts, dont les Espagnols se sauroyent adviser. Tu n'as peu supporter une legere augmentation de tailles, et d'offices, et quelques nouveaux edicts qui ne t'importoyent nullement : et tu endures qu'on pille tes maisons, qu'on te rançonne jusques au sang, qu'on emprisonne les senateurs, qu'on chasse et bannisse tes bons citoyens et conseillers : qu'on pende, qu'on massacre tes principaux magistrats : tu le vois, et tu l'endures : tu ne l'endures pas seulement, mais tu l'approuves, et le loues, et n'oserois, et ne sçaurois faire autrement. Tu n'as peu supporter ton roy si débonnaire, si facile, si familier, qui s'estoit rendu comme concitoyen, et bourgeois de ta ville, qu'il a enrichie, qu'il a embellie de somptueux bastiments, accreue de forts et superbes remparts, ornee de previleges et exemptions honorables : que dis-je ? peu supporter ? c'est bien pis : tu l'as chassé de sa ville, de sa maison, de son lict : quoy chassé ? tu l'as poursuivy : quoy poursuivy ? tu l'as assassiné : canonizé l'assassinateur, et faict des feux de joye de sa mort. Et tu vois maintenant combien ceste mort t'a prouffité; car elle est cause qu'un autre est monté en sa place, bien plus vigilant, bien plus laborieux, bien plus guerrier, et qui sçaura bien te serrer de plus pres, comme tu as à ton dam[1] deja experimenté. Je vous prie, Messieurs, s'il est permis de jetter encore ces derniers abois en liberté, considerons un peu, quel bien et quel prouffit nous est venu de ceste detestable

---

[1] A tes dépens.

mort, que nos prescheurs nous faisoyent croire estre le seul et unique moyen pour nous rendre heureux. Mais je ne puis en discourir qu'avec trop de regret de veoir les choses en l'estat qu'elles sont, au prix qu'elles estoyent lors : chacun avoit encore en ce temps-là du bled en son grenier, et du vin en sa cave : chacun avoit sa vaisselle d'argent, et sa tapisserie, et ses meubles : les femmes avoyent encore leur demiceint[1] : les reliques estoyent entieres : on n'avoit point touché aux joyaux de la couronne : mais maintenant qui se peut vanter d'avoir de quoy vivre pour trois semaines, si ce ne sont les voleurs, qui se sont engraissez de la substance du peuple, et qui ont pillé à toutes mains les meubles des presents et des absents. Avons nous pas consommé peu à peu toutes nos provisions, vendu nos meubles, fondu nostre vaisselle, engagé jusques à nos habits pour vivoter bien chetivement? ou sont nos sales et nos chambres tant bien garnies, tant diaprees, et tapissees? ou sont nos festins, et nos tables friandes? nous voila reduits au laict et au fromage blanc, comme les Souysses: nos banquets sont d'un morceau de vache pour tous metz : bien heureux qui n'a point mangé de chair de cheval et de chiens, et bien heureux qui a tousjours eu du pain d'avoine, et s'est peu passer de bouillie de son, vendue au coing des rues, aux lieux qu'on vendoit jadis les friandises de langues, caillettes et pieds de mouton, et n'a pas tenu à monsieur le legat, et à l'ambassadeur Mendosse[2], que n'ayons mangé les os

---

[1] Parure que les Parisiennes avoient été obligées de vendre pendant les misères du siége, en 1590.

[2] Le 15 juin de l'an 1590, « dom Bernardin de Mendosse, dit Du Puy, ambassadeur d'Espagne, se trouva en une assemblée chez monsieur Courtin, conseiller en la cour, où se faisoit une

de nos pères, comme font les sauvages de la Nouvelle Espagne. Peut on se souvenir de toutes ces choses, sans larmes, et sans horreur? et ceux qui en leur conscience sçavent bien qu'ils en sont cause, peuvent ils en ouyr parler sans rougir, et sans apprehender la punition que Dieu leur reserve, pour tant de maux, dont ils sont autheurs? mesmement, quand ils se representeront les images de tant de pauvres bourgeois, qu'ils ont veuz par les rues tomber tous roides morts de faim : les petits enfants mourir à la mammelle de leurs meres allangouries, tirants pour neant [1], et ne trouvants que succer : les meilleurs habitants, et les soldats marcher par la ville, appuyez d'un baston, pasles et foibles, plus blancs et plus ternis qu'images de pierre : ressemblants plus des fantosmes que des hommes : et l'inhumaine response d'aucuns, mesme des ecclesiastiques qui les accusoyent et menaçoyent, au lieu de les secourir ou consoler, fut il jamais barbarie ou cruauté pareille à celle que nous avons veue et enduree? fut il jamais tyrannie et domination pareille à celle que nous voyons et endurons? ou est l'honneur de nostre univer-

épreuve de pain, où on mesloit de l'avoine. Là cet ambassadeur fit ouverture d'un moyen, sçavoir de faire passer sous la meule et par le moulin les os des morts qui estoient au cimetiere des Innocents de Paris, pour les réduire en poudre, laquelle trempée et mollifiée avec de l'eau, serviroit à faire du pain, ce qui fut executé, et on le nomma le pain de madame de Montpensier, qui en avoit loué l'invention. Cela dura peu, parce que ceux qui en mangèrent moururent. Il fut dit lors, qu'il avoit esté faict à ce dessein. »

[1] Ceci n'est point une exagération. On trouvera ce détail raconté au long dans les sermons de Panigarolle. (V. *Tre prediche di monsign. Panigarola fatte da lui in Parigi*; Asti, 1592, in-8°, p. 59 et suiv.

sité? ou sont les colleges? ou sont les escholiers? ou sont les leçons publiques, ou l'on accouroit de toutes les parts du monde? ou sont les religieux estudiants aux couvents : ils ont pris les armes, les voila tous soldats debauchez. Ou sont nos chasses, ou sont nos precieuses reliques? les unes sont fondues et mangees : les autres sont enfouyes en terre de peur des voleurs et sacrileges : ou est la reverence qu'on portoit aux gens d'eglise, et aux sacrez mysteres? chacun maintenant faict une religion à sa guise : et le service divin ne sert plus qu'à tromper le monde par hypocrisie : les prestres et les predicateurs se sont renduz si venaux, et si mesprisez par leur vie scandaleuse, qu'on ne se soucie plus d'eux, ny de leurs sermons, sinon quand on en a affaire pour prescher quelques faulses nouvelles. Ou sont les princes du sang[1], qui ont tousjours esté personnes sacrees, comme les colomnes et appuiz de la couronne, et monarchie françoise? Ou sont les pairs de France, qui devroyent estre icy les premiers pour ouvrir et honorer les Estats? Tous ces noms ne sont plus que noms de faquins, dont on faict littiere aux chevaux de messieurs d'Espagne, et de Lorraine. Ou est la majesté et gravité du parlement, jadis tuteur des roys, et mediateur entre le peuple et le prince? vous l'avez mené en triomphe à la Bastille, et traîné l'authorité, et la justice captive plus insolemment, et plus honteusement que n'eussent faict les Turcs : vous avez chassé les meilleurs, et n'avez retenu que la racaille passionnee, ou de bas courage : encore parmy

---

[1] Il n'y avoit aux États de la Ligue ni officiers de la couronne, ni chancelier, ni maréchaux de France, ni présidents de cours souveraines, ni procureurs, ni avocats-généraux légitimement établis.

ceux qui ont demouré, vous ne voulez pas souffrir que quatre ou cinq disent ce qu'ils pensent, et les menacez de leur donner un *billet*[1], comme à des heretiques ou Politiques. Et neantmoins voulez qu'on croye que ce que vous en faictes, n'est que pour la conservation de la religion et de l'Estat. C'est bien dit : examinons un peu vos actions, et les deportements du roy d'Espagne envers nous : et si j'en ments de mot, que jamais monsieur sainct Denys, et madame saincte Geneviefve patrons de France ne me soyent en ayde. J'ay un peu estudié aux escholes, non pas tant que j'eusse desiré : mais depuis j'ay veu du pays[2]; et voyagé jusques en Turquie, et par toute la Natolie, Esclavonie et Mesopotamie, jusques à l'Archipelago, et Mar-Majour, et Tripoli de Syrie, ou j'ay appris le dire de Jésus-Christ nostre sauveur estre véritable : *a fructibus eorum cognoscetis eos* : on cognoist à la longue, quelles sont les intentions des hommes par leurs œuvres, et leurs effects. Premièrement je diray avec preface d'honneur que le roy d'Espagne[3] est un grand prince, sage, cault[4], et advisé : le plus puissant, et le plus grand terrien de tous les princes chrestiens : et le seroit encore davantage si toutes ses terres et royaumes se tenoyent, et estoyent joincts à l'approche l'un de l'autre : mais la France qui

---

[1] C'est ce qu'on a appelé depuis *lettre de cachet*.

[2] L'auteur de cette harangue a voulu imiter Homère, qui, pour mieux représenter la prudence d'Ulysse, dit que ce sage grec avoit beaucoup voyagé.

[3] Tout cet endroit est pris de l'*Advis* donné à Henri III en 1585, par François de Noailles, évêque d'Acqs, concernant la guerre qu'il conseilloit de porter dans les Pays-Bas. (V. de Thou, l. LXXXI.)

[4] *Cautus*, prudent.

est entre l'Espagne et les Pays-Bas, est cause que ses seigneuries separees lui coustent plus qu'elles ne luy valent, car sur toutes nations il redoute la françoise [1], comme celle qu'il cognoist estre plus genereuse, et avoir plus de valeur, et impatiente du repos, et de la domination estrangere. C'est pourquoy comme prudent, prevoyant, et bien conseillé qu'il est, des lors qu'il fut contrainct de faire ceste miserable paix [2] qui fut seellee, et signalee de la mort de nostre bon roy Henry II, n'osant ouvertement y contrevenir, ny recommencer la guerre, pendant que la France estoit florissante, unie, bien d'accord, et de mesme volonté ensemble, il a tasché de semer la division et la discorde parmi nous mesmes : et si tost qu'il a veu nos princes se mescontenter, ou se bigcarrer, il s'est jetté à la traverse pour encourager l'un des partis, nourrir et fomenter nos divisions, et les rendre immortelles, pour nous amuser à nous quereller, entrebattre, et entretuer l'un l'autre, afin d'estre cependant laissé en paix, et tandis que nous nous affoiblirons, croistre et s'augmenter de nostre perte et diminution. C'est la procedure qu'il a tenue depuis qu'il veit messieurs les princes de Vendosme et de Condé mal contents, qui attirerent avec eux la maison de Montmorency, et de Chastillon, pour s'opposer aux avantageux progrez, et advancements de vostre pere et de vos oncles, monsieur le lieutenant, qui avoyent envahi et usurpé toute l'autho-

---

[1] Charles-Quint disoit à Philippe II : « Vous devez penser à la guerre contre le roi de France, qui est un ennemi redoutable, à cause que ses provinces sont contiguës les unes aux autres. » (V. *Instr. de Charles-Quint et de Philippe II*, trad. par Teissier; La Haye, 1700, in-12, p. 92.)

[2] La paix de Cateau-Cambrésis, en 1559.

rité et puissance royale du temps du petit roy François, leur nepveu : je ne dy rien, que toute la France, jusques aux plus petits, voire que tout le monde universel ne sçache : car toutes les sanglantes tragédies qui ont depuis esté jouees sur ce pitoyable eschafaut françois, sont toutes nees et procedees de ces premieres querelles : et non de la diversité de religion, comme sans raison on a faict jusques icy croire aux simples et idiots. Je suis vieil, et ay veu des affaires du monde autant qu'un autre, voire j'ay par la grace de Dieu, et de mes amis, esté eschevin et prevost des marchands en ceste ville, du temps qu'on y procedoit par libre election, et qu'on ne forçoit ny violentoit personne pour les voix et suffrages, comme avez faict, monsieur le lieutenant, depuis n'agueres, ayant voulu faire continuer monsieur Boucher à vostre devotion [1] : mais il me

---

[1] Depuis les Barricades de mai 1588, dit Le Duchat, le prévôt des marchands et les échevins de Paris avoient été créés contre la coutume et la forme anciennes. Le 18 octobre 1590, l'ordre ancien fut rétabli, et l'on élut ce jour-là pour prévôt des marchands Charles Boucher, sieur d'Orsay, président au Grand Conseil, et maître des requêtes, qui fut un des principaux auteurs du supplice de Louchard et de ses compagnons. Le duc de Mayenne, qui lui en savoit bon gré, différa la nouvelle élection jusqu'au 9 novembre 1592, auquel jour fut élu en sa place maître Jean Lhuillier, qui, pour avoir, quatorze mois après, travaillé heureusement à introduire le roi dans Paris, fut récompensé par un office de président en la Chambre des Comptes, le propre jour que ce prince y fit son entrée. Ce n'est donc pas sans apparence de raison que l'auteur de cette harangue insinue que le duc de Mayenne croyoit avoir beaucoup perdu de n'avoir pu faire continuer plus long-temps Boucher en sa magistrature. Cependant Cayet assure que, quand Boucher auroit encore été continué prévôt des marchands, ce duc n'y auroit

souvient encore de ces vieux temps, comme si ce n'estoit que d'hier ou d'aujourd'huy. J'ay bonne memoire du commencement de la querelle qui vint entre feu monsieur vostre pere, et feu monsieur le connestable, laquelle ne proceda que de jalousie de l'un sur l'autre : estants tous deux grands mignons et favoris du roy Henry second, leur maistre : comme nous avons veu messieurs de Joyeuse et d'Espernon soubs le roy Henry troisiesme son fils. Leur premiere dispute fut sur l'estat de grand-maistre, que le roy donna à monsieur vostre pere, quand il feit monsieur de Montmorency connestable, qui estoit grand-maistre auparavant, et qui avoit promesse du roy que ledit estat seroit conservé pour son fils. L'autre cause de leur mauvais mesnage fut le comté de Dampmartin, que tous deux avoyent acheté de diverses façons[1], et en estants entrez en procez, monsieur le connestable le gaigna par arrest. Cela les altera tellement que chacun d'eux taschoit à desarçonner son compagnon : et delà vint le voyage que feit monsieur vostre pere en Italie ou il ne feit pas grand cas, [à cause que son ambition particuliere le poussoit à la conqueste du royaume de Naples, ou il se promettoit avoir quelque droict[2] :

rien gagné ; et qu'au contraire, Boucher contribua plus à la réduction de Paris que Lhuillier lui-même.

[1] Le connétable, de Philippe de Boulainvilliers, et le duc de Guise, d'Odard de Rambures, frères utérins qui prétendoient tous deux que leur commune mère leur avoit donné ce comté. (V. de Thou, l. xxv.)

[2] Henri II avoit fait avec Paul IV un traité par lequel ce pape s'étoit engagé à donner l'investiture du royaume de Naples à un des fils de France, autre que le dauphin. Le duc de Guise étoit parti, à la fin de décembre 1556, pour prendre possession de ce royaume au nom du roi ; mais on l'avoit soupçonné d'intriguer pour ses intérêts personnels. Son frère, qui gagnoit par là quel-

et laissa l'occasion de reprendre le duché de Milan, en passant, qui luy estoit aysé, n'y ayant pour le garder qu'un pauvre prestre, le cardinal de Trente, qui estoit prest de quitter tout, si on l'eust attaqué : mais le destin de la France luy bandoit les yeux, et pendant son voyage ou il avoit emmené toute la noblesse, et toutes les plus belles forces de France pour secourir le pape à Ostie, nous perdismes Sainct-Quentin, et la journee de Sainct-Laurent, ou monsieur le connestable[1], et plusieurs autres furent pris : puis monsieur vostre pere à son retour[2]] par un heur à la verité fort admirable reprit les villes de Picardie que nous avions perdues, et Calais davantage : et pour se revancher des mauvais offices qu'il avoit sçeu qu'on lui avoit faict en son voyage, feit aussi tenir en longueur la prison de monsieur le connestable; et n'oublia rien d'artifice pour empescher et dilayer[3] sa delivrance : qui donna occasion à ses

ques chances de devenir pape, l'y auroit aidé. De là ces vers que Le Laboureur rapporte dans ses additions aux *Mémoires de Castelnau* (t. 1, p. 406) :

> Quelque mine que tu fasse
> Bien aussi fasché te voy
> De mourir sans estre pape,
> Que cestuy sans estre roy.

[1] Anne de Montmorency, qui fut blessé à la bataille de Saint-Quentin, en 1557, et fait prisonnier avec les ducs de Montpensier, de Longueville, le maréchal de Saint-André et autres.

[2] Au lieu de ce qui est entre deux crochets, il y a dans la première édition : « parce que monsieur le connestable qui l'y avoit faict envoyer pour posseder le roy tout seul plus à son aise, empescha peut estre ou retarda les affaires : mais il ne demoura gueres sans en estre puny, car il fut pris à la journée de Sainct-Laurent pendant l'absence de vostre père, lequel estant de retour... »

[3] Différer.

nepveux messieurs de Chastillon, d'implorer le secours, et se jetter entre les bras du roy de Navarre, pere de cestuy cy, et de monsieur le prince de Condé son frere, qui avoit espousé leur niepce. Voylà ces deux grandes maisons en factions et partialitez, qui s'aigrirent encore par la contention nee entre monsieur le prince de Condé et monsieur d'Aumale vostre oncle, pour l'estat de colonel de la cavalerie legere. Il n'estoit encore lors mention de religion ny de huguenots. A peine sçavoit on quelle estoit la doctrine de Calvin et de Luther, sinon au supplice de ceux qu'on voyoit brusler opiniastres : et neantmoins, la matiere des guerres, et des inimitiez que nous avons veues, se preparoit des lors, et a duré jusques à present. Mais la verité est, que quand messieurs de Chastillon, hommes courageux et mal endurants, veirent que la faveur de vostre maison l'emportoit sur la leur, et qu'il n'y avoit moyen de trouver credit aupres du roy, pour les obstacles que les vostres leur donnoyent, ils furent conseillez de se retirer de la cour, et en leur retraicte (fust ce à bon escient, fust ce par ruse, et prudence?) se monstrerent favoriser les nouveaux lutheriens, qui ne preschoyent encore que dans les caves : et peu à peu se joignirent de faction et d'intelligence avec eux, plus pour se deffendre et garantir de votre pere et de vostre oncle, que pour attenter aucun remuement de nouveauté : sinon lorsque le roy, à la suscitation de vostre oncle, qui luy en avoit faict escrire par le pape, prit luy mesme monsieur d'Andelot à Crecy[1], et l'envoya prisonnier à Melun. Apres cet

---

[1] François de Coligny, seigneur d'Andelot, frère de l'amiral de Châtillon. Ce fut à Monceaux et non à Crécy que d'Andelot vint trouver Henri II, qui le fit emprisonner pour ses propos sur la messe.

emprisonnement, et celuy du vidame de Chartres[1], et de quelques conseillers du parlement, survint la violente et miraculeuse mort du roy, qui esleva vostre maison au souverain degré de puissance aupres du petit roy François, et par le contraire, recula et abatit presque du tout celle de monsieur le connestable, et de tous ceux qui luy appartenoyent : et ce fut lors que les siens desesperez de moyens ordinaires, parce que tout bransloit soubs la faveur des vostres, se joignirent de secrettes intelligences avec les lutheriens çà et là escartez par divers coings du royaume : et combien qu'ils eussent encore peu de creance avec eux, qui leur estoyent gens incogneuz, et n'ayant participé ny à cene,

---

[1] François de Vendôme, vidame de Chartres, prince de Chabanois, colonel général de l'infanterie, avoit, dit Le Duchat, témoigné de l'attachement pour les princes de Bourbon contre la maison de Guise ; il avoit de plus ouvertement pris le parti du connétable et de la noblesse françoise en général contre les Guises ; il avoit enfin témoigné ne pas priser beaucoup les exploits du duc de Guise, qu'il ne croyoit pas fort brave. Tout cela, quand même il ne s'y fût mêlé rien de particulier entre la reine mère et le vidame, ne pouvoit manquer de causer bientôt la perte de ce seigneur. Le vidame de Chartres fut donc mis à la Bastille le 27 août 1560, et de là au château des Tournelles, pour cause de santé. Quand on vit qu'il n'en pouvoit échapper, on lui rendit la liberté. Il mourut au mois de décembre de la même année. A l'article de la mort, il répéta plusieurs fois ces mots au sujet de la reine mère qui persécutoit les princes du sang pour favoriser les Guises :

> Catherine florentine
> Est de France la ruyne :
> Catherine de Florence
> Est la ruyne de France.

On vouloit lui faire croire qu'il rêvoit, mais il répondit qu'il savoit fort bien ce qu'il disoit.

ny à synode, ou consistoire, neantmoins par le moyen de leurs agents, bien entenduz ès secrets, ils firent ceste memorable entreprise d'Amboise, et assemblerent de tous les quartiers du monde, avec un silence merveilleux, une telle force de gens qu'ils furent prests, à jour nommé, de faire une cruelle execution sur tous les vostres, soubs ce pretexte de delivrer le roy de la captivité ou vostre pere et vos oncles le tenoyent : mais les bonnes gens ne se peurent garder des traistres[1], dont s'ensuyvit la penderie d'Amboise, qui descouvrit les autheurs de la faction. Et de là s'ensuyvit le mandement rigoureux qu'on fit au roy de Navarre, et la prison de monsieur le prince de Condé aux Estats d'Orleans, et beaucoup d'autres tristes accidents longs à raconter : lesquels eussent continué beaucoup pires, si la soudaine mort du petit roy n'en eust destourné le cours, et rompu le coup qu'on alloit assener sur ces premiers princes du sang royal, et sur la famille de monsieur le connestable et des Chastillons. Il est aysé à juger combien vostre maison fut esbranlee et fracassee par ceste inopinee mort, et pouvez croire, monsieur le lieutenant, que monsieur vostre pere, et messieurs vos oncles jouerent tout un temps à l'esbahy[2], comme vous peustes faire, quand on vous porta la nouvelle de la mort de vos deux freres. Mais non plus que vous, ils ne perdirent pas courage : et des lors eurent de bons advis et consolations du roy d'Espagne, duquel nous parlions tantost, qui durant ces premieres dissensions estoit aux escoutes

---

[1] Cette entreprise, dirigée contre les Guises seuls, fut arrêtée à Nantes, et devoit s'exécuter le 6 mars 1560, à Blois, où le roi étoit avec eux lorsqu'elle fut formée. On sait comment elle avorta.

[2] C'est un des jeux de Gargantua. (V. Rabelais, l. i, ch. xxii.)

à qui il offriroit sa faveur, et attisoit le feu d'une part et d'autre, pour le faire croistre en la force et grandeur que nous l'avons veu, et voyons encore maintenant ardre[1], et consommer toute la France, qui est le but final de ses pretentions : sur l'esperance donc du support d'un si grand prince, qui n'espargnoit de promettre argent, et hommes, vostre pere, sans s'estonner d'une si lourde cheute, voyant le roy de Navarre remis en son rang de premier prince du sang, pour la tutelle du petit roy Charles, et monsieur le connestable remis en sa charge, sceut si dextrement jouer son rollet, qu'il les pratiqua tous deux, et tira à sa cordelle[2], contre leurs propres freres, et leurs propres nepveux : repaissant l'un d'une esperance que je n'ose dire[3], et amadouant l'autre par submissions, et honneurs, qu'il luy deferoit. Si bien que reprenant encore ses erres delaissees, et son ancien avantage, apres que monsieur le prince de Condé fut eslargy, qui l'avoit failly belle de deux ou trois jours seulement, il alla avec nombre de gens de guerre, et en grosse troupe, se saisir du petit roy, et de la royne sa mere à Fontainebleau, et les amena à Melun. Et ce fut lors que mondit sieur le prince, et messieurs de Chastillon, ne se sentants assez forts de leur chef, ny de leurs maisons, pour resister à si puissants ennemis, couverts de l'authorité et puissance royale, se firent lutheriens tout à faict, et se declarerent chefs et protecteurs des nouveaux heretiques, lesquels ils appellerent à leur secours, et par leur moyen, en guerre ouverte, se saisirent de plusieurs grosses villes de ce royaume,

[1] Brûler.
[2] Attira à son parti.
[3] C'étoit d'épouser la reine d'Écosse, Marie Stuart. (V. Sleidan, l. XIII, ann. 1541, et de Thou, l. XXVIII.)

sans toutesfois faire aucune mention de leur religion, mais seulement pour la deffense du roy, et de sa mere, et pour les oster de la captivité, ou monsieur vostre pere les detenoit : et vous sçavez, monsieur le lieutenant, que ces gens là se sont toujours vantez que ce qu'ils en avoyent faict avoit esté à la requeste et au mandement de la royne mere, de laquelle ils ont publié, et faict imprimer les lettres à eux par elle escrites à ceste fin [1] : vous n'ignorez pas ce qui se passa en ceste guerre, et comment des lors le roy d'Espagne envoya à vostre pere du secours, mais tel que j'ay honte d'en parler, tous bisognes [2] ramassez, qui jamais ne voulurent combattre à la bataille de Dreux, et se couvrirent des chariots du bagage : toutesfois cela fut une amorce pour allumer le courage des partisans, et leur faire esperer qu'ils feroyent bien quelque chose davantage une autre fois, s'ils venoyent encore à s'entrebattre. Mais du depuis, les divers changements de nos affaires donnerent bien à l'Espagnol un autre jeu : car vostre pere mort, et la paix faicte, cognoissant neantmoins ces puissantes familles animees et aheurtees l'une contre l'autre, sans espoir de reconciliation, il pratiqua monsieur le cardinal vostre oncle (qui ne dormoit pas de son costé) pour entretenir les troubles et divisions en ce royaume, soubs le nom specieux de la religion, de laquelle auparavant on avoit faict peu ou point d'estat : monsieur vostre oncle, comme il estoit adroit, ingenieux, et complaisant à qui il vouloit, sçeut tellement gaigner le cœur de la royne mere, et la royne mere

---

[1] Il y en avoit quatre, entre autres, adressées, en 1562, au prince de Condé. On les trouve au t. 1 des *Mém. de la Ligue*.

[2] De l'espagnol *bisoño*, soldat récent; dénomination que l'on appliquoit aux troupes de nouvelles levées.

celuy du roy, son fils, qu'il leur persuada que messieurs les princes de Bourbon, aydez de ceux de Montmorency, et de Chastillon, ne demandoyent que sa ruyne, et n'auroyent jamais patience, ny cesse, qu'ils ne l'eussent chassée du royaume, et renvoyée en Italie chez ses parents. Dieu fasse pardon à la bonne dame! mais pour l'apprehension qu'elle en eut, j'ay grand peur qu'elle a esté cause de beaucoup de maux que nous avons veuz de son temps : car, sur ce sujet, elle les prit en telle haine, que jamais elle ne cessa qu'elle ne les eust ruynez, comme elle fit l'un à la bataille de Jarnac, et l'autre à la Sainct-Barthelemy, ou si tous ceux de Montmorency se fussent trouvez, ils n'en eussent pas eu meilleur marché. A quoy monsieur vostre oncle tenoit la main fort dextrement, et poussoit vaillamment à la roue pour mettre le feu en la teste du jeune roy Charles : sans la mort duquel il ne faut douter qu'il n'eust bien eu la raison de l'escorne que monsieur le mareschal de Montmorency luy avoit faicte en ceste ville [1], et à monsieur vostre frere, quand il leur fit faire tout en leurs chausses [2], parce qu'ils portoyent armes deffendues sans son passeport. Mais il semble que les morts soudaines de

---

[1] Il l'avoit fait arrêter, sous prétexte qu'il portoit des armes malgré la défense du roi, en janvier 1565.

[2] Le duc François de Guise étoit mort à l'époque dont parle d'Aubray; ainsi ces paroles ne regardent personnellement que le cardinal de Lorraine et le duc d'Aumale ses frères, et le jeune duc de Guise. D'Aubigné (*Hist. univ.*, t. ɪ, l. ɪv, ch. v) dit que ceux qui avoient senti le parfum des culottes du cardinal de Lorraine, apprirent au peuple à chanter avec eux dès le soir même, sous les fenêtres de l'hôtel de Cluny, où le cardinal et le duc d'Aumale s'étoient réfugiés : *Fi, fi, fi, du cardinal*, et plusieurs autres refrains de ce genre. Le *Réveille-matin des François*, 1574, parle aussi de la chanson de *Fi, fi*.

ces trois roys subsequents l'un apres l'autre, ayent tousjours rompu et desbauché les beaux desseins de vostre maison, et sauvé, ou prolongé la vie à vos principaux ennemis. Venons à ce qui est advenu depuis : car il est temps de parler de vous et de monsieur vostre frere, qui commenciez des lors à paroistre aux armees, et marcher sur les pas et traces de vos predecesseurs : vous aviez desja faict paroistre vos vaillances au siege de Poitiers, que deffendistes bravement, contre l'advis du premier mary de madame la lieutenande, monsieur de Montpezat vostre devancier, qui vous conseilloit de quitter tout, et vous en aller : puis fustes à la bataille de Montcontour : puis à la journee de Sainct-Barthelemy, ou les compagnons furent pris endormis, et frottez à dire dont venez vous : et encore que monsieur vostre oncle fust à feuilleter son breviaire en Italie, si est ce que le jeu ne se fit pas sans son entremise [1] pour en avoir l'approbation du roy d'Espagne, et l'absolution du pape, touchant le mariage qui servit de leurre et de trapusse [2] aux huguenots. Par apres vous continuastes vos coups au siege de la Rochelle, ou l'on veit que le roy de Navarre, qui est aujourd'huy, et monsieur vostre frere, n'estoyent qu'un cœur et une ame, et engendroyent jalousie à tout le monde, pour leur grand privauté. Mais il faut venir au poinct : quand vous veistes

---

[1] Les *huguenots* suprirent des lettres adressées de la cour par le cardinal de Pelevé au cardinal de Lorraine, qui s'en alloit à Rome. Ces lettres prouvoient que le cardinal de Lorraine étoit bien averti de toute l'entreprise.

[2] « Le roy Charles IX appeloit le devant de sa grosse sœur Margot, la trapusse ou ratiere ; où les huguenots avoient esté attrappez à la Sainct-Barthelemy, lors de son mariage avec le roy de Navarre. » (Du Puy.)

le roy Charles decedé, qui autrement ne vous aymoit pas beaucoup, et qui avoit plusieurs fois repeté le dire du grand roy François, dont luy mesme avoit faict ce quatrain, maintenant tout vulgaire :

> Le roy François ne faillit point
> Quand il predit que ceux de Guyse
> Mettroyent ses enfants en pourpoint
> Et tous ses subjects en chemise.

Quand vous le veistes, dis je, decedé sans enfants, et le feu roy son frere marié avec vostre cousine [1] brehaigne [2], et sterile, vous commençastes, monsieur vostre frere et vous, à faire des desseins et projets, que beaucoup de gens disent estre cause de tous nos mal-heurs. Je ne suis pas de ceux qui croyent que messieurs vostre pere et oncle eussent des leurs temps jetté les fondements de l'edifice, que vostre frère et vous, avez basti depuis. Encore qu'on parle des memoires de David, et de Piles [3], qui ont pronostiqué mieux que Nostradamus tout ce que nous avons veu depuis leur mort. Et qu'on asseure que monsieur vostre oncle avoit dressé un formulaire de tout l'ordre qu'on y devoit tenir. Mais je ne puis croire que luy qui avoit de l'entendement, ce qu'homme pouvoit avoir, eust peu esperer, de faire ses nepveux roys de France, voyant encore trois freres enfants de la maison royale en droite ligne, tous puissants et en la fleur de leur aage, prests à se marier : et ne pouvoit pas deviner qu'ils mourroyent sans lignee, comme ils ont faict par après. D'ailleurs il voyoit grand nombre de princes du sang royal, qui ne s'estoyent

[1] La reine Louise de Lorraine.
[2] Inféconde.
[3] V. plus haut, p. 74.

point frottez à la robe des heretiques : cela luy devoit couper toute esperance à ses desirs. Je sçay bien que de son temps il a esté autheur que l'archidiacre de Thoul a escrit[1], que ceux de la maison de Lorraine estoyent descenduz de Charle-Magne, par les masles, sçavoir de Charles, duc de Lorraine, à qui le royaume appartenoit apres la mort de Loys cinquiesme, roy de France : et que l'ayant Hues Capet pris à Laon, et mené prisonnier avec sa femme à Orleans, il eut un fils masle, duquel il affermoit les ducs de Lorraine estre descenduz : cela s'est soubs main jetté parmy le peuple, dont vous n'estiez pas marris : encore que les histoires communes et veritables tesmoignent assez, qu'il y a eu interruption des masles en la race de Lorraine par deux femmes, et notamment en la femme[2] de Godefroy de Bouillon, nommée Idain[3]. Aussi en fit depuis ledit archidiacre l'amende honorable par arrest, et s'en desdit en presence de toute vostre famille[4] comme lasche et poltron.

Mais enfin, il n'y avoit apparence que, de ce temps là, mondit sieur vostre oncle peust aspirer à la royauté ayant tant d'obstacles, et de testes, ou à combattre, ou à faire mourir par glaive, ou par poison : bien est vray, que des son commencement il fut ambitieux des grandeurs et du gouvernement de l'Estat plus que nul autre de son aagé et ne fay doute qu'il n'ait desiré posseder

---

[1] *Stemmata Lotharingiæ et Barri ducum,* Paris, 1580, in-f°, par François de Rosières. — L'auteur fut condamné à rétracter les propositions qu'il avoit émises sur les droits de la maison de Lorraine à la couronne de France. (V. de Thou, l. LXXVIII.)

[2] Les dernières éditions portent *en la mere.*

[3] Quelques éditions ajoutent : *ou Idé.*

[4] Ces derniers mots manquent dans les premières éditions.

les roys, et les tenir s'il eust peu, en curatelle, comme faisoyent anciennement les maires du palais, pour disposer de tout à son appetit, et avancer ou reculer tous ceux qu'il luy eust pleu : qui est ce à quoi ordinairement les plus grands aspirent. Cependant y estant à peu pres parvenu, comme il a faict de son vivant, il vous avoit assemblé et preparé les materiaux, desquels vous avez basti ce superbe dessein, d'empieter la couronne. Vous ayant laissé en main premierement de grands biens, de grands estats, les premiers offices et charges du royaume, de grands gouvernements, force gens de guerre obligez par bienfaicts, force serviteurs, force intelligences avec le pape et le roy d'Espagne, et autres princes de vos parents et alliez : et qui plus est, une grande opinion envers le menu peuple que fussiez bons catholiques, et ennemis jurez des huguenots. Vous avez sceu faire fort bien vostre proffit de ces preparatoires, et des estoffes qu'avez trouvees apres sa mort, toutes prestes à mettre en œuvre. Quand je dy vous, j'entends parler de vos freres et vos cousins. Apres la mort du roy Charles, beaucoup de choses vous ont succedé l'une apres l'autre fort à propos : premierement la sterilité du roy, ou de vostre cousine sa femme[1] : puis la retraicte et absence du roy de Navarre, dont vous fustes en partie cause, pour les deffiances ou vous le mettiez. Et par apres la dissension, et division du roy, et de monsieur le duc son frère : de laquelle vous seuls fustes les autheurs, et promoteurs, aigrissant soubs main les esprits de l'un

---

[1] En 1584, le bruit courut que la reine Louise étoit stérile, et même que le roi étoit sur le point de la répudier comme telle; mais le véritable motif de ce divorce auroit été d'abaisser la trop grande autorité que le duc de Mercœur, frère de cette princesse, s'étoit arrogée sur le duché de Bretagne depuis qu'il en étoit gouverneur.

contre l'autre, et leur promettant secrettement de les
assister. Une autre chose dont vous vous avez sçeu bien
ayder, fut l'assistance que firent pour un temps messieurs les princes de Conty, et de Soyssons au roy de
Navarre, leur cousin germain [1], quand ils veirent que
c'estoit directement à toute leur famille que vous en
vouliez, et que vous vous vantiez de supplanter, car là
dessus vous pristes le sujet, que jamais n'avez laissé ny
oublié depuis, de faire comprendre par la bulle du pape,
et par les serments et protestations du roy d'Espagne,
de n'approuver jamais les princes heretiques, ni fils
d'heretiques; et trouvastes lors ces beaux noms d'adherents, et fauteurs d'heretiques [2].

Vous fistes des lors vos pratiques avec le roy d'Espagne plus manifestement, et asseurastes vos conditions,
et stipulastes des lors vos pensions, luy promettant le
royaume de Navarre et le Bearn, pour sa part, avec
les villes qui seroyent à sa bienseance en Picardie, et
Champagne : et convinstes avec luy des moyens dont
vous useriez pour empieter l'Estat. Et le pretexte qu'y
pretendiez, estoit le mauvais gouvernement du roy, les
prodigalitez qu'il faisoit à ses deux mignons, desquels
vous tirastes l'un [3] à vostre cordelle, qui ne s'en trouva

---

[1] Charles de Bourbon, comte de Soissons, et François de
Bourbon, prince de Conti, tous deux frères de Henri, prince de
Condé, ayant deviné les desseins des Guises contre leur maison,
s'étoient, en 1587, jetés dans le parti du roi de Navarre.

[2] Voir ces bulles de Grégoire XIV, dans Isambert, *Recueil des
anc. lois franç.*, t. xv, p. 27 et suiv. — Tous ceux qui suivoient le parti du roi étoient excommuniés s'ils ne l'avoient
quitté *sous quinze jours*.

[3] Anne, duc de Joyeuse, tué à Coutras en 1587. On regardoit
les Guises comme auteurs de sa mort, parce que c'étoient eux
qui lui avoient fait donner le commandement de l'armée de

pas mieux : vous employastes toute vostre industrie à rendre le pauvre prince odieux à son peuple : luy conseilliez de surhausser les tailles, d'inventer nouveaux imposts, creer nouveaux offices, desquels vous mesmes profitiez : car on maintint à monsieur vostre frere à Chartres, apres les Barricades, qu'il avoit receu l'argent du party de trois edicts bursaux, fort pernicieux, dont toutesfois vous rejettiez la hayne sur ce pauvre roy, lequel vous faisiez amuser à des devotions ridicules, cependant que vous briguiez la bonne grace de son peuple, et contre son gré preniez la charge et conduicte des grandes armes, attirant à vous les chefs et capitaines de guerre, et courtisants jusqu'aux simples soldats pour les gaigner : pratiquant les villes, achetant les gouvernements, et mettant aux meilleures places des gouverneurs, et gens à vostre devotion. Et ce fut lors que vous conceustes tout à faict la royauté, comme l'appetit vient en mangeant, quand vous veistes le roy Henry sans esperance de lignee, les premiers princes tenuz pour heretiques ou fauteurs d'heretiques, le consistoire de Rome vous hocher la bride : et le roy d'Espagne vous donner l'esperon. Vous n'aviez plus que feu Monsieur, qui estoit un mauvais songe creux [1], et qui sçavoit bien

---

Henri III, dans la vue de l'éloigner de ce prince. (V. de Thou, l. LXXXVII.)

[1] Selon les *Mémoires* de Sully, t. I, chap. LVI, p. 56, et de Thou, l. LVI, Henri IV parla fort désavantageusement du feu duc d'Anjou au jeune duc de Guise; un jour que celui-ci étoit venu faire sa cour, le roi lui dit que « jamais ny luy ny le def-
» funct duc de Guise n'avoyent peu s'accommoder à l'humeur
» de ce prince, s'asseurer en son amitié, ny se confier en ses
» paroles, tant ils l'estimoyent prince de malin esprit, cauteleux
» et desloyal. »

de quel bois vous vous chauffiez [1]. Il se falloit défaire de luy, et le testament de Salcede [2] nous en a descouvert les moyens : mais la force n'ayant succedé, le poison fit la besogne. Tous vos serviteurs predisoyent ceste mort plus de trois mois devant qu'elle fust advenue. Alors vous ne fistes plus la petite bouche pour dissimumuler vostre intention : vous n'allastes plus connillant [3], ny à cachette : vous vous declarastes tout à bon : [et me souvient que feu monsieur le cardinal de Guyse vostre frere, allant donner de l'eau beniste au corps de feu Monsieur frere du feu roy, accompagné de feu monsieur le cardinal de Bourbon, ne se peut tenir de monstrer tant de rejouissance, que chacun s'apercevoit de ses risees, et des mocqueries qu'il faisoit au corps et à la religion, et au bon homme vivant, qu'il feignoit tant de vouloir servir, et honorer, et luy eschappa ce mot qui fut ouy de plusieurs : En ont ils maintenant ? Ceste mort donc vous haussa le cœur, et vous fit mettre aux champs à bannieres desployées [4]] Et neantmoins, pour avancer vos affaires, vous voulustes faire croire aux bonnes gens que c'estoit pour le bien public, et pour la deffense de la religion catholique, qui est un pretexte que les seditieux, et remueurs de nouvelletez ont tous-

[1] On prétendoit que si le duc d'Anjou eût vécu plus longtemps, le duc de Guise l'eût eu sur les bras.

[2] Salcède le jeune, frère de celui qui périt à la Saint-Barthélemy, étant prisonnier, avoit accusé les princes de Lorraine et de Guise d'avoir pris part à la conjuration contre le duc d'Alençon, et il l'avoit confirmé à la question; mais il s'en rétracta avant sa mort, à l'instigation d'un religieux. (V. Lestoile, *Journal de Henri III*, août 1582.)

[3] Comme les *connils*, lapins.

[4] Tout ce qui est entre deux crochets n'est pas dans les premières éditions.

jours pris. Dedans ce rets insensible vous attirastes ce bon homme monsieur le cardinal de Bourbon [1], prince sans malice; et les sceutes si dextrement tourner, et manier, que luy mistes une folle et indiscrette ambition dedans la teste, pour faire de luy comme le chat de la souriz, c'est à dire, après vous en estre joué, de le manger : vous y attirastes plusieurs seigneurs de ce royaume, plusieurs gentilshommes et capitaines, plusieurs villes et communautez : et entre les autres, ceste-cy miserable, qui se laissa engluer, partie de hayne des comportements du feu roy, partie de l'impression que luy donniez, que la religion catholique s'en alloit perdue, si le roy mourant sans enfants, la succession du royaume venoit au roy de Navarre, qui se disoit premier prince du sang. Vous forgeastes là dessus vostre premier manifeste, imprimé à Rheims, qui ne portoit un seul mot de la religion, mais bien demandiez tous les Estats et gouvernements de ce royaume, estre ostez à ceux qui les possedoyent, qui n'estoyent à vostre dévotion : ce que vous corrigeastes par vostre second manifeste du conseil de Rosne, qui, pour tout brouiller, dit qu'il ne falloit que mettre la religion en avant : et alors vous nous preschastes d'un synode à Montauban, et d'une diete en Allemagne [2] ou disiez que tous les

---

[1] Pour appuyer les prétentions de ce cardinal, on publia un écrit intitulé : *De la success. du droit et prérogat. du premier prince du sang, déférée à M. le cardinal de Bourbon, par la loi du royaume et le décès de François de Valois, duc d'Anjou, traduit du latin du sieur Matthieu Zampini de Recanati, jurisconsulte.* (Paris, Rollin Thierry, 1588, in-8º.)

[2] Ce *synode* est l'assemblée de Montauban, tenue en septembre 1584, par la permission du roi qui y envoya M. de Bellièvre. Quant à cette *diète en Allemagne*, les ligueurs entendoient celle

huguenots du monde[1] avoyent comploté de se saisir du royaume de France, et en chasser tous les prestres. Aucuns vous crurent, et quant à moy, qui ne suis pas des plus rusez, j'en eu quelque opinion, et me joigny de ce party, pour la crainte que j'ay tousjours eue de perdre ma religion : beaucoup de bonnes gens ont faict comme moy, qui ne s'en sont pas mieux trouvez : les autres, qui ne demandoyent que nouveaux remuements, firent semblant de le croire : plusieurs saffraniers, endebtez, criminels, contumacez, vous suyvirent, comme gens qui avoyent besoin de la guerre civile. Ayant ainsi joué vostre partie et receu force doublons d'Espagne, vous vous mistes aux champs avec une belle armée : quelques uns disent que cela ne se fit pas sans le sceu et consentement de la royne mere[2] qui aymoit les troubles pour se rendre necessaire, et estre employee à faire le hola, à quoy elle estoit fort propre : mais toute italienne et ruzee qu'elle fust, si y fut elle trompee : car elle ne croyoit pas du commencement que vos desseins volassent si haut, et ne descouvrit la mesche que bien tard apres qu'eustes mis le pied si avant qu'il

qui se tint à Magdebourg, le 15 décembre 1584 ; mais tout ce qu'ils en débitoient étoit purement chimérique. (V. de Thou, l. LXXIX et LXXX.)

[1] La reine d'Angleterre, le roi d'Écosse, le roi de Danemarck, le comte Palatin, les ducs de Saxe, de Poméranie et de Wurtemberg, le landgrave de Hesse, le duc Casimir, le marquis de Brandebourg, les Suisses protestants, les États de Hollande et Zélande, et autres provinces-unies des Pays-Bas, envoyèrent en effet quelque secours au roi de Navarre, non pas pour introduire la Réforme en France, mais pour empêcher ce prince, ainsi que Henri III, de succomber sous les efforts des ligueurs.

[2] V. sur les intrigues de Catherine de Médicis, de Thou, l. XXX.

n'y avoit pas moyen de le retirer, n'estant pas vraysemblable, encore qu'elle eust du mescontentement de son fils, qui à la verité se laissoit plus gouverner à d'autres qu'à elle, elle eust voulu le laisser ruyner, et le veoir priver de la couronne, pour y establir vostre frere, de qui elle ne se fioit que de bonne façon.

L'ayde donc que la bonne dame vous fit, n'estoit pas pour perdre son fils, mais pour le ramener à l'humilité et recognoissance. Ce que pensant avoir faict par vostre moyen, elle vous fit par apres dissiper vostre armee, qui ne vous servit de rien, si non pour vous faire cognoistre vos forces, et pour extorquer par violence cest edict de juillet[1], qui cassoit tous les autres edicts de pacification auparavant faicts, et remettoit encore le feu et le carnage en France contre les huguenots. Mais vous ne demeurastes pas en si beau chemin : car ayant recogneu que la plus-part des bonnes villes qui vous avoyent promis de s'eslever pour vous, quand elles vous verroyent aux champs avec une armee, vous avoyent manqué, et estoyent encore retenues de quelque crainte et reverence du nom des roys, et de la majesté royale : vous pratiquastes sans vous desarmer, dedans toutes les villes, ceux des habitants que sçaviez avoir quelque creance et dignité sur le peuple : vous corrompistes les uns par argent, qui vous venoit en abondance d'Espagne, les autres par promesses de biens, offices, benefices, et les autres par impunité des crimes, dont ils estoyent poursuyvis en justice : mais principalement vous dressastes vos machines contre ceste miserable ville, ou vous n'oubliastes aucun artifice, jusques aux plus ab-

---

[1] C'est l'édit de réunion, qui fut vérifié au parlement le 18 août 1585. (V. de Thou, l. LXXX.)

jectes et honteuses submissions, pour rechercher et gaigner la simple populace [1]. Vostre frere s'en alla armer en Champagne et Bourgongne, pour surprendre les places du roy, non celles des huguenots, dont on ne parloit point en ce pays là, sinon à Sedan, où il fit mal ses besongnes [2]. Vous, monsieur le lieutenant: allastes en Guyenne [3] avec une puissante armee pour attendre l'occasion de jouer vos jeux : et c'est à mon advis la raison que n'y fistes pas grand cas, parce que vouliez temporiser en attendant à frapper vostre coup par deçà, comme avez dit tantost. Mais les heretiques de Sainctonge ne laisserent de s'en moquer : car à vostre retour, ils firent une petite rime en leur patois qui merite que la sçachiez, et la voicy :

> Haussez vos testes [4], grands porteaux ;
> Huys de Paris, tenez vous hauts ;
> Si entrera le duc de gloire,
> Qui, pour tuer cent huguenaux,
> A faict mourir mille papaux.
> N'a-t-il pas bien gagné à boire [5] ?

[1] La Rocheblond, homme plus simple que méchant, fut le premier que gagnèrent les Guises pour former une ligue à Paris. Celui-ci en persuada d'autres, entre autres Prévost, Launay et Boucher, qui tous ensemble firent révolter les Parisiens. (V. *de la Démocr. chez les préd. de la Ligue*, p. 35.)

[2] En 1587, Guise fut surpris par le duc de Bouillon et ses troupes, alors qu'il reconnoissoit quelques places fortes de la principauté de Sédan. Il n'eut que le temps de fuir : « *Amisso pallio*, dit de Thou (l. LXXXVII), *et aliis insignibus, se periculo eripuit.* »

[3] En 1585.

[4] *Alias*: Voustes.

[5] Ceci est extrait des *Mém. de la Ligue* (t. I, p. 366), dans la *Remontr. aux trois Estats de France sur la guerre de la Ligue*.

Le quatrain qui en fut faict par deçà, est commun, touchant les places que vous pristes.

> Oronce[1] est un oyson, et Thevet[2] une cane,
> Qui, en representant la carte gallicane,
> Ont oublié de mettre, ou laissé par mépris,
> Les villes et chasteaux que ce grand duc a pris.

Je ne parleray point de la belle prise que vous fistes du chasteau de Fronsac, et d'une jeune dame qui estoit dedans, heritiere de la maison de Caumont[3], cela ne merite pas d'estre recité en ceste bonne compagnie : encore que le bon homme de la Vauguyon en soit mort de desplaisir[4], n'ayant peu avoir justice contre vous. Aussi n'estoit ce rien au prix de ce qu'aviez deliberé faire en ceste ville à vostre retour : dont vous sçavez que je sçay quelque chose, et non pas tout : Car je n'avois point sceu que des lors vous eussiez projetté de prendre le roy au Louvre, et tuer ou emprisonner tous ses

---

[1] Oronce Finé, dauphinois, mathématicien, mort à Paris en 1555, et auteur d'une Cosmographie latine et françoise, et d'une *Galliæ totius descriptio*.

[2] André Thevet, d'Angoulême, personnage d'une moralité suspecte, qui, de cordelier, redevint laïque, puis, après de longs voyages, se fit auteur. On a de lui plusieurs ouvrages de géographie et de biographie.

[3] Anne de Caumont-la-Force, fille de Geoffroy de Caumont et de Marguerite de Lustrac. Jean d'Escars-la-Vauguion, devenu son tuteur, l'avoit mariée, malgré sa mère, au prince de Carancy, son fils. Biron, qui espéroit la main de cette riche héritière, provoqua le prince de Carancy, et le tua en 1586. Depuis, selon Mézeray, La Vauguion, dans le dessein de marier à son gré cette jeune veuve, l'avoit gardée dans son château. Ce fut là que le duc de Mayenne l'enleva pour en faire la femme de son fils. Mais néanmoins ce mariage ne se fit point, et Anne épousa plus tard François d'Orléans-Longueville, comte de Saint-Paul.

[4] *Alias :* En ait receu beaucoup de dommage.

meilleurs et plus signalez serviteurs, si le lieutenant du prevost Hardy [1] ne l'eust revelé, qui descouvrit toutes vos assemblées et entreprises, par tenants et aboutissants, et fut cause que le roy bien adverty fit saisir le grand et petit Chastelet, l'Arsenal et Hostel de ville, et renforça ses gardes, pour empescher l'execution de vostre dessein. Vous confesserez que s'il eust faict alors ce qu'il devoit, et pouvoit, vous et tous vos agents et faciendaires estiez perduz, lesquels on cognoissoit par noms et par surnoms; tout aussi qu'ils se sont declarez par apres. Mais on y proceda trop mollement, par le conseil de ceux qui disoyent, et disent encore aujourd'huy, qu'il ne faut rien aigrir. Depuis vous ne cessastes de pratiquer et solliciter tout le monde quasi à descouvert, et principalement les prescheurs et curez, à qui vous faisiez quelque petite part de vos doublons. Vous envoyastes une autre armee en Guyenne, dont faisiez estat, et que pensiez qui deust resserrer, ou prendre le roy de Navarre : mais de belles. Vous allastes precipiter et faire perdre ce jeune seigneur [2], presomptueux des esperances que luy donniez, qu'il seroit roy de Toulouze. Vostre frere avoit d'autres forces sur pieds, qui luy vinrent bien à propos pour repousser les reistres [3] venants au secours des huguenots de Guyenne;

[1] Nicolas Poulain, dont le curieux *Procès-verbal* est imprimé à la suite des éditions de Lestoile.

[2] Anne de Joyeuse, favori de Henri III. Les Guises, on l'a vu tout à l'heure, p. 147, l'attirèrent à leur parti en lui promettant le Languedoc, dans le démembrement qu'ils prétendoient faire de la monarchie françoise. Cette ingratitude ne lui fit pas perdre entièrement l'amitié du roi, qui espéroit le ramener. Joyeuse obtint, en 1587, le commandement d'une armée contre le roi de Navarre, et fut tué à Coutras.

[3] Allemands venus au secours des calvinistes.

et falut que vous mesme, monsieur le lieutenant, y allassiez en personne, encore ne sceustes vous les empescher de passer, et s'il n'y eust eu que vous et les vostres qui vous en fussiez meslez, quelque chose qu'en ayez voulu faire croire, ils fussent venuz boire nostre vin jusques à nos portes, et vous eussent mis en merveilleux accessoire. Neantmoins vous voulustes vous donner toute la gloire de leur desroute [1], et la desrober au roy, et à ses bons serviteurs, qui, en temporisant et s'opposant à leur passage de Seine [2] y avoyent apporté les plus grands effects. Cela veritablement vous acquit un grand honneur, et faveur envers les Parisiens, dont la pluspart ne sçavoyent pas encore à quoy vous tendiez : mais ceux qui participoyent à vos secrets, et qui lors prirent le nom de catholiques zelez, faisoyent deja un dieu de vostre frere, l'invoquoyent en leurs afflictions, et avoient recours à luy quand on les menaçoit du roy, et de la justice. Dont il fut rendu si orgueilleux et temeraire, qu'il osa venir en ceste ville avec huit chevaux [3] contre les deffenses tres expresses que le roy luy en avoit faictes : encore qu'on sçache bien qu'il avoit assigné cinq ou six cents hommes de cheval, qui se rendirent à mesme jour pres de luy. Le pape Sixte cinquiesme sceut bien dire quelle peine cela meritoit [4], quand il

---

[1] « Saül, répétoit-on dans tous les sermons, en a tué mille, mais David en a tué dix mille. » Il n'étoit question en chaire que des merveilles, bien plus, des *miracles* de ce nouveau Gédéon envoyé pour le salut de la France. (V. Davila, *Istoria delle guerre civili di Francia*, 1644, in-fol., t. I, p. 504.)

[2] *Alias :* de Loire.

[3] A la journée des Barricades.

[4] Sixte V, en apprenant que Henri de Guise étoit allé trouver Henri III à Paris, un peu avant les Barricades, s'écria : « O le

en sceut la nouvelle : et n'eust pas failly de le faire, si telle chose luy fust advenuë : mais la bonne mere[1] et ses bons conseillers[2], faicts de sa main, et de son humeur, dont nous n'avons encore que trop de reste, sceurent si dextrement imprimer la crainte en l'esprit foible de ce pauvre prince, qu'il n'osa rien entreprendre, de peur d'irriter les Parisiens, et craignant remettre encore les troubles et les miseres de la guerre en son royaume. Car encore qu'il n'aymast pas les huguenots plus que vous, si est ce qu'ayant experimenté leur opiniastreté, et que pour neant on taschoit les vaincre et ranger à la raison par la violence de la guerre, qui ruynoit son peuple, il s'estoit resolu de ne tenter plus les voyes de la force[3] : mais par un plus gracieux remede avoit commencé de les attirer à l'obéissance, et recognoissance de leurs fautes passees : les privants de sa cour et de sa suitte, des honneurs, charges, gouvernements, offices, benefices, dont la plupart d'eux se faschoyent de se veoir excluz : si bien qu'il faut advouer que leurs forces s'estoyent plus alenties et diminuees par cinq ou six ans de paix, que par dix ans de guerre ouverte. Et ne se faisoit plus de nouveaux huguenots, les vieux se refroidissants, et s'ennuyants de la longueur,

---

» grand fou, de s'être ainsi livré témérairement entre les mains » d'un prince irrité! » Mais apprenant aussitôt que le roi ne l'avoit pas fait arrêter : « Que voilà, s'écria-t-il, un grand sot » et un grand benêt de prince, qui, ayant une si belle occasion » d'arrêter un ennemi, né pour être son fléau et sa ruine, ne l'a » point fait! » (De Thou, l. xc.)

[1] La reine mère.

[2] Villequier, d'O, Villeroy, Chiverny et autres.

[3] Telles furent les raisons qui firent accorder aux huguenots la pacification de Poitiers, en sept. 1577. (V. de Thou, l. LXXXI.)

et la plus-part d'eux permettants que leurs enfants se fissent catholiques pour participer aux honneurs et aux benefices comme les autres : mais vous et les vostres, impatients du repos, et qui aviez peu de soin de la religion, pourveu que parvinssiez à vos attentes, ne peustes souffrir ceste tranquillité, qui ne vous estoit pas saine. Vous aviez appris que la pescherie est meilleure quand l'eau est trouble : si bien que n'eustes jamais repos que n'eussiez veu naistre ceste belle journee des Barricades, qui nous a, vous et nous, ruynez : encore qu'il soit assez notoire, et vostre frere ne le nieroit pas s'il estoit vivant, et tous ceux qui estoyent de l'entreprise, qui sont icy presents, me le confesseront, que si le roy eust voulu user de son pouvoir et de son authorité, nous estions des ce jour là tous perduz[1] : estant bien certain que vous fustes prevenuz et devancez de trois jours, et que le jour de l'exploict qui se devoit faire, n'estoit assigné qu'au dimanche[2] : si bien que le roy qui sçavoit toute l'entreprise, encore que ceux qui approchoyent de plus pres de sa personne, taschassent luy dissuader, et divertir d'adjouster foy aux rapports qu'on luy en faisoit, eut ses Souysses et ses gardes, et autres gens de guerre, tous prests avant jour, qui avoyent desja pris les places, carrefours, et cantons de la ville, des le matin auparavant que vostre frere ny aucuns des entrepreneurs fust eveillé : lequel, comme sçavez, ayant

[1] René de Villequier persuada au roi d'ordonner aux troupes disséminées dans Paris de ne rien entreprendre contre les bourgeois sans ordres préalables. Quand on voulut résister, tout étoit déjà perdu. (V. de Thou, l. xc.)

[2] Les ligueurs, ayant pris l'alarme, forcèrent le duc de Guise à précipiter de quelques jours les Barricades. (V. le *Procès-verbal* de Nicolas Poulain.)

sçeu à son reveil ce qui se passoit, se trouva si surpris et si esperdu, qu'il n'attendoit rien moins, sinon qu'on le vinst assieger et prendre ou massacrer en l'hostel de Guyse, ou il s'estoit resolu se deffendre seulement avec son espee, n'y ayant faict preparatifs d'aucunes armes, de peur qu'on y allast fouiller, et pour oster tout soupçon de luy : de mesme, tous les Seize, et les plus mutins de la faction se cacherent dedans les caves, et chez leurs amis et voisins, n'attendants rien que la mort : et n'y eust aucun si hardy qui osast paroistre dedans la rue, qu'il ne fust plus de huict ou neuf heures : tellement que le roy eust peu, sans aucune resistance, se saisir d'eux, et de vostre frere, et remettre absolument son authorité, s'il eust permis que ses gens de guerre eussent joué des mains, et chargé les premiers qui s'avancerent à faire barricades, et à boucher les passages des rues : mais sa timidité, ou plustost sa naturelle bonté, avec les impressions que luy donnoit sa mère, et ses traistres conseillers, l'empescherent d'user de l'advantage qu'il avoit en main, faisant deffendre à ses gens de guerre de frapper, ny offenser personne, et se tenir coy sans rien entreprendre, ny faire effort à aucun des habitants : qui fut cause que les mutins reprenants cœur, sur les erres de leur entreprise projettee, eurent loisir de s'armer, et de renfermer, comme entre deux gauffres, ceux qu'ils n'osoyent auparavant regarder au visage. Et vostre frere aussy voyant qu'on tardoit tant à le venir attaquer, et que de toutes parts luy venoyent des gens en armes, que ceux du roy laissoyent librement passer, parce qu'ils n'avoyent point charge de prendre garde à luy, et sçachant que ceux de son party commençoient à se recognoistre, et à faire teste aux quartiers, selon l'ordre qu'on avoit auparavant projetté, de desesperé qu'il estoit, il entra en pleine asseurance, et envoya ses gentils-hommes destinez par les rues et cantons, pour assister et encourager les habitants, se saisir des portes, et des places de sa part, apres s'estre renforcé de bon nombre d'hommes armez, qui avoyent leur rendez vous à luy, sortit de sa maison sur les dix à unze heures, pour se faire veoir par les rues, et par sa presence donner le signal de la revolte generale qui mit incontinent le feu en la teste de tous les conjurateurs, lesquels, comme forcenez et furieux, se ruerent sur les Souysses du roy, qu'ils taillerent en pièces : et les autres gens de guerre se voyants renfermez entre deux barricades, devant et derriere, sans s'estre osé deffendre, à cause que le roy leur avoit deffendu, se rendirent à la mercy de vostre frere, qui les fit conduire en seureté hors de la ville, ce qu'il fit non tant par clemence et douceur qui luy fust naturelle, que par ruses et cautelle, pour mieux parvenir à son dernier but, qui estoit de se saisir du roy, lequel il voyoit en armes sur ses gardes en son Louvre, mal aysé à forcer si promptement, sans grand massacre. Son artifice donc fut de filer doux, et de contrefaire le piteux ; disant qu'il avoit un extrême regret de ce qui estoit advenu : cependant il visitoit les rues pour encourager les habitants, il s'asseuroit des places fortes, il se fit maistre de l'arsenal, ou il avoit bonne intelligence avec Selincourt[1], pour avoir le canon, les poudres et les boulets à sa devotion : il enjola de belles paroles le pauvre chevalier du guet[2], qui luy rendit la Bastille par faute de bon appareil : il

---

[1] Gouverneur de l'Arsenal.
[2] Ce fut par lâcheté que cet officier, nommé Laurent Testu, livra la Bastille au duc de Guise, deux jours après les Barricades. (V. de Thou, l. xc.)

ne luy restoit plus que le Louvre : le palais estoit à luy, ce n'estoit rien faict s'il ne tenoit le maistre, lequel avoit une porte de derriere pour se retirer. Ce fut pourquoy pied à pied on avança les barricades, pour gaigner la porte neufve, et celle de Sainct-Honoré, mais le pauvre prince, bien adverty de ce qu'on deliberoit faire et qu'on n'en vouloit qu'à luy, ne s'osant fier en sa mere, ny au gouverneur de Paris [1], qui estoit lors, qui l'entretenoyent de parlements et d'accord, prit une resolution courageuse et approuvee de beaucoup de gens de bien, qui fut de s'enfuir, et quitter tout. De quoy vostre frere se trouva bien estonné, voyant que la proye qu'il pensoit tenir en ses lacs, luy estoit eschappee. O feste memorable des barricades [2], que tes feries, et tes octaves sont longues! Depuis ce temps là qu'avons nous eu que mal-heur et pauvreté? qu'angoisses, peurs, tremeurs, alarmes, deffiances, et toutes sortes de miseres? Ce ne furent plus que ruses, que finesses, dissimulations et feintises d'une part et d'autre : pratiques, menees à qui mieux mieux, et à qui tromperoit son compagnon. Vous commençastes à marcher du pair avec vostre maistre, et parce que n'aviez peu l'attraper par force ouverte, vous pristes conseil d'y aller par finesse : vous faisiez les tristes et dolents de ce qui estoit arrivé, quand vous envoyez vers luy : mais envers les estrangers, vous braviez, et vous vantiez d'estre maistres de tout, et qu'il n'avoit tenu qu'à vous que ne fussiez roys : et qu'aviez gaigné en ceste journee des Barricades, plus que si eussiez gaigné trois batailles. De

[1] Villequier.
[2] Un orateur, en la chambre du clergé des États de Blois, eut l'insolence d'appeler la journée des Barricades : *heureuse et sainte journée des tabernacles.* (V. les Lettres de Pasquier.)

quoy vos lettres, et celles de vos agents font ample foy[1]: vous envoyastes plusieurs fois diverses sortes d'ambassadeurs vers le roy, tant à Rouen qu'à Chartres, pour faire croire que le peuple de Paris estoit plus à sa devotion que jamais, et desiroit le veoir, et le cherir en sa bonne ville : et ne taschiez qu'à l'y attirer pour parfaire la besongne commencée : mais il n'en voulut rien faire, et fit bien ; enfin apres plusieurs declarations que vous tirastes de luy, dont il ne fut chiche, comment il oublioit, et remettoit tout ce qui s'estoit passé, ou ne voulustes jamais qu'on usast du mot de pardonner, vous vous allastes enfiler bien lourdement en la promotion des Estats, ou vous vous promettiez faire tout passer à vostre fantaisie[2], par le moyen des brigues que vous fistes à l'election des deputez des provinces[3]. En quoy on ne vit jamais une telle impudence que la vos-

---

[1] V. *Mém. de la Ligue*, t. II, p. 340 et suiv.

[2] Le duc de Guise, profitant de la foiblesse du roi, qui, pendant les États de Blois, lui témoignoit souvent un véritable dégoût pour le gouvernement, pressoit instamment ce monarque de lui accorder le commandement absolu des armées, avec le titre de connétable. Il espéroit ainsi se faire déclarer roi par les États, tout en protestant *qu'il n'entreprendroit rien contre le service du roi, tandis que ce prince seroit en vie*. Il lui échappa pourtant de dire *qu'après sa mort, il avoit autant d'espérance et de courage qu'aucun autre*. Le bruit s'étant répandu en même temps qu'il projetoit de faire jeter Henri III dans un couvent, le monarque se décida aux meurtres de Blois.

[3] Les Guises travaillèrent dans toutes les provinces à gagner les nominations, et commencèrent à se servir, surtout en Languedoc, de l'ordre des Feuillants, parmi lesquels ils choisirent, dit d'Aubigné (*Hist. univers.*, t. III, l. II, ch. III), *ceux de qui la passion, l'esprit et la créance étoient propres pour en faire leurs émissaires.*

tre, qui envoyez de ville en ville faire eslire des hommes de vostre faction pour venir auxdits Estats, preparez de memoire, accommodez à vostre intention, les uns par force, les autres par corruption d'argent, et les autres par crainte et menaces. Entre autres de ceste ville, vous envoyastes le president de Nully, La Chapelle Marteau, Compan[1], Roland, et l'avocat Dorleans[2], qui estoyent notoirement les principaux autheurs de la rebellion, et les instruments dont vous vous serviez le plus, pour tromper le peuple. Qu'est il besoin de rememorer icy ce qui se passa à ces Estats de Blois, et comment Dieu banda les yeux à ceux de vostre famille, pour s'aller jetter dedans la fosse, qu'ils avoyent preparee pour autruy, alors que pensiez estre au dessuz du vent apres ceste belle loy fondamentale, par laquelle vous declariez le feu cardinal de Bourbon, premier prince du sang, et le roy de Navarre indignes de jamais succeder à la couronne[3], non plus que ses cousins adherents et fauteurs d'heretiques : voicy une bourrasque qui enleve ces deux grosses colonnes de la foy, messieurs vos freres, l'un se disant lieutenant general, grand maistre, et connestable de France, et l'autre patriarche de l'Eglise gallicane, et les jette en un gouffre de mer si profond[4] qu'on ne les a jamais veuz ny ouys depuis. Fut ce pas un grand coup du ciel, et un merveilleux jugement de Dieu, que ceux qui pensoyent tenir leur maistre à la chaisne, et faisoyent leur compte de l'amener dedans trois jours par force, ou autrement de-

[1] Ancien marchand, ligueur forcené, qui avoit été huguenot.
[2] Tous membres acharnés de l'Union.
[3] C'est ce qui fut arrêté aux États de Blois, en 1588.
[4] Leurs corps furent brûlés dans une salle basse du château de Blois. (V. Lestoile.)

dans ceste ville, pour le faire tondre en moyne, et le renfermer en un cloistre, se trouverent tout à coup eux mesmes pris, et renfermez par celuy qu'ils pensoyent prendre? Aucuns ont voulu dire que vous, monsieur le lieutenant, estant jaloux de la grandeur et haute fortune de monsieur vostre frere, advertistes le deffunct roy de l'entreprise qu'on faisoit de l'emmener[1], et l'admonestiez de se haster d'y prevenir. Si cela est vray, je m'en rapporte à vous; mais c'est chose toute vulgaire, que madame d'Aumale[2], vostre cousine, fut à Blois exprez pour descouvrir tout le mystere au roy, où elle ne perdit pas ses peines; et dit on que son mary et elle eussent des lors faict banqueroute à la Ligue, si on luy eust voulu donner le gouvernement de Picardie et de Boulongne, et payer ses debtes. Quant à vous, je ne pense pas qu'ayez eu le cœur si lasche que de trahir vos freres; et on sçait bien qu'estiez convié à venir et vous trouver aux nopces, où l'on vous eust faict de leur livree; mais, soit que vous vous deffiassiez de l'encloueure, où que ne voulussiez vous hazarder tous trois ensemble, vous vous tinstes à Lyon aux escoutes, pour

---

[1] La raison de cet avis donné par Mayenne contre son frère Henri, étoit la jalousie qu'ils avoient l'un de l'autre au sujet d'une femme pour laquelle ils furent même sur le point de se battre. (V. de Thou, l. xciii.)

[2] « L'on publia à la cour que Marie, sœur du duc d'Elbœuf et » femme du duc d'Aumale, qui autrefois avoit employé ses at- » traits à gagner les affections du roi, avoit donné le même avis: » et le conte portoit que cette dame, ayant demandé à parler » au roi, s'étoit mise à genoux au beau milieu de la chambre de » la reine, les mains jointes et les yeux levés au ciel, répondant » à ceux qui s'étonnoient de sa dévotion en lieu si extraordinaire, » qu'elle avoit de si grandes choses à révéler, qu'elle avoit besoin » d'une grâce particulière de Dieu. » (Mézeray.)

attendre l'issue et l'execution de l'entreprise, qui fut toute autre que n'esperiez; et peu s'en fallut que vous mesmes ne fussiez de la farce, si le seigneur Alphonse Corse[1] n'eust esté devancé; madame vostre sœur eut la mesme frayeur que vous, qui, sçachant la nouvelle, ne se trouva pas asseuree aux fauxbours, et se retira en la ville. O que nous serions maintenant à nos ayses, si ce prince eust eu le courage de passer outre, et continuer ses coups. Nous ne verrions pas monsieur de Lyon[2] assis pres de vous, et vous servir d'arcboutant pour faire vos pratiques et les siennes à Rome et en Espagne, et pour empescher par ses sermons et ses raisons, colorees de religion, que n'ayons la paix, dont nous avons tant de besoin. Nous n'eussions pas veu les furieuses administrations de Marteau, Nully, Compan, et Roland[3], qui ont mis le peuple au desespoir, si la justice, que la renommée nous avoit apportee jusques icy apres leur capture, leur eust esté faicte comme elle devoit; et toutes les autres grandes villes n'eussent pas bruslé du feu de la rebellion, si leurs deputez eussent passé par le mesme *fidelium*[4]. Mais la douceur de ce bon roy,

---

[1] Henri III avoit fait partir en poste Alphonse d'Ornano, pour tuer Mayenne à Lyon avant qu'il n'eût reçu la nouvelle du meurtre de ses frères; mais le maréchal d'Ornano fut devancé de quelques heures par un courrier que l'ambassadeur d'Espagne Mendoze avoit dépêché au duc. Mayenne se hâta de fuir dans son gouvernement de Bourgogne. (V. de Thou, l. XCIII.)

[2] D'Espinac.

[3] Ils furent arrêtés à Blois après la mort des Guises; mais le roi les avoit renvoyés à Paris sur le serment qu'ils s'efforceroient de propager les idées de conciliation et de paix. Mais, loin de tenir cette promesse, ils firent du pis qu'ils purent.

[4] Proverbe emprunté à la dernière oraison de l'office des morts. Comme il y avoit beaucoup d'*Obits*, on comprenoit tout

qui n'estoit nullement sanguinaire, se contenta de veoir son principal ennemy et competiteur abattu; et s'arresta lors qu'il devoit plus vivement poursuyvre son chemin; toutesfois, si le sieur d'Entragues eust faict ce qu'il avoit promis, de la reduction d'Orleans, qu'il pensoit guarir comme il l'avoit gastee [1] et ne se fust point laissé devancer par Sainct-Maurice et Rossieux [2], les choses ne se fussent pas debauchees comme elles firent, par faute de donner ordre à ce premier tumulte, ou vous vinstes sur le commencement de leur revolte, et leur donnastes courage de se rebeller et opiniastrer à bon escient, et à leur exemple vous nous en fistes faire autant; puis, quasy tout à un coup, ce feu embrasa toutes les bonnes villes de ce royaume, et y en a peu qui se puissent vanter d'en avoir esté exemptes, tant vous aviez sceu dextrement pratiquer hommes de toutes parts. Là dessuz, pour nous rendre irreconciliables avec nostre maistre, vous nous luy fistes faire son procez [3], vous nous fistes pendre et brusler son

dans un même office. Cela veut dire qu'on eût bien fait d'envelopper tous les députés des villes ligueuses dans la condamnation à mort de Marteau et des autres qu'on disoit avoir été suppliciés.

[1] François d'Entragues, gouverneur de l'Orléanois, s'étoit jeté dans la Ligue dès 1584, et y avoit entraîné tout le pays. Il s'en retira lors des Barricades, assez mécontent des Guises. Mais les efforts qu'il fit pour faire rentrer dans l'obéissance le peuple qu'il avoit soulevé furent vains.

[2] *Alias :* Royssière, trésorier de France à Orléans, général des vivres des armées de l'Union, et depuis secrétaire d'état de la Ligue.

[3] V. de Thou, l. cix. — On trouvera le détail de ce procès dans Mézeray et dans Bayle, au mot Guise. Voir aussi le *Précis de l'Hist. de France pendant les temps modernes*, par M. Poirson, édit. de 1840, in-8°, p. 235.

effigie, vous deffendistes de parler de luy sinon en qualité de tyran[1], vous le fistes excommunier[2], vous le fistes execrer, detester, et maudire par les curez, par les prescheurs, par les enfants en leurs prieres. Et se peut il dire ou alleguer rien de si horrible et espouvantable que ce que vous fistes faire à Bussy le Clerc, petit procureur, accoustumé d'estre prosterné à genoux devant la cour de parlement[3], laquelle il eut le cœur et la rage d'aller prendre au siege venerable de la justice souveraine, et la mener captive et prisonniere en triomphe par les rues, jusques à son fort et taniere de la Bastille, dont elle n'est sortie que par pieces[4], avec mille concussions, exactions, et vilenies, qu'il a exercees sur les gens de bien? Je laisse les pillages de plusieurs riches maisons, la vente des precieux meubles, les emprisonnements et rançonnements des habitants et gentils-hommes qu'on sçavoit estre pecunieux, et garnis d'argent, lesquels on baptisoit du nom de Politiques, ou d'adherents et fauteurs d'heretiques; et, sur ce propos, fut faicte de ce temps là une plaisante rime, que j'estime digne d'estre inseree aux registres et cayers de nos Estats.

> Pour cognoistre les Politiques,
> Adherents, fauteurs d'heretiques,

[1] On sait le décret de déposition rendu par la Sorbonne, le 7 janvier 1589. A Toulouse, les enfants, traînant par les rues l'effigie du roi, crioient: *Nostre tyran de roy à vendre à cinq sous pour luy acheter un licou.*

[2] En 1589, par Sixte V.

[3] Les procureurs ne parlôient qu'à genoux devant le parlement.

[4] Les uns furent mis en liberté dès l'après-midi; les autres, pendant les deux ou trois jours suivants, parce qu'ils ne se trouvoient pas sur la liste de Le Clerc, ou qu'ayant donné de

Tant soyent ils cachez et couverts,
Il ne faut que lire ces vers.
Qui se plaint du temps et des hommes
En ce siecle d'or ou nous sommes ;
Qui ne veut donner tout son bien
A ceste cause il ne vaut rien ;
Qui tard l'Union a juree,
Qui a pris sa robe fourree
Au lieu de prendre son harnois ;
Qui ne dit point le Biarnois,
Ains dit le roy, et qui le loue ;
Qui a faict aux Seize la moue,
Les pensant hors de tout crédit ;
Qui en murmure ou en mesdit,
Qui aux Quarante a faict la figue,
Qui n'a point la barbe à la Ligue ;
Qui a veu lettres de delà ;
Ne vous fiez en tout cela.
Qui ne va point chez les princesses,
Qui à Pasques n'oyt que deux messes,
Qui n'a des chapelets au col [1],
Mérite y avoir un licol.
Qui se fasche quand on l'appelle
A la porte, à la sentinelle,
A la tranchee, et au rampart,
Il n'est point de la bonne part.
Qui faict mention de concorde,
Il sent le fagot ou la corde ;
Qui confit en devotions,
Court à toutes processions,
Prieres et pelerinages,
S'il entremesle en ses suffrages
Un *Da pacem* [2], en souspirant,

l'argent afin de sortir, ils passoient après cela pour bons catholiques. (Lestoile, *Journal de Henri III*, janvier 1589.)

[1] Allusion à la confrérie dite *du Chapelet*. (V. Pasquier, *Catéch. des Jésuites*, l. III, ch. xx.)

[2] Le légat et le parlement ligueur avoient fait défense de parler

C'est pour le moins un adherant ;
Combien qu'il fasse bonne mine
Gardez qu'il ne vous enfarine.
Qui n'ayme point ouyr prescher
Commelet, Lincestre et Boucher [1] ;
Et qui volontiers ne salue
Louchard [2], La Morlière [3], et La Rue [4] ;
C'est un maheutre, et un frelu [5],
Pire qu'un turc ou mammelu.
Qui n'honore la seigneurie
De Baston, Machault, Acharie [6],
Et qui a dict en quelque endroit,

de paix, sous peine de la vie. C'est pour cela que, pendant la harangue de Rose, les hérauts et massiers hurloient *qu'on se tust*, et le duc de Mayenne *qu'on fist silence*, personne n'osant dire *paix-là*.

[1] Commelet, jésuite; Guincestre, curé de Saint-Gervais; Boucher, curé de Saint-Benoît.

[2] L'un des Seize qui fut pendu.

[3] Un des Seize; d'abord notaire, puis lieutenant-criminel de robe courte. Il fut l'un des premiers ligueurs, on l'a vu plus haut.

[4] Tailleur, grand ligueur.

[5] Le Duchat suppose que ce terme injurieux pourroit venir de l'italien *frelucere*, dont on a fait *fanfreluche*, pour désigner une chose qui a quelque apparence, mais qui dans le fond ne vaut rien. Cette explication me paroît peu satisfaisante. Je trouve cette phrase dans un curieux traité du curé Pigenat, publié en 1592, en faveur de la maison de Lorraine; il s'agit des Politiques : « Ceux, dit l'auteur, que nous appelons *Maheutres* à Paris, *Frelus* ou *Mettins* en Champagne, *Guilbedoins* en Basse-Normandie et en Poitou, *Bigarrez* en Provence. » (V. *de la Démocratie chez les Prédicateurs de la Ligue*, Paris, Joubert, 1841, in-8°, p. 157.) *Frelu* n'est donc autre chose que la traduction de *politique* en patois champenois.

[6] Ligueurs.

Que jamais boiteux n'iroit droict[1] ;
Qui demande par la fenestre
A ses voisins que ce peut estre
Aux alarmes, et toque-saincts ;
Qui n'eust point peur à la Toussaincts[2] ;
Qui la bonne feste nommee
Des Barricades n'a chomee ;
Qui ne parle reveremment
Du cousteau de frere Clement ;
Qui, lors que Bichon ou Nivelle
Ont imprimé quelque nouvelle,
En doute, et s'enquiert de l'autheur,
Je gage que c'est un fauteur.
D'autres encores on remarque
A une plus certaine marque :
Sainct-Cosme[3], Olivier[4], et Bussy,
Empoignez moi ces gallants-cy :
Ils en sont ; et pourquoy ? et pource
Qu'ils ont de l'argent en leur bourse[5].

J'ai retenu ces vers par cœur, parce qu'ils sont si vulgaires que les femmes et petits enfants les ont appris, et qu'il ne se peut rien faire de plus naïf pour exprimer

---

[1] Allusion aux ligueurs Acharie et Bernard de Montgaillard, qui étoient tous deux boiteux.

[2] Jour de la prise des faubourgs par le roi.

[3] Hamilton, curé de Saint-Cosme.

[4] Un de ceux qui, en janvier 1589, pillèrent les maisons des riches royalistes. (Lestoile, *Journal de Henri IV*, à cette date.) Depuis, Mayenne le fit garde des meubles du Louvre. Ce ligueur, ruiné et couvert de dettes, avoit une grande influence sur la populace du quartier du Temple. Il fut du petit nombre des forcenés qui essayèrent de résister, dans le quartier Latin, lors de l'entrée de Henri IV à Paris. On l'exila, malgré l'amnistie.

[5] Cette pensée est prise d'un écrit de 1584, dans lequel l'auteur prédisoit aux François les maux que produiroit le renouvellement des guerres civiles. (*Mém. de la Ligue*, t. II, p. 164.)

nos procedures, et les façons dont nous avons usé pour trouver de l'argent; mais on a oublié d'y mettre l'or de Molan [1], et le thresor du grand prieur [2] de Champagne [3], qui vous ayderent bien à faire vostre voyage

[1] Selon Mézeray et Varillas, ce furent les domestiques du duc de Mayenne qui découvrirent cet or, en fouillant dans la maison de Molan ; et ce que les ligueurs appelèrent en cette occasion le *trésor* ou *l'or de Molan*, consistoit en près de 400,000 écus d'or.

[2] Les dernières éditions ajoutent : « *Celuy de l'evesque de Meaux, vostre chancelier, de l'evesque d'Auxerre, Amyot, jadis grand aumosnier, et du prieur de Sainct-Nicolas-des-Champs, et autres.* » Louis de Brézé, évêque de Meaux, président du Conseil général de l'Union, avoit été créé garde-des-sceaux de la Ligue. Après la mort de Henri III, en août 1589, Mayenne, auquel les airs républicains de ce conseil faisoient ombrage, dépossédá Brézé de sa charge de garde-des-sceaux, au profit de d'Espinac. C'est du moins ce qu'assure le duc de Nevers dans son *Traité de la prise d'Armes*. Il faut toutefois remarquer que le *Gallia christiana* place à une date un peu antérieure la mort de Louis de Brézé. — Quant à Amyot, évêque d'Auxerre, il n'entra que malgré lui dans l'Union : les ligueurs le détroussèrent à son retour des États de Blois, et des scènes scandaleuses ne cessèrent de se renouveler contre lui, jusqu'à sa mort, en février 1593. On trouvera de longs et curieux détails dans Lebeuf, *Histoire d'Auxerre*, 1743, in-4º. — On sait que le riche prieur de Saint-Nicolas-des-Champs fut dépouillé de sa cure par le ligueur Pigenat.

[3] Michel de Sèvre, chevalier de Malte et grand-prieur de l'ordre en Champagne. La reine de Navarre, au liv. II de ses *Mémoires*, raconte que *son humeur libre* plaisoit singulièrement à la reine-mère, qui autorisoit ses familiarités. Busbeq n'est pas si favorable au chevalier de Sèvre, dont il fait une espèce de fou, *vir ingenio turbido* (*Ambass. de France*, lett. 32). On peut voir dans Lestoile (*Journal de Henri III*, mars 1584) comment cet insolent s'oublia jusqu'à injurier le roi en plein conseil. Henri III, poussé à bout, l'eût percé d'un coup d'épée s'il n'en avoit été

de Tours[1], qui ne fut pas long, ny de grand effect. Car, apres avoir mené je ne sçay quelle troupe ramassee de gens transportez d'erreur, et d'amour de nouveauté que leur mettiez en la teste, pour braver vostre maistre, que pensiez prendre à despourveu, ou avec esperance que ceux de Tours feroyent quelque tumulte pour le vous livrer ; sitost que veistes qu'on parloit à vous à coups de canon, et que le roy de Navarre estoit venu assister et secourir son frere, ayant un notable interest qu'il ne tombast entre vos mains, la frayeur vous saisit tellement au lustre des escharpes blanches, que ce fut à vous de vous retirer en diligence par des chemins esgarez, ou il n'y avoit point de pierres ; et voulustes colorer vostre fuite sur la priere que nous vous fismes de nous secourir contre les courses de messieurs de Longueville, de La Noue, et de Givry, apres la honteuse levee du siege de Senlis [2]. Estant icy, vous vous deffiastes bien qu'on ne tarderoit gueres à vous suyvre de pres, ayant deux si puissants dogues à la queue, et donnastes quelque ordre pour la deffense de Paris, par un antidote, pire que le mal n'eust esté, si on nous eust pris ; et ce fut lors que les Parisiens commencerent à veoir des hostes, vivants à discretion en leurs mai-

empêché par l'évêque de Paris, qui en porta la main en écharpe pendant plusieurs mois. Le roi pourtant lui pardonna ; mais le chevalier de Sèvre, plein de ressentiment, se jeta dans l'Union. Il mourut, et les ligueurs répandirent le bruit que le roi l'avoit fait tuer.

[1] Outre les biens que les ligueurs avoient pillés, plusieurs familles, comme celles de Compan de Cotte-Blanche, d'Acarie, de De Creil, un certain nombre de bourgeois zélés, les Chartreux et autres se ruinèrent pour suffire aux frais du parti.

[2] En 1589 ; il en a été parlé plus haut.

sons, contre tous les anciens priviléges à eux accordez par les deffuncts roys; mais ce ne furent que fleurettes au prix de ce que nous avons souffert depuis : vous laissastes neantmoins prendre, à vostre nez, Estampes et Pontoyse sans les secourir. Et, voyant qu'on retournoit à vous, pour vous attirer à la bataille, ou vous resserrer entre nos murailles, vous veistes bien, au progrez des affaires du roy, que les vostres s'en alloyent ruynees, et qu'il n'y avoit plus moyen de vous en sauver sans un coup du ciel, qui estoit par la mort de vostre maistre, vostre bienfaicteur, vostre prince, vostre roy; je dy vostre roy, car je trouve emphase [1] en ce mot, qui emporte une personne sacree, oincte, et cherie de Dieu, comme mitoyenne entre les anges et les hommes; car, comment seroit-il possible qu'un homme seul, foible, nud, desarmé, peust commander à tant de milliers d'hommes, se faire craindre, suyvre, et obeir en toutes ses volontez [2], s'il n'y avoit quelque divinité, et quelque parcelle de la puissance de Dieu meslee? comme on dit que les demons se meslent, et entrejettent dedans les nues du tonnerre, ou ils font ces estranges et espouvantables feux qui passent de bien loin le feu materiel, et elementaire. Je ne veux pas dire que ce fut vous qui choisistes particulierement ce meschant *QUE L'ENFER CREA* [3], pour aller faire cet execrable coup, que les furies d'enfer eussent redouté de faire; mais il est assez notoire qu'auparavant qu'il s'acheminast à ceste maudicte entreprise, vous le veistes, et je diroy bien les lieux et endroits [4] si je vouloy,

---

[1] Le mot *emphase* est pris ici en bonne acception.
[2] *Alias* : voluptez.
[3] Anagramme de Frère Jacques Clément.
[4] De Thou parle en effet d'une conférence de Jacques Clément

ou l'encourageastes; vous luy promistes abbayes, eveschez, et monts et merveilles, et laissastes faire le reste à madame vostre sœur [1], aux jesuistes, et à son prieur [2] qui passoyent bien plus oultre, et ne luy promettoyent rien moins, qu'une place en paradis, au dessuz des apostres, s'il advenoit qu'il y fust martyrisé [3]. Qu'ainsy ne soit, et que ne fussiez bien adverty de tout le mystere, vous faisiez prescher le peuple qui parloit de se rendre, qu'on eust encore patience sept ou huict jours, et qu'avant la fin de la semaine on verroit quelque grande chose qui nous mettroit à nostre ayse. Les prescheurs de Rouen, d'Orleans, et d'Amiens, le prescherent en mesme temps, et en mesmes termes; puis, sitost que vostre moyne endiablé fut party, vous fistes arrester et prendre prisonniers en ceste ville plus de deux cents des principaux citoyens et autres [4] que pen-

avec Mayenne et La Chapelle Marteau (l. xcvi); mais le fait paroît douteux.

[1] Le bruit couroit que la duchesse de Montpensier, dans sa haine contre Henri III, avoit été jusqu'à se livrer à Jacques Clément, pour s'emparer de son esprit. (V. de Thou, l. xcvi.)

[2] Edme Bourgoing, prieur du couvent des Jacobins, auquel avoit appartenu Jacques Clément; il avoit publié une Apologie du meurtrier, dont il étoit le confesseur. (V. Danjou, *Arch. cur. de l'hist. de France*, sér. 1, t. xii, p. 384.) — Pris par les royalistes, il fut condamné à mort, et mourut avec courage. (V. de Thou, l. xcviii, § 8, et Léstoile, *Journal de Henri IV*, édit. Champollion, gr. in-8°, p. 12.)

[3] Bourgoing avoit en effet promis à Clément une place en paradis au-dessus des apôtres.

[4] Ce passage, et une partie de ce qui suit, se retrouve dans les *Mémoires de la Ligue* (t. iv, p. 13). De Thou ne compte que cent et quelques personnes incarcérées en cette occasion (l. xcvi). De Thou omet sans doute les serviteurs du roi déjà enfermés à la Bastille et au Louvre.

siez avoir des biens, des amis, et du credit avec ceux du party du roy, comme une precaution dont vous vous proposiez servir pour raschcter le meschant Astaroth, en cas qu'il eust esté pris avant le faict ou apres ; car, ayant le gage de tant d'honnestes hommes, vous pensiez qu'on n'eust osé faire mourir cest assassin, sur la menace qu'eussiez faicte, de faire mourir en contreschange ceux que teniez prisonniers. Lesquels à la verité sont bien obligez à ceux qui, par une precipitee colere, tuerent à coups d'espee ce meschant, apres son coup faict ; et vous mesme ne les devez pas moins remercier ; car, si on l'eust laissé vivre, comme il falloit, et mis entre les mains de justice, nous eussions eu tout le fil de l'entreprise naifvement deduict, et y eussiez esté couché en blancs draps, pour une marque ineffaçable de vostre desloyauté et felonie. Mais Dieu ne l'a pas ainsy permis, et ne sçavons encore ce qu'il vous garde ; car si les exemples du temps passé portent quelque consequence pour juger des affaires du temps present, jamais on ne veit vassal et subject, qui eust entrepris de chasser son prince, mourir en son lict. Je ne veux fortifier ceste maxime par beaucoup d'histoires, ny refuter celles que nos prescheurs alleguent pour deffendre et justifier cest acte horrible : je n'en dirai que deux ; l'une de la Bible, et l'autre des livres romains. Vous pouvez avoir ouy prescher que ceux qui tuerent Absalon, combien qu'il fust eslevé en armes contre son pere, son roy et son pays, neantmoins furent punis de mort, par le commandement de David, à qui il faisoit la guerre. Si vous avez leu les conflicts qui furent faicts entre Galba, Otho et Vitellius, pour l'empire de Rome, vous aurez trouvé que Vitellius fit mourir plus de six vingts hommes qui se vantoyent d'avoir tué Galba son predecesseur, et avoyent presenté requeste pour en avoir recompense; non, comme dit l'autheur, qui sert aujourd'huy d'evangeliste à plusieurs[1], pour amitié qu'il portast à Galba, ny honneur qu'il luy voulust faire; mais pour enseigner tous les princes d'asseurer leur vie et leur estat present, et faire cognoistre à ceux qui entreprendroyent d'attenter à leurs personnes, que l'autre prince leur successeur, bien qu'ennemy, en quelque façon que ce soit, vengera leur mort. C'est pourquoy, monsieur le lieutenant, vous eustes grand tort de faire demonstration de tant d'allegresse, ayant sceu la nouvelle du cruel accident de celuy par la mort duquel vous entriez au chemin de la royauté; vous fistes des feux de joye[2], au lieu qu'en deviez faire de funebres; vous pristes l'escharpe verde en signe de resjouissance, au lieu que deviez redoubler la vostre noire[3], en signe de deuil. Vous deviez imiter David qui fit recueillir les os de Saul[4], et les fit honorablement ensepulturer; combien que par sa mort il demeuroit roy paisible, et perdoit en luy son plus grand ennemy; ou faire comme Alexandre le grand, qui fit de si superbes obseques à Darius; ou Jules Cesar, qui pleura à chaudes larmes

---

[1] C'est-à-dire aux partisans du feu duc de Guise, qui étudioit fort l'historien Tacite, au lieu que Henri III faisoit sa principale étude de Machiavel. (V. Sismondi, *Hist. des Franç.*, t. XIX, p. 464.)

[2] A la nouvelle de la mort de Henri III, le duc de Mayenne fit faire des feux de joie dans tout Paris.

[3] Le duc de Mayenne et sa cour prirent l'écharpe verte, et quittèrent la noire, qu'ils avoient portée depuis la mort des Guises. Les Seize en firent autant. La duchesse de Montpensier leur fit distribuer des écharpes.

[4] *Son prédécesseur*, édit. de 1599.

sçachant la mort de Pompée, son compétiteur et capital adversaire, et fit mourir ceux qui l'avoyent tué. Mais vous, au contraire de ces grands personnages, vous riez, et faictes festins, feux de joye, et toutes sortes de resjouissance, quand vous sçavez la cruelle mort de celuy de qui vous teniez tout ce que vous et vos predecesseurs aviez de bien, d'honneur, et d'authorité. Et, non content de ces communes allegresses, qui tesmoignoyent assez combien vous approuviez ce malheureux acte, vous fistes faire l'effigie du meurtrier[1] pour la monstrer en public, comme d'un sainct canonisé, et fistes rechercher sa mère et ses parents, pour les enrichir d'aumosnes publiques[2]; afin que cela fust une

---

[1] Il y eut des ligueurs assez effrontés pour proposer qu'on lui érigeât une statue sur un pilier de marbre, dans Notre-Dame, comme au libérateur de la patrie. Dans les gravures, on le représentoit avec une auréole. On peut voir un curieux pamphlet du Lyonnois André de Rossant, dédié à La Chapelle-Marteau, « lequel est engagé à faire une statue à Jacques Clément. » (V. la *Biblioth. hist. de la France*, du Père Lelong, n° 19,107.)

[2] Frère Clément fut en effet proclamé, dans toutes les chaires, « le bienheureux enfant de Dominique, le saint martyr de Jésus-Christ. » Ceux qui osoient appeler *régicide* le héros qui avoit délivré la France « de ce chien de Henri de Valois » n'étoient que des *garnements*, et les prédicateurs les désignoient ainsi à la vengeance populaire. La mère de la duchesse de Montpensier, madame de Nemours, trouvant insuffisants encore les sermons qu'on débitoit partout, alla aux Cordeliers, et, montant sur les degrés du grand autel, elle harangua elle-même le peuple sur la mort du tyran. Des cierges furent allumés dans les églises autour de la statue de Jacques Clément, et madame de Montpensier reçut chez elle la mère de ce fanatique, qui avoit osé venir de son village, situé aux environs de Sens, pour demander récompense de l'attentat de son fils. Le peuple fut invité par des sermons spéciaux à aller vénérer la bienheureuse mère

leurre et une amorce à d'autres qui pourroyent entreprendre de faire encore un pareil coup au roy de Navarre, sur l'asseurance qu'ils prendroyent par l'exemple de ce nouveau martyr, qu'apres leur mort ils seroyent ainsy sanctifiez et leurs parents bien recompensez [1]. Or je ne veux point examiner plus avant vostre conscience, ny vous pronostiquer ce qui vous peut advenir pour ce faict là ; mais il faudroit que la parole de Dieu fust menteuse, ce qui n'est point, si vous ne recevez bientost le salaire que Dieu promet aux meurtriers, et assassinateurs comme [2] vostre frere a faict pour avoir assassiné le feu Admiral, et le feu Admiral pour avoir faict assassiner vostre pere ; mais je lairray traiter ceste matiere aux theologiens, pour vous ramentevoir une lourde faute que fistes sur cest instant : car puisque n'aviez point craint de declarer en tant de lieux que vostre but estoit de regner, vous aviez lors et sur le coup, une belle occasion de vous faire eslire roy, et y fussiez mieux parvenu, que ne ferez pas à present, que vous briguez de l'estre. Le cardinal de Bourbon, à qui inconsiderement vous deferastes le tiltre de roy, estoit prisonnier [3] : vostre nepveu, en qui se conferoyent toutes les recom-

* du martyr, qui s'en retourna bientôt, enrichie de dons et d'argent, et accompagnée par quarante religieux jusqu'à une lieue de Paris. (V. *de la Démocr. chez les Prédicat. de la Ligue*, 1841, in-8°, p. 80.)

[1] Cf. *Mém. de la Ligue*, t. IV, p. 14.

[2] L'édit. des *Mémoires de la Ligue* porte : « Comme de faict ils l'ont receu, ainsi qu'il est escrit par toutes les histoires anciennes et modernes, et comme aussy vostre frere a receu pour avoir, etc. » Cela vient de ce que le recueil des *Mémoires de la Ligue*, fait par une main protestante, vouloit laver par cette suppression l'honneur de l'Amiral.

[3] A Fontenai en Poitou, où il mourut.

mandations de son pere, l'estoit aussy : et l'un et l'autre ne vous y pouvoit nuire, comme vostre nepveu [1] faict à present : vous aviez encore les peuples animez, ardents et courants à la nouveauté, qui avoyent une grande opinion de vostre vaillance, dont vous estes fort descheu depuis, et ne fay doute que ne l'eussiez emporté, en haine du legitime successeur, qui notoirement estoit huguenot. Et puis vous aviez les prescheurs qui eussent deduict mille raisons, pour persuader le peuple que la couronne vous appartenoit mieux qu'à luy. L'occasion en estoit belle, sur le changement d'une lignée en l'autre : et combien que ce soit une mesme famille, et d'une mesme tige, neantmoins la distance de plus de dix degrez, ou les docteurs disent cesser tout lien et droit de consanguinité, donnoit beau lustre : encore que le docteur Balde a escrit que ceste regle *fallit in familia Borboniorum* [2]. Tant y a que vous aviez la force, et la faveur du temps en main, de laquelle ne sceustes pas vous servir, ains par une pusillanimité et couardise trop lourde, et grossiere, vous voulustes garder quelque modestie et forme de loy civile, donnant le tiltre de roy à un pauvre prestre prisonnier, combien qu'en toutes autres choses, vous violiez impudemment toutes les loix du royaume, et tout le droit divin, des gens, naturel et civil. Vous oubliastes toutes les maximes des grands maistres, en matiere d'entreprise sur les estats d'autruy : mesmement celle de Jules Cesar,

---

[1] Le jeune duc de Guise prisonnier à Tours, d'où il s'échappa.

[2] Ce passage avoit déjà été allégué, dès 1585, par ceux qui soutenoient les droits du roi de Navarre à la couronne, depuis la mort du duc d'Anjou. Il est tiré du Livre des Fiefs, au titre *de Feudo Marchiæ*. (V. *Mém. de la Ligue*, t. v, p. 721.)

qui disoit souvent pour excuse ces vers d'un poete grec [1] :

S'il faut estre meschant, soy-le pour estre roy :
Mais au reste soy juste, et vy selon la loy.

Vous eustes peur de prendre le tiltre de roy, et ne craigniez pas d'en usurper la puissance, laquelle vous desguisastes d'une qualité toute nouvelle, dont on n'avoit jamais ouy parler en France, et je ne sçay qui en fut l'autheur, encore qu'on l'attribue au president Brisson [2] ou Jeannin : mais quiconque inventa cest expedient, faillit aux termes de grammaire et d'estat : on vous pouvoit donner le nom de regent, ou de lieutenant general du roy : comme on avoit faict autrefois, quand les roys estoyent prisonniers, ou absents de leur royaume : mais lieutenant de l'Estat, et couronne, est un tiltre inouy, et estrange qui a trop longue queue, comme une chimere contre nature, qui faict peur aux petits enfants. Quiconque est lieutenant, est lieutenant d'un autre, duquel il tient le lieu, qui ne peut faire sa fonction, à cause de son absence, ou autre empeschement; et lieutenant est lieutenant d'un autre homme : mais de dire qu'un homme soit lieutenant d'une chose inanimée, comme l'Estat, ou la couronne d'un roy, c'est chose absurde, et qui ne se peut soubstenir : et eut esté plus tolerable de dire lieutenant en l'Estat et

---

[1] Εἴπερ γάρ ἀδικεῖν χρή τυραννίδος πέρι
Κάλλιστον ἀδικεῖν τ' ἄλλα δ' εὐσεβεῖν χρεών.
EURIPIDES, in *Phœnissis*.

« Nam si violandum est jus, regnandi gratia violandum est;
» aliis rebus pietatem colas. »
SUETONIUS, in *Julio*, c. XXX.

[2] V. de Thou, l. XCIV.

couronne de France, que lieutenant de l'Estat[1] : mais c'est peu de chose de faillir à parler, au prix de faillir à faire. Quand vous fustes affublé de ceste belle qualité, vous curastes si rudement nos bourses, qu'eustes moyen de mettre suz une grosse armee, avec laquelle vous promettiez poursuyvre, assieger, prendre, et amener prisonnier le nouveau successeur à la couronne, qui ne se disoit pas lieutenant, mais roy tout à faict : vous nous aviez desja faict garder nos places, et louer des boutiques en la rue Sainct-Anthoine pour le veoir passer enchaisné, quand l'ameneriez de Dieppe prisonnier[2]. Que fistes vous de cette grande armee, grossie de tous vos secours estrangers d'Italie, d'Espagne et d'Allemagne; sinon faire cognoistre vostre foiblesse imprudente, et mauvaise conduite : n'ayant osé, avec trente mille hommes, en attaquer cinq ou six mille, qui vous firent teste à Arques, et enfin vous contraignirent lever le cul honteusement, et chercher vous mesme seureté au delà de la riviere de Somme. Nous fusmes bien esbahis, quand au lieu de veoir ce nouveau roy à la Bastille, nous le veismes dedans nos fauxbourgs, avec son armee, comme un foudre de guerre, qui devança nos pensees, et les vostres : mais vous vinstes à nostre secours, lors qu'estions asseurez qu'il ne nous feroit plus de mal, et fau confesser, que sans la resistance que luy fit à la porte de Bussy un qui luy est aujourd'huy serviteur, il nous eust pris, avant que fussiez arrivé[3]. Depuis ce temps là, vous ne fistes rien de me-

---

[1] Cf. *Mém. de la Ligue*, t. IV, pièce 1.

[2] Cf. *Mém. de la Ligue*, t. IV, p. 189.

[3] Il s'agit de Christophe de Bassompierre, gentilhomme lorrain, père du maréchal. Après avoir servi Mayenne pendant la Ligue, jusqu'à lui garder la porte Bussy, en 1586, dans une

morable en vostre lieutenance, que l'establissement de vostre Conseil des Quarante[1], et des Seize que vous avez depuis revoqué, et dissipé tant qu'avez peu : et cependant que vous vous amusiez à faire l'estat de

entreprise qu'il projetoit contre le roi, il se rapprocha de Henri IV, dès 1593, et fut même employé pour la conclusion de la trève entre le roi et les ligueurs.

[1] Ce Conseil, qui ne devoit être que de quarante membres, se trouva composé de cinquante-quatre, le 19 février 1589. Les quarante établis par le peuple étoient : Brezé, évêque de Meaux, garde-les-sceaux du Conseil ; Rose, évêque de Senlis ; de Villars, évêque d'Agen ; Prévost, curé de Saint-Séverin ; Boucher, curé de Saint-Benoît ; Aubry, curé de Saint-André-des-Arcs ; Pelletier, curé de Saint-Jacques ; Pigenat, curé de Saint-Nicolas-des-Champs ; et Launoy, chanoine de Soissons, pour le clergé ; — le duc d'Aumale, les sieurs de Manneville, marquis de Canillac, Saint-Paul, de Rosne, de Montberault, de Hautefort et du Saussay, pour la noblesse ; — les sieurs de Masparauté, de Nully, Coqueley, Mydorge, Machault, Baston, Marillac, Acharie, de Bray, Le Beauclerc, de La Bruyère, Anroux, Fontanon, Drouart, Crucé, de Bordeaux, Halvequin, Soly, Bellanger, Poncher, Senault, Gobelin et Charpentier, pour le tiers-état. — Les quatorze qui furent ajoutés à ce Conseil, que Mayenne, qui s'en déclaroit chef, voulut qu'on appelât désormais le Conseil général de l'Union, étoient : Hennequin, évêque de Rennes ; Lenoncourt, abbé ; les présidents Jeannin et Vetus ; de Sermoise, Dampierre, le président Le Maistre, Damours, conseiller ; Villeroy père, Villeroy fils, La Bourdaisière, Du Fay, les présidents d'Ormesson et Videville. Peu à peu, on fit encore entrer de nouveaux membres dans ce Conseil, ce qui paralysa la turbulence des plus fanatiques, et ôta tout crédit au corps. En novembre 1589, Mayenne supprima cette assemblée qui lui portoit ombrage. On trouvera des détails curieux sur plusieurs des membres de ce sénat révolutionnaire dans les Comment. de Le Duchat sur la *Ménippée*, édit. de Ratisbonne, 1726, in-12, tom. II, pag. 338 et suiv.

vostre maison, et que laissiez tremper en prison vostre roy imaginaire, sans le secourir, ny d'argent, ny de moyens pour entretenir son estat royal, le roy de faict se mit en possession du Dunois, du Vandosmois, du Mayne, du Perche, et de la meilleure partie de Normandie : tant qu'à la fin, apres qu'il eut en conquerant faict la ronde du tiers de son royaume, vous fustes contrainct, moitié de honte, moitié de desespoir, et par l'importunité qu'on vous fit, luy aller au devant, lorsqu'il assiegeoit Dreux : ou il vous fit un tour de vieil guerrier[1], pour avoir moyen de vous combattre : car il leva son siege, et fit semblant de reculer dedans le Perche, pour vous attirer plus avant, et vous faire passer les rivieres à le suyvre : mais sitost qu'il vous vit passé, et engagé en la plaine, il tourna visage droit à vous, et vous donna la bataille que perdistes, plus par faute de courage et de conduite, que par faute d'hommes, le nombre des vostres passant de beaucoup les siens. Encore en ceste grande affliction ne pustes vous vous tenir de nous donner une bourde, comme vous estes coustumier, vous et vostre sœur, de nous paistre de mensonges et fausses nouvelles; et nous voulustes faire croire, pour nous consoler en ceste perte, que le Biarnois estoit mort[2], duquel vous n'aviez osé attendre la veue, ni la rencontre : mais nous vismes ce mort, bien tost pres de nos portes, et vous mesme eustes si grand peur de son ombre, que ne pristes

[1] Henri IV n'avoit levé le siége de Dreux que pour attirer les ligueurs à Ivry.

[2] Mayenne, désirant être reçu à Mantes après sa défaite d'Ivry, crioit aux habitants qui avoient fermé les portes : « Mes amis, sauvez-moi et mes gens, tout est perdu, mais le Biarnois est mort. »

loisir de vous reposer, que ne fussiez passé en Flandres, où vous fistes ce beau marché avec le duc de Parme, qui depuis nous a cousté si cher, et qui vous a tellement ruyné d'honneur et de reputation, que je ne veoy pas moyen de vous en pouvoir jamais relever. Car au lieu de maistre, vous vous allastes rendre valet, et esclave de la nation la plus insolente qui soit soubs le ciel. Vous vous asservistes à l'homme le plus fier et ambitieux qu'eussiez sceu choisir, comme avez depuis experimenté, quand il vous faisoit naqueter [1] apres luy, et attendre à sa porte, avant que vous faire une responce de peu d'importance. Dequoy les gentils-hommes françois qui vous accompagnoyent, avoyent despit et desdain : et vous seul n'aviez honte de vous rendre vil et abject, en deshonorant vostre lignee, et vostre nation, tant estiez transporté d'appetit de vangeance, et d'ambition : or pendant ces indignitez, et deshonnestes submissions que faisiez au prejudice du nom françois, et de vostre qualité, nostre nouveau roy ne chommoit pas, car il nous boucha nostre rivière en haut et en bas, par la prise de Mantes, de Poissy, de Corbeil, Melun et Montreau : puis nous vint oster la plaine de France, par la prise de Sainct-Denys : cela faict, il n'y avoit plus de difficulté que nous fussions assiegez, comme nous le fusmes incontinent apres. Que fistes vous pour nous secourir? mais plustost que ne fistes vous point pour nous perdre et nous rendre miserables ? Je ne veux pas dire ce qu'aucuns ont raporté de vous, que disiez communement, que la prise de ceste ville seroit plus prejudiciable à vostre ennemy, que profitable, et que son armee se perdroit et dissiperoit en la

---

[1] *Alias* : « laqueter, » faire le laquais.

prenant[1]. Je ne sçauroy croire qu'eussiez pris plaisir de veoir tomber vostre femme, vos enfants, vostre frere, et vostre sœur, à la mercy de vos ennemis. Mais si faut il dire, que le temps que vous mistes à nous venir secourir fut si long, qu'il cuida nous mettre plusieurs fois au desespoir : et croy que si le roy vous eust demandé un terme pour nous prendre, il n'en eust pas demandé davantage que luy en donnastes. O que nous eussions esté heureux si nous eussions esté pris des le lendemain que fusmes assiegez ! O que nous serions maintenant riches, si nous eussions faict ceste perte. Mais nous avons bruslé à petit feu, nous avons languy, et si ne sommes pas guaris. Deslors le soldat victorieux eust pillé nos meubles, mais nous avions de l'argent pour les racheter, et depuis nous avons mangé nos meubles, et nostre argent. S'il eust forcé quelques femmes et filles, encore eust il espargné les plus notables, et celles qui eussent peu garantir leur pudicité par respect, ou par amis; mais depuis, elles se sont mises au bordeau d'elles mesmes, et y sont encore par la force de la nécessité, qui est plus violente, et de plus longue infamie, que la force transitoire du soldat, qui se dissimule, et ensevelit incontinent : au lieu que ceste cy se divulgue, se continue, et se rend à la fin en coustume effrontee sans retour[2]. Nos reliques seroyent entieres, les anciens joyaux de la couronne de nos roys ne seroyent pas fonduz comme ils sont. Nos fauxbourgs seroyent en leur estre, et habitez comme ils estoyent, au lieu qu'ils sont

---

[1] Tout ceci est presque mot pour mot dans les *Mém. de la Ligue*, t. IV, p. 337 et suiv.

[2] Durant le siége de Paris, « les femmes vendoient leurs joyaux et leurs affiquets, et quelquefois leur pudicité, pour un morceau de pain. » (V. Mézeray, *Hist. de France*, in-fol., t. III, p. 829.)

ruynez, deserts et abatuz : nostre ville seroit riche, opulente et peuplee comme elle estoit ; nos rentes de l'hostel de ville nous seroyent payees : au lieu que vous en tirez la mouelle et le plus clair denier ; nos fermes des champs seroyent labourees, et en recevrions le revenu, au lieu qu'elles sont abandonnees, desertes, et en friche. Nous n'aurions pas veu mourir cinquante mille personnes de faim, d'ennuy, et de pauvreté, qui sont morts en trois mois par les rues, et dans les hospitaux, sans misericorde, et sans secours. Nous verrions encore nostre université florissante, et frequentee, au lieu qu'elle est du tout solitaire, ne servant plus qu'aux paysans, et aux vaches des villages voisins ; nous verrions nostre palais remply de gens d'honneur de toutes qualitez, et la sale, et la galerie des merciers pleines de peuple à toutes heures, au lieu que n'y voyons plus que gens de loisir, se pourmener au large, et l'herbe verte qui croist là ou les hommes avoyent à peine espace de se remuer : les boutiques de nos rues seroyent garnies d'artisans, au lieu qu'elles sont vuides, et fermees ; la presse des charettes et des coches seroit sur nos ponts, au lieu qu'en huict jours on n'en veoit passer une seule, que celle du legat. Nos ports de Greve et de l'Escole seroyent couverts de batteaux, pleins de bleds, de vins, de foin et de bois. Nos hales et nos marchez seroyent foulez de presse de marchands et de vivres, au lieu que tout est vuide, et vague, et n'avons plus rien qu'à la mercy des soldats de Sainct-Denys, fort de Gournay[1], Chevreuse et Corbeil. Ha!

---

[1] L'édit. de 1649 ajoute ici ces mots : « *qu'on appelle maintenant Bride-badaut.* » Mézeray, qui parle de ce fort, le nomme *Pille-Badaud.* Voici ce qu'il en dit : « En may 1592, après la
» levée du siége de Rouen, le roi, ne voulant point attaquer

monsieur le lieutenant, permettez moy que je m'exclame en cest endroit par une petite digression, hors du cours de ma harangue, pour deplorer le pitoyable estat de ceste royne des villes, de ce microcosme[1], et abregé du monde! Ha! messieurs les deputez de Lyon, Thoulouze, Rouen, Amiens, Troyes et Orleans, regardez à nous, et y prenez exemple, que nos miseres vous fassent sages à nos despens : vous sçavez tous quels nous avons esté, et voyez maintenant quels nous sommes. Vous sçavez tous en quel goufre et abisme de desolation nous avons esté par ce long et miserable siege, et si ne le sçavez, lisez l'histoire de Josephe, de la guerre des Juifs, et du siege de Jerusalem par Titus[2], qui represente au naif celuy de nostre ville. Il n'y a rien au monde qui se rapporte tant l'un à l'autre, comme Jerusalem et Paris, excepté l'issue et la fin

» Meaux, qui étoit trop fort, et voulant couper aux Parisiens les
» vivres qu'ils tiroient de là par la rivière de Marne, fit bâtir un
» fort dans l'île de Gournai, qui est sur cette rivière à quatre
» lieues de Paris. On le nomma *Pille-Badaud*, et le roi en donna
» le gouvernement à Odet de La Noue, dont la fidélité incorrup-
» tible lui répondoit de la garde très-exacte de ce passage. »
Cayet nous apprend que ce fort, construit seulement avec de la terre, étoit défendu par six pièces de canon. C'est de ce même fort de Gournai dont il est fait mention plus haut en cet endroit, où il est dit : « Qu'à peine put on tenir son regiment de moynes et de pedants, qu'ils ne s'encourussent de ce pas attaquer les forts de Gournay et Sainct-Denys; mais qu'on les retint avec un peu d'eau beniste. »

[1] De μιχρός, petit, et κόσμος, monde; terme dont l'auteur reproduit le sens immédiatement après par les mots *abrégé du monde*.

[2] Cette comparaison est prise d'un *Discours* qui se trouve dans les *Mém. de la Ligue*, t. IV, p. 280.

du siege. Jerusalem estoit la plus grande et plus riche, et peuplee ville du monde : aussi l'estoit Paris,

> Qui eslevoit son chef sur toutes autres villes,
> Autant que le sapin sur les bruyeres viles[1].

Jerusalem ne pouvoit endurer les bons prophetes qui luy remonstroyent ses erreurs et idolatries : et Paris ne peut souffrir ses pasteurs et curez, qui blasment et accusent ses superstitions, et folles vanitez, et l'ambition de ses princes : nous faisons la guerre aux curez de Sainct-Eustache, et de Sainct-Mederic[2], parce qu'ils nous remonstrent nos fautes, et nous predisent le malheur qui nous en doit arriver. Jerusalem fit mourir son roy, et son oinct de la race de David, et le fit trahir par un de ses disciples, et de sa nation : Paris a chassé son prince, son roy, son oinct naturel, et apres l'a faict assassiner et trahir par un de ses moynes. Les docteurs de Jerusalem donnoyent à entendre au peuple, que leur roy avoit le diable au corps, au nom duquel il faisoit ses miracles : nos prescheurs et docteurs ont ils pas presché que le feu roy estoit sorcier, et adoroit le diable, au nom duquel il faisoit toutes ses devotions[3],

---

[1] « *Verum hæc tantum alias inter caput extulit urbes,*
» *Quantum lenta solent inter viburna cupressi.* »
VIRG., *Eg.* I, v. 25.

[2] Il n'y avoit à Paris, pendant la Ligue, que trois curés royalistes, René Benoist à Saint-Eustache, Morenne à Saint-Méry, et Chavagnac à Saint-Sulpice. Ils eurent à souffrir toutes sortes d'injures et de persécutions. On a eu occasion de donner sur eux des détails circonstanciés. (V. *de la Démocr. chez les Prédicateurs de la Ligue*, p. 113 et suiv., 262 et suiv., etc.)

[3] *Alias* : « vocations. » — Guincestre, en effet, dans un sermon de 1589, prêcha que Henri III invoquoit les diables ; puis, tirant de sa manche un petit chandelier qu'il assura avoir appar-

et mesme aucuns ont esté si impudents de montrer en chaire publiquement à leurs auditeurs, des effigies faictes à plaisir, qu'ils juroyent estre l'idole du diable, que le tyran adoroit : ainsy parloyent ils de leur maistre, et de leur roy. Ces mesmes docteurs de Jerusalem prouvoyent par l'Escriture que Jésus-Christ meritoit la mort, et crioyent tout haut : *Nos legem habemus, et secundum legem debet mori*[1] *:* nos predicateurs et sorbonnistes ont ils pas prouvé et approuvé, par leurs textes appliquez à leur fantaisie, qu'il estoit permis, voire louable et meritoire de tuer le roy, et l'ont encore presché apres sa mort[2]? Dedans Jerusalem estoyent trois factions qui se faisoyent appeller de divers noms : mais les plus meschants se disoyent zelateurs[3], assistez

---

tenu au roi, et sur lequel étoient gravés des Satyres : « Voyez, s'écria-t-il, ce sont là les démons du roi ; ce sont là les dieux qu'il adore et dont il se sert pour ses enchantements. » (V. Matthieu, *Hist. des derniers troubles*, 1622, in-4°, p. 182 ; et Lestoile, *Journal de Henri III*, édit. Champollion, 1839, gr. in-8°, p. 285 A.) Boucher (dans son traité *De justa Henrici III abdicatione*, Lyon, Pillehotte, 1591, in-8°, p. 170) accuse également Henri III d'être magicien, et entre à ce sujet dans les plus ridicules détails.

[1] Saint-Jean, c. xix, v. 7.

[2] Dès que la nouvelle de la mort de Henri III fut arrivée à Paris, les Seize firent tenir aux prédicateurs une circulaire où on leur indiquoit les trois points de leur prochain sermon : 1° justifier l'acte du jacobin en le comparant à Judith ; 2° établir que le Béarnois ne peut succéder à Henri de Valois ; 3° montrer que tous ceux qui soutiendront son parti doivent être excommuniés. (V. Crévier, *Hist. de l'Université*, in-12, t. vi, p. 414 ; *Hist. eccl.* de Fleury, contin. par le P. Fabre, t. xxxvi, p. 273.)

[3] Les ligueurs eux-mêmes s'étoient précédemment appliqué cette comparaison dans le *Catholique anglois*, pamphlet de Dorléans, 1587, in-8°, p. 14 du deuxième avertissement.

des Idumeens estrangers. Paris a esté agité tout de mesme de trois factions de Lorraine, d'Espagne, et des Seize, participants de toutes les deux, soubs le mesme nom de zelateurs, qui ont leurs Eleazars, et leurs Zacharies, et Acharies[1], et plus de Jeans qu'il n'y en avoit en Jerusalem. Jerusalem estoit assiegee par Titus, prince de diverse religion, allant aux hazards et dangers comme un simple soldat, et neantmoins si doux et gratieux, qu'il acquit le surnom de Delices du genre humain. Paris a esté assiegé par un prince de religion differente, mais plus humain et debonnaire, plus hazardeux et prompt d'aller aux coups, que jamais ne fut Titus; davantage ce Titus ne vouloit rien innover en la religion des Juifs : aussy ne faict ce prince en la nostre, ains au contraire nous donne esperance de l'embrasser quelque jour, et en peu de temps : Jerusalem souffrit toute l'extremité devant que de se recognoistre, et se recognoissant n'eut plus de pouvoir, et en fut empeschee par les chefs de la faction! Combien avons nous souffert avant que nous cognoistre, et apres nos souffrances, combien avons nous desiré de pouvoir nous rendre, si n'en eussions esté empeschez par ceux qui nous tenoyent soubs le joug? Jerusalem

[1] Acharie le boiteux, dont il a été déjà fait mention plus haut. Sa femme, qui se nommoit Barbe Aurillot, étoit célèbre par sa piété. Acharie étant mort en 1613, elle se fit carmélite à Amiens l'année suivante, et mourut à Pontoise en odeur de sainteté, le 18 avril 1618. Elle eut successivement pour directeurs le Petit-Feuillant et le P. Coton. Il est question d'elle dans les *Mém.* de Sully, et au cxxxii[e] livre de de Thou. Sa vie a été écrite par André du Val et par Daniel Hervé. C'est cette même Barbe Aurillot, connue aujourd'hui sous le nom de *la bienheureuse Marie de l'Incarnation,* dont la canonisation a été célébrée tout récemment à Paris, en 1841.

avoit le fort d'Anthonia, le temple, et le fort de Sion, qui bridoyent le peuple, et l'empeschoyent de bransler, ny de se plaindre : nous avons le fort de Sainct-Anthoine[1], le Temple, et le Louvre, comme un fort de Sion, qui nous servent de camorre[2] et de mords, pour nous tenir, et ramener à l'appetit des gouverneurs. Josephe de mesme nation et religion que les Juifs, les exhortoit de prevenir l'ire de Dieu, et leur faisoit entendre qu'eux mesmes ruynoyent leurs temples, leurs sacrifices, et leur religion, pour laquelle ils disoyent combattre, et neantmoins n'en voulurent rien faire. Nous avons eu parmy nous beaucoup de bons citoyens françois, et catholiques comme nous, qui nous ont fait pareilles remonstrances, et monstré par bonnes raisons, que nostre opiniastreté, et nos guerres civiles ruynoyent la religion catholique, et l'eglise, et tout l'ordre ecclesiastique, faisant desbaucher les prestres, religieux, et religieuses, consommant les benefices, et aneantissant le service divin par tout le plat pays, et neantmoins nous persistons comme devant, sans avoir pitié de tant d'ames desolees, egarees, et abandonnees de leurs pasteurs, qui languissent sans religion, sans pasture, et sans administration d'aucun sacrement. Enfin, puis que nous convenons, et nous rapportons en tant de rencontres à la cité de Jérusalem, pouvons nous attendre autre chose, qu'une totale ruyne, et desolation entiere, comme la sienne, si Dieu par un miracle extraordinaire ne nous redonne nostre bon sens? Car il est impossible que puissions longuement durer ainsy estants desjà si abattuz, et alangouris de longue maladie,

[1] La Bastille.
[2] Cavesson creux et dentelé comme une scie, de *cammarus*, écrevisse de mer qui a la pince très-forte.

que les souspirs que nous tirons, ne sont plus que les sanglots de la mort : nous sommes serrez, pressez, envahis, bouclez de toutes parts, et ne prenons air, que l'air puant d'entre nos murailles, de nos boues et egouts : car tout autre air de la liberté des champs nous est deffendu. Apprenez donc, villes libres, apprenez par nostre dommage, à vous gouverner d'orenavant d'autre façon : et ne vous laissez plus enchevestrer, comme avons faict, par les charmes et enchantements des prescheurs, corrompuz de l'argent et de l'esperance que leur donnent les princes, qui n'aspirent qu'à vous engager, et rendre si foibles, et si souples, qu'ils puissent jouir de vous, et de vos biens, et de vostre liberté à leur plaisir. Car ce qu'ils vous font entendre de la religion, n'est qu'un masque, dont ils amusent les simples, comme les renards amusent les pies de leurs longues queues, pour les attraper et manger à leur ayse : en vistes vous jamais d'autres, de ceux qui ont aspiré à la domination tyrannique sur le peuple, qui n'ayent tousjours pris quelque tiltre specieux de bien public, ou de religion ; et toutesfois quand il a esté question de faire quelque accord, tousjours leur interest particulier a marché devant, et ont laissé le bien du peuple en arriere, comme chose qui ne les touchoit point ; ou bien s'ils ont esté victorieux, leur fin a tousjours esté de subjuguer et mastiner le peuple, duquel ils s'estoyent aydez à parvenir au dessuz de leurs desirs : et m'esbahy, puisque toutes les histoires tant anciennes que modernes, sont pleines de tels exemples, comment se trouve encore des hommes si pauvres d'entendement de s'embattre, et s'envoler à ce faux leurre. L'histoire des guerres civiles, et de la revolte qui se fit contre le roy Loys unziesme est encore recente; le duc de Berry son frere, et quelques princes de France suscitez, et encouragez par le roy d'Angleterre, et encore plus par le comte de Charolois, ne prirent autre couleur de lever les armes que pour le bien et soulagement du peuple, et du royaume; mais enfin quand il fallut venir à composition, on ne traitta que de luy augmenter son appanage, et donner des offices et des appointements à tous ceux qui l'avoyent assisté, sans faire mention du public, non plus que du Turc [1]. Si vous prenez plus haut ès annales de France, vous verrez les factions de Bourgongne et d'Orleans, avoir tousjours esté colorees du soulagement des tailles, et du mauvais gouvernement des affaires; et neantmoins l'intention des principaux chefs n'estoit que d'empieter l'authorité au royaume, et advantager une maison sur l'autre, comme l'issue a tousjours faict foy : car enfin le roy d'Angleterre emportoit tousjours quelque lippee pour sa part, et le duc de Bourgongne ne s'en departoit jamais sans une ville, ou une contree qu'il retenoit pour son butin. Quiconque voudra prendre loisir de lire ceste histoire, y verra nostre miserable siecle naivement representé : il verra nos predicateurs, boutefeux, qui ne laissoyent pas de s'en mesler, comme ils font maintenant, encore qu'il ne fust nullement question de religion : ils preschoyent contre leur roy, ils le faisoyent excommunier, comme ils font maintenant : ils faisoyent des propositions à la sorbonne contre les bons citoyens, comme ils font maintenant, et pour de l'argent, comme maintenant : on y voyoit des massacres,

---

[1] Cette guerre, suscitée en 1465 par Charles, comte de Charolois, fut surnommée *du bien public* par ceux de son parti, et *du mal public* par ceux du parti du roi.

des tueries de gens innocents et des fureurs populaires, comme les nostres. Nostre mignon le feu[1] duc de Guyse y est representé en la personne du duc de Bourgongne, et nostre bon protecteur le roy d'Espagne en celle du roy d'Angleterre. Vous y voyez nostre credulité et simplicité, suyvies de ruynes, et desolations, et de saccagements et bruslements de villes, et fauxbourgs, tels qu'avons veu, et voyons tous les jours sur nous, et sur nos voisins. Le bien public estoit le charme et ensorcellement qui bouchoit l'aureille à nos predecesseurs : mais l'ambition et la vengeance de ces deux grandes maisons en estoit la vraye et primitive cause, comme la fin le descouvrit. Aussi vous ay je deduit que premierement la jalousie et envie de ces deux maisons de Bourbon et de Lorraine, puis la seule ambition et convoitise de ceux de Guyse, ont esté et sont la seule cause de tous nos maux. Mais la religion catholique et romaine est le breuvage qui nous infatue et endort, comme une opiate bien sucree, et qui sert de medicament narcotique, pour stupefier nos membres, lesquels pendant que nous dormons, nous ne sentons pas qu'on nous coupe piece à piece, l'un apres l'autre, et ne restera que le tronc qui bien tost perdra tout le sang et la chaleur, et l'ame par trop grande evacuation. En la mesme histoire, trouvez vous pas aussy comme le type de nos beaux Estats icy assemblez? Ceux qu'on tint à Troyes[2] sont ils pas tous pareils, auxquels on exhereda le vray et legitime heritier de la couronne, comme

[1] Ces mots, *le feu*, sont supprimés dans l'éd. de 1599.

[2] Le 21 mai 1420, un traité fut conclu à Troyes, par lequel le roi d'Angleterre étoit déclaré héritier de la couronne de France; mais les États furent tenus à Paris, en l'hôtel Saint-Paul, et ce fut là que le dauphin fut exhérédé.

excommunié et reagravé? Dieu sçait quelles gens il y avoit à ces Estats : ne doubtez pas qu'ils ne fussent tels que vous autres messieurs, choisis de la lie du peuple, des plus mutins et seditieux, et corrompuz par argent, et tous pretendants quelque profict particulier, au change et à la nouveauté, comme vous autres messieurs[1]. Car je m'asseure qu'il n'y a pas un de vous, qui n'ait quelque interest special, et qui ne desire que les affaires demeurent en trouble : il n'y a pas un qui n'occupe le benefice, ou l'office, ou la maison de son voisin : ou qui n'en ait pris les meubles, ou levé le revenu, ou faict quelque volerie, et meurtre par vengeance, dont il craint estre recherché si la paix se faisoit. A la fin neantmoins, apres tant de meurtres, et de pauvretez, si fallut il que tous ces mauvais recogneussent le roy Charles septiesme, et vinssent à ses pieds demander pardon de leur rebellion, combien qu'ils l'eussent auparavant excommunié, et declaré incapable d'estre leur roy. Comme de mesme qui ne veoit, et ne juge aysement au mauvais train que nous prenons, qu'il nous en faudra faire autant quoy qu'il tarde : et que nous y serons contraints en peu de temps, par la force de la necessité, qui n'a ny loy, ni respect, ni vergogne? Si je voyois icy des princes du sang de France, et des pairs de la couronne, qui sont les principaux personnages sans lesquels on ne peut assembler ny tenir de justes et legitimes Estats : si j'y voyois un connestable, un chancelier, des mareschaux de France, qui sont les vrais officiers pour authoriser l'assemblee : si j'y voyois les presidents des cours souveraines, les procureurs

---

[1] Ceci imité des réponses du juge Bridoye dans Rabelais, l. III, chap. XXXVIII.

generaux du roy en ses parlements, et nombre d'hommes de qualité, et de reputation, connuz des long temps, pour aymer le bien du peuple et leur honneur : ha! veritablement j'espererois que ceste congregation nous apporteroit beaucoup de fruict, et me fusse contenté de dire simplement la charge que j'ay du tiers estat, pour presenter l'interest que chascun a d'avoir la paix. Mais je ne veois icy que des estrangers passionnez, abboyants apres nous, et alterez de nostre sang et de nostre substance : je n'y veois que des femmes ambitieuses, et vindicatives[1], que des prestres corrompuz, et desbauchez, et pleins de folles esperances[2] : je n'y veois noblesse qui vaille, que trois ou quatre qui vous eschappent[3], qui s'en vont vous abandonner. Tout le reste n'est que racaille necessiteuse, qui ayme la guerre et le trouble, parcequ'ils vivent du bien du bon homme[4], et ne sçauroyent vivre du leur, ny entretenir leur train

---

[1] Les duchesses de Nemours, de Mayenne, de Guise et de Montpensier, la duchesse d'Aumale et grand nombre d'autres dames de qualité. (V. Mézeray, *Hist. de France*, in-fol., t. III, p. 788.)

[2] Rose, évêque de Senlis; Génébrard, créé archevêque d'Aix par la Ligue; Boucher, curé de Saint-Benoit; Cueilly, curé de Saint-Germain; François Péricart, évêque d'Avranches; Dadré, pénitencier de Rouen; Daradon, évêque de Vannes; le cardinal de Pelevé; Jérôme Hennequin, évêque de Soissons; d'Espinac, archevêque de Lyon; de Rastel, évêque de Riez; etc. — D'Aubigné (*Hist. univers.*, t. III, l. III, chap. XX) dit : « Il n'y eut guères que des prestres desbauchés qui se fussent fait députés aux États de la Ligue. » — V. de Thou, l. XCV, XCIX, CII.

[3] Vitry, qui avoit rendu Meaux au roi; La Châtre, qui avoit livré Orléans; et, dans la magistrature, Jean Le Maistre et Guillaume Du Vair, qui dès lors s'étoient retirés de la Ligue.

[4] Vivre sur le commun.

en temps de paix : tous les gentils-hommes de noble race et de valeur, sont de l'autre part, auprès de leur roy, et pour leur pays. J'aurois honte de porter la parole pour ce qui est icy du tiers estat, si je n'estoy bien advoué d'autres gens de bien qui ne se veulent mesler avec ceste canaille, venue piece à piece des provinces, comme cordeliers à un chapitre provincial. Que faict icy monsieur le legat, sinon pour empescher la liberté des suffrages, et encourager ceux qui luy ont promis de faire merveilles, pour les affaires de Rome, et d'Espagne ? Luy qui est Italien, et vassal d'un prince estranger, ne doit avoir icy ny rang, ny seance : ce sont icy les affaires des François qui les touchent de pres, et non celles d'Italie, et d'Espagne. D'ou luy viendroit ceste curiosité, sinon pour profiter à nostre dommage ? Et vous monsieur de Pelvé, vous faict il pas bon veoir en ceste compagnie, plaider la cause du roy d'Espagne, et les droits de Lorraine : vous, dy je, qui estes François, et que nous connoissons estre né en France, avoir neantmoins renoncé à vostre chresme, et vostre nation, pour servir à vos idoles de Lorraine, et aux demons meridionaux ? Vous deviez encore amener, et faire seoir icy sur les fleurs de lys [1], le duc de Feria, et Mendoze, et

---

[1] « D'Aubray dit en ce lieu que le duc de Feria et les agents
» d'Espagne n'eurent pas d'entrée dans les Estats, ce qu'il faut
» entendre d'une entrée ordinaire comme les deputez des pro-
» vinces; car le procez verbal des Estats porte, ce qui est veri-
» table, que le duc de Feria, Dom Diego d'Ybarra, et Mendoze,
» y furent receuz le 2 avril 1593, y firent les propositions de la
» part du roy d'Espagne, et presenterent aux Estats les lettres
» dudict roy. Feria harangua en latin, et le cardinal de Pelvé luy
» respondit de la part des Estats en latin, prié et conjuré d'ainsy
» le faire par Feria; aussy le procez verbal porte qu'il avoit der-

Dom Diego, pour prendre leurs advis comment la France se doit gouverner : car ils y ont interest, et avez tort, monsieur le lieutenant, que ne les y avez receuz, comme impudemment ils l'ont demandé. Mais leur presence seroit inutile, puis qu'ils ont icy leurs agents, et avocats, qui ont si dignement parlé pour eux : et puis vous n'oublierez rien à leur communiquer du resultat de nos deliberations. Mais je vous demanderay volontiers, monsieur le lieutenant, à quelle fin vous avez assemblé ces gens de bien icy : sont ce icy ces Estats generaux ou vous nous promettiez donner si bon ordre à nos affaires, et nous faire tous heureux ? Je ne m'esbahy pas, si avez tant reculé à vous y trouver [1], et tant dilayé : et tant faict troter de pauvres heres de deputez apres vous : car vous vous doubtiez bien qu'il s'y trouveroit quelque estourdy qui vous diroit vos veritez, et qui vous grateroit ou il ne vous demange pas : vous voulez tousjours filer vostre lieutenance, et continuer ceste

» rière luy un qui luy servoit de protocole, pour subvenir à sa » mémoire. Jean Baptiste Taxis et don Inigo de Mendoze furent » encore introduicts dans les Estats le 29 may. » ( Du Puy.)

[1] L'assemblée des États-Généraux avoit été ordonnée, par arrêt du Parlement, dès décembre 1589; mais on trouva long-temps moyen de retarder. Le Parlement, qui, au milieu des troubles, songeoit de plus en plus à s'emparer de la puissance législative, vit bientôt avec ombrage ces élections rivales. Les royalistes, de leur côté, ne vouloient pas qu'on pût mettre la couronne en question, et protestoient. D'autre part, les Politiques, craignant une collision et désirant un compromis, n'espéroient pas alors trouver dans une assemblée tumultueuse des garanties de modération et de paix. Mayenne aussi, qui n'étoit pas sûr d'être nommé roi et qui vouloit améliorer ses chances, reculoit toujours et trouvoit prétexte d'ajourner. Le duc finit pourtant par céder aux Espagnols, et les États s'ouvrirent le 26 janvier 1593.

puissance souveraine qu'avez usurpee, pour continuer la guerre, sans laquelle vous ne seriez pas si bien traitté ny si bien suyvy, et obey que vous estes : mais nous y voulons mettre fin, et en ce faisant mettre fin à nos miseres. On ne vous avoit conferé ceste belle et bien controuvee qualité de lieutenant de l'Estat, qui sent plus à la verité le style d'un clerc de palais, ou d'un pedant, que la gravité de la charge, sinon *ad tempus*, et jusques à ce qu'autrement par les Estats generaux y eut esté pourveu. Tellement qu'il est temps qu'en soyez demis et depossedé, et qu'advisions à prendre un autre gouvernement, et un autre gouverneur. C'est assez vescu en anarchie, et desordre : voulez vous que, pour vostre plaisir, et pour aggrandir vous et les vostres, contre droit et raison, nous demeurions à jamais miserables ? voulez vous achever de perdre ce peu qui reste ? jusques à quand serez vous substanté de nostre sang, et de nos entrailles ? quand serez vous saoul de nous manger, et de nous veoir entretuer, pour vous faire vivre à vostre ayse ? ne songez vous point qu'avez affaire aux François ? c'est à dire à une nation belliqueuse, qui est quelquefois facile à seduire, mais qui bien tost retourne à son devoir, et sur tout ayme ses roys naturels, et ne s'en peut passer ? vous serez tout estonné, que vous vous trouverez abandonné de toutes les bonnes villes, qui feront leur appointement [1] sans vous, vous verrez tantost l'un, tantost l'autre, de ceux que pensez vos plus familiers qui traiteront sans vous, et se retireront au port de sauveté [2] ; parce qu'ils vous ont cogneu mauvais pilote, qui n'avez sceu gouverner la navire dont aviez pris la

---

[1] Leur affaire.
[2] Salut.

charge, et l'avez eschouee bien loin du port : avez vous donc tant en horreur le nom de paix, que n'y vueillez point du tout entendre ? Ceux qui peuvent vaincre, encore la demandent-ils. Qu'ont donc servy tant de voyages, d'allees et de venues, qu'avez faict faire à monsieur de Villeroy, et à d'autres, soubs pretexte de parler d'accord, et d'acheminer les choses à quelque tranquillité ? Vous estes donc un pipeur, et abuseur, qui trompez vos amis, et vos ennemis : et contre le naturel de vostre nation, vous n'usez plus que d'artifice et de ruses pour nous tenir tousjours soubs vos pattes à vostre mercy : vous n'avez jamais voulu faire traitter des affaires publiques, par personnes publiques; mais à catimini* par petites gens façonnez de vostre main, et dependants de vous, à qui vous disiez le mot en l'aureille, tout resolu de ne rien faire de ce qui seroit accordé. Par ce moyen vous avez perdu la creance, et bienveillance du peuple, qui estoit le principal appuy de vostre authorité : et avez faict calomnier les procedures d'aucuns notables personnages qu'y avez employez par forme d'acquit, et pour octroyer quelque chose à ceux qui vous en supplioyent. Vous avez eu crainte d'offenser les estrangers qui vous assistent, lesquels toutesfois vous en savent peu de gré : car si vous sçaviez les langages qu'ils tiennent de vous, et en quels termes le roy d'Espagne escrit de vos façons de faire, je ne pense pas qu'eussiez le cœur si serf, et abject, pour le caresser et rechercher comme vous faictes. On a veu de leurs lettres surprises [2], et dechifrees, par lesquelles ils

---

[1] A la manière des chats.
[2] On en trouvera quelques-unes dans les *Mém. de la Ligue*, t. v, p. 44 et suiv.

vous nomment *puerco,* et quelquefois *bufalo* : et en
d'autres *locho porfiado* [1] : et generalement leur roy se
mocque de vous, et mande à ses agents de vous entretenir
de bayes [2] et belles paroles sans effect, et prendre garde
que ne preniez trop de pied, et d'authorité. Les royaux vos
adversaires croyent que vous ne demandez la treve que
pour attendre vos forces, et mieux dresser vostre partie à
Rome et en Espagne : et nous disons que c'est pour faire
durer la guerre [3], et mieux faire vos affaires particulieres :
cela estant, comment esperez vous, foible comme vous
estes, faire croire que vous nous voulez et pouvez sauver? Cela ne se peut, sinon par une negociation publique et authentique, qui justifie et authorise une
droite intention : c'est chose que pourriez faire soubs
le bon plaisir du pape, afin de rendre à Sa Saincteté le
respect que luy devez : pourroit elle trouver mauvais
que voulussiez entendre à la paix avec vos voisins, avec
vostre roy? car quand ne le voudriez recognoistre pour
tel, encore ne sçauriez vous nier qu'il ne soit prince
du sang de France, et roy de Navarre, qui a tousjours tenu plus grand rang que vous, et tousjours marché par dessuz vous, et tous vos aisnez. Au contraire
nous voulons croire que le sainct pere, imitant l'exem-

---

[1] *Puerco,* en espagnol, veut dire porc, *bufalo* buffle, *locho*
sot et lourdaud, et *porfiado* opiniâtre. Les Espagnols appeloient
Mayenne *puerco,* parce qu'il aimoit la table; *bufalo,* pour sa
grosse tête, et *locho,* parce qu'il vouloit finasser avec eux qui
se croyoient beaucoup plus fins que lui.

[2] Menteries.

[3] On intercepta des lettres de Mayenne dans lesquelles il
assuroit à Philippe II que les propositions de paix qu'il avoit
faites à Henri IV n'avoient eu pour but que d'amuser ce prince,
et de donner au roi d'Espagne le temps de secourir les ligueurs.

ple de ses predecesseurs, vous inviteroit à ce bon œuvre, s'il vous y voyoit enclin, pour esteindre le feu de la guerre civile qui consomme un si beau fleuron de la chrestienté, et ruyne la plus forte colonne qui appuye l'Eglise chrestienne, et l'authorité du sainct siege. Et ne s'arrestera point sur ce mot d'heretique : car le pape Jean second alla bien luy mesme trouver l'empereur de Constantinople, pour le prier de faire la paix avec les Ariens, heretiques, pires que ceux cy, et remettre toute la querelle en la main de Dieu, qui feroit ce que les hommes ne pouvoyent faire. Je croy, pour mon regard, monsieur le lieutenant, que quand vous prendrez ce chemin, sans fard et dissimulation, il ne peut estre que tres seur et utile au general de la France, et à vous, en vostre particulier, tres honorable et à vostre grande descharge, et contentement d'esprit : aussy que ce moyen est seul et unique, et ne vous en reste aucun autre pour arrester la cheute eminente de tout l'edifice [1] : je vous parle franchement de ceste façon, sans crainte de billet [2], ny de proscrip-

---

[1] Tout ce passage, tendant à persuader à Mayenne de rendre la paix à la France en reconnoissant Henri IV, se retrouve presque mot pour mot dans les *Mém. de la Ligue*, t. VI, p. 59, en une lettre de Villeroy au lieutenant-général.

[2] D'Aubray fut chassé de Paris au commencement de l'année 1594, pour avoir parlé trop librement. (V. de Thou, l. CVIII.) Mayenne lui écrivit alors la lettre suivante: « Monsieur d'Aubray, » je vous prie de croire que je n'ay jamais rien creu de vous que » ce que je dois croire d'un gentil-homme d'honneur, et qui » autant merite en ceste cause que nul autre, un chascun sçachant assez les devoirs que vous avez renduz en ceste ville » durant le siege, et depuis, en toutes les occasions qui se sont » presentees, et, en mon particulier, je le cognois, et confesseray » tousjours vous avoir de l'obligation. C'est pourquoy vous ne

tion : et ne m'espouvante pas des rodomontades espagnoles, ny des tristes grimaces des Seize, qui ne sont que coquins[1], que je ne daignay jamais saluer, pour le

» devez entrer en opinion que je voulusse seulement penser à
» chose qui vous doive importer à vostre reputation ny des
» vostres; vous conjurant que vous vueillez vous accommoder à
» la prière que je vous fais pour quelque temps d'aller prendre
» du repos chez vous, n'estant ce que je fay qu'au dessein que
» j'ay tousjours eu d'empescher la ruyne du public, en conser-
» vant la religion. Ceste lettre de ma main vous en fera foy, et
» du desir que j'auray tousjours de vous aymer et honorer comme
» mon pere, n'entendant pour cela pourvoir à vostre charge, ny
» faire chose qui vous doive offencer. Sur ce je prie Dieu, etc.
» Vostre plus affectionné et parfaict amy, Charles DE LORRAINE. »
Cayet, parlant de la lettre qu'on vient de lire, dit que d'Aubray, se voyant ainsi doucement contraint d'aller prendre du repos à sa maison de Brières-le-Château, eut soin, avant de quitter Paris, de faire enregistrer cette lettre au greffe de l'Hôtel-de-ville. « Les autres Politiques, continue-t-il, qui eurent aussy leurs
» billets, se retirèrent les uns à Sainct-Denys, et les autres en
» d'autres endroits. » (*Chronol. Novennaire*, l. IV, ann. 1593.)

[1] « En 1592, lorsque le roi étoit encore huguenot, la Ligue
» ayant eu le vent d'un dessein que les Politiques avoient formé
» d'introduire ce prince dans Paris, Rose, évêque de Senlis,
» proposa à d'Aubray, qu'on regardoit comme leur chef, une
» conférence entre les *Politiques* et les *Seize*, en vue de les
» réunir ensemble contre le roi. Rose ne reçut de d'Aubray
» d'autre réponse, sinon que, quand tous les Seize auroient été
» punis de leurs crimes, il aviseroit à ce qu'il auroit à faire. On
» fit pourtant enfin ensorte envers les autres colonels Politiques,
» que les deux partis s'assemblèrent en un logis proche la maison
» du sieur L'huillier; mais ce fut bien-là que d'Aubray témoigna
» sa terrible opinion sur les Seize, et l'aversion qu'il avoit pour
» eux. Après leur avoir fait mille reproches sanglants, il les
» traita de *gens sans aveu, desavouez et diffamez pour avoir*
» *faict mourir le president Brisson;* de gens enfin qui, *par les*

peu de compte que je fais d'eux : je suis amy de ma patrie, comme bon bourgeois et citoyen de Paris[1] : je suis jaloux de la conservation de ma religion, et suis en ce que je puis serviteur de vous, et de vostre maison. Enfin chascun est las de la guerre, en laquelle nous voyons bien qu'il n'est plus question de nostre religion, mais de nostre servitude, et auquel d'entre vous les carcasses de nos os demeureront. Ne pensez pas trouver à l'advenir tant de gens comme avez faict, qui vueillent se perdre de gayeté de cœur, et espouser un desespoir pour le reste de leur vie, et pour leur posterité. Nous voyons bien que vous mesme estes aux filets du roy d'Espagne, et n'en sortirez jamais que miserable et perdu : vous avez faict comme le cheval, qui pour se deffendre du cerf, lequel il sentoit plus viste et vigoureux que luy, appella l'homme à son se-

---

» *lettres d'abolition du duc de Mayenne, n'osoyent mesme*
» *plus se nommer* les Seize, *ce nom dénotant une faction que*
» *le duc de Mayenne avoit jugé nécessaire d'abolir comme*
» *ennemie du public, et particulièrement des gens de bien.*
» (V. Palma Cayet, Chron. Novenn., année 1593.) Ce n'est donc
» pas sans sujet qu'on introduit ici d'Aubray traitant les Seize
» de *coquins*. Mais tout cela n'est encore rien au prix de ce qu'on
» voit dans le *Dialogue du Maheutre et du Manant*. C'est là
» que le même d'Aubray, non content de dire qu'il seroit au
» comble de ses vœux quand il verroit un jour son curé pendu
» avec un Seize à une même potence, poussoit encore le furieux
» La Rue, ce ligueur inconstant, à s'employer avec tous ses
» semblables à courir sus aux prédicateurs de la Ligue, et aux
» Seize, se faisant fort qu'il empêcheroit bien que La Rue ni ses
» compagnons n'en fussent recherchez. » (Le Duchat.)

[1] D'Aubray oublie ici que les charges de prévôt des marchands et de secrétaire du roi, qu'il avoit exercées, conféroient la noblesse.

cours¹ : mais l'homme luy mit un mords en la bouche, le sella, et equipa, puis monta dessuz avec bons esperons, et le mena à la chasse du cerf, et par tout ailleurs, ou bon luy sembla, sans vouloir descendre de dessuz, ny luy oster la bride et la selle : et par ce moyen le rendit souple à la houssine, et à l'esperon, pour s'en servir à toute besongne, à la charge et à la charrue, comme le roy d'Espagne faict de vous : et ne doutez pas, si par vostre moyen il s'estoit faict maistre du royaume, qu'il ne se deffist bientost de vous, par poison, par calomnies, ou autrement. Car c'est la façon, dont il use, et dont il dict communement qu'il faut recompenser ceux qui trahissent leur prince, et leur pays : tesmoins ceux qui luy livrerent meschamment le royaume de Portugal : lesquels luy venants demander la recompense qu'il leur avoit promise devant qu'il en fust en possession, il les renvoya à son Conseil, qu'il appelle *de la conscience*², ou il leur fut

---

¹ V. Phèdre, l. IV, f. 4. — C'est une allusion à la pesanteur de Mayenne et à la prestesse de Henri IV que de Thou (l. XCIX) a reproduite presque dans les mêmes termes.

² Après la conquête du Portugal (V. de Thou, l. LXXIII), Philippe II, accablé de pétitions de la part de ceux qui venoient de trahir leur patrie, accorda quelques gratifications aux plus exigeants. Mais, comme les réclamations augmentoient tous les jours, il créa un conseil dit *La table de conscience*, qui rendit un arrêt portant: « que si le royaume de Portugal appartenoit de
» droit au roi d'Espagne, il ne tenoit rien par le bénéfice de ces im-
» portuns, et par conséquent ne leur devoit aucune récompense;
» que si, au contraire, il n'y avoit aucun droit, ils avoient été
» des traîtres et des déloyaux à leur roi légitime, et partant se-
» roient-ils plus que récompensés si on leur laissoit la vie, que,
» par leur trahison et déloyauté, ils méritoient de perdre hon-
» teusement. » (V. *Mém. de la Ligue*, t. VI, p. 117 ; — Cf. d'Aubigné, *Hist. univ.*, t. II, l. V, chap. XXI.)

respondu, que s'ils avoyent remis le Portugal entre les mains du roy d'Espagne, comme luy appartenant, ils n'avoyent faict que ce que devoyent faire de bons et loyaux subjects, et en auroyent leur retribution, et salaire au ciel : mais s'ils l'avoyent livré, croyants qu'il ne luy appartinst point, pour l'oster à leur maistre, ils meritoyent d'estre penduz comme traistres : voylà le salaire qui vous attendroit, apres que vous nous auriez livrez à telles gens, ce que ne sommes pas deliberez de souffrir. Nous sçavons trop bien que les Espagnols et Castillans et Bourguignons sont nos anciens et mortels ennemis, qui demandent de deux choses l'une : ou de nous subjuguer, et rendre esclaves s'ils peuvent, pour joindre l'Espagne, la France et les Pays-Bas tout en un tenant : ou s'ils ne peuvent, comme à la vérité les plus advisez d'entre eux ne s'y attendent pas, pour le moins nous affoiblir, et mettre si bas, que jamais, ou de long-temps, nous ne puissions nous relever, et rebequer[1] contre eux : car le roy d'Espagne qui est un vieil renard, sçait bien le tort qu'il nous tient, usurpant contre toute justice les royaumes de Naples, et Navarre, et la duché de Milan, et la comté de Roussillon qui nous appartiennent : il cognoist le naturel du François, qui ne sçauroit long-temps demeurer en paix, sans attaquer ses voisins. Dequoy les Flamands ont faict un proverbe, qui dict que quand le François dort, le diable le berce : d'ailleurs, il veoit ses Estats separez, et quasy tous usurpez par violence, contre le gré des habitants qui luy sont mal affectionnez. Il se veoit vieil et caduc, et son fils aisné peu vigoureux et mal sain, et le reste

---

[1] Répliquer.

de sa famille estre en deux filles, l'une desquelles il a mariee avec le prince le plus ambitieux[1], et necessiteux de l'Europe : l'autre[2] qui cherche party, et ne peut faillir d'en trouver un grand. Si apres sa mort, qui ne peut plus guere tarder, selon le cours de nature, ses Estats se partagent, et que l'un de ses gendres attaque son fils, il sçait que les François ne dormiront pas, et reveilleront leurs vieilles pretensions. Fait il pas donc en prince prudent et prevoyant de nous affoiblir par nous mesmes, et nous mettre si au bas que ne luy puissions nuire, voire apres sa mort? Aussy avez vous veu comment il s'est comporté aux secours qu'il nous a envoyez, la plus-part en papier, et en esperance : dont l'attente nous a causé plus de mal que la venue ne nous a faict de bien? ses doublons, et ses hommes ne sont venuz sinon apres avoir long-temps tiré la langue, et que n'en pouvions plus, combien qu'il eust peu nous secourir beaucoup plus tost : il ne nous engraisse pas pour nous vendre, comme les bouchers font leurs pourceaux ; mais de peur que ne mourions trop tost, nous voulant reserver à plus grande ruyne, il prolonge nostre languissante vie d'un peu de panade, qu'il nous donne à leche-doigts, comme les geoliers nourrissent les criminels pour les reserver à l'execution du supplice. Que sont devenuz tant de millions de doublons[3] qu'il se vante avoir despensez pour sauver nostre Estat? nous n'en voyons point parmy le peuple, la plus-part sont entre les mains de nos adversaires, ou entre

---

[1] Le duc de Savoie.

[2] L'infante Isabelle.

[3] Philippe II avouoit à son fils avant de mourir que les guerres civiles de France et celles des Pays-Bas lui avoient coûté, presque à elles seules, plus de 594 millions de ducats.

les vostres, messieurs les princes, gouverneurs, capitaines, et predicateurs, qui les tenez bien enfermez en vos coffres : il n'a resté au peuple que des doubles rouges[1], auxquels nous avons employé toutes nos chaudieres, chaudrons, coquemarts, poisles, chenets, et cuvettes, et y employerons nostre artillerie, et nos cloches, si nostre necessité dure encore peu de temps; les doublons et les quadruples de fin or du Perou sont esvanouis, et ne se voyent plus. C'est sur quoy un poete de nostre temps a faict un quatrain fort gentil :

> Par toy superbe Espagne, et l'or de tes doublons,
> Toute la pauvre France insensez nous troublons :
> Et de tous tes doublons qui causent tant de troubles,
> Il ne nous reste rien à la fin que des doubles.

Sur ce mesme sujet, un autre honneste homme n'a pas mal rencontré, quand il a dict :

> Les François simples paravant,
> Sont par doublons devenuz doubles :
> Et les doublons tournez en vent,
> Ou bien en cuivre et rouges doubles.

De nous persuader meshuy que ce qu'en faict ce bon prince n'est que pour la conservation de la religion catholique, et rien plus, cela ne se peut : nous sçavons trop quelle est son intention par ses agents, et par ses

---

[1] Pendant le siége de Paris, Mendoza, ambassadeur d'Espagne, fit frapper une grande quantité de demi-sous aux armes de Philippe II; il les faisoit jeter à poignées dans les carrefours, et le peuple alors crioit : *Vive le roi d'Espagne!* — Quant à l'argent même envoyé par Philippe II, au lieu d'être employé à la guerre, il restoit pour la plus grande partie entre les mains de Mayenne, des prédicateurs et des agents avides de la Ligue. (V. *Mém. de la Ligue*, t. IV, p. 328.)

memoires : nous sçavons comment il a vescu, et traité cy-devant avec les huguenots des Pays-Bas [1]. Les articles de leurs accords sont imprimez et publiez de son authorité, par lesquels il leur permet l'exercice de leur religion : et, s'il ne tenoit qu'à cela, il y a long-temps qu'il en a offert autant au duc Maurice, et à messieurs les Estats, pour avoir paix avec eux : il ne voudroit pas faire pis que son pere, que nous avons appris avoir accordé aux protestants d'Allemagne, et aux lutheriens, ce qu'ils ont voulu, pourveu qu'ils le recogneussent pour prince, et luy payassent ses droicts : s'il aymè tant la religion catholique, et hait ceux qui n'en sont point, comment peut il endurer les Juifs, et les Marranes en ses pays? Comment se peut il accorder avec les Turcs, et les Mahumetans d'Affrique, desquels il achette la paix bien cherement? Il ne faut plus que ses espions les jesuites Scopetins [2] nous viennent vendre ces coquilles de Sainct-Jacques, le jeu est trop descouvert. Le duc de Feria a faict veoir ses memoires

---

[1] « L'an 1576, dit du Plessis-Mornay, Philippe II racheta la » paix avec ses sujets de Hollande et de Zélande aux dépens de » ses dévotions, consentant, par un article exprès, que la reli- » gion catholique n'y seroit point rétablie, même que les biens » du clergé demeureroient bien et sûrement vendus. En 1588, » continue-t-il, ce prince offroit aux villes d'Anvers, de Gand et » d'Utrecht, par le duc de Tierra-Nueva, l'exercice public de leur » religion. »

[2] Les jésuites de Trèves furént accusés d'avoir encouragé Balthazar Gérard, qui, en 1583, tua d'un coup de pistolet Guillaume de Nassau, prince d'Orange. On sait que Philippe II avoit publié un manifeste dans lequel il offroit l'anoblissement, 20 mille écus et le pardon de toute espèce de crime à l'assassin du prince d'Orange. On trouvera cette curieuse proclamation dans Watson's *Hist. of Philip the II*, London, 1778, in-4°, t. II, pièces justific.

18.

par degrez, et piece à piece : comme s'il avoit apporté d'Affrique, fertile en poisons, et venins, par le commandement de son maistre, une bouete pleine de diverses drogues de diverses qualitez. L'une qui tue tost, l'autre qui tue tard, l'autre plus prompte en esté, l'autre qui faict mieux son operation en hyver, pour s'en servir en nostre endroit selon les occasions et occurrences : ayant de nous en donner d'une, s'il nous trouve disposez en telle humeur, et d'une autre s'il nous trouve autrement. Devant que nous eussions faict entendre que voulions entretenir la loy Salique [1], loy qui depuis huict cents ans a maintenu le royaume de France en sa force et virilité, on nous parloit des rares vertuz de ceste divine Infante, pour la faire eslire heritiere de la couronne [2] : quand ils ont veu qu'on vouloit garder l'ancienne coustume des masles, on nous a offert de la donner à un prince qu'eslirions roy : et là dessuz les brigues estoyent pour l'Archiduc Arnest, à qui elle est destinee femme : puis quand ils se sont apperceuz que

---

[1] Le 28 juin 1593, le Parlement rendit un arrêt solennel par lequel il maintenoit la loi salique, et déclaroit que la couronne de France ne pouvoit appartenir qu'à un prince françois.

[2] La première proposition des Espagnols d'élire pour reine de France l'infante Isabelle, fille de Philippe II, fut faite à La Fère, au commencement de 1592. Aux États de 1593, le duc de Feria, envoyé de S. M. Catholique, proposa formellement le choix de cette princesse. Mais la maladresse des agents espagnols, qui avoient sottement annoncé l'intention de marier l'infante à l'archiduc Ernest, ruina les prétentions de Philippe II. L'arrêt du Parlement étant survenu, Feria dut se borner à proposer le mariage de l'infante avec le jeune duc de Guise. Ce projet suprême, violemment soutenu par les prédicateurs et les suppôts les plus acharnés de la Ligue, vint également échouer contre le bon sens public et contre le sentiment national.

cest Arnest n'estoit point harnois¹ qui nous fust duisant, ils ont parlé d'un prince de France, à qui on marieroit l'infante, et les feroit on roys de France *in solidum :* et pour tout cela, se sont trouvez memoires et mandats à propos, signez de la main propre de *Yo el rey :* à quoy monsieur le legat servoit de courratier, pour faire valoir la marchandise. Car il n'est icy venu à autre fin : comme n'estant cardinal que par la faveur du roy d'Espagne ², avec protestation de ruyner la France, ou la faire tomber en pieces entre les mains de ceux qui l'ont faict ce qu'il est, et sçavons qu'il a un bref special ³ pour assister à l'election d'un roy de France. Ha! monsieur le legat, vous estes descouvert, le voile est levé, il n'y a plus de charmes qui nous empeschent de veoir clair ; nostre necessité nous a osté la taye des yeux, comme vostre ambition la met aux vostres, vous voyez assez clair en nostre ruyne, mais vous ne voyez goute en vostre devoir de pasteur de l'Eglise, vous venez icy pour tirer la laine d'un troupeau et pour luy oster ses gras pastis, et ses herbages : vostre interest particulier vous aveugle, trouvez bon que nous regardions au nostre. L'interest de vos mais-

---

¹ Le peuple prononçoit *Arnest* pour *Ernest*, et les courtisans *harnès* pour *harnois :* de là l'équivoque.

² L'évêque de Plaisance fut fait cardinal en 1591, par Innocent IX, à la recommandation de Philippe II et du duc de Parme, qui le savoient fort opposé d'inclination aux intérêts de la France. (V. de Thou, l. cii.)

³ Il parut un prétendu bref de Clément VIII au cardinal de Plaisance, par lequel il lui étoit permis d'assister aux États, et d'autoriser l'élection qui s'y feroit d'un roi catholique. Ce bref étoit daté du 15 avril 1592. (V. de Thou, l. cii.) Le parlement de Châlons appela comme d'abus, et le légat répondit par un factum. (V. les *Mém. de la Ligue,* t. v, p. 188 et 312.)

tres, qui vous mettent en besongne, comme un journalier à la tasche de la demolition d'une maison, est de s'agrandir de nos pieces, et tenir en repos leurs seigneuries : le nostre est de nous mettre à couvert, et d'accorder nos differents, en ostant les folles vanitez que nous avez mises en la teste, et faisant la paix : nous voulons sortir à quelque prix que ce soit, de ce mortel labyrinthe : vous ne nous ferez pas precipiter du pinacle du temple. Il n'y a ny paradis [1] bien tapissez et dorez, ny processions, ny confrairies, ny quarantaines, ny predications ordinaires, ou extraordinaires, qui nous donnent à manger [2]. Les pardons, stations, indulgences, brefs et bulles de Rome, sont toutes viandes creuses, qui ne rassasient que les cerveaux eventez. Il n'y a ny rodomontade d'Espagne, ny bravacherie napolitaine, ny mutinerie walonne, ny fort d'Anthonia, ny du Temple, ou citadelle, dont on nous menace, qui nous puisse empescher de desirer, et demander la paix. Nous n'aurons plus peur que nos femmes et nos filles soient violees ou desbauchees par les gens de guerre, et celles que la necessité a detournees de l'honneur se remettront au droit chemin. Nous n'aurons plus ces sangsues d'exacteurs, et maletostiers ; on ostera ces lourds imposts qu'on a inventé à l'Hostel de ville sur les meubles et marchandises libres, et sur les vivres qui entrent aux bonnes villes, ou il se commet mil abuz et concussions, dont le profict ne revient pas au public, mais à ceux qui manient les deniers, et s'en donnent par les joues. Nous n'aurons plus ces chenilles, qui succent et ron-

---

[1] Autels ou *reposoirs* où se font les stations du Saint-Sacrement dans les processions.

[2] On lit dans les premières éditions : *qui nous donnent rien à manger*.

gent les belles fleurs des jardins de la France, et s'en peignent de diverses couleurs, et, en un moment, de petits vers [1] rampants contre terre deviennent grands papillons volants [2], peinturez d'or et d'azur; on retranchera le nombre effrené des financiers, qui font leur propre des tailles du peuple, s'accommodent du plus net et plus clair denier, et du reste taillent et cousent à leur volonté, pour en distribuer seulement à ceux de qui ils esperent recevoir une pareille; et inventent mille termes elegants pour remonstrer la necessité des affaires, et pour refuser de faire courtoisie à un homme d'honneur. Nous n'aurons plus tant de gouverneurs qui font les roytelets, et se vantent d'estre assez riches, quand ils ont une toise de riviere à leur commandement; nous serons exempts de leurs tyrannies et exactions, et ne serons plus sujets aux gardes et sentinelles [3], ou nous perdons la moitié de nostre temps, consommons nostre meilleur aage, et acquerrons des catarres et maladies qui ruynent nostre santé. Nous aurons un roy qui donnera ordre à tout, et retiendra tous ces tyranneaux en crainte et en devoir; qui chastiera les violents, punira les refractaires, exterminera les voleurs et pillards, retranchera les aisles aux ambitieux, fera rendre gorge à ces esponges et larrons des deniers publics, fera contenir un chacun aux limites de sa charge, et conserver tout le monde en repos et tranquillité. Enfin nous voulons un roy pour avoir la paix; mais nous ne

[1] *Alias :* « vermis. »
[2] Équivoque.
[3] Tout habitant de Paris étoit tenu au service de guerre. Chacun des seize quartiers fournissoit journellement douze cents hommes armés pour garder les murailles, les places publiques et faire le blocus de Vincennes. (V. de Thou, l. xcv.)

voulons pas faire comme les grenouilles qui, s'ennuyants de leur roy paisible, esleurent la cigogne qui les devora toutes; nous demandons un roy et chef naturel, non artificiel; un roy desja faict et non à faire, et n'en voulons point prendre le conseil des Espagnols, nos ennemis inveterez, qui veulent estre nos tuteurs par force, et nous apprendre à croire en Dieu, et en la foy chrestienne, en laquelle ils ne sont baptisez, et ne la cognoissent que depuis trois jours[1]. Nous ne voulons pour conseillers et medecins ceux de Lorraine, qui de long-temps beent apres nostre mort. Le roy que nous demandons est desja faict par la nature, né au vray parterre des fleurs de lis de France, jetton droit, et verdoyant du tige de Sainct-Loys. Ceux qui parlent d'en faire un autre se trompent, et ne sçauroyent en venir à bout; on peut faire des sceptres et des couronnes, mais non pas des roys pour les porter; on peut faire une maison, mais non pas un arbre ou un rameau verd; il faut que la nature le produise par espace de temps, du suc et de la moelle de la terre, qui entretient le tige en sa seve et vigueur. On peut faire une jambe de bois, un bras de fer et un nez d'argent, mais non pas une teste; aussy pouvons nous faire des mareschaux à la douzaine, des pairs, des admiraux, et des secretaires et conseillers d'Estat, mais de roy point, il faut que celuy seul naisse de luy mesme, pour avoir vie et valeur. Le borgne Boucher, pedant des plus meschants et scelerez, vous confessera que son œil, esmaillé d'or d'Es-

---

[1] « Gens infidelis, majorem partem Marana et quæ nescire Deum inter vulgaria peccata existimat, » disent les bons François dans leur Réponse à la harangue de Mendoza. (V. de Thou, l. cvi.)

pagne¹, ne veoit rien ; aussy un roy electif et artificiel ne nous sçauroit jamais veoir, et seroit non seulement aveugle en nos affaires, mais sourd, insensible, et immobile en nos plaintes. C'est pourquoy nous ne voulons ouïr parler ny d'infante d'Espagne, que nous laissons à son pere², ny d'archiduc Arnest, que nous recommandons aux Turcs³, et au duc Maurice ; ny du duc de Lorraine ou de son fils aisné, que nous lairrons manier au duc de Bouillon et à ceux de Strasbourg⁴, ny du duc de Savoye, que nous abandonnons au sieur de Desdiguieres, qui ne luy ayde gueres⁵ ; celuy-là se doit

---

¹ Il avoit un œil de verre, et Henri IV l'appeloit : « Boucher, nostre maistre le borgne. » (Lestoile, *Journ. de Henri IV*, éd. Champollion, p. 169 B.) Quant à la vénalité de ce prédicateur, elle est parfaitement établie. Ybarra, dans une dépêche à Philippe II, qualifie Boucher de « seguro en el servicio de Sa Majestad. » (Arch. du royaume, H 1413 ; papiers de Simancas, B 78, pièce 234.) En toute occasion, le curé de Saint-Benoit ne manquoit pas de se faire *appointer* et d'obtenir une augmentation de pension. (V. *Journ. de Henri IV*, p. 157 à 159.)

² Le bruit couroit de certaines privautés entre le père et la fille.

³ Les Turcs sont grands amateurs de *harnois* ou de *harnès*. (Note de l'éd. de M. Nodier.)

⁴ En 1592, le chapitre de la cathédrale de Strasbourg, composé de catholiques et de protestants, se divisa pour l'élection d'un évêque. Les protestants choisirent Georges de Brandebourg, neveu de l'Électeur, et les catholiques le cardinal Charles de Lorraine. Comme les partisans de la Réforme triomphèrent, le duc de Lorraine intervint par les armes en faveur de son fils ; mais il fut battu, et forcé de faire la paix, en 1594, avec la république de Strasbourg. En 1604 pourtant, le compétiteur du cardinal se désista moyennant 400,000 écus. (V. de Thou, l. CIV, CVIII, CXXXI.)

⁵ Équivoque sur Lesdiguières.

contenter de nous avoir soubstrait le marquisat de Saluces par fraude et trahison, en danger de le rendre bientost au double, si nous avons un peu de temp$^S$ pour prendre haleine. Cependant il aura ce plaisir de se dire roy de Chypre [1], et tirer son antiquité de Saxe; mais la France n'est pas un morceau pour sa bouche, quelque bipedale qu'elle soit, non plus que Geneve, Genes, Final, Monaco; et les Figons, qui luy ont tousjours faict la figue [2]; au demourant il fera bonne bosse [3] avec la dedaigneuse altesse de son infante [4],

[1] Il s'agit ici de Charles-Emmanuel I$^{er}$, duc de Savoie, né en 1562. L'ambition de ce prince, favorisée par les guerres civiles de France, le porta à s'emparer du marquisat de Saluces, pendant les États de Blois, en 1588. Il crut encore arracher le comté de Provence en 1590, et, pendant le fort de la Ligue, il ne cessa d'aspirer à la couronne de France, sous prétexte qu'il avoit épousé Catherine-Michele d'Autriche, l'une des filles de Philippe II, roi d'Espagne, et d'Élisabeth de France, fille de Henri II. (V. d'Aubigné, *Hist. univ.*, t. III, l. I, ch. XXIV.) Il prétendit même à l'empire d'Allemagne, à la conquête de Chypre et à celle de la Macédoine; mais à tout cela il ne gagna que le marquisat de Saluces, que Henri IV voulut bien échanger contre la Bresse. — Le prédicateur italien Panigarolle, venu à Paris pendant la Ligue, sembloit y soùtenir les intérêts de Charles-Emmanuel. Il adressa même à ce prince trois notices remarquables sur l'état des partis en France et sur les chances des prétendants. (V. *Mém. d'Estat recueillis de divers mss., ensuite de M. de Villeroy*, Paris, Thiboust, 1623, in-8°, p. 609 à 628.)

[2] Surnom injurieux qu'on disoit avoir été donné aux Milanois, parce que l'empereur Frédéric auroit, en 1162, forcé chacun d'eux à retirer avec les dents une figue enfoncée sous la queue de la mule sur laquelle ils avoient chassé l'impératrice. De là *far la fica*. (V. Krantzias, *Antiq. de Saxe*, l. VI.)

[3] C'est-à-dire il fera le *gros dos*, le glorieux; le duc de Savoie étoit laid et bossu.

[4] Elle étoit ambitieuse, et, fille d'un roi, elle eût sans doute

qui servira plus à le ruyner de despense, et de faste sompteux, qu'à l'agrandir. Quant au duc de Nemours, pour qui le baron de Teneçay[1] a des memoires par lesquels il le veut rendre preferable au duc de Guyse, nous luy conseillons, pour le bien qu'il nous a faict, de nous avoir aguerris, faicts vaillants à bonnes enseignes, s'il est bien là, qu'il s'y tienne, et se garde de la beste. Je ne diray rien du duc de Guyse, monsieur le lieutenant parlera pour luy, et le recommandera à sa sœur[2]; tant y a que tous ces brigands ou brigueurs de la royauté, ne sont ny propres, ny suffisants, ny à nostre goust pour nous commander. Aussy que nous voulons observer nos loix et coustumes anciennes, nous ne voulons point en tout de roy electif, ny par sort, comme les zelateurs de Jerusalem, qui esleurent pour sacrificateur un villageois nommé Phanias, contre les bonnes mœurs, et contre l'ancienne loy de Judee. En un mot, nous voulons que monsieur le lieutenant sçache que nous recognoissons pour nostre vray roy legitime, naturel, et souverain seigneur, Henry de Bourbon, cy-devant roy de Navarre; c'est luy seul par mille bonnes raisons que nous recognoissons estre capable de soubstenir l'Estat de France,

---

été désireuse du titre d'*altesse royale*. Peut-être en vouloit-elle à son mari de ne la point faire reine. (V. *Mém. de la Ligue*, t. III, p. 34.)

[1] Ou mieux Ténissé; il servoit d'intermédiaire entre Nemours et Mayenne au sujet de leurs prétentions au trône. Les mémoires qu'il étoit chargé de porter à Mayenne, en Bourgogne, furent surpris, envoyés au roi et imprimés.

[2] La duchesse de Montpensier intriguoit pour l'élection de son neveu, le duc de Guise, pour lequel elle montroit une passion particulière qui n'est pas restée sans soupçons. (V. de Thou l. CVII.)

et la grandeur de la réputation des François, luy seul qui peut nous relever de nostre cheute, qui peut remettre la couronne en sa premiere splendeur, et nous donner la paix. C'est luy seul et non autre qui peut, comme un Hercules naturel, né en Gaule, deffaire ces monstres hideux, qui rendent toute la France horrible et espouvantable à ses propres enfants ; c'est luy seul et non autre qui exterminera ces petits demy-roys de Bretaigne, de Languedoc, de Provence, de Lyonnois, de Bourgongne, et de Champagne[1] ; qui dissipera ces ducs de Normandie, de Berry et Solongne, de Rheims, et de Soissons[2] ; tous ces fantosmes s'esvanouiront au lustre de sa présence, quand il se sera sis au throsne de ses majeurs, et en son lict de justice qui l'attend en son palais royal. Vous n'avez rien, messieurs, vous n'avez rien à present, monsieur le lieutenant, que luy puissiez objecter. Le pretexte de l'oncle au nepveu vous est osté par la mort de monsieur le cardinal son oncle. Je ne veux parler de luy ny par flaterie, ny en mesdisance : l'un sent l'esclave, l'autre tient du seditieux ; mais je puis dire avec verité comme vous mesme, tous ceux qui hantent le monde ne nieront pas que de tous les princes que la France nous monstre marquez à la fleur de lis, et qui touchent à la couronne, voire de ceux qui desirent en approcher, il n'y en a point qui

---

[1] Les gouverneurs de ces provinces, Montmorency et Joyeuse en Languedoc, d'Aumale en Picardie, d'Épernon en Provence, Nemours dans le Lyonnois, Mercœur en Bretagne, le jeune Guise en Champagne, le duc d'Elbœuf en Poitou, et plus tard Mayenne en Bretagne, rêvèrent le fédéralisme et firent les petits rois.

[2] Antoine, dit Saint-Paul, faisoit le tyran à Reims ; la Sologne et le Berry étoient tenus par La Châtre ; Soissons subissoit l'autorité de Mayenne.

merite tant que luy, ny qui ait tant de vertuz royales, ny tant d'avantages sur le commun des hommes. Je ne veux pas dire les deffauts des autres, mais s'ils estoyent tous proposez sur le tableau de l'election il se trouveroit de beaucoup le plus capable, et le plus digne d'estre esleu. Une chose luy manque que je diroy bien à l'oreille de quelqu'un, si je vouloy : je ne veux pas dire la religion differente de la nostre que luy reprochez tant. Car nous sçavons de bonne part que Dieu luy a touché le cœur, et veut estre enseigné, et desja s'accommode à l'instruction : mesme a fait porter parole au sainct pere de sa prochaine conversion : dequoy je fay estat, comme si je l'avois desja veue, tant il s'est toujours monstré respectueux en ses promesses, et religieux gardien de ses paroles : mais quand ainsy seroit qu'il persisteroit en son opinion, pour cela le faudroit il priver de son droit légitime de succession à la couronne? Quelles loix, quel chapitre, quel evangile nous enseigne de deposseder les hommes de leurs biens, et les roys de leurs royaumes pour la diversité de religion? L'excommunication ne s'estend que sur les ames, et non sur les corps, et les fortunes. Innocent troisiesme exaltant le plus superbement[1] qu'il peut sa puissance papale, dit que comme Dieu a faict deux grands luminaires au ciel, sçavoir est le soleil pour le jour, et la lune pour la nuict : ainsy en a il faict deux en l'église, l'un pour les ames, qui est le pape, qu'il accompare au soleil, et l'autre pour les corps, qui est le roy : ce sont les corps qui jouissent des biens, et non pas les ames : l'excómmunication donc ne les peut oster; car elle n'est qu'un médicament pour l'ame, pour la guârir, et ra-

---

[1] *Alias :* « hautement. »

mener à sa santé, et non pas pour la tuer : elle n'est pas pour damner, mais pour faire peur de damnation. Aucuns disent qu'on en auroit point de peur si on n'ostoit quelque commodité sensible de la vie, comme les biens, et la conversation avec les hommes : mais si cela avoit lieu, il faudroit en excommuniant un yvrongne luy deffendre le vin, et aux paillards leur oster leurs femmes, et aux ladres leur deffendre de se galer. Sainct-Paul aux Corinthiens deffend de boire et manger avec les fornicateurs, mesdisants, yvrongnes, larrons [1] : mais il ne dict pas qu'il leur faille oster leurs biens, pour leur faire peur, et les faire retirer de leurs vices. Je demanderoy volontiers, quand on auroit osté le royaume et la couronne à un roy pour estre excommunié, ou neretique, encore faudroit il en eslire, et en mettre un autre en sa place : car il ne seroit pas raisonnable que le peuple demeurast sans roy, comme vous autres messieurs y voulez dignement pourvoir ; mais s'il advenoit par après que ce roy excommunié et destitué de ses Estats, revinst à resipiscence, se convertist à la vraye foy, et obtinst son absolution du mesme pape, ou d'un autre subsequent, comme ils sont assez coustumiers de revoquer et deffaire ce que leur predecesseur a faict, comme est ce que ce pauvre roy depouillé rentreroit en son royaume ? Ceux qui en seroyent saisis, et trienaux possesseurs à juste tiltre, s'en voudroyent ils demettre, et luy quitter les places fortes, et les tresors, et les armees ? Ce sont comptes de vieilles : il n'y a ny raison, ny apparence de raison en tout cela. Il y a long-temps que l'axiome est arresté, que les papes n'ont aucun pouvoir de juger des royaumes temporels. Et y a long-

---

[1] Ep. I, chap. v, vers. 11.

temps que Sainct-Bernard a dict : *Stetisse quidem judicandos apostolos lego, sedisse judicantes numquam lego;* les apostres ont souvent comparu tout debout devant les juges pour estre jugez : mais jamais ne se sont sis en chaire pour juger. Aussy sçavons nous bien que beaucoup d'empereurs arriens venants à l'empire par succession, ou par adoption, n'ont pas esté rejettez ny repoussez de leurs peuples et subjects orthodoxes : ains ont esté receus et admis en l'authorité imperiale sans tumulte ny sedition : et les chrestiens ont tousjours eu ceste maxime, comme une marque perpetuelle de leur religion, d'obeir aux roys et empereurs, tels qu'il plaisoit à Dieu leur donner, fussent ils arriens, ou payens : se formants à l'exemple de Jesus Christ, qui voulut obeir aux loix de l'empereur Tibere, imitants Sainct-Paul, et Sainct-Pierre qui obeirent à Neron, et par exprez ont commandé en leurs epistres d'obeir aux roys et princes, parce que toute puissance souveraine est de Dieu, et represente l'image de Dieu. C'est bien loin de nos mutins qui les chassent et les massacrent : et de vous monsieur le légat qui voulez en faire perdre la race : vrayement si nous n'avions plus du sang de ceste noble famille royale, ou que nous fussions un royaume d'election, comme en Polongne, ou en Hongrie, je ne dy pas qu'il n'y fallust entendre : mais ayants de temps immemorial ceste louable loy, qui est la premiere et la plus ancienne loy de nature, que le fils succede au pere, et les plus proches parents en degré de consanguinité à leurs plus proches de la mesme ligne et famille : et ayants un si brave et genereux prince en ce degré, sans controverse ny dispute, qu'il ne soit le vray, naturel et legitime heritier, et plus habile à succeder à la couronne. Il n'y a plus lieu d'election, et faut accepter avec joye et allegresse ce grand roy que Dieu nous envoye, qui n'a que faire de nostre ayde pour l'estre et qu'il l'est desja sans nous, et le sera encore malgré nous si nous l'en voulons empescher. Or me suis je destourné de mon propos pour dire quelque chose sur ce qu'on luy objecte de la religion, mais ce n'est pas ce que je vouloy dire qui luy manque, et qui retarde beaucoup l'avancement de ses affaires : aussy n'est ce pas ce que les predicateurs, et pedicateurs luy reprochent de l'amour des femmes : je m'assure que la plus-part de la compagnie, et principalement monsieur le lieutenant ne luy sçauroit faire ce reproche sans rougir, comme un jour monsieur le cardinal de Pelvé luy sceut bien dire. Car à la verité ce n'est pas imperfection qui puisse empescher les actes de vertu [1] : mais au contraire jamais brave guerrier ne fut, qui n'aymast les dames, et qui n'aymast acquerir de l'honneur, pour se faire aymer d'elles : c'est pourquoy Platon souhaitoit avoir une armée toute composee de gens amoureux, qui seroyent invincibles, et feroyent mille beaux exploits d'armes pour plaire à leurs maistresses : aussy les poetes bons naturalistes, et grands maistres en la science des mœurs, ont toujours faict le Dieu Mars amy de Venus. Qu'on considere tous les grands capitaines et monarques du monde, il ne s'en trouvera guere de sobres en ce mestier. L'empereur Titus qui est proposé pour un des plus vertueux, des plus sages, et plus doux princes qui ait jamais porté sceptre, n'aymoit il pas es-

---

[1] D'Aubigné (*Hist. univ.*, t. III, l. III, chap. XXIII), parlant des satires que les ligueurs répandoient contre Henri IV, dit *qu'on ne pouvoit lui reprocher aucune imperfection que nature n'avouât;* ce qui étoit reprocher implicitement le contraire à ses ennemis, tout zélés catholiques qu'ils fussent.

perdument la royne Berenice, sans que jamais toutesfois ses amours luy fissent prejudice, ou apportassent retardement à ses affaires? Il faut conceder aux princes quelques relasches, et recreations d'esprit, apres qu'ils ont travaillé aux affaires serieuses, qui importent nostre repos, et apres qu'ils se sont lassez aux grandes actions des sieges, des batailles, des castrametations [1], et logis de leurs armees : il n'est possible que l'ame soit tousjours tendue en ces graves et pesantes administrations, sans quelque rafraischissement, et diversion à autres pensées plus agreables et plus douces. C'est pourquoy le sage mesme a dit :

> Aymer un peu sagement, n'est que bien :
> Mais trop aymer follement, ne vaut rien [1].

Il ne fut jamais que les peuples ne fissent d'iniques jugements des actions des princes, et ne se meslassent tousjours d'intrepreter sinistrement leurs mœurs et complexions; ne se souvenants pas, qu'il n'y a un seul de ceux qui en jugent, qui ne fassent pis, et qui n'ait beaucoup de plus grandes imperfections. Les roys pour estre roys ne laissent pas d'estre hommes [3], sujets aux mesmes passions que leurs subjects ; mais il faut confesser que cestuy cy en a moins de vicieuses qu'aucun de ceux qui ont passé devant luy. Et s'il a quelque inclination a aymer les choses belles, il n'ayme que les parfaictes et les excellentes, comme il est excellent en

[1] Art d'établir les camps.

[2] « Bonum est pauxillum amare sane : insane non est bonum. »

[3] Du Puy pense que Pithou a ici en vue de réfuter ce qu'on avoit voulu persuader aux ligueurs touchant l'incontinence de Henri IV, dans le *Catholique anglois*, de Louis Dorléans, 1587, in-8°, 2ᵉ avert., p. 109.

jugement, et à cognoistre le prix et valeur de toutes choses; encore ce petit detour ou passe-temps de plaisir luy est comme un exercice de vertu, dont il use le plus souvent, au lieu de la chasse et de la venerie, sans laisser parmy ses esbats de recognoistre les avenues de son armée, de remarquer l'assiette des villes et places où il passe, la nature des personnes qu'il rencontre, des lieux et contrees qu'il traverse, et curieusement apprend les passages et guez des rivières, et retient les distances des villes et bourgades, marque en quels endroits il seroit commode de camper son armee, quand elle y passeroit, et tousjours s'enquiert et apprend quelque chose du faict de ses ennemis, n'ayant jamais entrepris de tels voyages qu'il n'ait eu en main une ou deux entreprises sur quelques places rebelles. Mais il auroit beau estre continent, sage, temperé, morne, grave, et retiré, vous y trouveriez tousjours que redire; quand on s'est mis une fois à haïr un homme on interprete en mauvais sens tout ce qu'il faict, et le bien mesme qu'il faict. Il auroit beau s'abstenir de tous plaisirs, et ne faire que prier Dieu et donner l'ausmone, vous diriez que ce seroit feinte et hypocrisie. S'il est permis de juger ainsy des actions d'autruy, contre la deffense expresse que Dieu en faict, pourquoy ne me sera il permis de croire que tous ces marranes [1] qui font tant de signes de croix, et se frappent la poitrine avec tant d'esclat à la messe, sont neantmoins juifs et mahumetants, quelque bonne mine qu'ils fassent? Pourquoy ne diray je que monsieur de Lyon est lutherien, comme il a esté autrefois, encore qu'il fasse sa prunelle toute blanche en la tournant aux voustes de l'eglise, quand

---

[1] Mahométans.

il adore, ou feint d'adorer le crucifix ? [ et il sçait bien ce qu'on luy a dict nagueres quand il a proposé de faire faire les pasques à ceste belle assemblee *sub utraque specie*]¹. Mais ce n'est pas de cette heure qu'on parle ainsy des roys; et y a un vieil proverbe qui dict que Jupiter mesme quand il pleut ne plait pas à tous les mortels : les uns veulent de la pluye pour leurs choux, et les autres la craignent pour leurs moissons. Or ce que j'ay differé à dire, qui me semble lui manquer, et ce dequoy vous et moy luy sommes plus tenuz, c'est qu'il nous traitte trop doucement, et nous choye trop; la clemence en laquelle il est superlatif et excessif, est une vertu fort louable, et qui porte enfin de grands fruicts et de longue duree, encore qu'ils soient longs, et tardifs à venir. Mais il n'appartient qu'aux victorieux d'en user, et à ceux qui n'ont plus personne qui leur resiste ; aucuns l'attribuent à couiardise et timidité, plustost qu'à vaillance et generosité ; car il semble que ceux qui espargnent leurs ennémis, desirent qu'on leur en fasse autant, et demandent revanche de leur gratieuseté, ou craignent que s'ils se monstrent severes, ils ne puissent avoir raison de leurs autres ennemis qui restent à dompter. Aucuns l'appellent imbecillité de cœur tout à faict, estimants que celuy qui n'ose user de son droict, n'est pas encore asseuré de vaincre, et craint aucunement d'estre vaincu ; mais les philosophes qui ont traité de ceste matiere à plein fond, n'ont pas attribué à vertu, quand ceux qui, entreprenants de troubler un Estat, se sont montrez gratieux et courtois du commencement

¹ Ce passage manque dans la première édition. Il y a ici une allusion contre d'Espinac, archevêque de Lyon, qui, dans sa jeunesse, étudiant à Toulouse, avoit fréquenté les assemblées des *nouveaux luthériens*.

de leurs executions; comme la douceur dont usoit Cesar envers les citoyens et gens d'armes Romains devant qu'il fust victorieux, n'estoit pas clemence, ains flatterie, et courtoisie ambitieuse, par laquelle il vouloit se rendre agreable au peuple, et attirer un chascun à son party, et c'est ce que dict ce grand maistre d'Estat, *Imperium occupantibus utilis est clementiæ fama.* A ceux qui envahissent un royaume contre droict, comme à vous, monsieur le lieutenant, la reputation d'estre doux et gratieux ne sert de beaucoup; mais ce fut clemence, quand, apres avoir vaincu Pompee, et deffaict tout ce qui luy pouvoit resister, il vint à Rome sans triomphe, et pardonna à tous ses capitaux ennemis, les remettant tous en leurs biens, honneurs, et dignitez; dequoy toutefois tres mal luy prit, car ceux à qui il avoit pardonné, et faict plus de gratieusetez, furent ceux qui le trahirent et massacrerent miserablement. Il y a donc difference entre clemence et douceur: la douceur tombe ordinairement aux femmes, et aux hommes de petit courage; mais la clemence n'est qu'en celuy qui est maistre absolu, et qui faict du bien quand il peut faire tout mal. Concluons donc que nostre roy devroit reserver à user de sa clemence, quand il nous auroit tous en sa puissance. C'est inclemence, voire cruauté, dit Ciceron, de pardonner à ceux qui meritent mourir, et jamais les guerres civiles ne prendront fin si nous voulons continuer à estre gratieux, ou la severité de justice est necessaire. La malice des rebelles s'opiniastre, et s'endurcit par la douceur dont on use envers eux, parce qu'ils pensent qu'on n'ose les irriter, ny les mettre à pis faire; je ne fay doute s'il eust chastié chaudement tous ceux qui sont tombez entre ses mains depuis ces troubles, que ne fussions à present tous soubs son obeissance. Mais puisqu'il a pleu à Dieu luy former le naturel ainsy doux, gracieux et bening, espérons encore mieux de luy quand il nous verra prosternez à ses pieds, luy offrir nos vies et nos biens, et luy demander pardon de nos fautes passées, veu que nous prenants armez pour luy resister et pour l'assaillir il nous reçoit à merçy, et nous laisse la vie, et tout ce que luy demandons. Allons, allons donc, mes amis, tous d'une voix luy demander la paix, il n'y a paix si inique qui ne vaille mieux qu'une tres juste guerre. *O quam speciosi pedes nuntiantium pacem, nuntiantium bona et salutem*, dit Isaÿe [1]. O que ceux ont les pieds beaux, qui portent la paix, et annoncent le salut et sauveté du peuple! Que tardons nous à chasser ces fascheux hostes, maupiteux bourgeois, insolents animaux, qui devorent nostre substance et nos biens comme sauterelles? Ne sommes nous point las de fournir à la luxure et aux voluptez de ces harpies? Allons, monsieur le legat, retournez à Rome, et emmenez avec vous vostre porteur de rogatons, le cardinal de Pelvé; nous avons plus de besoin de pains benists que de grains benists. Allons, messieurs les agents et ambassadeurs d'Espagne, nous sommes las de vous servir de gladiateurs à outrance, et nous entretuer pour vous donner du plaisir. Allons, messieurs de Lorraine, avec vostre hardelle [2] de princes; nous vous tenons pour fantosmes de protection, sangsues du sang des princes de France,

---

[1] LII, 7.

[2] *Hardelle* est un terme de mépris, qui signifioit *un troupeau de bêtes chétives*. Il se trouva à la fois treize princes de la maison de Lorraine à Paris, en 1584, lorsque la Ligue étoit à la veille d'éclater pour ravir à la maison de Bourbon le droit qu'elle avoit de succéder un jour à la couronne.

hapelourdes, fustes evantees¹, reliques de saincts² qui n'avez ne force ne vertu ; et que monsieur le lieutenant ne pense pas nous empescher ou retarder par ses menaces ; nous luy disons haut et clair, et à vous tous, messieurs ses cousins et alliez, que nous sommes François, et allons avec les François exposer nostre vie et ce qui nous reste de bien pour assister nostre roy, nostre bon roy, nostre vray roy, qui vous rangera aussy bientost à la mesme recognoissance par force ou par un bon conseil, que Dieu vous inspirera, si en estes dignes. Je sçay bien qu'au partir d'icy vous m'envoyerez un billet ou peut estre m'envoyerez à la Bastille, ou me ferez assassiner, comme avez faict Sacremore³, Sainct-Maygrin⁴, le marquis de Menelay⁵, et plusieurs autres ; mais je tiendray à partie de grace si me faictes promptement mourir, plutost que me laisser languir plus long-temps en ces angoisseuses miseres ; et, avant que mourir, je concluray ma trop longue harangue par un epilogue poetique, que je vous adresse, tel que je l'ay de long-temps composé.

¹ C'est-à-dire princes foibles avec lesquels il est aussi imprudent de s'embarquer que sur une fuste percée de trous.

² Parce qu'ils avoient échappé au *martyre* de Blois.

³ Bâtard de la maison de Bretagne, colonel depuis 1585, et favori de Mayenne.

⁴ On sait comment Saint-Mégrin, amant présumé de madame de Guise, fut tué sur les indications du duc de Mayenne. (V. Lestoile, *Journ. de Henri III*, juillet 1578.)

⁵ Menelay étoit gouverneur de La Fère pour Mayenne, en 1591. Colas, vice-sénéchal de Montélimar, ayant persuadé au duc que ce marquis projetoit de rendre cette place à Henri IV, le duc dépêcha Colas pour le tuer, ce que celui-ci exécuta dans La Fère, au moment où le marquis sortoit de l'église. (V. de Thou, l. CII.)

Messieurs les princes lorrains,
Vous êtes foibles de reins
Pour la couronne debatre :
Vous vous faites tousjours battre [1].

Vous estes vaillants et forts,
Mais vains sont tous vos efforts :
Nulle force ne s'esgale
A la puissance royale.

Aussy n'est-ce pas raison
Qu'aux enfants de la maison
Les serviteurs menent guerre,
Pour les chasser de leur terre.

Grande folie entreprend
Qui à son maistre se prend :
Dieu encontre les rebelles
Soubstient des roys les querelles.

Quittez donc au Navarrois
La couronne de nos roys,
A tort par vous prétendue
Aussi bien l'avez fondue.

Si quelque droit y aviez,
Fondre vous ne la deviez,
Ou bien il faut qu'on vous donne
Tiltre de roys sans couronne.

Nos roys du ciel ordonnez,
Naissent tousjours couronnez :
Le vray François ne se range
A roy ny à prince estrange.

Tous vilains, ou la plus-part,
Vous ont faict leur chef de part :

[1] « Il n'y avoit aucun des princes de la Ligue auquel il ne fût arrivé quelque défaveur dans les combats. » (D'Aubigné, *Hist. univ.*, t. III, l. III, chap. XXIII.)

Ce qui vous suit de noblesse,
Est de ceux que le bast blesse.

Mais le vray roy des François
Pour sa garde d'Escossois
N'est assisté que de princes,
Et de barons des provinces.

Allons doncques, mes amis,
Allons tous à Sainct-Denys
Devotement recognoistre
Ce grand roy pour nostre maistre.

Allons tous dru et espais
Pour luy demander la paix :
Nous irons jusqu'à sa table,
Tant il est prince accostable.

Tous les princes de Bourbon
Ont toujours cela de bon
D'estre doux et debonnaires,
Et courageux aux affaires.

Mais vous princes estrangers,
Qui nous mettez aux dangers,
Et nous paissez de fumee,
Tenants la guerre allumee,

Retournez en vos pays :
Trop au nostre estes hays,
Et comptez de Charlemagne
Aux lisieres d'Allemagne.

Prouvez y par vos romans
Que venez des Carlomans [1] :

---

[1] Allusion au livre de François de Rozières, archidiacre de Toul, et à plusieurs généalogies que les princes de la maison de Lorraine firent dresser depuis la mort de François I<sup>er</sup>, pour faire croire qu'ils descendoient de Charlemagne, et que la race

Les bonnes gens, après boire,
Quelque chose en pourront croire.

*J'AY DIT.*

Ceste harangue achevee, qui fut ouye avec un grand silence et attention, beaucoup de gens demeurerent bien camuz et estonnez, et ne fut de long-temps apres toussy ne craché, ny faict aucun bruit, comme si les auditeurs eussent esté frappez d'un coup du ciel, ou assoupis en un profond endormissement d'esprit, jusques à ce qu'un Espagnol, des *Mutinados*[1], se leva le premier et dict tout haut : *Todos los mattaremos estos vellachos*[2]. Ce disant, partit de sa place, sans faire aucune reverence à personne. Là dessus chascun se voulut lever pour s'en aller. Mais l'admiral de Villars, moderne roy d'Ivetot[3], supplia les Estats au nom des cantons catholiques, et des ligues des Catillonnois, Lipans, Gaultiers, francs museaux[4], et autres communautez zelees de ne faire point la paix avec les hereti-

des Capets avoit usurpé sur eux le royaume de France. (V. de Thou, l. LXXVIII.)

[1] Les *Motinados*, vieilles troupes espagnoles qui s'étoient si souvent *mutinées* en Flandre faute de paie.

[2] C'est-à-dire, *nous tuerons tous ces marauds-là. Bellaço* ou *Vellaco* signifie aussi quelquefois un fourbe, et le plus souvent un poltron.

[3] Les dernières édit. portent seulement : « *Mais le moderne roy d'Yvetot.* » André de Brancas-Villars, que le roi confirma dans sa dignité d'amiral de France, et auquel il laissa le gouvernement de Rouen. Il fut tué de sang-froid par les Espagnols au combat de Doullens, en 1595.

[4] Espèce de *gautiers* qui avoient pris les armes pour s'affranchir du payement des tailles, et qui se livrèrent bientôt à toutes sortes d'excès.

ques, qu'il ne demeurast maistre de la mer du Ponant[1], et du Levant, et ne fust payé de ses frais avec retention de ses benefices[2]. Aussy de ne point eslire de roy, qui ne fust bon compagnon, et amy des cantons : puis se leverent Ribaut et Roland[3], qui supplierent l'assemblee de casser, et abroger les loix du peculat, et *de repetundis*[4] : parce qu'elles n'estoyent ny catholiques, ny fondamentales. Ce faict chascun se leva avec une merveilleuse taciturnité, et en sortant, le massier advertissoit à la porte de retourner au conseil à deux heures de relevée. A quoy, moy qui parle, ne voulus faillir, pour le desir que j'avoy de veoir les choses rares et singulieres, et les ceremonies qui s'y feroyent, afin d'en advertir mon maistre, et les princes d'Italie qui attendent avec beaucoup de desir quelle sera la proce-

---

[1] *Alias :* « Admiral du Ponant (Occident). »

[2] Les abbayes de Tiron, de Bonport et de Josaphat, que les royalistes retenoient à Philippe Desportes, réfugié auprès de l'amiral de Villars qu'il menoit à son gré. (V. Palma Cayet, année 1590.)

[3] Ribaut, agent et trésorier de Mayenne ; Roland, favori du même duc. C'est ce dernier qui conseilla au lieutenant-général de faire pendre les meurtriers de Brisson ; il s'étoit fait emprisonner sous Henri III par l'insolence de ses propos. On le fit échevin après les Barricades. Henri IV l'exila de Paris. (V. de Thou, l. xc, xciii.) Ce Roland n'est pas le même que le conseiller aux Monnoies auquel on a attribué quelquefois le *Dialogue du Maheutre et du Manant*.

[4] Ordonn. de 1545 d'après laquelle Roland et Ribaut devoient craindre d'être poursuivis. Ils avoient le maniement des fonds de la Ligue sous Mayenne, et ils administroient avec toutes sortes de désordres. On voit dans le *Dialogue du Maheutre* que Ribaut louoit la France d'être gouvernée par son maître, « attendu qu'elle ne rapportoit autrefois que vingt millions, et que maintenant elle en valoit cinquante. »

dure et l'issue de ces fameux Estats tenuz contre tout ordre, et façon de faire accoustumee en France. Je revins donc apres disner d'assez bonne heure au Louvre, et me presentant pour entrer en la sale haute, comme j'avoy faict au matin, l'huissier me refusa, parce qu'il vit que je n'estois marqué à L[1], et n'avoy point de mereau[2] comme j'en vy plusieurs qui entrerent beaucoup plus mal en point, et plus deschirez que moy, dont je receu un peu de deplaisir : car entre autres j'y vy recevoir des bouchers plus de trois, des taverniers, potiers d'estain, sergents et escorcheurs que je cognoissoy, qui devoyent avoir voix en l'election : toutesfois ma curiosité me fit passer mon desdain, et pour sçavoir si les princes et princesses avec leurs queues[3] entreroyent en la mesme ceremonie qu'au matin, je voulus attendre leur venue, et en attendant, me my à regarder des tableaux de platte peinture, qui estoyent estallez sur les degrez de l'escalier : je ne sçay s'ils y avoyent esté mis expres pour parer le lieu, ou pour les vendre : mais je puis dire que je pry un merveilleux plaisir à les contempler l'un apres l'autre : car la main de l'ouvrier en estoit excellente, et la besongne fort nette, et naifve, pleine d'enigmes de divers sens qui faisoyent tendre tous les esprits à deviner dessuz.

Le premier sur lequel je jettay l'œil, estoit la figure d'un geant, ayant les deux pieds sur une roue mal graissee, dont les gences[4] estoyent toutes tortues, et

---

[1] *Lorrains* ou *Ligueurs.*

[2] Billet, carte d'entrée.

[3] Les premières éditions portent : « sans queue. »

[4] Le chanoine Le Bon, auteur de ce passage, aura voulu dire *jantes,* qui, en patois normand, se prononce *gences.* On appelle

au dessuz de sa teste, à un pied et demy ou environ, y avoit une couronne de fin or figuré, sans pierreries, parce que monsieur de Nemours les avoit mangees, et auprès d'icelle un sceptre royal un peu rongé de souris, et une espece de justice rouillee, par faute d'estre portee et mise en usage. A quoy ledit geant tendoit les bras tant qu'il pouvoit, et se haussoit sur les pieds si advantageusement, qu'il n'appuyoit sur la roue que du bout des orteils, neantmoins n'y pouvoit joindre, parce qu'il y avoit tout plein de villes, et de bourgs, bons et gros entre deux : et à la main droite y avoit un bras couronné, qui avec une houssine de fer luy donnoit sur les doigts. Soubs ceste roue paroissoit comme dessoubs celle de Saincte-Catherine, un monstre à trois testes feminines, qui avoyent leurs noms escrits sortants de leur bouche :

*AMBITION. REBELLION. FEINTE RELIGION.*

Je ne sçavoy de prime face que cela pouvoit signifier, mais ayant regardé de plus près le visage dudict geant, il me sembla qu'il ressembloit à celuy de monsieur le lieutenant, et avoit la teste et le ventre aussi gros que luy, avec tous les lineaments des yeux, du nez, et de la barbe, fors qu'il n'avoit point la pelade de Rouen [1], et au dessoubs estoyent escrits ces quatre vers, qui me firent entendre tout le mystere :

> *GEANT TU AS BEAU TE HAUSSER*
> *ET T'ESLEVER SUR CESTE ROUE,*
> *SI DIEU NOUS VOULOIT EXAUCER,*
> *AUX CORBEAUX TU FEROIS LA MOUE.*

ainsi les six parties des roues sur lesquelles le bandage de fer est cloué.

[1] On peut voir dans Rabelais (l. v, chap. xxi) l'explication de

A la suite de ce tableau y en avoit ung autre de non moindre artifice et plaisir, ou estoit painct un petit homme, meslé de blanc et rouge[1], habillé à l'espagnole, et neantmoins portant la chaire françoise, qui avoit deux noms[2], à son costé droit avoit une escritoire pendue[3], et au gauche une espee qui tenoit au bout, dont le pommeau estoit couronné d'un chapeau de fleurs, comme les pucelles qu'on enterre. Sa contenance estoit double, et son chapeau doublé, et sa gibeciere quadruplee, et dessus sa teste du costé d'entre le soleil du midy et le couchant, pleuvoit une petite pluie d'or, qui luy faisoit trahir son maistre, et avoit en sa main une couronne de papier, qu'il presentoit à une jeune dame muette et bazanee[4], laquelle sembloit l'accepter *in solidum,* avec un petit mary de beurre fondu au soleil[5]. Je ne pouvoy comprendre que vouloit dire la figure, sinon par l'inscription que je vy au dessoubs en ces mots :

*VENDIDIT HIC AURO PATRIAM,*
*DOMINUMQUE POTENTEM IMPOSUIT*[6].

Et au dessus d'iceluy tableau y avoit cest autre vers:

*EHEU! NE TIBI SIT PRIVATA INJURIA TANTI :*

ce terme. Le duc de Nevers explique très-crûment les mésaventures galantes de Mayenne. (V. ses *Mém.*, t. II, p. 100. Cf. de Thou, l. CIII.)

[1] François et Espagnols.
[2] N. V., disent les premiers commentateurs. C'est Nicolas de Neuville, marquis de Villeroy.
[3] Il étoit secrétaire d'État.
[4] L'infante, qui ne savoit pas le françois.
[5] L'archiduc Ernest, gouverneur des Pays-Bas.
[6] A cause de l'injure qu'il avoit reçue de d'Épernon.

Qui me fit douter, que c'estoit une des personnes de la Trinité, encore qu'il eust quitté le Sainct-Esprit [1]

[1] Villeroy étoit officier du Saint-Esprit ; mais il cessa d'en porter les insignes, parce que cet ordre avoit été créé par Henri III, et que la Ligue décrioit toutes les institutions de ce prince. Villeroy, s'étant rapproché du parti royal, se plaignit très-vivement de ce passage de la *Ménippée*, et eut le crédit de faire substituer ce qui suit dès 1594 :

« A la suite de ce tableau y en avoit un autre de non moindre
» artifice et plaisir, où estoit painct un docteur fourré d'hermi-
» nes, avec un capuchon rouge, portant la face pasle, maigre,
» et bazanee, qui tiroit au plus pres au reverendissime *Inigo de*
» *Mendoze*[1], lequel sembloit s'agiter courageusement, par ses
» doigts avec grande vehemence contre une vieille dame, habillee
» à l'antique gauloise, qui avoit un parchemin fort ancien, escrit
» en lettres d'or, qu'elle tenoit à deux mains, comme si elle eust
» craint que le docteur luy voulust arracher, et en ce parchemin
» estoit escrit :

» *Gallorum imperii successor masculus esto.*

» Du costé de ladicte dame y avoit comme une armee en ba-
» taille, ayant les armes prestes pour sa deffense, et à son costé
» une espece de cour de parlement, qui sembloit faire du mieux
» qu'elle pouvoit encore qu'elle fust aucunement mal assise [2].
» Et du costé dudict docteur se pressentoit un escadron de sor-
» bonistes, jesuistes, et feuillants, feuilletant leurs livres et
» breviaires, pour trouver le royaume des quenouilles [3], ayant
» chascun d'eux un fuseau en la main. Il y avoit en une nue
» au dessuz la figure d'un roy, tout environné de couronnes

[1] Son véritable nom étoit Bernardin Mendoze. Ses gens de guerre le nommoient entre eux *Sabantos* ou le *lettré*. Il est auteur des *Commentaires sur la guerre de Flandre*, qui ont été traduits en françois par Pierre Crespet.

[2] Les parlementaires fidèles au roi s'étoient retirés à Tours et à Châlons.

[3] C'est qu'ils soutenoient la loi salique, en faveur de Philippe II et de l'infante sa fille.

J'en vy un autre de l'autre costé de l'escalier, qui estoit plus grand et large que les premiers, et meslé de plusieurs diverses et plaisantes droleries, qui me fit tourner pour le veoir, parcequ'au dessuz estoit escrit :

### DESCRIPTION DE L'ISLE DE RUACH, AUGMENTEE DE NOUVEAU DEPUIS LE TEMPS DE RABELAIS [1].

Au milieu estoit une dame coiffee en veufve de plusieurs maris, morts et vivants [2], qui avoit entre deux selles le cul à terre, et autour d'elle y avoit force gens d'église,

» çà et là parsemees [1], et entre ses bras une fille surannée [2] qui
» sembloit regarder le combat de la dame et du docteur, pour
» en attendre l'issue, et d'une main, entre le soleil couchant et
» le midy, respandoit une petite pluie d'or qui tomboit parmy
» ces docteurs, aucuns desquels s'amusoient à la ramasser, et
» les autres en avoyent desja leurs capuchons remplis. Je me
» doutay bien que ce portrait vouloit représenter la loi Salique,
» combattue par *dom Inigo de Mendoze*, avec sa harangue faicte
» et apportee d'Espagne [3]; et que le roy caché en la nue estoit
» le roy d'Espagne, qui semoit ses doublons sur les docteurs
» pour leur donner de l'exercice. »

[1] *Ruach* en hébreu signifie *vent* ou *esprit*. Rabelais (l. IV, chap. XLIII) en forge une île où l'on ne vit que de vent. Ici, par *l'isle de Ruach*, il faut entendre Paris pendant les calamités du siége.

[2] C'est la Ligue, dont un grand nombre de partisans étoient morts ou défectionnoient vers Henri IV.

1 Parce que les possessions de la monarchie espagnole étoient éparses et séparées les unes des autres.

2 L'Infante Isabelle, alors âgée de vingt-huit ans.

3 Allusion à la harangue pédantesque que Mendoza prononça aux États de Paris, en mars 1597, pour soutenir les droits de l'infante. (V. de Thou, l. CVI.)

moynes, jacobins, et jesuistes, les uns luy apportants des pacquets scellez et bridez, et aux autres elle en donnoit de mesme : les autres qui estoyent habillez comme curez de grosses paroisses, avoyent des soufflets d'orgues, dont ils souffloyent au cul de plusieurs manants, qui se laissoyent emporter au vent. D'autres se tenoyent tout debout la gueule bee et ouverte, et lesdits curez leur souffloyent en la bouche, et les nourrissoyent de vent, comme d'une viande celeste propre à guarir les gouteux, gravelleux, et cacochimes : on voyoit au dessoubs de ladicte figure, comme une place publique, representant les Hales, ou la place Maubert de Paris ou au lieu de pain et viande, on exposoit en vente des balons, couilles de beliers bien enflees, et grosses vessies de pourceau, dont on trafiquoit au marché, et se revendoyent de main en main à bon compte [1] : il y avoit aussi une autre viande en papier, dont on faisoit grand cas et n'en avoit pas qui vouloit, que des revendeurs portoyent par les rues, et les crioyent, nouvelles, nouvelles, comme on crie la mort aux rats et aux souris : ladicte dame en fournissoit les contreporteurs [2], car elles luy sortoyent de dessoubs sa cotte en abondance : et y avoit du plaisir à veoir les diverses grimaces de ceux qui luy fouilloyent soubs la queue pour en gouster. Le reste du paysage dudict tableau estoit des moulins à vent, tournant à vuide, et de girouettes en l'air, avec plusieurs coqs d'eglise. Et aux quatre coings y avoit les quatre vents fendus en double, dont il sembloit que le surouest [3] fust le plus gros, et souffloit le plus fort, et

[1] Allusion à la cherté des vivres dans Paris.
[2] Colporteurs.
[3] Pour sud-ouest, vent qui souffle d'Espagne. Allusion aux intrigues de Philippe II à Paris.

envoyoyt les nues du costé du nord-nord-est. Au dessoubs dudit tableau estoit escrit ce petit quatrain :

*ICY SONT LES TERRES NOUVELLES,*
*OU LA ROYNE SE PAIST DE VENT :*
*QUI VOUDRA SÇAVOIR DES NOUVELLES,*
*METTE LE NEZ SOUBS SON DEVANT.*

Pendant que je me ravissois en la contemplation de ce troisiesme tableau, et auparavant que j'eusse jetté la veue sur les autres qui suyvoyent, les princes et princesses susdictes passerent, et fallut que je courusse apres pour entrer à leur suitte, mais parce que la presse n'estoit pas grande, l'huissier qui m'avoit desja poussé, me remarqua et repoussa plus rudement qu'à la première fois; qui me fit prendre resolution de me retirer, et laisser là les Estats bien cloz et fermez[1]. Cela fut la première session, ou j'entendis sur le soir qu'on avoit my en deliberation de quel bois on se chaufferoit le caresme suyvant, et sur quel pied l'Union danseroit[2]. J'ay aussy sçeu depuis que le resultat du conseil portoit qu'on feroit plusieurs caresmes en l'an, avec frequentes indictions de jeusnes doubles, qui se tournoyent en continue, comme les doubles tierces : on y fit aussy des deffenses de vendre des œufs de couleur apres pasques, parce que les enfants s'en jouoyent auparavant, qui estoit de mauvais exemple; on deffendit aussy les jeux de Bourgongne[3], et les quilles de maistre Jean

---

[1] Ici finit la description des *tableaux* dans les premières éditions. On en a ajouté quinze dans l'édit. des *Mém. de la Ligue.*

[2] *Alias :* « marcheroit. »

[3] Les comédies de l'hôtel de Bourgogne, parce que la place étoit destinée aux jésuites qui devoient en faire un collége. On prit prétexte d'interdire les comédiens du lieu sur ce qu'en 1589

Rozeau[1]. Pareillement fut aux femmes enjoinct de porter de gros culs[2], et d'enger[3] en toute seureté soubs iceux sans craindre le babil des sages femmes. On murmura aussy que les carosses seroyent censurez, et les mulets bannis de Paris; aussy fut advisé de convertir l'hostel de Bourgongne en un college de jesuistes, qui avoyent besoin de recreation, pour la grande quantité de sang dont ils estoyent boursouflez, et leur falloit un chirurgien pour les phlebotomiser[4]. Plusieurs autres sainctes et louables ordonnances furent faictes d'entree de jeu, dont on promit me donner la liste; mais sur toutes choses on exaltoit le labeur de monsieur de Lyon, qui forgeoit une loy fondamentale, par laquelle seroit porté que quiconque, dedans Paris, ou en ville bridee de l'Union, parleroit de paix de vingt ans, ou demanderoit le commerce libre, et regretteroit le bon temps passé, seroit envoyé en exil à Soissons, comme heretique et maheustre, ou payeroit à la bourse de l'Union, certaine quantité de dales[5], pour l'entretenement des docteurs. Quelques uns mirent aussy en avant que si le roy de Navarre se faisoit catholique, il falloit que mon-

ils avoient joué ce prince en la personne d'un roi *Mabriani*, qu'ils avoient installé sur un siége royal avec des cérémonies ridicules. (V. *Mém. de Nevers*, t. II, p. 82.)

[1] Bourreau de Paris pendant la Ligue. (V. le *Scaligerana* au mot Bourreau.) On le pendit en 1594 pour avoir pendu Brisson. (Lettres de Pasquier.)

[2] C'est-à-dire des *vertugadins*. On trouvera des détails plaisants sur l'expression dont se sert ici la *Ménippée* dans Henri Estienne. V. *Dialog. du nouv. lang. franç. italianizé*, édit. d'Anvers, 1519, in-8°, p. 202 et suiv.

[3] Produire, de là *engeance*.

[4] Saigner.

[5] Monnoie d'argent.

sieur le lieutenant se fist huguenot, et que son feu frere l'avoit bien voulu estre[1], si on l'y eust voulu recevoir. Quant à l'election d'un roy tout neuf, on dit qu'elle fut mise sur le bureau, mais que ce ne fut sans dispute; parce que les uns proposoyent qu'il valoit mieux entrer en republique, comme les anciens Gaulois; les autres demandoyent la democratie anarchique, les autres l'oligarchie Athenienne, aucuns parlerent d'un dictateur perpetuel, et de consuls annaux, qui fut cause que, pour la diversité des opinions, on n'en peut rien resoudre. Toutesfois il y a quelque apparence qu'ils parlerent d'avoir un roy; car un nommé Trepelu, vigneron de Suresnes, soubstint fort et ferme que le roy estoit le vray astre, et le vray soleil, qui avoit depuis si long temps regy et eclairé la France, et icelle nourrie, fomentee, et substantee de sa chaleur; et que si quelquefois le soleil survenant après la gelee de la nuict, faisoit geler les vignes, il ne s'ensuyvoit pas qu'il fallust cracher contre luy et ne s'en servir plus, ny pour cela laisser de boire chopine, quoyque le vin fust cher. Voilà à peu pres ce que je pus apprendre, et que je puis rapporter de ce qui se passa aux Estats de Paris, desquels toutesfois on s'attend qu'il sortira des eclats espouventables; car on dict que roys et papes s'en mesleront, et que le primat de Lyon[2] ne dort ny jour ny nuict, pour esclorre un escrit qui fera poser les armes à tout le monde, et contraindra tous les malheustres de s'enfuir en Angleterre ou par delà. Nous verrons en peu de temps que ce sera. Dieu sur tout. *Reliqua autem sermonum et universa quæ facta*

[1] Le duc de Guise, pour attirer les huguenots dans son parti, simuloit quelque sympathie pour leur religion.

[2] D'Espinac.

*sunt, nonne hæc scripta sunt in libro sermonum dierum regum Judæ?* Pendant lesdicts Estats, il se fit quelques petits vers latins et françois, qui couroyent les rues, dont j'ay faict un recueil pour les faire veoir aux Italiens, qui en sont curieux.

# EPISTRE

## DU SIEUR D'ENGOULEVENT

### A UN SIEN AMY

SUR LA HARANGUE QUE LE CARDINAL DE PELVÉ FIT AUX ESTATS DE PARIS.

Mon grand amy tu sçauras par ces vers,
Que les Estats furent hier ouverts,
Ou l'on a faict maintes belles harangues :
Mais sur tous ceux qui ont le don des langues,
Ce grand prelat, et cardinal de Sens,
Par son discours nous a ravy le sens :
Veux tu l'ouir, detoupe tes oreilles,
Dit la chanson, et tu orras merveilles [1].
Il a parlé du pere Pretion [2],

[1] Cette chanson fut faite sur Mayenne en 1589. Elle est rapportée dans une des éditions de 1594 :

> Que chacun preste l'oreille
> Et vous orrez tantost merveille
> De l'effet du catholicon :
> La drogue est si souveraine
> Qu'elle a gueri monsieur du Maine
> De la morsure d'un faux ....

[2] Allusion à l'*operæ pretium* de la harangue du cardinal de Pelevé (v. plus haut, p. 68). Il prononçoit le latin d'une manière ridicule.

Dont Livius fait ample mention [1]
En sa decade, ou il dit qu'en son aage,
Ce Pretion fut un grand personnage.
Il a parlé d'exivit edictum [2] :
Je ne sçay pas s'il fut Grec ou Breton :
De domino, et du pays du Maine :
En contenance et gravité romaine :
Il a parlé de sainct-Paul le convers,
Comme il eut peur, quand il cheut à l'envers :
Et si a dict qu'il estoit gentilhomme :
Aussi fut il decapité à Rome.
Il a parlé en François renegat,
De l'Espagnol, du bonnet de legat,
Et de sa croix, et du pape Gringore :
De Luxembourg, et Pisani encore.
Quand il parla du lieu qui fut souillé,
On se souvint, comme il fut barbouillé
Dansant la volte [3], et une bonne piece
Dit que ce fut du K K de sa niepce [4].
Un autre adjouste, assez bon compagnon,

---

[1] On a reproché à Tite-Live d'avoir commencé son histoire par ces mots : *facturus ne operæ pretium sim*, qui sont les deux tiers d'un hexamètre.

[2] C'est encore une raillerie contre le cardinal de Pelevé, qui avoit emprunté ici les propres mots de son bréviaire : *exivit edictum a Cæsare Augusto*.

[3] Ancienne danse venue d'Italie, dans laquelle l'homme faisoit tourner plusieurs fois sa dame, et puis lui aidoit à faire un saut ou une cabriole en l'air. C'étoit là un exercice peu digne de la gravité d'un cardinal, et d'un homme de l'âge de ce prélat.

[4] C'étoit la fille de Charles de Pelevé, sieur du Saussay, frère du cardinal. Un jour, à un bal donné par Henri III, dans la salle où se tinrent depuis les États, elle éprouva le besoin de sortir, et ne put le faire à temps.

Fy de la saulse¹, il y a de l'oignon.
Il s'est vanté qu'un jour au consistoire
De cinq protests², tous terminez en oire,
Il s'escrima, et sembloit l'escoutant
Que Jesus-Christ eust esté protestant :
Danger y a que quelqu'un ne le mande
Aux protestants de la terre allemande.
Quant au surpluz, ce porteur, qui de pres
Ouit le tout, et que j'envoye expres,
Le dira mieux : ma plume à tant escrire
Desja se fend et s'esclatte de rire³.

A DIEU.

¹ Allusion à la *Saussay* qui parfuma la danse. (V. Du Puy.)

² C'est le *quinque protesta* de la harangue du cardinal (voir plus haut).

³ On insère ordinairement ici deux quatrains sur Pelevé qu'il est inutile de répéter, et qui ont été insérés plus haut à la fin de la Harangue du cardinal. Il fut d'ailleurs composé contre Pelevé beaucoup d'autres épigrammes françoises et latines :

QUATRAIN SUR LA VIE DU CARDINAL DE PELEVÉ.

Estant solliciteur il eut tant de pratique,
Qu'il en fust conseiller, puis evesque heretique;
Il devint tot apres archevesque de Sens,
Enfin, faict cardinal, il a perdu le sens.

ÉPITAPHE.

Icy git, comme on dict, de guerre le flambeau.
Passant, n'approche pas trop pres de ce tombeau,
Que tu ne sois epris du feu qui tout consume.
Un flambeau mal eteint bien souvent se rallume.

AUTRE.

Une fois il fit bien, ce fut à son trépas,
Le bon Dieu lui pardoint, car il n'y pensoit pas.

Les autres épigrammes latines sont rapportées par Le Duchat dans ses commentaires sur la *Ménippée*, édit. de Ratisbonne, 1726, in-12, t. II, p. 392.

## AUX ESPAGNOLS

#### SUR LEURS DOUBLONS.

Mon Dieu, qu'ils sont beaux et blonds
   Vos doublonds,
Faictes-en chercher encores,
   Demy-Mores,
Parmy vos jaunes sablons.
Ou bien vous en retournez
   Bazannez.
Paris qui n'est votre proye
   Vous renvoye
Avecques cent pieds de nez.

## SUR LE BRUIT QUI COURUT

#### QU'ON VOULOIT FAIRE UN PATRIARCHE EN FRANCE, ET SUR LA PENDERIE DE QUATRE DES SEIZE.

Pere sainct, France vous eschappe,
Si-on y faict un anti-pape [1] :
Vous la perdrez, pensez-y bien :
Tel chasse à tout qui ne prend rien.

---

[1] En 1592, on avoit songé dans le parti de la Ligue à la création d'un anti-pape, qui devoit être Renaud de Beaune, archevêque de Bourges. Mais ce dessein fut traversé par le nouveau cardinal de Bourbon, chef du tiers-parti, dont il contrarioit l'ambition. Ce souvenir contribua singulièrement plus tard à faire absoudre Henri IV par le saint-père. (V. de Thou, l. CIII.)

Les maheustres et politiques,
Quoyqu'ils se disent catholiques,
Ne seront jamais bons romains,
Les huguenots encore moins.

Le pauvre Paris tant endure
Qu'impossible est que plus il dure,
Pensez-y bien si vous voulez,
On y pend desja les zelez.

De Seize ils sont reduits à douze[1],
Et faut que le reste se houze[2]
Pour apres les quatre premiers
Estre perchez comme ramiers.

---

## DE MONTFAUCON,

### ET DES SEIZE DE PARIS.

A chascun le sien, c'est justice :
A Paris, seize quarteniers :
A Mont-faucon seize pilliers,
C'est à chascun son benefice.

---

[1] « Celui qui fit ces vers, dit Cayet dans sa *Chronologie No-*
» *vennaire*, 1593, se trompoit de penser qu'ils ne fussent que
» *seize :* ils étoient plus de quatre mille. »

[2] C'est-à-dire, mettre ses houzeaux, ses chaussures.

## D'UN TRESORIER

#### QUI FUT MIS PRISONNIER A LA BASTILLE.

Qu'est-ce qu'a fait celuy que l'on encoffre?
Des angelots [1] il avoit en son coffre.
O le meschant qu'au cachot il soit mis,
Il a logé chez soy les ennemis.

## SUR L'EMPRISONNEMENT

#### D'UN AVOCAT FOL.

Je ne sçay par quelle raison
De droit canon, ou loy civile,
On a mis un fol en prison,
Tant d'enragez courants par ville.

## DES FEUX DE SAINCT-PIERRE 1592 [2].

Le feu de Saint-Jean me plaist bien,
On chante autour, et on y danse ;
De Sainct-Pierre je n'en dis rien :
Mais ses feux bruslent nostre France.

---

[1] Monnoie du temps.

[2] Henri III fut assassiné le 1er août 1589, jour de la fête de saint Pierre-aux-Liens. On sait que les ligueurs établirent des feux de joie annuels en souvenir de cet événement.

## D'OU SONT DICTS
## LES ZELEZ DE L'UNION.

Dieu gard messieurs les catholiques,
Sans croire en Dieu, ny en son fils,
Qui avez mangé les reliques
Et avallé le crucifix.

On pense que c'est pour vos zeles
Que l'on vous nomme les zelez :
Mais vous avez ce nom des aisles,
Parce que si bien vous volez.

L'esprit malin qui vous manie
Sous couleur de religion,
La France a razee et unie :
De là est dicte l'Union.

## SUR LES DOUBLES CROIX
### DE LA LIGUE [1].

Mais dites-moy que signifie
Que les ligueurs ont double croix ?
C'est qu'en la ligue on crucifie
Jesus-Christ encore une fois.

---

[1] Les croix de Lorraine.

## A MONSIEUR LE LIEUTENANT

### SUR LA PRISE DE LA PELADE.

La pelade vous avez prise
Par la breche que vous sçavez :
Gardez-la puisque vous l'avez ;
Monsieur, elle est de bonne prise.

## A M. DE LA CHAPELLE-AUX-URSINS.

Les advis des François tous à un se rapportent
Quand on parle de vous, la Chapelle aux Ursins,
Vous vous advisez tard, et n'estes des plus fins,
Qui en la ligue entrez quand les autres en sortent[1].

## A M. DE LYON.

Monsieur, vous serez cardinal,
Nous sçavons ou vous tient le mal,
Mais que cela plus ne vous greve :
Et chassez ce sinistre oyseau

---

[1] François Juvénal des Ursins quitta le parti de Henri IV en avril 1592, de dépit, disoit-on, de ce que le roi, voyant Givry, colonel-général de la cavalerie légère, dangereusement blessé devant Rouen, avoit témoigné qu'il ne savoit personne dans son armée qui fût capable de remplir cette charge, à laquelle cependant M. des Ursins aspiroit. (V. de Thou, l. CIII.)

Qui dit que maistre Jean Rozeau[1]
Vous doit le chapeau rouge en Greve.

---

## AU PRESCHEUR BOUCHER.

Flambeau de la guerre civile,
Et porte enseigne des meschants,
Si tu n'es evesque de ville,
Tu seras evesque des champs[2].

---

## A L'AVOCAT DORLEANS.

Si pendre te voulois, tu ne ferois que bien,
Puisqu'on ne peut avoir de toy misericorde :
Mais si tu veux sauver quelque peu de ton bien,
Va te jetter en l'eau, tu gagneras ta corde[3].

---

## DE DEUX CHEVAUX

### TUEZ EN ALLANT VEOIR LE DUC DE PARME.

Un certain president, Triboulet[4] surnommé,
Suyvit monsieur Roland, eschevin renommé,

---

[1] Bourreau de Paris sous la Ligue.
[2] Boucher avoit sollicité cinq ou six évêchés ; et tout ce qu'il avoit pu faire avoit été d'obtenir, après bien du temps, une pension sur le petit évêché de Fréjus, et enfin une autre sur celui de Beauvais. (*Dial. du maheustre.*).
[3] Cette pensée, touchant l'avocat-général Louis Dorléans, se trouve déjà dans l'*Antichopinus*, p. 7, éd. de Chartres.
[4] Antoine Hennequin d'Assy, président des requêtes, que Du

Pour saluer le duc de Parme et de Plaisance[1] :
Il avoit deux chevaux meilleurs François que luy,
Qui contraincts d'y aller en ont eu tant d'ennuy,
Que tous deux en deux jours sont morts de desplaisance.

## SUR LE MESME SUJET.

Cocher quand tes chevaux moururent,
Parceque trop fort ils coururent,
Tu devois en tel accident
Mettre au coche le president :
Car à ce qu'on dict, aux requestes
Luy seul vaut bien deux grosses bestes.

## DE DEUX

### QUI BRIGUENT LA ROYAUTÉ.

Deux ont mis le royaume en queste,
Mais ils en perdront l'appetit :
L'un pour avoir trop grosse teste,
Et l'autre le nez trop petit[2].

Puy traitoit de *fat*, et de Thou de simple d'esprit, *homo bonus*.
(V. de Thou, l. cviii.)

[1] Il fit ce voyage en septembre 1590, à la suite du cardinal Gaëtano, qui alloit saluer le duc de Parme pendant le siége de Corbeil.

[2] L'un étoit le duc de Mayenne, appelé *Bufalo*, buffle, par les Espagnols, et l'autre le jeune duc de Guise qui étoit camus.

## DE L'ELECTION
## DU DUC DE GUYSE.

La Ligue, se trouvant camuse [1]
Et les ligueurs bien estonnez,
Se sont advisez d'une ruse,
C'est de se faire un roy sans nez.

## RESPONSE
#### POUR LE DUC DE GUYSE.

Le petit Guisard fait la nique
A tous vos quatrains et sonnets :
Car estant camus et punais,
Il ne sent point quand on le pique.

## SUR LE VŒU
#### D'UN NAVIRE D'ARGENT FAIT A NOSTRE DAME DE LORETTE [2], PAR MARTEAU, PREVOST DES MARCHANDS. 1590.

Faire aux saincts quelque vœu en peril de naufrage,
Et puis s'en acquitter quand on est au rivage,

---

[1] Ces vers se trouvent déjà plus haut dans la harangue de Rose.
[2] Le docteur Boucher, pour détourner l'attention des misères qui accabloient chaque famille, proposa dans une assemblée de l'hôtel-de-ville de vouer la capitale à Notre-Dame de Lorette, et

C'est chose bien louable, et blasmer ne la veux:
Mais qui est l'insensé qui veut payer ses vœux
Estant encore en mer au fort de la tempeste?
Thevet ne vit jamais une si grosse beste[1].

# REPRISE

### SUR LE MESME SUJET.

Qu'ay je dit? je m'en repens:
Beste n'est celuy qui voue,
De nostre cuir il se joue,
Et s'acquitte à nos despens.

# DES DOCTEURS

### DE L'UNION.

Les docteurs de feinte Union
Pensent par leur doctrine fole
Du manteau de religion
Faire une cape à l'espagnole.

après la délivrance, de lui faire présent d'une lampe d'argent pesant trois cents marcs. Le vœu fut fait le lendemain par le prévôt des marchands et les échevins, dans la cathédrale, en présence du légat. Mais Cayet remarque que, le péril passé, personne ne se souvint de tenir parole: il n'y eut qu'un bourgeois qui donna quelque argent à deux religieux feuillants pour aller à Lorette faire quelques dévotions. (V. Palma Cayet, *Chronol. Novennaire*, Petitot, sér. 1, t. XL, p. 100.)

[1] Thevet étoit un ignorant fort présomptueux qui apporta du Levant un fort gros crocodile que l'on appela *la grosse béte de*

# ÉPITAPHE

DU CHEVALIER D'AUMALE.

Celuy qui fuit, il eschappe souvent :
Mais qui tient bon et se met trop avant,
Souvent se perd, et est troussé en male :
Je m'en rapporte au chevalier d'Aumale [1] :
Combien qu'il eust aux mains quelque vertu,
S'il eust des pieds aussy bien combattu
A Sainct-Denys, comme à mainte rencontre,
Nous ne plaindrions icy sa mal-encontre.

# SONNET

SUR CE QUE LEDICT CHEVALIER D'AUMALE FUT TUÉ PRES LE LOGIS DE L'ESPEE ROYALE.

Comme jadis on vit quand le gregeois orage
Sur les mers de Neptune eut sa foudre eclatté,
Trebucher Polyxene, et d'Achille irrité
La tombe ensanglantee sur le troyen rivage;

Comme Jules Cesar d'ambitieux courage,
Qui l'Estat renversa de la grande cité,

*Thevet.* Ce fat faisoit mille contes ridicules sur les animaux prodigieux qu'il disoit avoir vus dans l'Inde.

[1] Voir plus haut, dès le début de la Ménippée, la description des *pièces de tapisserie*; on y trouvera deux autres épigrammes sur d'Aumale, qu'il est inutile de reproduire ici.

Ennemy de Pompee, et de la liberté,
Cheut percé de cent coups aux pieds de son image;

Ainsy à Sainct-Denys l'ennemy de ses roys,
Aupres de leurs tombeaux a rendu les abois :
Victime trop tardive à leur cendre immolee.

Croyons plus que jamais, croyons qu'il est un Dieu :
Voyants de ce rebelle et la peine, et le lieu,
Mesme qu'il est tombé soubs la royale espee[1].

## SUITE.

### SUR LE MESME SUJET.

Il est un Dieu punisseur des rebelles,
Vengeur des roys, qui leurs justes querelles
Prend en sa main, et les va soustenant,
Tel ne l'a cru, qui le croit maintenant.
Ce chevalier que n'aguere on vit estre
Tant ennemy de l'Estat de son maistre,

---

[1] Claude de Lorraine, chevalier de Malte, que les Politiques de Paris appeloient *le lyon rampant de la Ligue*, à cause de la férocité de ce prince et parce qu'il étoit colonel de l'infanterie de la Ligue, avoit fait une entreprise sur Saint-Denis dans la nuit du 3 janvier 1591. Tout lui réussit d'abord si heureusement que lui et les siens se croyoient entièrement maîtres de la ville; mais bientôt les assaillants furent repoussés avec une perte de trente ou quarante hommes, tant tués que prisonniers. Parmi les morts que le gouverneur de Vic fit tous apporter devant l'hôtellerie, ayant pour enseigne *l'espee royale*, se trouva le corps du chevalier d'Aumale tout sanglant et tout défiguré, ce qui donna lieu de supposer que ce prince avoit été tué sous l'enseigne de *l'espee royale*. (V. Cayet, *Chronol. Novennaire*, à la fin de 1591.)

Si fier, si rogue, et si audacieux,
Qui de son chef pensoit toucher aux cieux,
Est trebuché d'une griefve ruyne,
Ou l'a poussé la vengeance divine.
A Sainct-Denys il est mort etendu,
Tombé aux lacs par luy mesme tendu :
De son orgueil s'est faicte la vengeance
Pres des tombeaux de ces vieux roys de France
De qui les os reposants en ce lieu
Semblent benir la justice de Dieu,
Qui a voulu pour la foy violee
Ceste victime estre aux roys immolee,
Et que le corps fust mangé des souris [1] :
Tant mignardé des dames de Paris [2],

[1] Cette particularité, dont il a déjà été question dans la description des *pièces de tapisserie*, donna lieu aux épigrammes suivantes :

Mure salax animal nullum est magis, adde rapaxque :
   At magis iste salax, et magis iste rapax.
Nil mirum est igitur, si extincti funus honorant
   Mures qui inter eos rex statui poterat.

   Qui est ce corps qu'embaumé dans Paris
   L'on porte en terre avec pompe royale?
   C'est, ce dit on, le chevalier d'Aumale,
   Qui la couronne en Sainct-Denys a pris.

   Pourquoi n'a-t-on apporté les souris
   Et tant de rats trouvez dedans sa biere?
   C'eust bien esté, ce dit une tripiere,
   Pour les zelez de Paris un repas.
   Un autre dit, c'en est la fourmilliere
   Que ce Paris ; mais il ne le sait pas.
        (*Mém. de la Ligue*, t. IV, p. 363 et 364.)

[2] On trouvera des détails sur les galanteries du duc d'Aumale dans de Thou, l. xcıv, et dans Lestoile, *Journ. de Henri III*, février 1589.

Auparavant qu'en juste sepulture
On eust porté son orde pourriture
Pour faire entendre aux plus grands des unis,
Qu'ainsi faisants, ainsi seront punis.

---

## EN LATIN.

Ut Phrygio cecidit Priameïa littore Virgo [1],
  Ad busti hostilis marmora jussa mori :
Ut generi ad statuam non uno Julius ictu,
  Et victor victi corruit ante pedes,
Sic hostis regum, regum ad monumenta suorum
  Procumbens, merita cæde, cruentat humum.
Nunc gaudete pii : nam cum hæc regalibus umbris
  Victima dat pœnas, et probat esse Deos.

---

## IN EUMDEM.

Nocturno iste dolo Dionysi ceperat urbem :
  Sed captor capta captus in urbe perit.

---

## SUITE
### SUR LE MESME SUJET.

De la fureur qui vous conduit
  Vous vouliez Sainct-Denys surprendre,

---

[1] Ces deux épigrammes latines sont de Nicolas Rapin, et se trouvent dans ses œuvres (l. 1, p. 18 de l'édit. in-4° de 1610).

Il vous a pris le voulant prendre
Dessuz la glace d'une nuict.

De glace sont tous vos desseins
Ils sont fondus en la mesme heure,
Qui dessuz la glace s'asseure
Bien souvent tombe sur les reins.

Le faict en vous je recognois
Vostre chef y laissant la vie,
Je pardonne à vostre folie,
La faim chasse le loup du bois.

Ha! il ne faut pas faire ainsy
D'en vouloir aux saincts et aux sainctes,
Saincte-Menehou faict ses plaintes
Que le vouliez forcer aussy.

Mais Dieu qui cognoist vostre cœur,
Et qui des siens a tousjours compte,
Vous donna la perte et la honte
Qui sont les armes du ligueur.

Sainct-Denys prince de la foy
Se plaist avec les catholiques,
Et tient ceux là pour heretiques
Qui ont assassiné leur roy.

Sainct-Denys tient comme en depost
De nos roys les corps honorables,
Vous autres, ligueurs miserables,
Vous vouliez troubler leur repos.

Ne vous prenez jamais aux saincts;
Sainct-Denys le patron des Gaulles,
Vous a faict tourner les espaulles,
Et renversé tous vos desseins.

## AVIS

### A MONSIEUR DE MAYENNE,

SUR LA MAUVAISE INTERPRETATION
QU'IL A FAICTE DES ORACLES QUI AVOIENT ESTÉ
PROFEREZ EN SA FAVEUR.

Les Destins vous avoyent promis
L'honneur d'un riche diademe,
Mais vous faictes mentir Themis
Pour vous fier trop à vous mesme.

Les oracles ont double sens,
Chascun ne les peut pas comprendre;
Et pourquoy à vos partisans
Ne les avez vous faict entendre?

Vous pensiez tout seul estre fin
Et tout seul faire vos affaires,
Mais je trouve que vos confreres
Ont mieux entendu le Destin.

Bien que vous ayez le chef gros
Et plein de beaucoup de caboche,
Vous n'avez sceu prendre à propos
Un heur qui vous estoit si proche.

C'estoit du regne Memphien
Que parloit la saincte prophete,
Sachant combien l'Egyptien
Feroit cas de si grosse beste.

Et non du royaume gaullois
Que vous pensez tenir en bride.
Mais il ne reçoit pour ses roys
Que ceux de la race d'Alcide.

Monsieur, changez vos vains projets,
Vous n'aurez poinct de droict en France.
Nous voudriez vous rendre subjects
Contre la fatale ordonnance?

Courez ou le sort vous conduit.
Le peuple du Nil vous souhaitte;
Mais helas qu'il sera seduit
S'il juge le bœuf par la teste [1] !

# SONNET

#### SUR LA RETRAITE DU DUC DE PARME.

Mais ou est maintenant ceste puissante armee,
Qui sembloit en venant tous les dieux menacer?
Et qui se promettoit de rompre et terrasser
La noblesse françoise avec son prince armee?

Ce superbe appareil s'en retourne en fumee.
Et ce duc, qui pensoit tout le monde embrasser,
Est contrainct, sans rien faire, en Flandres rebrosser,
Ayant perdu ses gens, son temps, sa renommee.

Henry, nostre grand roy, comme un veneur le suit,
Le presse, le talonne, et le renard s'enfuit,
Le menton contre terre, honteux, despit, et blesme.

[1] Cette pièce et la précédente manquent dans plusieurs éditions.

Espagnols, apprenez que jamais estranger
N'attaqua le François qu'avec perte et danger :
Le François ne se vainc que par le François mesme.

---

## SONNET.

#### A TOUS CEUX DE LA LIGUE.

François desnaturez, bastards de cette France
Qui ne se peut dompter que par sa propre main,
Despouillez maintenant ce courage inhumain
Qui vous enfle d'orgueil, et vous perd d'ignorance :

Petits princes lorrains, quittez vostre esperance :
Ne suyvez plus l'erreur de cet asne cumain,
Qui vestu de la peau du grand lyon romain,
Voyant le vray lyon perd cœur et asseurance.

Et vous, Parisiens, ou aurez vous recours?
Il faut bon gré mal gré, sans espoir de secours,
Vous ranger au devoir ou les loix vous obligent.

Mais si vous irritez vostre roy contre vous,
Vous serez chastiez : les enfants et les fous,
S'ils ne sont chastiez, jamais ne se corrigent.

## DES SEIGNEURS
# DE VITRY ET DE VILLEROY
#### QUI ONT RECONNU LE ROY.

L'Union s'en va desunie,
Tesmoins Vitry et Villeroy.
A Dieu en soit gloire infinie,
Louange à eux, honneur au roy.

Ce lieutenant imaginaire,
Ce grand colosse enflé de vent,
Qui pensoit le roy contrefaire,
Sera gros Jean comme devant.

La Ligue à se perdre commence,
Dont bien confus sont les meschants :
Esteinte en sera la semence,
Par hart, ou par glaives trenchants :

Gens de sang, de sac, et de corde,
Qui vous faites nommer zelez :
Criez au roy misericorde,
Ou au gibet vous en allez.

Seize, Mont-faucon vous appelle,
A demain, crient les corbeaux.
Seize pilliers de sa chapelle
Vous seront autant de tombeaux.

## AU ROY

### SUR SA TROP GRANDE CLEMENCE.

C'est bien une vertu belle entre les plus belles,
D'estre doux aux vaincus, et pardonner à tous;
Mais gardez-vous du trop, mesme envers les rebelles,
Car César en mourut, grand prince, comme vous.

## EN LATIN.

Magna quidem in magno virtus clementia rege
    Hostibus est semper parcere velle suis.
Sed nimia haud tuta est clementia : curia quondam
    Testis Julæi cæde cruenta ducis.

## SUR LE MESME SUJET.

C'estoit jadis vertu à un roy magnanime,
Faire grace et pardon aux plus grands ennemis;
Mais depuis que Cesar à mort fut ainsy mis,
De vertu que c'estoit, c'est maintenant un crime.

## EN LATIN.

Ante, fuit ducibus magnis clementia virtus :
Post, fuit hæc virtus, extincto Cæsare, crimen.

## AU ROY [1].

Prince victorieux, le meilleur des humains,
Dieu de sa main a mis deux sceptres en tes mains,
Et t'a au throsne assis de tres longue duree,
Maugré tous les efforts d'Espagne conjurée :
Les vœux des bons François à la fin sont ouys :
Tu regneras en paix, race de sainct Louys :
Nul ne te peut oster ce que le ciel te donne :
Quand tu commanderois sans sceptre et sans couronne,
Pour cela toutesfois moins roy tu ne serois,
C'est la vertu qui sacre et couronne les roys [2].


## EN LATIN [3].

Invicte princeps, et tui decus secli,
Solio in avito te ipsa collocant fata ;
Manuque tradunt gemina sceptra felici,
Ex hoste ibero quæ recepta gestabis :

---

[1] Cette pièce est de Passerat. (V. ses *Œuvres poét.*, Paris, 1606, in-8°, p. 418.)

[2] Cette pièce fut écrite à une époque où l'on n'étoit pas encore décidé à sacrer le roi à Chartres. On sait que les ligueurs occupoient Reims.

[3] Ces vers, soit originaux, soit imités des précédents, sont de Nicolas Rapin. On les trouvera au 1er livre de ses œuvres.

Hoc una quondam de tribus soror nevit :
Quin si negetur capitis aureum insigne,
Sacrumque olivum regibus datum gallis,
Quod præpes alto candida attulit cœlo,
Non id vetabit more quin patrum regnes,
Regem coronat, regem inaugurat virtus.

# A MADAMOISELLE
# MA COMMERE,
## SUR
# LE TRESPAS DE SON ASNE.
### REGRET FUNEBRE [1].

Depuis que la guerre enragee
Tient nostre muraille assiegee
Par le dehors, et qu'au dedans
On nous fait allonger les dents
Par la faim qui sera suivie
D'une autre fin de nostre vie,
Je jure que je n'ay point eu
Douleur qui m'ait tant abbatu,
Et qui m'ait semblé plus amere,
Que pour vostre asne, ma commere,
Vostre asne, helas! ô quel ennuy!
Je meurs quand je repense à luy,

[1] Cette pièce, qu'on ne trouve pas dans la première édition de la *Ménippée*, est de Gilles Durant, sur lequel il faut consulter, comme toujours, le *Tableau de la poésie franç. au seizième siècle*, de M. de Sainte-Beuve, 1828, in-8°, p. 156 et suiv.

Vostre asne, qui par advanture,
Fut un chef-d'œuvre de nature,
Plus que l'asne Apuleyen :
Mais quoy? la mort n'espargne rien,
Il n'y a chose si parfaicte
Qui ne soit par elle deffaicte :
Aussy son destin n'estoit pas
Qu'il deust vivre exempt du trespas :
Il est mort, et la Parque noire
A l'eau du Styx l'a mené boire,
Styx, des morts l'eternel sejour
Qui n'est plus passable au retour :
Je perds le sens et le courage
Quand je repense à ce dommage,
Et tousjours depuis en secret
Mon cœur en gemit de regret :
Tousjours, en quelque part que j'aille,
En l'esprit me revient la taille,
Le maintien et le poil poly
De cet animal tant joly ;
J'ay tousjours en la souvenance
Sa façon et sa contenance :
Car il sembloit le regardant
Un vray mulet de president,
Lorsque d'une gravité douce,
Couvert de sa petite housse,
Qui jusqu'au bas luy devalloit,
A Poulangis il s'en alloit
Parmy les sablons et les fanges
Portant sa maistresse à vendanges,
Sans jamais broncher d'un seul pas,
Car Martin souffert ne l'eust pas,
Martin qui tousjours par derriere

Avoit la main sur sa croupiere.

 Au surplus un asne bien faict,
Bien membru, bien gras, bien refaict,
Un asne doux et debonnaire,
Qui n'avoit rien de l'ordinaire,
Mais qui sentoit avec raison
Son asne de bonne maison :
Un asne sans tache et sans vice,
Né pour faire aux dames service,
Et non point pour estre sommier
Comme ces porteurs de fumier,
Ces pauvres baudets de village,
Lourdauts, sans cœur et sans courage,
Qui jamais ne prennent leur ton
Qu'à la mesure d'un baston..

 Vostre asne fut d'autre nature,
Et couroit plus belle advanture,
Car, à ce que j'en ay appris,
Il estoit bourgeois de Paris :
Et de faict par un long usage
Il retenoit du badaudage :
Et faisoit un peu le mutin
Quand on le sangloit trop matin.
Toutesfois je n'ay cognoissance
S'il y avoit eu sa naissance :
Quoy qu'il en soit, certainement
Il y demeura longuement,
Et soustint la guerre civile
Pendant les sieges de la ville,
Sans jamais en estre sorty,
Car il estoit du bon party :
Dà, et si le fit bien paroistre,
Quand le pauvret aima mieux estre

Pour l'Union en pieces mis,
Que vif se rendre aux ennemis :
Tel Seize qui de foy se vante,
Ne voudroit ainsy mettre en vente
Son corps par pieces estallé,
Et veut qu'on l'estime zelé.

Or bien, il est mort sans envie,
La ligue luy cousta la vie :
Pour le moins eut il ce bonheur,
Que de mourir au lict d'honneur,
Et de verser son sang à terre
Parmy les efforts de la guerre,
Non point de vieillesse accablé,
Rogneux, galeux, au coing d'un blé,
Plus belle fin luy estoit due :
Sa mort fut assez cher vendue,
Car au boucher qui l'acheta
Trente escuz d'or sol il cousta :
La chair par membres despecee
Tout soudain en fut dispersee
Au legat, et le vendit on
Pour veau peut estre, ou pour mouton.

De cette façon magnifique,
En la necessité publique,
O rigueur estrange du sort !
Vostre asne, ma commere, est mort :
Vostre asne, qui par advanture
Fut un chef-d'œuvre de nature.

Depuis ce malheur advenu
Martin malade est devenu,
Tant il portoit une amour forte
A ceste pauvre beste morte !
Helas ! qui peut veoir sans pitié

Un si grand effet d'amitié ?
De moi, je le dy sans reproche,
Quoy que je ne fusse si proche
Du deffunct comme estoit Martin,
J'ay tel ennuy de son destin,
Que depuis quatre nuicts entieres
Je n'ay sceu clorre les paupieres :
Car lors que je cuide dormir,
Je me sens forcé de gemir,
De souspirer, et de me plaindre :
Mille regrets viennent attaindre
Sans cesse mon cœur, et l'esmoy
Ne deloge point de chez moi :
Depuis cette cruelle perte
Mon âme aux douleurs est ouverte,
Si que pour n'avoir plus d'ennuy,
Il faut que je meure apres luy.

On le fit mourir en la fleur de son aage, le mardi XXVIII d'aoust 1590.

# DISCOURS
## DE L'IMPRIMEUR,

SUR L'EXPLICATION DU MOT DE *HIGUIERO D'INFIERNO*,

ET D'AUTRES CHOSES

QU'IL A APPRISES DE L'AUTHEUR [1].

---

Messieurs, le profict que j'ay faict à l'impression et au debit de ce discours m'a rendu plus desireux de sçavoir qui en estoit l'autheur, car depuis que la copie françoise m'en fut premierement donnee à Chartres au sacre du roy [2] par le gentil-homme duquel j'ay cy-devant faict mention ; j'ay veu plusieurs doctes hommes, et moy mesme ay bien aysement jugé par le style et le langage du livre qu'un Italien ne peut avoir faict un ouvrage si françois et si poly, qui montre une parfaicte cognoissance de toutes les affaires, et du naturel de toutes les personnes plus signalees de France; tellement qu'il faut par necessité que ce soit un François qui l'a faict, bien entendu et rompu à la cour, et que le Florentin qui l'emportoit en son pays, auquel son valet le

---

[1] Ce morceau a été ajouté à la deuxième édition de la *Ménippée*, publiée la même année que la première. C'est un habile extrait de deux pièces qu'on trouvera dans les *Mémoires de la Ligue*.

[2] Henri IV fut sacré à Chartres le 27 février 1594.

desroba avec la valise, l'eust tourné de françois en italien pour le faire veoir en Italie; c'est pourquoy je me suis travaillé avec un soin merveilleux pour descouvrir celuy à qui nous estions redevables de cest ouvrage, qui a donné tant de plaisir et de contentement à tous les gens de bien; mais quelque perquisition que j'en aye peu faire, je n'ay trouvé personne qui m'en ait dict de bien certaines et asseurees nouvelles, ne parlants que par indices, soubçons et conjectures; jusques à ce qu'un de ces jours, comme j'estois presque desesperé d'en rien sçavoir, se vint de fortune adresser à moy, par la rue, un grand vieil homme, fort maigre et pasle, que j'ay depuis ouy nommer maistre Paul Ypragmon [1], qui me demanda d'abordee si c'estoit pas moy qui avoit imprimé le *Catholicon*. Je fis difficulté du commencement de le luy confesser, craignant que ce fust quelqu'un qui y fust nommé dedans, et s'en sentist offensé, comme aucuns ont faict : non, non, dit-il, ne me celez point ce que tout le monde sçait; j'estois à Tours quand vous l'imprimastes premierement, et sçay bien le nom de ceux qui vous en donnerent la copie originale, mais peut estre que ny vous ny ceux qui vous l'ont donnee ne sçavez pas qui en est l'autheur; alors voyant qu'il en sçavoit tant, je ne peus luy nier qu'à la verité je l'avois imprimé à Tours, mais que je ne l'avois peu achever qu'au temps qu'il fallut plier bagage pour s'en venir en ceste ville, apres que les Parisiens furent retournez à leur bon sens, et reduicts en l'obeissance du roy. Cela vous a bien succedé, dit-il, car auparavant que l'eussiez mis en vente, on en avoit desja veu plusieurs copies imparfaictes, et barbouillees, qui avoyent

---

[1] Ou mieux *Eupragmon*, homme officieux.

donné plus d'envie de veoir le reste bien limé et mis au net. Mais vous vous estes trompé en vostre epistre liminaire, d'avoir dict que ce fust un Italien qui le fist aux Estats de Paris; car je sçay fort bien le nom de celuy qui l'a faict, et qui ne se tient pas loin d'icy. Alors je fus tout rejouy de ceste rencontre, et le priay fort instamment de me le nommer, au moins s'il m'estoit permis de le sçavoir, parce que j'avois beaucoup de choses d'importance à luy dire pour son bien et honneur. Je vous diray, dit il, son nom, et vous enseigneray son logis, à la charge de ne les reveler à personne; car il est homme qui n'ayme pas estre tant visité. Ceux qui vous ont rapporté qu'il estoit d'Italie, se sont abusez d'une lettre seulement : il n'est pas d'Italie, mais d'Alethie [1], qui est bien loing de l'autre, et est natif d'une petite ville qu'on appelle Eleuthere [2], habitee et bastie par les Parisiens, qui ont guerre continuelle contre les Argyrophiles et Timomanes [3], nation fort puissante et populeuse; son nom est le seigneur Agnoste [4], de la famille des Misoquenes [5], gentil-homme de bonne affaire, et point trompeur, qui ayme mieux le concile de vin [6] que de Trente; vous le recognoistrez parce qu'il est tousjours habillé d'une façon, et ne change jamais d'accoustrements, comme s'il avoit à penser et gouverner des lyons. C'est un grand petit homme qui a le nez entre les deux yeux, des dents en la bouche, et la barbe de mesme, et se mouche volontiers à ses manches.

[1] Pays de la vérité.
[2] C'est-à-dire *libre*.
[3] Hommes avides d'or et de distinctions.
[4] Inconnu.
[5] Ennemis des nouveautés.
[6] Jeu de mots : « *de vin (de vingt) que de Trente.* »

Vous le trouverez à present logé en la rue du Bon Temps, à l'enseigne du Riche Laboureur, et va le plus souvent se pourmener aux carmes, parce qu'il les ayme fort[1]; et là dessuz me recommande, car j'ay affaire ailleurs pour les pacquets venuz de Rome, qui asseurent que nostre absolution ne tient plus qu'à un filet à ce bout de l'an. Comme il eut dict ces mots tout brutivement, il passe outre, et me laisse encore en suspens, toutesfois aucunement plus satisfaict que je n'estois auparavant, puisque je sçavois le nom et le logis de mon autheur, et du mesme pas m'en vay par tous les quartiers de Paris m'enquerir de la rue et de l'enseigne qu'il m'avoit donnee; mais point de nouvelles de trouver ny de Bon Temps, ny de Riche Laboureur; j'usa, les jours suyvants trois paires de souliers, ou environ, à courir les rues sans rien apprendre; bref, j'y fusse encore, sinon que je rencontray par hazard un honneste homme que j'avoy ouy dire autrefois estre Parisien, auquel je fy la mesme demande que j'avoy desja faicte dix mille fois à autant de personnes inutilement. Cestuy-cy me dict avoir ouy parler d'un gentil-homme d'Eleuthere, de la famille des Misoquenes, mais ne sçavoit si c'estoit celuy que je demandoy, parce qu'il y en avoit plusieurs de ce mesme nom en Alethie. Je le priay de me conduire au logis de celuy qu'il cognoissoit, ce qu'il fit; et enfin apres beaucoup de tournees et virees par des ruelles escartees, il me monstra un petit huis bas, ou j'entray sans frapper, et trouvay en une petite chambre haute, assez gaye, et bien meublee, un homme de belle repre-

---

[1] Le mot *carmes* ne doit pas s'entendre ici des religieux de ce nom, mais des vers (*a carminibus*); parce que Nicolas Rapin, l'un des auteurs du *Catholicon*, aimoit beaucoup les vers et en faisoit d'excellents.

sentation, appuyé, et lisant sur un livre, approchant au plus pres de la taille et façon que ce maistre Paul me l'avoit descrit. Je luy demanday (salut et reverence presupposez) s'il n'estoit pas le seigneur Agnoste Misoquene. On m'appelle bien Misoquene, dit-il, mais je ne suis pas Agnoste : celuy que demandez est mon parent proche, et sommes tous deux d'un pays et d'une ville; mais il sera mal aysé que le puissiez trouver pour le present, car son logis est plus caché que le nid d'une tortue; toutesfois si voulez quelque chose de luy, je l'en pourray advertir d'icy à quelque temps. Monsieur, luy dy je, je croy que c'est luy qui est au heur de ce petit Discours de la tenue des Estats de Paris, et du Catholicon d'Espagne, qu'il a intitulé *Satyre Menippee*. Je luy en ay, dit il, ouy parler ainsy. C'est un œuvre, luy dy je, qui a esté moult bien receu, et que j'ay imprimé, (je suis typographe à vostre commandement) sans cognoistre sa valeur, parce que je n'en fy du commencement à Tours que sept ou huict cents exemplaires; mais sitost qu'il a esté veu à Paris, ou je l'ay apporté avec mes presses et mes meubles, tout le monde l'a trouvé si beau et si bien faict, qu'on y a couru comme au feu, et a fallu que je l'aye imprimé en trois semaines quatre fois, et suis prest de l'imprimer pour la cinquiesme si j'avoy communiqué seulement demy heure avec l'autheur. J'ay souvent ouy dire à mon cousin, dit alors cest honneste homme, qu'il estoit bien marry que cela avoit esté mis en lumiere sans qu'il l'eust reveu, et retranché plusieurs choses, qui peut estre se trouvoyent passables lorsqu'il le composa, mais au temps ou nous sommes pourroyent engendrer quelque scandale, et offenser des personnes de qualité qui y sont nommees ou designees; car ceux qui ont recogneu et amandé leurs fautes, meritent qu'on en supprime et ensevelisse la memoire plustost que la rafraischir et perpetuer par des escrits piquants et facetieux; aussy l'ay je ouy plaindre d'un libraire, qui, par avarice ou jalousie des autres, a faict imprimer cet œuvre en petits caracteres mal corrects et mal playsants[1], et a esté si temeraire d'y oster et d'y adjouster ce qu'il a voulu, ce que la justice ne devroit pas endurer; toutesfois l'argument est public, ou chascun peut faire des additions qui servent à la matiere; car au reste, je sçay fort bien que mon cousin n'en veut ny n'en espere honneur ou louange. Alors je luy demanday s'il n'y avoit point moyen que je pusse veoir ledict seigneur Agnoste; et il me fit response que non pas pour lors, parce que son cousin se renfermoit quelquefois pour huict jours sans veoir personne; mais si je vouloy sçavoir quelque chose de son intention, il pensoit me pouvoir satisfaire tout autant que son cousin mesme, à cause qu'ils avoyent souvent devisé ensemble sur le mesme sujet, et sur ce qu'on luy venoit rapporter tous les jours des propos qu'on tenoit au palais et par la ville touchant son livre. Je prendray donc la hardiesse, luy dy je, puisque je ne puis avoir cet heur de le veoir, de vous demander quelques doutes ou je veoy beaucoup de personnes s'ahurter, et ne s'en pouvoir pas bien resoudre : premierement il a affecté ce tiltre nouveau de *Satyre Menippee* que tout le monde n'entend pas, veu qu'aux copies à la main, y avoit *l'Abregé*, et *l'Ame des Estats :* ceste question, dit il, ne peut tomber qu'aux esprits ignorants : car tous ceux qui sont

---

[1] On trouvera un exemplaire de cette contrefaçon à la Bibliothèque Mazarine.

nourris aux lettres sçavent bien que le mot de satyre ne signifie pas seulement un poeme de mesdisance, pour reprendre les vices publics ou particuliers de quelqu'un, comme celles de Lucilius, Horace, Juvenal, et Perse; mais aussy toute sorte d'escrits, remplis de diverses choses et de divers arguments, meslez de proses, et de vers entrelardez, comme entremets de langues de bœuf salees. Varron dit qu'on appelloit ainsy anciennement une façon de pastisserie, ou de farce, ou l'on mettoit plusieurs sortes d'herbages et de viandes : mais j'estime que le nom vient des Grecs, qui introduisoyent sur les eschafauts, aux festes publiques, des hommes deguisez en Satyres qu'on feignoit estre demy-dieux lascifs et folastres par les forests, tels qu'on en presenta un tout vif à Sylla, et que sainct Hierosme raconte en estre apparu un à sainct Anthoine : et ces hommes ainsy deguisez, nuds et barbouillez, avoyent pris une liberté d'attaquer et brocarder tout le monde impunement : on leur faisoit anciennement dire leurs vers injurieux tout seuls, sans autre sujet que pour railler et mesdire d'un chascun : puis on les mesla avec les comediens, qui les introduisirent parmy leurs actes pour faire rire le peuple : à la fin les Romains plus graves et plus serieux les chasserent du tout hors des theastres, et en leur place y receurent les mimes, et pantomimes ; mais les poetes ingenieux s'en servirent à contenter leur esprit de medisance, qu'aucuns ont estimé estre le souverain bien, et s'en trouve assez en nostre pays de Parisie, qui ayment mieux perdre un bon amy, qu'un bon mot, et un brocard appliqué bien à propos. Ce n'est donc pas sans raison qu'on a intitulé ce petit discours du nom de *Satyre*, encore qu'elle soit escrite en prose : mais farcie et remplie d'ironies gaillardes, piquantes toutesfois et mordantes le fond de la conscience de ceux qui s'y sentent attaquez, auxquels on dit leurs veritez : mais au contraire faisants esclater de rire ceux qui ont l'ame innocente et asseuree de n'avoir point desvoyé du bon chemin. Quant à l'adjectif de *Menippee*, il n'est pas nouveau : car il y a plus de seize cents ans que Varron, appellé par Quintilien et par sainct Augustin le plus sçavant des Romains, a faict des satyres aussy de ce nom, que Macrobe dict avoir esté appellees *Cyniques* et *Menippees*, auxquelles il donna ce nom à cause de Menippus, philosophe cynique, qui en avoit faict de pareilles auparavant luy, toutes pleines de brocards salez, et de gausseries saulpoudrees de bons mots pour rire, et pour mettre aux champs les hommes vitieux de son temps. Et Varron, à son imitation, en fit de mesme en prose, comme depuis fit Petronius Arbiter, et Lucien en la langue grecque, et apres luy Apulee; et de nostre temps le bon Rabelais, qui a passé tous les autres en rencontres et belles robineries[1], si on veut en retrancher les quolibets de taverne, et les saletez de cabarets. Je ne sçay donc qui sont ces delicats qui trouvent mauvais si, à l'exemple de ces grands personnages, on a voulu donner à un ouvrage semblable un tiltre semblable au leur, qui s'est faict commun et appellatif, au lieu qu'il estoit auparavant propre et particulier; comme n'a pas long temps en a usé un docte Flamand antiquaire[2]. Voylà ce que je vous puis dire pour ce regard : si vous desirez quelque autre chose, je vous en diray mon advis. Je suis, luy dy je alors, abondamment satisfaict quant à ce tiltre :

[1] Farces.
[2] Allusion à la *Satyra Menippea* de Cunæus publiée à cette époque.

mais on est fort en dispute qu'a voulu dire l'autheur par ce mot de *Higuiero d'infierno ;* car il y a beaucoup de personnes qui ne sçavent que c'est, et y font des interpretations cornues, auxquelles, à mon advis, il n'a jamais pensé. Je sçay bien, dit il, qu'il y en a qui se veulent jouer sur l'affinité des paroles, les uns pour se donner carriere, et les autres pour tirer l'autheur en envie : mais il y a bien loin de huict à dix huict, et grande difference entre aspirer et siffler. J'ay cent fois ouy dire à mon cousin, et je sçay aussy bien que luy, que *Higuiero d'infierno* ne signifie autre chose, en langue castillane, qu'un figuier d'enfer : car les Espagnols comme les Gascons tournent les F en H, *hacer, harina, hijo, hogo, higo;* faire, farine, fils, feu, figue, Cela n'est maintenant que trop commun à Paris, ou les femmes ont appris à parler, aussy bien qu'à le faire à l'espagnolle. Ce qu'il dict donc que la drogue du charlatan espagnol s'appelloit *Higuiero d'infierno,* est pour plusieurs raisons : premierement que le figuier est un arbre mal-heureux et infame, duquel les feuilles, comme il se trouve dans la Bible, servirent jadis à couvrir les parties vergogneuses de nos premiers parents apres qu'ils eurent peché, et commis crime de leze majesté contre leur Dieu, leur pere, et createur : tout ainsy que les ligueurs pour couvrir leur desobeissance et ingratitude contre leur roy et bienfaicteur, ont pris la religion catholique, apostolique et romaine, dont ils pensent cacher leur honte et leur peché. C'est pourquoy le catholicon d'Espagne, c'est à dire le pretexte que le roy d'Espagne et les jesuistes et autres precheurs gaignez des doublons d'Espagne ont donné aux ligueurs seditieux et ambitieux de se rebeller et revolter contre leur roy naturel et legitime, et faire la guerre plus que civile en leur pays, se peut fort proprement appeler figuier d'enfer : au lieu que celuy dont Adam et Eve couvrirent leur manifeste, estoit le figuier de paradis. Et depuis ce temps là, cest arbre a toujours esté maudit et diffamé entre les hommes, et portant ny fleurs ny embellissement quelconque, et le fruit mesmes en a esté traduit à nommer la plus deshonneste partie de la femme [1], et la plus sale maladie [2] qui naisse aux endroits qu'on ne peut nommer. Vous n'ignorez pas aussy que les anciens tenoyent cest arbre entre les gibets : comme quand Timon Athenien voulut en arracher un qui luy faisoit nuisance en son jardin, auquel plusieurs s'estoyent desjà penduz, il fit crier au trompette, que si quelqu'un s'y vouloit pendre, il se depeschast d'y venir, parce qu'il le vouloit faire arracher. Pline nous apprend que cest arbre n'a aucune odeur, non plus que la Ligue : qu'il perd aysement son fruict, comme a faict la Ligue : qu'il reçoit toutes sortes d'antures, comme la Ligue a receu toutes sortes de gens, et qu'il ne dure gueres en vie, non plus qu'a faict la Ligue : et que la plus grande partie du fruict qui paroist du commencement ne parvient point à maturité, non plus que celuy de la Ligue. Mais ce qui luy convient encore mieux, et qui a des conformitez avec la Ligue, plus que sainct François n'en a avec nostre Seigneur [3] : c'est le figuier des Indes, que les Espagnols mesmes ont nommé figuier d'enfer : duquel Mathiol dit sçavoir pour le vray, que qui en coupe seulement une feuille, et la plante à demy dedans terre,

---

[1] *Fica.*

[2] *Ficus.*

[3] Allusion au traité des *Conformités* de Barthélemy de Pise, qui a été reproduit sous le nom d'*Alcoran des cordeliers.*

elle y prend racine : puis sur cette feuille, croist une autre feuille : ainsy feuilles croissantes sur feuilles, ceste plante devient haute comme un arbre, sans tronc, sans tige, sans branches, et quasy sans racines : de façon qu'on peut la mettre entre les miracles de nature. Y a il rien si semblable et rapportant à la Ligue, qui d'une feuille, c'est à dire d'un petit commencement est devenue piece à piece, d'une personne à l'autre en ceste grande hauteur ou nous l'avons veue[1], et neantmoins par faute d'avoir un bon pied, et un fort tige pour la soubstenir, s'en est allee à bas au premier vent? Ce n'est pas tout. Ce figuier des Indes, appellé figuier d'enfer, produit des fruicts semblables aux figues communes, mais bien plus grosses : finissants par le devant en une couronne (ce sont les propres mots de Mathiol) de couleur entre verte et pourpree : le dedans n'est qu'une poulpe comme en nos figues, mais pleine d'un suc si rouge qu'il teint les mains comme les meures, et faict uriner rouge comme sang, dont beaucoup de gens ont peur. Avez-vous pas veu que la Ligue a eu de mesmes effects? ses fruicts ont esté gros, et plus enflez que les communs, et leur fin estoit une couronne : c'est à sçavoir la couronne de France, à laquelle elle tendoit : la couleur en estoit verte et rouge; verte, pour la resjouissance qu'elle eut de la mort du feu roy, dont elle a long-temps porté l'escharpe; et rouge, tant pour se marquer aux livrees des Espagnols, que pour le sang qu'elle vouloit espandre des bons François. Ce figuier d'enfer est si frequent en l'isle espagnolle nouvellement descouverte aux Indes, qu'un autheur italien dit que tout en est plein, et qu'il y vient comme par despit jusques

---

[1] L'édition de 1599 ajoute : « *egale à un grand estat.* »

aux cours des maisons. Il y a un autre medecin espagnol nommé Juan Fragoso[1], qui escrit de la proprieté d'une huile qu'on appelle du figuier d'enfer, en ces termes : « Algunos modernos que escrivieron cosas de » las Indias Occidentales hacen capitulo proprio de un » aceyte que llaman de la higuera del infierno, y dicen » venir de Gelisco provincia en la nueva España » ; et un peu apres il dit, « Siendo el mismo como es con » nombre de cherva, o catapucia mayor ; que los Ita- » lianos llaman palmachristi o mira solis. » Qui monstre que ce que les Italiens appellent *fico d'infierno*, est appellé par les Espagnols *higuera d'infierno*, ou en castillan *higuiero d'infierno*. Voylà donc les raisons qui l'ont meu de nommer le catholicon d'Espagne figuier d'enfer, parce que les Espagnols appellent ainsy ce figuier des Indes qui porte son fruict plein de sang, comme a faict la Ligue : et si on veut encore passer outre, et dire que ce figuier est le palmar, vous y trouverez mille autres conformitez qui seroyent trop longues à discourir : et entre autres celle qu'un medecin affricain a escrite, que de l'arbre du palmar seul, on peut faire touts les ustensiles et provisions d'un navire, et le navire mesme : et que le fruict s'applique à tous usages, et sert de pain, de vin, de linge, de vaisselle, de table, de couverture de maisons, et bref de tout ce qu'on veut : comme la Ligue du commencement a servy à toutes sortes de gens, de toutes sortes d'esperances, et de moyens pour couvrir toutes sortes de passions, de haine, d'avarice, d'ambition, de vengeance, et d'ingratitude. Il y a bien un autre arbre

---

[1] Médecin de Philippe II. On a de lui plusieurs ouvrages, un entre autres sur les arbres et aromates de l'Inde.

que Baptiste Ramuse appelle *higuero*, et dit qu'il le faut prononcer par quatre syllabes : mais ce n'a point esté l'intention de mon cousin d'en parler, non plus que du lathyris, ou de l'helioscopion, que le grammairien Nebrissense appelle aussy *higuera del infierno*, parce que les sorciers et sorcieres en usent ordinairement pour faire leurs charmes et enchantemens, comme les ligueurs se sont servis de la religion catholique pour charmer et enchanter le peuple. Mais cela, ce me semble, doit suffire à ceux qui veulent deviner, ou disputer sur ce mot : quelques uns ont rapporté à mon cousin qu'on a trouvé mauvais qu'il y ait mis les noms propres d'aucuns seditieux et principaux autheurs de tout le malheur de la France : mais je luy ay ouy dire qu'il estoit d'un pays, ou l'on appelloit le pain pain, et les figues figues. Ceux qui avoyent livré pour de l'argent leur propre ville au roy Philippe de Macedoine, se plaignoyent bien que ses soldats apres la reddition les appelloyent traistres, et leur reprochoyent leur trahison : je ne sçauroy, dit le roy, que vous y faire ; mes soldats sont grossiers et lourdauts qui appellent les choses par leur nom. Ceux qui apres avoir faict revolter les villes contre le roy, et faict la guerre tant qu'ils ont peu tenir, exercé toutes sortes de tyrannies sur le pauvre peuple, et ruyné tous leurs voisins, et qui se voyants ne pouvoir plus subsister, et n'y avoir plus rien que prendre, ont vendu cherement les places au roy, et livré les pauvres habitants à sa mercy, seront bien marris si on les appelle traistres : mais si sera il mal aysé qu'il n'en eschappe quelque mot aux Parisiens, mesmement contre ceux qui ont pris de l'argent, et qui ont marchandé et barguigné pour parvenir à un certain prix, j'en veux avoir tant. Car encore qu'ils ayent faict ce qu'ils doivent, comme les juges qui font la justice qu'ils sont tenuz faire, si est ce qu'en prenant de l'argent ils ont tout gasté, et ne doivent plus recevoir d'honneur de leur bienfaict. Ils ne peuvent se sauver qu'on ne les appelle traistres, concussionnaires, marchands et vendeurs de leur pays, et n'y a que Dieu seul qui puisse faire que les choses faictes ne soyent faictes : encore ne le peut il faire que par l'oubly qu'il peut induire en nos esprits pour ne nous souvenir plus de ce qui s'est passé. Et sur ce porpos un de nos poëtes, dont nostre ville d'Eleuthere est assez bien fournie, a dict en six petits vers, ces jours passez :

> Ceux qui vendent au roy, par ces guerres civilles,
> A beaux deniers comptants, les places et les villes,
> Encore, à mon advis, luy font ils bon marché :
> Car pour un peu d'argent s'exposants aux envies,
> Ils vendent quant et quant leur honneur et leurs vies :
> Jamais homme de bien sur ce train n'a marché.

Toutesfois il s'en trouve quelques uns qui s'estants du commencement laissés emporter au torrent de la ligue, fust ce pour crainte de perdre leur religion, fust ce pour affection particuliere qu'ils portoyent aux chefs du party, ou pour quelque indignation et haine qu'ils eussent conceue contre le feu roy, se sont d'eux mesmes soubmis à recognoistre le roy present si tost qu'ils l'ont veu catholique, et ont remis en sa puissance les places qu'ils tenoyent, sans marchander, ny entrer en composition avec leur maistre : et ceux là sont plus excusables de leur premiere erreur que les autres : voire meritent recommandation et louange ; et d'estre mis aux chroniques pour avoir delivré leur pays de la tyrannie espagnole, comme on y veoit ceux qui delivrerent la France des Anglois, dont sont venuz tant de beaux previleges octroyez aux familles, aux villes et communautez, qui d'elles mesmes secouerent le joug estranger pour se soubmettre à la douce puissance de leurs roys naturels. Mais ce qui fasche le plus tous les gens de bien, est de veoir ceux qui ne l'ont faict que par force et necessité, estre neantmoins caressez, receuz et bien venenz, et se glorifier qu'ils sont cause que le roy est converty. Ceux là me font soubvenir d'une response que fit le grand Fabius à un capitaine romain gouverneur de Tarente, qui, apres avoir laissé perdre la ville par la trahison des citoyens, se vantoit d'avoir esté cause qu'elle fut reprise par Fabius? A la verité, dit Fabius, je ne l'eusse point reprise ny recouvree si tu ne l'eusses perdue : aussy se peuvent ces gens icy vanter qu'ils sont cause de tant de trophees, et de triomphes que le roy a acquis en reconquerant son royaume; car sans leur trahison et rebellion, il n'eust pas tant gaigné d'honneur à les subjuguer et ranger à raison [1]. J'en veoy d'autres qui n'ont bougé de leurs maisons et de leurs ayses, à deschirer le nom du roy, et des princes du sang de France tant qu'ils ont peu, et qui ne pouvants plus resister à la necessité qui les pressoit, pour avoir eu deux ou trois jours devant la reduction de leur ville, quelque bon souspir et sentiment de mieux faire, sont aujourd'huy neantmoins ceux qui parlent plus haut, et qui ont les estats, offices, et recompenses, et se vantent d'avoir faict plus de services au roy et à la France, que ceux qui ont quitté leurs maisons et leurs biens et

---

[1] Au lieu de cette phrase, on lit dans l'édition de 1599 : « Car sans trahison et rebellion, il n'eust pas tant gaigné de batailles ny pris de villes, ny merité tant d'honneur par la clemence dont il a usé en leur endroit. »

offices, pour suyvre leur prince, et qui ont voulu endurer toutes sortes de necessitez plutost que de conniver à la tyrannie des estrangers, tant Lorrains qu'Espagnols : mais cette plainte merite une autre Menippee : je ne vous diray plus que deux petits quatrains que deux de nos compatriotes firent sur le champ une fois que nous discourions sur ce mesme sujet.

> Si les mauvais François sont b'en recompensez :
> Si les plus gens de bien sont les moins avancez,
> Soyons un peu meschants : on guerdonne [1] l'offense :
> Qui n'a point faict de mal n'a point de recompense :

L'autre tout à l'instant poursuyvit en autant de vers, non moins à propos que les premiers :

> Pour estre bien venuz, et faire nos affaires
> Durant ce temps fascheux, plein d'horribles miseres,
> Agnoste, mon amy, sçais tu que nous ferons?
> Surprenons quelque place, et puis nous traitterons.

Je sçay bien qu'il y a des gens qui ne prennent pas plaisir qu'on parle, et qu'on escrive ainsy librement, et s'offensent au premier mot qu'on ramentoit [2] nos afflictions passees : comme si, apres tant de pertes, ils nous vouloyent encore oster le sentiment, et la langue, et la parole, et la liberté de nous plaindre. Mais ils feroyent pis que Phalaris ne faisoit à ceux qu'il escoufoit dans son veau d'airain : car il ne les empeschoit point de crier, sinon qu'il ne vouloit pas ouïr leurs cris comme d'hommes, de peur d'en avoir pitié, ains comme hurlements de bœufs et de taureaux pour desguiser le son de la voix humaine. Il est mal aysé que ceux qu'on a pillez, volez, emprisonnez en la Bastille, rançonnez et

---

[1] Pardonne.
[2] Rappelle.

chassez de leur ville et de leurs charges, ne jettent quelque malediction sur ceux qui en sont cause, quand à leur retour ils trouvent leurs maisons vagues, desertes, ruynees, ou il n'y a plus que les murailles, au lieu qu'ils les avoyent laissees richement meublees, et accommodees de toutes choses. Qui pourra jamais estouper la bouche à la posterité, et l'empescher de parler du tiers party, et de ceux qui l'ont enfanté, et allaité, et qui le tiennent encore renfermé en chambre, le nourissent, et substantent de bonnes viandes pour le mettre un jour en lumiere, et le faire veoir tout formé, et tout grand, quand ils en verront le temps et la commodité? Jamais ne fut, et ne sera, quelques loix et ordonnances qu'on y puisse faire, que la medisance ne soit mieux receue que la louange; mesmement quand elle est tiree de la verité, et qu'il n'y ait cent fois plus de plaisir à mesdire d'un poltron, qu'à louer un homme de bien. C'est la punition que les meschants ne peuvent eviter : et s'ils ont tous leurs plaisirs d'ailleurs, pour le moins faut il qu'ils ayent ce desplaisir, et ce ver sur le cœur, de sçavoir que le peuple les deschire, et les maudit secrettement, et que les escrivains ne les espargneront pas apres leur mort. Dieu mercy, nous ne sommes point soubs un Tibere qui espie les paroles des subjects, ou qui fasse de toutes offenses nouveaux articles de crime de leze majesté : il donne aux gens de bien autant de liberté qu'ils en doivent desirer : il cognoist le naturel des François, comme luy, qui ne peuvent souvent souffrir ny toute la servitude, ny toute la liberté : aussy ne seroit il pas raisonnable de rafraischir à toutes heures, et à jamais nos vieilles querelles, et user de façons injurieuses qui empeschassent la reunion de son peuple à une mesme devotion soubs son obeyssance; car il faut plus tascher d'adoucir nos maux que de les aigrir : afin que nous nous rangions tous à l'ancienne fidelité et humilité que devons à nos roys, sans partialité ny bigarrure : mais aussy ne peut on trouver mauvais qu'on y pique ceux qui s'y monstrent retifs, et qui semblent quasy se repentir de s'estre repentis. En tout evenement quand il n'y aura que les notoirement meschants qui s'en scandaliseront, je croy que les Parisiens ne s'en donneront gueres de peine. Je ne doute point que le petit Olivier, et Boucher, et Dorleans ne soyent maintenant bien empeschez pour faire un anticatholicon et des apologies contre des tableaux et tapisseries, car ils ont loisir à revendre : mais on les y attend, si leurs lucubrations le meritent. Quant à moy je conseilleray toujours à mon cousin de s'amuser à autre chose qu'à leur respondre ; mais j'en connoy plus d'une douzaine en nostre ville à qui la peau et la plume demangent, et n'attendent qu'un compulsoire [1], pour faire extraits, et vidimus [2] de leurs Menippees, beaucoup plus sanglantes que la premiere. Si en apprenez quelque chose, mon bon amy, je vous prie me le faire sçavoir : vous voyez comme pour vous contenter j'ay extravagué un peu hors de nostre propos, et me suis quasy laissé emporter à l'indignation que j'ay contre ces gens qui bastissent encore sur les fondements de la premiere rebellion, et qui nous menacent de jouer des espees blanches, au lieu qu'ils n'ont joué que des espees rebatues, et peu s'en a fallu que je n'aye destourné ma colere sur les jesuistes : mais, à ce que j'entends, ils ne la feront plus gueres longue en ce pays, et par ce moyen on ne trouvera plus grand goust aux Espagnols : car à ce que di-

---

[1] Provocation.
[2] Révisions.

soit un deputé de Bourgongne, un Espagnol sans un jesuiste est une perdrix sans orange. Mais pour retourner d'ou nous sommes partis, je vous prie si reimprimez la *Menippee*, d'y effacer les noms de ceux qui se sont renduz bons serviteurs du roy, et qui y continuent avec resolution : mais il y en a qui branslent encore au manche, et ont besoin d'un an d'approbation, auparavant qu'on s'y doive fier, ny qu'on les efface du livre. Toutesfois ce n'est ny à vous ny à moy d'en juger : le meilleur sera d'oster tous les noms propres, et n'offenser personne de ceux qui peuvent nuire et qui sont parmy nous : c'est ce que je vouloy vous dire pour le dernier; et me lairrez, s'il vous plaist, en repos, car il est heure de souper. Alors je cognus bien qu'il me vouloit donner congé de me retirer, et je luy dy, qu'il me pardonnast si je l'avoy tant ennuyé, mais que j'avoy pris un si grand plaisir à l'ouyr, que le temps ne m'avoit point duré : toutesfois qu'auparavant que partir je le vouloy encore advertir, que beaucoup de gens disoyent que la harangue du sieur d'Aubray estoit trop longue et trop serieuse au prix des precedentes, qui sont toutes courtes et burlesques ; et que je ne sçavoy que leur respondre, ny quelle en estoit la raison de l'autheur : je n'en sçay, dit il, non plus que vous : sinon que j'estime que mon cousin a voulu imiter le naturel dudict sieur d'Aubray, qui est aussy abondant et copieux en raisons, et qui ne trouve jamais fin de son sçavoir, ny de ses discours : et mesmement qu'en un tel acte, auquel il a deu representer tout ce qu'il sçavoit avec affection de persuader. Mais en ce qu'on l'a faict parler serieusement, c'est pour lui rendre plus de dignité qu'aux autres precedents, qui sont tous chelmes[1], auxquels il

[1] Rebelles.

n'eust pas esté seant de faire dire rien de bon : et ne s'est trouvé que luy, en la bouche duquel il fust propre de dire verité, et de mettre avant chose qui servist à l'instruction et cognoissance serieuse des affaires passees : voylà toute la finesse qu'on y entend, et la raison dont on doit payer ces delicats, en la puissance desquels il est de la ronger et retrancher, ou de n'en lire que le quart ou la moitié comme ils voudront, s'ils la trouvent trop longue : mais je m'en rapporte aux mieux entenduz, s'il y a rien qu'on en puisse oster, et qui n'y soit appliqué fort à propos : toutesfois à vous est permis la tailler ou ronger comme il vous plaira, je n'en trouveray pas le vin pire, et vous prie pour la fin me laisser en paix. Sur cela je n'osay l'importuner davantage, encore que j'eusse grand desir de sçavoir, si luy ou le seigneur Agnoste n'avoyent rien faict sur la cause des jesuistes, mais il me coupa broche [1], et me dit : On a accoustumé à la mode de nostre pays de dire ce qu'on pense. Je vous diray donc que je pense que c'est assez discouru pour ceste fois, et vous prie encore un coup de me laisser en paix. Ce disant appella son valet qu'on vinst mettre la nappe, et j'eus honte de demourer plus long temps : m'en vins instruit de ces belles responses, desquelles je vous ay voulu faire part, pour le contentement de ceux qui sont comme moy curieux de la verité.

[1] Coupa court.

FIN DE LA SATYRE MENIPPÉE.

# LE SUPPLEMENT
# DU CATHOLICON,

OU

NOUVELLES

DES REGIONS DE LA LUNE,

OU SE VOYENT DEPEINTS LES BEAUX ET GENEREUX FAICTS D'ARMES
DE FEU JEAN DE LAGNY, FRERE DU CHARLATAN,
SUR AUCUNES BOURGADES DE LA FRANCE,
DURANT LES ESTATS DE LA LIGUE.

DEDIÉ A LA MAJESTÉ ESPAGNOLE,
PAR UN JESUISTE NAGUERES SORTY DE PARIS.

# A LA MAJESTÉ
## ESPAGNOLE.

Sire,

En memoire de tant de bienfaicts que tout nostre ordre en general a reçeu de vous, et recoit journellement, et en souvenance du bon pere Ignace nostre fondateur, qui estoit vostre subject naturel, il y a environ cinquante ans ou moins, vous sçavez les bons services que nous vous avons faicts, tant dedans que dehors vostre royaume, quand vous nous avez faict cest honneur de nous employer à ce qu'avez cogneu qu'estions propres pour vos affaires, et selon le temps. Il n'y a celuy de vostre royaume qui ne sçache, que la pluspart de ce qu'il vous a pleu nous commander, a esté par nous si dextrement manié qu'en avez receu profict et honneur. Si y avez faict despence, la proye et le butin le vaut. C'est par nos travaux et par nos subtilitez qu'estes maintenant seigneur des Indes, desquelles tirez des doublons qui vous ont servy, avec nos sermons et artifices, à vous rendre paisible possesseur de tant d'autres royaumes, dont les couronnes vous chargent tellement qu'en estes tout courbé et contrefaict. Ces doublons vous servent de charme si souverain, qu'avec iceluy pouvez ensorceler, et faire rendre à vous les plus farouches et sauvages peuples. Quand aux meurtres et cruautez qui ont esté perpetrez, en vous acquerant ceste fine drogue, comme je sçay qu'avons faict massacrer un petit monde de pauvres innocents, par les plus execrables tourments qu'il est possible excogiter, cela vous est pardonné, puisqu'en avez l'absolution de vostre pere confesseur, avec la nostre qui ne vous manquera point. C'est de nostre invention toutes ces sortes de tourments et gesnes qui se pratiquent aujourd'huy par tous les pays de vostre obeyssance, et principalement ès nouveaux conquis. Perillus ny fit œuvre, et le tout pour le plaisir et service de vostre majesté, comme d'un second Phalaris. L'inquisition qui a tant de vogue par toute l'estendue de vostre domination, est elle pas de nostre cru? Elle vous sert de mords, et d'esperon pour tenir et faire trotter qui il vous plaist. Si quelqu'un de vos subjects vous deplaist, ou les moyens d'un autre vous plaisent, il ne faut que le signal à monsieur l'inquisiteur, aussy tost avez la depesche de l'un, et la bource de l'autre. Bref sans icelle, tous les pays que tenez unis, se desuniroyent; et m'asseure que vos fecondes Indes, le Portugal, l'Ecosse, et tous vos autres pays bridez par l'inquisition, vous joueroyent de beaux tours sans icelle. Tel des vostres qui vous honore, qui vous morgueroit: nous donnerons ordre à ce qu'elle soit tousjours exactement observee, et l'establirons encore ailleurs, afin de nous faire, comme en vos pays caresser, embrasser, et honorer, comme petits dieux. Tout cecy ne dy je pour reproche, mais seulement pour montrer que nous sommes acquittez des charges, auxquelles il a pleu à vostre majesté nous commettre. Hélas! Sire, s'il eust pleu à Dieu donner heureux succez aux entreprises et desseins qu'avions projettez sur la France, vous estiez trop fort. Il n'eust resté que l'establissement de nostre sainte inquisition : car autrement n'eussiez jouy de l'acquest pour vous rendre le plus grand roy de vostre race. Les Seize n'aguéres pilliers de Paris, et maintenant de Mont-faucon, estoyent par nostre moyen pour vous. Ils vous avoyent passé contract de vendition de la ville capitale de ce beau royaume; stipulants par nous vos tres fidelles et loyaux agents, et experts facteurs en ce traffyc. Ils avoyent jà touché une partie du prix ; et estoyent prests de faire la delivrance de la marchandise, mais au grand desastre, ils s'y sont trouvez courts, je dy courts attachez. Je ne sçay s'ils ont emporté avec eux la bource, mais je suis asseuré qu'ils y ont du moins laissé les pendants. Je ne puis parler de ceste renverse de fortune sans souspirer, car nous ne serions maintenant à chercher fortune ailleurs. Vous sçavez, nonobstant le desastre advenu à ces saincts personnages, les bons devoirs qu'avons faicts depuis. Nous avons suscité des assassins, pour vous destrapper de vostre capital ennemy. Nous fismes en sorte, et soubs main, qu'un nommé Pierre Barriere, soldat qui avoit suyvy le party de l'Union, homme grossier, et debile d'entendement (car ce n'est pas aux plus fins que nous nous adressons) vint se confesser à l'un de nous. Il s'accusa de quelque enorme peché, duquel il ne pouvoit avoir remission, sinon qu'il fist quelque grand coup pour trouver grace devant Dieu, et eterniser sa memoire. Que s'il pouvoit tuer le roy de France à present regnant, qu'il ne pouvoit faire œuvre plus meritoire, et plus redondante à l'honneur de Dieu, que ce coup.

Que la crainte qu'il pourroit avoir d'y perdre la vie ne le devoit empescher de passer outre. Qu'il y seroit assisté de la mesme faveur speciale de Dieu, que fut Judith qui tua Holopherne, et retourna saine et sauve vers les siens, et Aod qui tua Eglon, roy des Moabites, d'un cousteau, et n'en receut aucun mal. Qu'à ces exemples il devoit faire ce coup, afin qu'il peust comme eux aller tout droit au ciel : car comme il est escrit : *cœlum vim patitur et violenti rapiunt illud*, qu'à tout le moins il seroit canonisé, comme avoit esté de fraische memoire frere Jacques Clement. Voylà comme nous prenons les passages de la Saincte-Escriture, laquelle est faicte pour nous, et non nous pour elle, afin d'embobeliner les pauvres gens. Ce soldat bien instruit, comme dit est, et mettant en devoir de s'acquerir paradis; fut surpris à Meleun à nostre tres grand regret, et en porta la fole enchère. Sur la fin de l'annee derniere, nous pratiquasmes un semblable coup, en la personne d'un jeune escholier natif de Paris, lequel avoit esté instruit des son jeune aage en nostre college; et induit par les mesmes voyes que dessuz, se hazarda pour avoir place en paradis, aussy bien que les autres. Et de faict fit bien davantage : car il aborda jusques à la personne du roy, et luy donna un coup de cousteau en la face, pensant bien le porter ailleurs. Ce fut un grand malencontre pour vous et pour nous, que ce coup ne descendit plus bas; vous ne seriez maintenant en la peine que vous estes, et n'auriez peur de perdre vos Pays-Bas, qui s'ebranlent fort, et de tout ce que par droit de bienseance usurpez. Ne vous estonnez point, Sire, nos ruses et subtilitez ne sont point diminuees en nous, et semble que ce roy nous craigne. Toutesfois sa cour de parlement veille pour luy, et a jà faict pendre quelques uns de nos compagnons et le reste de nous autres exilez de la France, sans y pouvoir avoir aucune retraite, a confisqué toutes nos possessions et biens, dont ceux de l'université de Paris esperent en avoir des plumes. En vertu de l'arrest de ceste cour souveraine, il nous a fallu desloger sans trompette, et aller chercher nostre bonne adventure, la cherchants encoe à present. Or est il que peu de jours y a, ainsy que passions pays, arrivez que fusmes en une hostellerie, nous nous trouvasmes à table avec quatre compagnons divers de bonne adventure, lesquels nous entretinrent de discours tout du long souper, et entr'autres nous contoyent merveilles du pays ou ils avoyent esté, signamment des regions de la lune, ou ils affirmoyent avoir par l'espace de sept mois sejourné. Ils dis ouroyent de la maniere de vivre, et de l'estrange façon des habitants de là, des singularitez des lieux, et belles remarques qu'ils y avoyent faictes, et particulierement de la description au vray des prouesses d'un valeureux chef de guerre, nommé Jean de Lagny, qui avoit autrefois esté en France, et estimé le factotum du roy d'Espagne, ainsy parloyent ils. A ce discours nous prismes tous grand plaisir, et moy singulierement, oyant parler de vostre nom, et de l'un de vos hallebardiers. Or après beaucoup d'autres discours, l'un d'iceux compagnons tira de sa malette un demy cahier de papier, et s'adressant à moy, me dit : Monsieur, de tout ce que nous avez ouy discourir en voicy un petit recueil, que j'ay dressé; voyez le plus particulierement. Je le suppliay de m'en donner une copie, ce qu'il fit, et estoit en la forme que je la presente à vostre majesté : la nuict suyvante, comme j'estoy couché, je suis certain que je fus ravy et transporté par quelque *genius*, dans une hotte, en ces regions, ou j'ay trouvé estre veritable tout ce qui est contenu au present discours, auquel partant je n'ay ajousté ny diminué d'un iota. L'occasion principale pourquoy je le vous presente, est pour supplier vostre majesté de vouloir dresser une armee, soubs la conduite du capitaine Cocodrille, ou tel autre qu'aviserez pour la conqueste de ces regions de la lune nouvellement descouvertes. La prise ne vous en sera si penible que celle des Indes, et vous asseure qu'y gaignerez davantage qu'en France. En ce pays là on ne trouve comme ès Indes l'or soubs terre, mais ès chausses d'un chascun. Quand vous aurez conquesté quelque coing de ce pays, qui sera, Dieu aydant, en peu de temps, nous vous supplions affectueusement de nous mettre en la premiere bourgade, et fonder un college, et nous laissez faire du reste. Nous prescherons si bien, nous manierons si dextrement le baston, qu'en peu de temps en serez roy; s'il ne tient qu'à seduire le peuple, le faire rebeller contre son prince, luy apposter et envoyer des assassins, nous en viendrons bien à bout. Les gens de ce pays là seront à vous, avant qu'ils puissent descouvrir aucunes de nos ruses. De ce vous supplions tant qu'il nous est possible : Sire, au nom de Dieu que faisons tousjours estre de vostre costé, ayez pitié de nous; considerez que si ne nous placez en quelques uns de vos pays, nous sommes en danger de demourer vagabonds comme les loups. En France la peste y est pour nous, en Allemagne la corde, en Angleterre le feu. En Italie, et aux autres terres de vostre obeyssance, nous ne pouvons y avancer de beaucoup vos affaires, attendu que nostre principal mestier est, et ne sçavons presque autre chose, qu'à faire revolter les subjets contre leurs seigneurs, et brouiller leurs estats en vostre faveur. Je m'asseure que si employez quelque heure à la lecture de ce present discours, vous serez d'autant plus incité à l'avancement de ceste belle conqueste, afin de nous y envoyer en façon de colonnie, pour vous y rendre le service que nous vous devons. Cependant, Sire, nous prierons Dieu affectueusement qu'il vous en fasse la grace, et donne heureux succez à ceste saincte entreprise.

Vostre tres humble et tres obeyssant serviteur,

D. P. P., JESUISTE.

# L'IMPRIMEUR
## AU LECTEUR.

Amy lecteur, ce discours des regions de la lune, dedié au roy d'Espagne, m'est fortuitement tombé en main, l'ayant trouvé parmy des vieux livres, que j'ay achetez que l'on vendoit publiquement. J'ay estimé m'acquitter de mon devoir de t'en faire part, d'autant qu'il traite de la descouverte d'un pays, ou peut estre tu n'as jamais esté : joint aussy qu'il profitera à ceux, qui, depuis septante deux lunes ou environ, ont trafiqué, dont plusieurs y ont esté de la feste, qui n'en vouloyent estre, et s'en fussent bien passé. Je ne te le communique, afin d'imiter les damnables façons de ces lunatiques, mais d'y faire ton profict de ce que tu pourras, et laisser courir le reste. Je sçay bien que chascun n'est pas né soubs une mesme planette, et qu'il s'en trouvera qui contrediront, et maintiendront qu'on ne sçauroit aller aux regions de la lune sans boire, comme l'autheur, et ses compagnons y ont esté. Outre cela, s'il y a chose au present discours qui leur soit desagreable, je ne m'en soucie pas beaucoup : aussy n'est il faict pour ces ombrageux, à qui Dieu mesme ne sçauroit complaire, les uns demandants de la pluie pour planter des choux, les autres le beau temps pour aller à la chasse. La plus-part une paix tranquille, et d'autres la guerre, car autrement ils ne sçauroyent faire leurs besongnes. Les exploits de guerre faicts par feu Jean de Lagny, sur aucunes bourgades de la France, y sont despeints, tant pour soulager celuy qui en sa faveur dressera son histoire, que pour consoler et effacer le deuil qu'aucuns portent de la perte de ce valeureux champion. Or en attendant, qu'avec la grace de Dieu, je te despresseray quelque chose de plus serieux, je te supplie prendre en gré ce mien petit devoir. Adieu.

# PRÉFACE.

Ne vous soubvient il plus, gens de bien, d'avoir leu au chapitre dernier du second livre des Chroniques Pantagruelines, comme feu de beuveuse memoire, maistre François Rabelais, vous faisoit ample promesse de vous decrire la descente de son roy Pantagruel aux enfers, comment il combatoit contre les diables, fit brusler cinq chambres d'enfer, mit à sac la grande chambre noire, jetta Proserpine au feu, rompit quatre dents à Lucifer, et une corne au cul. Et devant comme il trouva la pierre philosophale, comment il passa les monts Caspies, comment il naviguá par la mer Atlantique, defit les Canibales, et conquesta les isles de Parlas. Apres comment il visita les regions de la lune, et pour sçavoir si à la verité la lune n'estoit entiere, mais que les femmes en avoyent trois quartiers à la teste; et autres mille joyeusetez, que le bon homme vous promettoit, n'ayant pourtant teneu promesse. S'il vous en soubvient vous n'estes forclos de memoire, ou moy mesme suis deceu en mes opistoriographes : si ay je à tout hazard, moy vostre tres humble, entrepris ceste charge en partie, pour vous rejouyr, certain qu'avez bonne envie de rire, puisque le monde est plus fol qu'il ne fut oncques. Vray est que pour le present ne vous sera faict discours aucun que des regions de la lune, qu'avons courues, et visitees l'espace de sept ans, n'en estants revenuz que depuis hier, et pour ce pouvez vous asseurer d'avoir icy marée fraische, j'entends nouvelles, tres nouvelles, quoy qu'une infinité de prosagogides et courtiers y contredisent par une malice deliberée, au moins ne furent oncques ouyes celles que presentement vous raconteray. Je me doubte bien que quelques uns des plus halbrenez, non d'entre vous, mais d'entre ces maranes, s'estonneront de premier abord, lisants ce tiltre : *Nouvelles des regions de la Lune*, se guementants avec leurs bouches baveuses, et nez relevez comme l'anse d'un pot, si faire se peut qu'ayons monté si haut sans tomber. Mais leurs fievres male mules, ne lit on assez d'exemples d'hommes qui ont esté si joyeusement transportez, sans peine et difficulté jusques là, et plus outre? Que conte on de Triptolemus, gentil fallot, allant à chevauchon sur des serpents aislez parmy le monde? Comment y fust Empedocles? Socrate ne vit il pas la troisiesme region de l'air dans une corbeille? Minos qui n'estoit decretaliste, bien qu'il fust grand juge, et roy de Crete, ne se trouvoit il chaque mois au conseil de Jupiter? Ciceron ne met il son genereux Scipion à trois grandes lieues par delà le soleil? Pegase qui ne fut qu'un cheval, franchit il pas bien avant par l'air, avec son cavalier Persee, pour la delivrance d'Andromede au beau devant? Tiendrons nous pour fables ce qui est dit d'Enoch, et aussy d'Elie, au livre sacro Sainct?

Que devint Romulus? ou s'enfuit le noble *Vertugalin à la bataille de Cerisoles?* Fut ce au trou de la Sybille, ou, comme aucuns ont voulu jazer depuis, soubs la cotte de sa grand' mere? Non, non, ce sont bayes, ce fut au pays de la lune. Ainsy n'avoyent garde les mastins de le mordre. Mais qu'est il besoin de tant suer apres ces veaux de disme, pour leur faire croire verité, puisque pour eux n'est faict le present discours; ains seulement pour gens de bien, afin aussy de vous satisfaire selon mon petit pouvoir, et acquitter aucunement le susdit maistre François Rabelais envers vos seigneuries, comme estant grandement fort obligé au contract d'icelles? Usant aussy expres de ce petit preambule, comme pour descharger vos nobles et authentiques cervelles des brouillards ja des long-temps amassez par la malicieuse disposition de l'air, et soufflement pestilentieux des cuculles; en sorte que, renduz sereins et nets comme pots escurez, aucun nuage de desdain et malveillance ne vous empesche de veoir, lire et entendre ce qui vous sera par moy icy dict et declaré.

# NOUVELLES

## DES REGIONS DE LA LUNE.

### CHAPITRE I.

*Comment l'autheur trouva trois compagnons en son chemin, et de ce qu'ils rencontrerent.*

Vous devez donc premierement sçavoir qu'un temps fut que tous les enfants perduz se rencontrerent en un chemin, et fut ledict temps aussy appelé le temps perdu; car on ne l'a peu retrouver depuis, quelque diligence qu'ayent faict les chroniqueurs, estants cause de ceste perte les lunetiers de Calabre avec la bonne intelligence qu'ils eurent avec le pape Gregoire, leur confederé. En ce temps là, dy je, ne faisoit guere beau gaigner les pardons, car ils coustoyent cher. Les sages, contre l'ordonnance expresse, en furent frustrez. Les fols se donnoyent des coustes, car la presse estoit grande. Les riches devenoyent pauvres et les pauvres riches, par transsubstantiation de substance, que les alquemistes appellent. Les champs estoyent dans la ville, et la ville aux champs, qui est cas bien estrange. Plusieurs mouroyent de ceste grande maladie epidemiale qu'on appelle faute d'argent, et si pour en avoir n'y avoit qu'à prendre. Pour bien courir on eschappoit, pour bien courir on attrapoit. Chascun jouoit à j'en suis. Puis incontinent fut joué à rendez moy ma vache. Les montagnes estoyent en guerre contre les valees. Les campagnes eussent bien voulu estre bois, et les bois campagnes en plusieurs lieux. Bref, tout estoit en desordre, et se tenoyent les hommes au large, de peur de se blesser. Or comme l'heur voulut, je, qui vous fay ce present conte, rencontray sur le grand chemin qui tire à Mirebeau, trois pelerins, bons amis, et gentils compagnons, auxquels m'estant enquis de la retraicte, trouvay qu'ils alloyent chercher fortune, cheminants tout leur petit pas : car de courir fortune, se disoyent ils, il y a du danger, et veut fortune estre cherchee, courue point. Pource me prierent la chercher avec eux doucement, sans m'eschauffer. Ou la trouverons nous, leur demanday je ? De cela, me respondirent ils, nous ne vous saurions que dire : car fortune se trouve par rencontre, tel en est bien pres qui en recule; pource faut avoir bon pied et bon œil pour la prendre; encore eschappe elle, si on ne la tient bien ferme. Ha ! dis-je lors ; je vous quitte donc, mes bons amis : car j'ay les mains foibles, difficilement pourroy je retenir ceste farouche dont me parlez. Quoy oyants les compagnons prest que j'estoy de me destourner du chemin, m'arresterent, et promirent sur leur serment, que je n'auroy peine quelconque à ceste chasse, mais qu'eux porteroyent toute la fatigue; et quand ils auroyent faict fortune asseuree entre leurs mains, que j'auroy part à leur fortune. A quoy je condescendy volontiers, et principalement à cause que je les voyoy si bons couillauds et trupeluz. Le premier et plus apparent d'entre eux se nommoit en son village Aliboron, joly monsieur ou maistre pour le moins, homme à tout faire, et grand raillard. Le second estoit Enguerrand, franc archer de Bagnolet, rond comme une pomme ; ne pensez que cestuy soit sorty de la race d'Enguerrand de Marigny, qui faisoit du roy Charles VII sa fortune, dont mal luy en prit; car ledict compagnon n'estoit tel et haissoit à mort les financiers qui faisoyent de la bource de leur maistre mitaine. Le tiers s'appeloit Roger bon temps, cogneu en maints lieux, mais qui pour les causes susdictes avoit abandonné son pays, non sans danger de se perdre. Ainsy tous trois bien deliberez suyvirent leur route, et moy avec eux. Mais oncques ne trouvasmes fortune, par l'espace de dix-sept mois que fusmes à la chercher; seulement rencontrions au chemin plusieurs sortes de gens qui la cherchoyent comme nous. Entre autres vismes un grand pendart, comme pourroit estre quelqu'un d'entre vous, qui disoit l'avoir tenue longtemps dans un sac close, mais qu'elle luy estoit eschappee, à son grand regret, d'autant qu'elle l'avoit menacé en eschappant. Aussy le vismes nous quelque peu de temps apres branché dans un bois, comme si c'eust esté un pourceau de Wesphalie. Ce qui nous fit croire qu'il luy avoit faict tort d'ainsy la tenir enfermee dans un sac. Une autre fois se presenta à nous un petit homme, soldat à mon avis de la Ligue, Espagnol de nation, qui nous monstra un grand coup de taillade qu'il avoit sur l'eschignon du col, remontant vers l'aureille gauche à demy avallee, nous disant qu'ainsy avoit Fortune vouleu qu'il eust sur l'aureille la prenant en patience, et esperant estre quelque jour guary. Je pry plaisir d'arraisonner, quant à moy, un certain mignon, fringuant, fraizé, miste, coint, d'assez bonne paste, qui venoit à la traverse, sifflant, chantant, riant, rigolant, donnant de la houssine à chascun pour la bonne fortune qu'il avoit trouvee en la cour, mais sa joye ne dura guere, car je luy fy paroistre comme il s'estoit trompé, prenant botte de foin pour filet, renard pour marte, et hape lourde pour rubis. Nostre Enguerrand, d'un autre costé, en rencontra un à qui il avoit esté amy, mais ne l'estoit plus, l'asseurant d'avoir trouvé fortune par charmes, usant de chiffres, et faisant d'un 6 un 9, par revolution, et de cent, mille, par un caractere qu'il appeloit honnestement interest. Toutesfois n'avoit usé de ce dernier, disoit le here, que vingt ou trente fois, lorsqu'il estoit roy des deniers au Tarot, dont je sceu tres bien reprendre Enguerrand, disant qu'ainsy ne luy falloit abuser de Fortune, crainte qu'elle ne le prist quelque jour au colet, quand elle ne seroit en ses bonnes. Ne vous attendez donc, respondit le rustre, puisque craignez tant Fortune, de l'avoir jamais à vostre commandement : qui a peur des feuilles n'aille au bois.

> Ja n'aurez en ce temps rien
> D'elle, si estes gens de bien.

Et disoit vray : car, comme je vous ay ja dict, nous perdismes nostre temps en ceste chasse, dont se plaignoit fort Roger. Ce qui nous fit prendre enfin resolution de ne la chercher plus, puisque mesme tel la trouve qui ne la cherche pas.

## CHAPITRE II.

### Comment nous nous retirasmes dans un bois ou courusmes Fortune, et trouvasmes une profonde caverne.

Maistre Aliboron estant le plus aagé d'entre nous, avança aussy premier le propos de se desister de nostre entreprise puisque Fortune ne se presentoit, demandant avis à chascun de nous, pour ce qui estoit à faire, car nous ne sçavions ou loger, et estions devenuz vagabonds comme lievres desbuissonnez, pauvres comme guenaux, malotruz, tout crottez, depenaillez, dehingandez, maigres, rechigneurs, et halez de chaud. Au reste d'appetit ouvert, et prests de faire une bonne affaire, si cas advenoit que quelqu'un nous invitast de nopces. Roger estoit d'avis de s'y trouver sans estre prié, car sa bedondaine se travailloit bien fort, et les joues luy pendoyent au long de la maschoire comme à un vieil singe. Quant à moy, il me sembloit expedient de nous retirer dans quelque bois espais, pour là estre aucunement à couvert de la grande pluye qui tomboit pour lors, et si par fortune aussy quelque beste rousse se venoit rendre à nous pour passer ceste faim stridente qui nous pressoit. Mais Enguerrand ne pensoit qu'à sa fortune, tant il estoit infortuné, et vouloit aller malgré vent, malgré pluye, et malgré ses jambes. Bastes ! dit lors maistre Aliboron, parlant à moy, je trouve ton conseil tres bon, allons nous rafraischir dans ceste forest prochaine ; peut estre y trouverons nous ce que nous cherchons tant. Ce disant gaignoit le devant, et nous apres, car nous luy voulions obeyr en tout et par tout. C'estoit à qui plustost y seroit ; mais à l'entree furent aperceuz de nous six guetteurs de Fortune. Lors demeurants court, bien estonnez, pensions à regaigner la plaine, dont soudain coururent à nous les dicts six guetteurs, chascun la pistole en main et le chien abattu. Ha ! dit Roger, messieurs, nous sommes à vous, et de bon cœur. Voyez icy le genouil bas, les mains levees, ne soyez sanguinaires. Qui vive, dirent les guetteurs ? Vivons tous, respondit Roger, la larme à l'œil, et bons amis comme devant. Ou est la bource, demandèrent les guetteurs? Frelus, respondict Roger, monstrant sa pochette vuide. Ha, ha, canaille, vous nous treuflez, repliquerent les guetteurs, tue! tue! Ils vouloyent tuer Roger, mais soudain se mit au devant nostre maistre Aliboron; et demandant congé de parler, leur dict enfin : Seigneurs, qui que soyez, ayez compassion de ceux qui se soubmettent à vostre volonté; nous sommes pauvres gens, qui depuis dix-sept mois en çà cherchons Fortune, et y avons consommé tous nos moyens, en sorte que rien pour ceste heure ne nous reste que les dents, qui sont à vostre service. Ce qu'oyants les guetteurs, apres nous avoir fouillez haut et bas, sans rien trouver qu'une vieille croute de pain, et seiche, qu'avoit Roger dans le busque de son pourpoint, nous dirent tous en nous laissants : Qu'au diable soyez vous donnez, belistres de fortune. Grand mercy, respondict Roger. Ainsy courusmes nous Fortune pour ceste fois, et tirasmes tout doux à costé du bois pour y passer la nuict, recueillants sur le chemin le gland, et quelques noix seiches pour nous nourrir, n'ayants rien autre chose à manger. L'eau avions à commandement pour boire, et cabalinisions comme Thibaut Gargouille. La nuict venue, discourusmes encore de nostre fortune. Roger fit une question à Enguerrand, et le prit sans verd à la lune, la question estoit : Que si par le consentement de toutes les planettes, choix luy estoit donné, au lieu qu'il cherchoit Fortune, de la faire, de quelle matiere il la feroit, d'or ou de bois. De bois, respondict Enguerrand, à la charge qu'il eust racine afin qu'elle creust tousjours, ainsy iroit ma fortune en accroissant. Voire mais, repliquoit Roger, quand elle seroit venue jusqu'au bout, car force est que toutes choses viennent à un bout sans passer plus avant, danger seroit qu'on ne mist la coignee pour en faire du feu, dont se chaufferoit chascun le cul aux despens de ta fortune. Elle se renouvelleroit, dict Enguerrand, par sa graine. Quelle graine, demanda Roger, comme l'appellerois tu? Gland perpetuel, respondict Enguerrand. Ouy, mais, repliqua Roger, les pourceaux ayment le gland, et se nourriroyent de ta graine les pourceaux. Je mettrois, dict Enguerrand, des hayes à l'entour, contre telles bestes, et ainsy seroit ma graine seurement garantie. Tes hayes, respondict Roger, ne serviroyent que d'appast aux oiseaux pour s'y venir nicher, et viendroyent grands et petits becquer ta graine, la rendant inutile pour germer. De cela me garantirois aussy, dict Enguerrand, mettant de la glus et tendant des rets. Ton gland, repliqua Roger, seroit en danger plus que devant; car les renards qui ayment fort les oyseaux, pour les manger viendroyent de nuict quand ils seroyent pris, et romproyent tes hayes. Contre renards tu ne pourrois trouver moyen aucun, car ils sont fourrez de finesse, et maistre Mouche n'en cheviroit pas. Ils vouloyent continuer leurs demandes et repliques, quand j'ouy le bruict d'un marcassin qui traversoit les buissons pres de nous. Lors mismes chascun la main au braquemart, et, sans dilayer, courusmes aupres, le suyvants à la traverse à qui mieux mieux. Notez qu'il faisoit grand clair de lune alors, ce qui empescha que ne le perdismes de vue, jusques à ce que, retiré dans une caverne, nous fusmes contraincts de reprendre haleine, n'osants pas si inconsiderement entrer en ces lieux soubsterrains, crainte que quelque meschante beste ne fist une gorge chaude de nous. Mais enfin, tout d'un complot et bien desliberez pour avoir ledict marcassin, y entrasmes pour veoir aussy si y trouverions Fortune qui nous peust contenter;

car on tient qu'en tels lieux souvent elle se cache, principalement en temps de guerre, qu'un chascun faict pacquet de ce qu'il a.

## CHAPITRE III.

#### Comment nous entrasmes en la caverne, ou esgarez, vismes les Enfers.

A l'entree de ceste caverne, Roger eut quelque frayeur, car elle estoit telle que se depeinct l'entree de la Sibylle, moussue, vague, froide, espaissement obscure. Vray est que n'avions intention de passer trop avant : mais nous fusmes surpris de tenebres comme rats à la ratière, et ne peusmes, six pas avancez, oncques retrouver la bouche de ce noir manoir. Enfin tant tracassasmes à tastons, qu'en l'espace de vingt quatre heures, nous sembloit, parvinsmes au vray domicile des diables : ce que cognusmes tant à leurs hurlemens, qu'aux feux allumez de tous costez, et grandes chaudieres qui estoyent dessuz les feux à la maniere et semblable façon que les voyez à la Gibree, au quartier des saulcices, et boudins. Or combien que mon intention ne soit de vous raconter presentement des nouvelles des Enfers, toutesfois à cause de la passade que nous y fismes, à la veue de tous les diables, cela merite bien qu'en oyez un motelet avant que venir à mon principal discours.

Premierement estants parvenuz jusques à la grand'-porte de fer, ou l'on vous conte par deçà que faict la guerre Cerberus, chien à trois testes (ce qui est faux, n'ayants les diables chiens, ne chats, d'autant qu'ils ne sont gens de mesnage, mais plustots menent vie de couvent), nous ne trouvasmes aucun empeschement, ains plustost sembloyent ces diables nous allecher à la visitation de leurs cuisines, n'estant au reste du tout si noirs qu'on les peinct. Roger y contredisoit. Que deviendrons nous, ce disoit-il? voulons-nous que presentement cent diables nous sautent au col, nous prennent, nous empallent, et boccanent : au moins si avions quelque Sibylle qui nous conduise, passe, nous passerions et verrions la porte de corne ou on va aux champs Elysiens. Ne te fasche point, luy dict nostre maistre Aliboron, j'espere bonne issue, n'avons nous pas chascun nostre braquemart? Les diables ne sont si furieux qu'on les dict, nous les sacmenterons trestous : s'ils font les mauvais, les pauvres diables mettrons en pieces, les riches diables prendrons à rançon : je suis d'advis seulement qu'en attrapions quelqu'un pour nous conduire, de peur de nous egarer. C'est bien avisé, dit Enguerrand. Et soudain en prit un au poil, lequel ayant entendu nostre dessein, et craignant malencontre, s'offrit bon gré malgré à nous conduire, non sans vouloir faire un peu le diable, du commencement. Roger luy promit six barils de moustarde, pour ayder à sa grimace, s'il vouloit estre fidelle. Je le seray foy de soldat, respondict le paillard, et vous conduyrai seurement jusques ou vous voudrez, si bien que ne serez descouverts d'aucuns de nos galiers, et confreres. Allons donc, dict Roger, je n'ay plus de peur, voicy un bon diable, si oncques en fut qui furent bons. Mais que dira on, quand nous rapporterons au retour d'icy, qu'un diable aura esté nostre guide? Se laisser guider par les diables, est chose trop hazardeuse. O la laide beste! fy, j'en dy fy; tels ne me seront jamais rien : adieu, vous dy je, je m'en retourne. Aye, aye, respondict maistre Aliboron, chascun est maistre en sa maison, ne vous emburlucoquez de ces loups ils servent à prendre les loups, pour eschapper d'icy faut un peu courtiser ce diable monsieur. Nous estions jà assez avant, qu'un grand bruict de fuyards s'esleva, et sceusmes que c'estoit une deffaicte de diables de factions : car comme icy on s'y bourre en diable, dont ceux cy eurent du pis, à cause d'une ligue desesperee faicte entr'eux, et de quelque Frantaupin, creé à leur devotion. Cela passé, nous vismes plusieurs morfonduz, qui tenoyent chapitre provincial, et les demoniaques qui preschoyent sedition, la tourbe diabolique se barricadoit, chascun se mefioit de son voisin : et un nombre infiny de putains couroyent le pays comme nous. Plusieurs diablesses pour faire la guerre à leurs peres, voire les tuer si possible estoit. Le plus meschant, à ce que nous ouysmes, se disoit extraict de la maison d'Arragon : et sont ces diables de telle nature, qu'ils sçavent pincer sans rire : au reste tous d'une mesme taille, ayants les yeux au ventre, et ne voyants que bien peu. Leurs dents sont aigues et tranchantes comme rasoirs, leurs griffes accrees et crochues merveilleusement : de sorte que s'ils vous tenoyent, à peine en eschapperiez vous sans y laisser la piece. Ils me firent soubvenir des avocats et procureurs chicanous en chicanourois, lesquels, comme sçavez, emportent toujours la piece. Ils ont belle gueulle, aussy engoulent ils tous, jusques aux charrettes ferrees. Leurs cornes sont en ornement grandes et droites : en quoy je trouve que nos peintres errent grandement, les faisants courbees comme si ce fussent beliers. Les jaloux surtout entr'eux en ont des plus belles : car il y a jaloux entre les diables ; et sont appellez diables jaloux, comme jalouses diablesses. Ils portent en main d'ordinaire des crampons fourchuz, dont ils attisent le feu, et ouvrent les serrures tant soyent elles meslees, pource se garde qui pourra. Qui en peut avoir entre les diables, soit à tort, soit à travers, cela luy est reputé de bonne prise. J'oublioy à vous dire qu'ils ont presque tous des queues de renard attachees à leurs ceintures, avec des miroirs, desquels ils voyent ce qui se faict au monde, et esblouissent les yeux de ceux qui les regardent. Il me falloit commencer par la teste à vous descrire : mais d'autant qu'ils ne l'ont entre les deux espaules, ainsy que l'imagineriez, je le garde sur la fin. Premierement devez entendre qu'elle leur sort de la poitrine avec un long col, et jugeriez à les voir ainsy que ce sont grues courbees, ou capuchins en devotion, me pardonnent les benoists peres, et en ceste sorte leur passent les espaules la teste. Pour le regard de leur representation d'autant qu'ils ont les yeux au ventre, comme j'ay desjà dict, elle se rapporte à la façon d'un gendarme, qui a le casque en teste, la visiere abaissée. S'il vous prend envie de veoir ces diables, il ne faut qu'aller à Soissons. Vray est, qu'aucuns, à la mode que les voyez peincts, ont le nez endouillique, et ressemblent en ceste sorte aux pourceaux rostis, à qui le boucher a mis la teste entre les jambes pour fendre le lard. Leurs pieds sont ergotez, et diriez à veoir leurs ergots que ce sont esperons. Au lieu de queue qu'on leur peint au cul, ils ont une corne, et signifie cela qu'on leur corne au cul ; et ne sont point sans chose, ainsy que parlent les dames, ains au contraire peu s'en voyent qui n'en ayent pour le moins six pieds de roy, et tels les representoyent les antiques Egyptiens à la feste des Damyltiens, ainsy que le rapporte le noble historien Plutarque, en son traité d'Isis et d'Osiris. Les bources aussy leur pendent entre les jambes bien garnies, outre l'usage commun, car ils sont triorchites, et en ont trois comme busars. Ce sont en somme de laides bestes, et hideuses à veoir ; ne vous y fiez, si m'en croyez : car ils mordent et ont des dents tout d'une piece, telles que nous lisons qu'avoit Pyrrus roy des Epirotes. Aussy ne vous en parleray je plus, laissant là toute ceste diablerie pour continuer le propos de nostre voyage. Par les chemins nous ne vismes rien de nouveau : seulement vismes plusieurs damnez fouettez en chiens courtaux; des avaricieux tirer la langue comme levriers qui ont couru six heures; des paillards baisants le cul de Proserpine par devotion; les cocuz tenir hostellerie pour gens de pied et de cheval. Quant à la forme de go vernement entre les diables, elle estoit anarchique, et se faisoit maistre qui pouvoit. Les places estoyent bien fournies et fortes, principalement lorsque nous y passasmes, car ils avoyent entendu que Pantagruel y devoit venir avec main forte, et se tenoyent sur leurs gardes, et se pelaudoyent à qui auroit la place à commandement, afin de piller le plat pays, et faire chere à couverts aux despens des pauvres diables. Quelquesfois rencontrions des diables legers, qui battoyent l'estrade, et soudain par le conseil de nostre guide gaignions le couvert pour n'estre apperceuz, nous tenants cachez joliment au coing des cheminées comme marmousets. Ainsy avec grandes difficultez traversasmes l'Enfer, tant que, parvenuz audessus de la montagne Cagrou, que les bons catholiques nomment le trou de Sainct-Patrice en Irlande, Bontemps, ennuyé d'estre si long-temps à la fumee parmy ces diables, s'enquit de nostre estafier, s'il y avoit moyen de passer par la cheminée en terre. Ouy dea, respondict le rustre, et plus avant, car par là pouvez aysement monter jusques à la lune. Seroit il vray, repliqua Enguerrand; et comment, mon petit mignon, de grace, dy le nous, peut estre pourrons de là descouvrir Fortune que tant nous avons cherchee? Tenez vous, dict le compagnon, certain de ce, dictes seulement si vous avez envie de visiter ces regions là, et je vous y envoyeray droit comme une ligne, par le moyen d'un petit cercle que je feray icy. Non, dict Roger, n'usez point de charmes, mon bel ami, et si il estoit laid comme un chat de goutiere, je n'ay envie de voler si haut : ventre sainct Quenet, parlons de descendre en cuisine, non pas de monter à la lune ou nous n'avons que faire. N'est ce assez voyagé? Allons nous marier tretous. Maistre Aliboron au contraire avec moy, estoit de l'avis d'Enguerrand, quoy qu'il en deust advenir. Aussy bien n'avions nous trouvé en terre, ny en Enfer, chose qui nous contentast. Pource y fismes condescendre Roger, et troussasmes nos triquehouzes en forme de cueilleurs de pommes pour voler. Nous volerons, disoit Royer, à l'ayse, aussy sommes nous bien legers. Je me recommande cependant à nostre Dame de Laurette, et au reverend Sainct-Diago en Galice. Allons qu'on me trousse.

## CHAPITRE IV.

Comment fusmes transportez sur le cercle lunaire, et de ce que nous vismés à l'entree.

Preparez que nous fusmes, nostre petit diable baissant la teste, fit de sés cornes un rond parfaict sur la place, les contournant à la façon d'un compas le cul en haut, nous faisant mettre tous quatre dedans, puis crachant en l'air par trois fois noir comme encre, lascha autant de pets qui puoyent comme cent diables, et nous toucha d'une verge qu'il tenoit, par trois fois, et soudain fit le saut de chèvre commandant d'aller. Il n'eust achevé la derniere syllabe, que fusmes transportez au haut de ceste cheminee, et de là tout d'une tire en l'air, ou nous sentions je ne sçay quoy qui nous chatouilloit aux environs, beuvants de la rosee tout nostre saoul, et chantants à la mode des allouettes, tant que perdismes veue de la terre et de la mer. Nous estions jà bien près de la lune, quant au devant de nous vint une dame bien coiffee, ayant une lune en teste, laquelle nous exhorta de prendre courage, et que bientost verrions la lune. La dame s'appelloit, comme nous sceusmes depuis, Langue-Belle, aussy avoit elle du caquet tant et plus. Dont disoit Roger, qu'il falloit croire qu'elle fust bien fendue, à cause du proverbe qui dict :

> Femme qui a bél outil
> N'a pas faute de babil.

Or ayant mis le pied sur le cercle lunaire, nos yeux furent esblouis et ne peusmes plus veoir que la dame, laquelle priasmes, tous d'une voix, de faire en sorte que vissions en quel pays nous estions, et ce nous octroya et vismes merveilles, avec plusieurs choses diverses comme au monde : car, suyvant l'opinion de Xenophanes, tout y est habité. Vray est, que nous n'appercevions pas ce que c'estoit, d'autant aussy qu'au lieu d'aller droit, nous allions à reculons. Au lieu d'arbres et de verdure nous n'avions la veue que de falots partout, et de phares. Au lieu d'animaux, nous ne voyons que fantosmes passants et traversants. Ce qui nous donna quelque frayeur du commencement, principalement à Roger, qui, à cause de son nez de grue, en voyoit des plus effroyables : car à dire vray, ils n'apparoissoyent à tous de mesme façon. L'un cuidoit veoir un bouc, que l'autre voyoit la forme d'un grave docteur. L'un disoit, voylà un pourceau, et l'autre voylà un cafard. L'un, j'apperçoy un asne, et moy, disoit l'autre, un personnage de longue robe. Enguerrand s'escria à haute voix qu'il voyoit une trainee de serpents volants en l'air. C'est, repliqua maistre Aliboron, une procession de penitents, tels que j'ay vu en France au temps que j'en party. O la belle assemblee, dict Roger, de gens d'honneur, evesques, cardinaux, jesuistes et mendiants. C'est, luy dy je, bien veu pour un aveugle. Ce sont, par la vertu de ma gibeciere, les Espagnols qui sortent de Paris, conduicts par le duc de Feria, leur chef : voyez un François espagnolisé, qui presente ces nouvelles au roy d'Espagne. Voyez vous, dict maistre Aliboron, une compagnie de gendarmes, avec l'escharpe noire? ce sont ligueurs, sur mon honneur. Nous regardions attentivement, et ne les voyons point : mais une trainee de cerfs fuyants, entremeslez de tigres, de lions, et de loups. Ainsy estions tous ravis en admiration de contradictions, tant que la dame qui nous menoist nous dict : Mes bons amis, ce sont icy les premieres regions de la lune, d'où je suis maistresse et souveraine : vous ne cognoissez rien, et n'avez la vue capable pour discerner ce qui est : mais regardez en terre, et contemplez les advenues d'icy. Quelle terre, respondismes nous? et soubs nous ne voyons que feu. Dame, de grace, que remarquions à nostre aise ce qui est digne de memoire en ce pays cy, pour en conter à nos amis. C'est bien advisé, dict elle, allons vous verrez mon palais, puis je vous meneray premier sur mes possessions. En allant, Roger apperceust de belles et gentilles damoiselles, prestes à marier, ce qu'il disoit; mais comme il les vouloit embrasser, il trouva que c'estoyent des chimeres. Une autre fois, pensions ouyr des philosophes disputants, c'estoyent coquesigrues de mer. Il nous sembloit voir le triomphe de quelque grand, et trouvasmes des fanfares de Rome. Tel pensoit sentir des roses que c'estoit bran à vostre nez. Nous estimions taster le miel, que c'estoit fiel, voire du poison. Nous apperceusmes plusieurs qu'on fouettoit à grands coups d'escourgees, et prenoyent plaisir à estre ainsy fouettez, d'autant qu'ils disoyent que cela leur faisoit revenir la peau, et servoit à la digestion. De faict approchants de bien pres, pour les veoir, ils nous dirent qu'on ne les fouettoit mie, mais qu'on leur graissoit le ventre. Il y eut bien pis, car les voulants manier ne trouvasmes que des vessies. L'un des fouetteurs haussa le bras à mon avis pour nous toucher, et nous toucha. Enguerrand s'en plaignoit. Roger en rioit. Je, disoit Enguerrand, pensoy estre chatouillé, quand ce vilain m'a donné un grand coup de son fouet au travers les jambes. Je, disoit Roger, pensoy que ce bon homme voulut me donner de son fouet sur les greves, mais il m'a seulement chatouillé le costé. En sorte que tous nos sens estoyent devalisez en ces contrees : et tel d'entre nous cuidoit avoir l'esprit à la teste, qu'il l'avoit au talon, comme vous diriez ceux qui ont bonne envie de courir. Enfin, tant cheminasmes par cy, par là, en retrogradant, que les talons de nos souliers en estoyent usez. Parvenuz que fusmes au palais, la premiere dame nous laissa, et en vint une autre, à qui elle commanda nous faire veoir ledict palais, qui me sembla au frontispice grand et somptueux : ja ne serons, dy je, deceuz ceste fois, car realement nous appercevons tous la beauté de cest edifice. Voyez cy un avant portail d'ouvrage tuscan et dorique, ou la lune en son globe spherique est richement entaillée. Observez ces deux stilobates, ou piedestats, de proportion diagonnee, sur lesquelles sont posees deux vieilles mangonnes, tenantes en main leurs lanternes, et portantes au nez doubles lunettes, pour mieux considerer ceux qui entrent et sortent. L'une, ce semble, regarde vers nous, l'autre au dedans du portail, ouvrages certes exquis et naifs, autant que en sceut jamais faire le docte et noble Pillon à Paris; contemplez en apres par dessous les panneaux, terminants la circonference de l'arc, passer l'architrave, la frize, et la corniche, dont les extremitez se voyent dessus les chapiteaux. Remarquez dedans le platfont du frontispice, le bon vieillard Saturne tenant en main sa faux : ne voyez vous derriere luy force villes ruynees et medailles usees, et au devant dancer jeunesse-cointe et jolie, qui ne faict semblant de le regarder? Prenez garde surtout à ces oyseaux de divers plumages, faicts d'admirables chefs-d'œuvre, car les regardants ils semblent mesme en la pierre changer de couleurs, voire de forme. J'avoy l'œil tantost sur un corbeau en cest endroit, et maintenant j'y apperçoy un signe : Dessus le fer de sa faux j'y lis ces vers :

> Le temps survient; et rien n'eschape
> La main du temps qui tout attrape.

Plusieurs sortes de gens sont representez autour, criants apres. Les uns souhaitent qu'il vienne, les autres qu'il retourne; mais le pauvre las d'aller ne se haste pour ceux cy d'un pas, et semble pour ceux là faire la sourde aureille. Voyons de grace, le berceau de cest avant-portail, continuant mon propos. O beau spectacle ! que de pointes de diamants de tous costez ! Quel est ce tableau qui paroist au fond du berceau, droitement sur l'entree du palais? C'est Mercure, je le recognoy à ses talonnieres, à son pennache, et à son caducee. Deux vierges de relief aux deux cotez paroissent, qui font l'enchassure du tableau, et representent ces deux vierges la bonne Occasion et la mauvaise; denotant, qu'il faut parler et se taire quand le temps le requiert. Cela dict, mes compagnons, qui m'avoyent ouy sans perdre un mot, se prirent tous trois à rire si fort, que l'haleine presque leur faillit, et estoyent les paroles que j'avoy dictes, cause de leurs ris, d'autant qu'ils ne voyoyent rien de semblable à ce que j'avoy dict, dont fort estonné et confuz, fus long-temps apres sans parler : et prist maistre Aliboron la parole, disant et affermant que tout ce qu'il voyoit, n'estoit pour tout qu'une vieille case de pescheur, dont les aboutissants estoyent de deux masures crevees par le milieu. Et lors de rire plus que devant ; puis dict Roger, vous avez tous la berlue, ne voyez vous pas que c'est un joly cabaret? allons nous y rafraischir, aussy bien y a il long temps que sommes à jeun. Allons de grace, nous beuvrons, et du meilleur. Voyez cy l'enseigne, lisez :

    Qui voudra boire qu'il s'arreste,
    Ceans on donne du meilleur
    A tous venants, car c'est la feste
    D'un vaillant et noble beuveur.

Ils sont par la vertubleu de nopces ceans, à la bonne heure, entrons mes amis. Il voulut entrer quand Enguerrand le tira par la cape, tout courroucé : Hé ou cours tu, pauvre homme, disoit il, prends tu prison pour cabaret? Ne vois tu ces gros treillis de fer, n'oy tu le cry des prisonniers? La dame nous avoit regardez en silence jusques icy : mais nous ayant ouy tant parler sur diverses perspectives de son palais, usa enfin de tels propos : Compagnons, il est temps qu'ostiez ces masques et faux visages qu'avez si longuement portez, lesquels vous empeschent de veoir appertement les choses qui sont icy. Ce disant nous porta la main aux yeux, comme si elle les eust voulu arracher, et nous tira à chascun un masque du visage, dont eusmes telle horreur, que ne pouvions asseurement jetter la veue dessuz. C'est, disoit Roger, ce meschant diable aux enfers qui nous avoit ainsy chafourez. Qu'au diable soit donné le vilain. Lors dit la dame, regardez maintenent ce palais : je ne vous dy point voyez, mais contemplez ce portique à la mode ionique, garny d'aisles, ou double rang de colomnes, tant en sa principale rencontre, qu'en son fonds, dont l'estendue est de six vingts toises et demie en largeur, soubs cent autres et demie de haut. Observez lesdictes colomnes, glacees de toutes les pierres de meslange que la nature peut produire, les bases et chapiteaux composez de fines escarboucles, avec l'architrave, la frize, et la corniche de pareille estoffe, et proportion bien gardee. Dessuz le plan de ce portique est la Verite depeincte, rayonnant de toutes parts. Meditez ces vers escrits en ce marbre, orné, en sa circonférence, de gros bouillons de fleurs et de fruicts qu'elle tient en sa main dextre. Nous les leusmes tous avidemment à son commandement, ainsy comme il s'ensuit:

 Tout ce que veoit, tout ce qu'admire,

Tout ce que le monde desire,
N'est qu'un faux lustre, ou les malheurs
Se deguisent par des couleurs

L'homme se fraude de la joye
Tant plus à la joye il s'employe :
La joye se tourne en tourment
Si elle n'a du changement.

Toute chose au change est sujette,
Par labeur le repos s'achete,
Et qui n'a point d'amer au cœur
Ne sçait que c'est que de douceur.

La plus grand'part de vostre vie,
Pauvres humains, vous est ravie
Par la loy de necessité
Qui vous nourrit d'adversité.

Et bien souvent celuy qui pense
Fuyr une juste vengeance,
S'enferre et lui mesme se prend
Au fil, ou son malheur l'attend.

Il n'est rien tel que l'homme sage
Pour emporter un advantage
Sur le destin, car il se rit
Des craintes qui forcent l'esprit.

Advienne que le ciel se rompe,
Son asseurance ne le trompe;
Car elle a un fondement
Qui n'est sujet au branslement.

L'homme ignorant se passionne,
Et luy mesme le mal se donne :
En somme, la joye et l'ennuy
Ne vient à l'homme que par luy.

## CHAPITRE V.

Comment nous entrasmes au palais lunatique, et de ce que nous y vismes et ouysmes.

La lecture parachevee, fusmes introduicts par ladicte dame dedans le palais par une petite porte, à l'entree de laquelle estoit une fontaine ou il nous convint laver bouches et mains, à la forme des anciens Juifs. L'eau paroissoit comme du feu, et n'osions du commencement y mettre les doigts; mais asseurez de nostre conduicte, en lavasmes non seulement ces parties là, mais tout le visage, retroussants nos bras jusques aux coudes. La vertu de ceste eau estoit telle, que beue, elle faisoit entrer chascun en amour de son compagnon, et, regardee, au contraire, nuisoit à l'amitié : car nous mirants facilement dedans, nous nous apparoissions plus beaux que n'estions pas, et nostre voisin plus laid que nous mesmes, pour ce beusmes chascun à plein gaudet, clignants les yeux, afin de nous aymer tant plus l'un l'autre. Mais une chose advint aussy contre nostre esperance, que chascun de nous depuis en devint grand songecreux. L'un parloit de manger melons en hiver, l'autre de la multiplication sur un à deux, l'un de l'esprit universel, l'autre de la premiere matiere. Vrayment, dit lors Roger Bontemps, ceste fontaine est bien lunatique, elle nous a bien operé au cerveau. Je croy que les alquemistes en ont tiré leur borax et leur mercure. De l'autre costé de la porte estoit un lion, vray et naturel, tirant la langue de grande soif, mais qui pour estre lié ne pouvoit boire, non plus que mordre, dont nous fut dit par la dame, qu'il estoit là pour un certain temps, et qu'un jour viendroit qu'il seroit lasché pour boire, afin qu'il devinst lion fort et puissant pour la garde du palais. A ce que je veoy, dit maistre Aliboron, l'histoire ne fut fausse du lion qui tomba du cercle lunaire dans la ville d'Athenes, puis que cestuy cy est si bien lié, afin qu'il ne tombe. Vous verrez, dict la dame, tantost choses bien plus estranges; entrons dedans, et me suyvez. Nous la suyvismes bien deliberez, et fusmes par elle introduicts en une grande et spacieuse sale, ou nos yeux eurent tous les contentements qu'ils sçauroyent souhaiter par la contemplation de tout ce que l'esprit peut excogiter. C'estoit des idees, lesquelles Platon appelle immuables, immortelles, infatigables. Nous y vismes, en idee, les machines du roy d'Espagne, et de son lieutenant, l'archiduc Arnest au gros ventre, qui faisoyent fuir les petits enfants; et à une tapisserie de foire, les triomphes de feu Jean de Lagny, roy de Brie, duc pretendu de Corbeil, et vicomte de Neufchastel, leur predecesseur, lequel, comme un Metellus, se faisoit dresser des autels, mettre des chapeaux de fleurs sur la teste, et rouler des images de victoire, quand il estoit à table, avec engins et mouvements secrets. Soubs ses pieds estoit escrit ce mot : POLIOCRETES, comme qui diroit forceur, et preneur de villes, voulant signifier par là qu'il en avoit bien abattu en son temps. De là fusmes menez en un lieu d'ou s'entendoyent tous les vœux et prieres qui se faisoyent sur terre. Nous en oiyons qui prioyent à grands cris, que la couronne tombast en leur maison; autres qui desiroyent la mort de leurs peres, pour faire grande chere et boire du meilleur. Pleust à Dieu, disoit l'autre, que ma femme fust bien morte, et que la cour me donnast cause gaignee contre ces bonnes gens que j'ay pillez. Cestuy ci souhaitoit prendre une ville d'assaut, cestuy là forcer sa voisine. Cest autre demandoit d'estre admiré du peuple, et estre monstré au doigt comme un grand docteur. Sur mer, l'un appelloit le sud, l'autre le nord. Le laboureur desiroit la pluye, et le teinturier le soleil, chascun diversement. Certainement, dit lors maistre Aliboron, voylà des importuns demandeurs, que ne suis je roy de ce pays pour quinze jours, je les galleroy bien. Nous en avons, respondict la dame, icy les aureilles rompues. Quand vous retournerez là bas, avertissez les de la malebosse qui leur viendra bien tost, et sur tout ces hypocrites qui cheminent avec une si grande ostentation de vertu. On les veoit tousjours avec leurs habits desguisez, leurs grandes barbes, leurs sourcils replissez, cuidants ainsy tromper Dieu comme ils trompent le monde. Mais quant à vous? n'en faictes cas non plus que de joueurs de farces et tragedies, ausquels si vous ostez la robe et le chapeau royal, vous ne trouverez que des belistres louez à gages pour faire rire et estonner le sot peuple qui les regarde.

## CHAPITRE VI.

D'une trape qui nous fut ouverte, par laquelle voiyons ce qui se faisoit en terre.

De ces escoutes fusmes menez au beau milieu de la sale, ou ladicte dame, du petit doigt, sans peine quelconque, ouvrit une grande porte qui estoit à plate forme, telle que voyez en plusieurs endroits estre ès bons cabarets, afin que par là vissions tout ce qui se faisoit en terre, ainsy qu'avions ouy les vœux qui s'y prononçoyent. Lors pensay à part moy, que vrayment ceste porte estoit l'un des yeux que cuidions veoir à la lune d'icy, ce qui est neantmoins faux ; car comme dict est, autre chose ne sont ces yeux supposez, que portes, dont nous fust ceste cy ouverte, en sorte que voiyons la terre sous nos pieds, estendue sur la mer, non plus qu'une petite balle ou esteuf, qui flotteroit au milieu d'un grand estang. Le brave et noble philosophe Seneque n'en mentit jamais, ayant faict ce voyage comme nous, sans doute, et regardé par la trape en la lune, quand il s'escria en si grande perplexité : *Hoc est ponctum quod inter tot gentes ferro et igni dividitur ;* et apres, regardant les hommes, luy semblants, comme certainement ils nous sembloyent, de petits rats de montagnes, et fourmis fourmillants, usant de ces termes : *Cum te in illa vere magna sustuleris, quoties videbis exercitus sub rectis ire vexillis, libebit dicere, it nigrum campis agmen, formicarum iste discursus est in angusto laborantium.*

De faict à ceste heure là mesme de bonne encontre, perissoit ceste grande armade d'Espagne sur mer, dont avez tant ouy parler, laquelle disoyent les bons catholiques, principalement les plus zelez, et amateurs de doublons, devoir bien tost faire un tour sur mer, pour la commodité des marchands allants et venants de France en Angleterre, mais par Nostre-Dame de Clery, qui fut la bonne Dame du roy Loys XI, jamais ne fut tant ry que nous rismes à ceste fois ; car voyants ainsy toutes ces galeaces et gallions, carraques et carcaquillons, flambarts et flambillons esparts deçà et delà sur l'Ocean, croiyons fermement que ce fust, non armee de l'invincible Philippus, roy de tous les diables, mais une rangee de ces petits papillons, que les Latins appellent *bombyces*, lesquels font leurs œufs sur le papier, prenants les voiles pour les aisles, et le corps du vaisseau pour le corps du vermisseau, les masts pour les cornes, et les Espagnols se jettants en mer, pour les œufs ou crotes qui leur sortent du cul. Lors, dit Roger :

> Nul tant soit fort et puissant empereur,
> N'évitera du grand Dieu la fureur.

Nous demandasmes à veoir la France; ne la pouvants gueres bien recognoistre depuis le temps qu'en estions partis, comme certes elle estoit bien changee, nous n'y voiyons que chatemistes, hypocrites, cagots, brifaux, et farfadets troter. Si avoit il presse à qui y seroit roy, et jouoyent les rodomonds de Castille, gros couillards de Lorraine, clabaudiers de Savoye aux trois dez pour cest effet à qui feroit plus belle rafle. Chascun y pretendoit, chascun y belloit après ; cependant le plaisir estoit de veoir dans Rome le conclave qui se tenoit à la creation d'un nouveau pape, car c'estoit du sainct pere de qui dependoit l'heur du dez : dont fut pour lors la difference des escarlattes grande. Les ambitieux estoyent aux escoutes, prenoyent les voix à la pipee, donnoyent bons jours à qui en vouloit, souffloyent au cul d'un chascun, trottoyent de jour, consultoyent de nuict, pissoyent quelquefois d'aises en laurs brayes, comme petits chiens à qui on chatouille le ventre, s'entretenoyent de persuasions, se substentoyent de billevezees. Mais apres qu'ils eurent bien sué, le plus morfondu fut eslevé, et n'en pensmes appercevoir la cause, sinon qu'il sçavoit tres bien braquer le canon et fulminer. Lors, dit

Roger Bontemps, jà ne m'estoys advisé là bas de lire mon breviaire comme cestuy cy pour estre pape, et trouver fortune si magnifique : si j'y retourne une fois j'en acheteray un beau gras à ceste fin, et seray Roger premier du nom. Puis Dieu sçait combien je feray de cardinaux, combien de nouveaux ordres. Il me fera moult beau veoir equipé avec un domino de veloux cramoisy, un thiarre à la persique, et des gants en mes mains bien brodez, faisant la croix à tous passants, porté sur les épaules de quatre barons, et excommuniant tous roys, princes et potentats qui ne voudront venir bouquer à ma pantoufle. Or, comme nous estions attentifs à regarder d'autre part l'assiette et disposition des villes, furent aperceus de chascun de nous plusieurs confesseurs, qui confessoyent filles la main bas, et jugions, à les veoir en ceste contenance, qu'ils la leur mettoyent sous la cotte; toutesfois n'en osions asseurer à cause de la distance du lieu. Bien nous fut il dict par la dame qui nous conduisoit, qu'ainsy bailloyent ils l'absolution. Encore n'estoit ce rien au prix des bougres et bougerons que voyions par tout faire leçon publique, outre ceux qui estoyent couchez avec leurs sœurs, leurs meres et leurs filles; par toutes les places et carrefours ne voyons que trompeurs et usuriers; dans les palais que chicaneurs; ès eschollrs et colleges que pedants asniers, corrompants la jeunesse; à la cour des grands, rien que flatteurs; et de tous costez poetes hupez, philosophes morveux, faisants monstre de leur latin. Plusieurs choses aussy nous furent claires là haut que nous estimions icy bien cachees. Entr'autres nous fut ouvert le conseil d'Espagne, qui se tenoit lors à Nancy en Lorraine, ou fut conferé du bien de la France fort secrettement, et signee de chascun une belle ligue pour la conserver envers tous, et contre tous. A cela plusieurs badaux en Badlaury s'accordoyent, louants publiquement ces bons pilleurs de la couronne, pilliers, vouloy je dire, mais la langue m'a fourché, *perdonate mi.* D'autre costé furent veues par nous les grandes armees que les heritiers de Raoul, fils d'Albert, comte d'Asbousg, lesquels sortirent invisiblement par un trou de la race du petit fils de Childebert, roy de Metz ou d'Austrasie, envoyoyent au secours des zelez, et estoyent ces zelez gens d'Union, aimants fort d'unir le bien d'autruy avec le leur, afin de descharger le peuple, et vivre en repos doresnavant; mais ne sçay comment par permission divine, et aux hommes occulte, vismes incontinent ces armees, et zelez fondre au soleil, comme si ce fussent esté marmousets faits de neige ou de beurre. En un mesme moment jettions nostre vue sur l'Estat du grand seigneur que voyons, je veoy l'Asie de belle estendue, et prest de bien tailler de la besongne aux catholiques d'Austriche, voire au sainct pere de Rome, cependant qu'ainsy entretenoit les divisions des princes chrestiens : et pour ce faire traittoit avec le sophy et le Tartare, ses voisins. Las, m'escriay je lors, quand auront cuvé leur vin nos princes enyvrez ? jusques à quand ne cognoistront les peuples ce qui leur est propre ? Ne voyons nous icy les uns cantonnez, faisants un corps anarchique ; les autres rangez en une aristocratie d'ambition ; ceux cy en democratie turbulente, ceux là en monarchie tyrannique ? O pauvre France, que tu as d'envieux, que de loups guettent apres ta peau ! Hé te faut il tant de roys? un seul te suffit il pas? Tes provinces sont autant de royaumes ; que dy je tes provinces, mais tes villes plustost sont autant de retraictes de roytelets. Tu n'en peux souffrir un, et pour un t'en naissent mille; tu n'estoy fouettee que d'escourgees, et tu l'es ores de scorpions. Je n'eus pas achevé ma plainte, qu'aussitost apperceusmes un petit diable noir, tirant le cousteau de sa manche, et frappant le bon roy Henry troisiesme du nom. Plusieurs autres enfumez esguisoyent les leurs pour en ferir son valeureux successeur à present regnant. Mais comme sceusmes de nostre conduite, qu'à ceux là ne seroit donné pouvoir de mettre en execution leur damnable et maudicte entreprise, bien d'estre happez, rostis tout vifs, estrippez, et empalez comme cochons de feste : amen, amen, respondismes nous tous, les bonnes gens ne s'en porteront que mieux : passons plus outre.

## CHAPITRE VII.

### Du second quartier de la lune, d'où nous furent monstrez les pays des gens delà l'eau.

Rien ne fut obmis de l'estat de la guerre, comme dit est, qui ne fust par nous consideré de ceste trape, et remarquee la miserable condition des hommes qui y habitoyent; de là fusmes soudain menez au second quartier de la lune, car elle a quatre quartiers comme vous sçavez. Vous me demanderez peut estre de quelle matiere est la lune, et que c'est. Certainement, mes bons amis, je n'en sçay que dire, je l'ai oublié, tant avions les esprits occupez à la consideration des choses qui s'y oyent; si vous n'estes satisfaits, allez y veoir, et ne laissez pourtant à contenter vos femmes, de peur de melancolie, et du mal commun aux veaux qui commencent à croistre. Arrivez donc que fusmes à ce second quartier, rencontrasmes en chemin plusieurs personnes soy promenants la face bas, qui là, qui çà, tous par diverses voyes escartees les unes des autres, et sceusmes que c'estoit le quartier des philosophes, lesquels aussy cheminoyent ruminants, marmotants des levres comme guenons. Comment, dit lors Roger, ceux cy sont ils sages jusques à la haute gamme? ils en ont la mine, je le veoy. De grace, oyons les un peu parler, il faict bon tousjours apprendre. Non, non, dict lors nostre conduicte, ne vous attendez à ceux cy, que voyez ainsi metagraboulisez, ils n'ont de philosophes que la barbe et le sourcil; mais tournez leur le dos, et voyez ces gentils fallots qui dancent icy au soleil le bouquet sur l'aureille. C'estoyent compagnons de la bouteille, tous bons alterez, et trinqueurs. Si tost qu'apperceuz ils nous eurent, ils rompirent leur dance pour nous accoler, nous faisants tout l'honneste recueil qu'eussions sceu desirer, monstrants toujours une chere joyeuse, au contraire des susdicts pasles, defaicts, et contrefaicts. Nous demandasmes à quoy ils passoyent le temps? A bien faire, respondirent ils tous, et à nous rejouyr. Hé bien! quoy, leur dit Roger, depuis quand est la venue en ces quartiers? Nous ne sçavons, respondirent ils; nous ne contons ny n'observons point le temps et faisons icy, c'est à faire à gens de delà l'eau. Quels gens de delà l'eau? repliquasmes nous. Ne les veistes vous oncques? demanda l'un d'entre eux. Non, que sçachions, respondict maistre Aliboron; mais à la pareille, faictes nous les veoir. Je le veux, dit le compagnon; regardez par ce trou en terre. Ce disant, ouvrit un guichet qui estoit soubs ses pieds, par lequel regardants ensemble, apperceusmes le pays ou ils demouroyent. Je vous diray premierement une chose de ceste contree là, presque incroyable, et neantmoins aussy certaine, que vous estes tous des vidazes. C'est qu'encore qu'aucun cosmographe n'en ait parlé, et que personne ne l'ait veue, non pas mesme Thevet qui a veu les choses invisibles; toutesfois le plan est tel, que des quatre coings qui la font quarree, il touche aux quatre parties du monde, et, qui plus est, participe à tous les climats, nourrissant des hommes de toutes sortes, lesquels ont ceste façon entre eux, que le plus sot est le plus heureux, faisant d'un buffle un elephant, et d'un manche de balet un coursier de Naples, et d'un festu un thresor. Leurs maisons sont de bourre et crachat, ou ils sont la pluspart du temps enfermez à resver et syllogiser combien dureront leurs habits, employants l'autre à dormir le nez contre terre. Que si à quelque beau jour de l'an il leur advenoit de sortir hors, c'estoit pour s'esplucher au soleil comme chappons du Mans, ou à escrire contre un mur avec les ongles; cela faict, aussy tost se renferment, se regardants les uns les autres par les fenestres. Cela nous contoit le compagnon susdict; ainsy que les regardions et contemplions. Quant à leur vivre, il estoit, sceusmes nous aussy, si resserré que c'estoit pitié; car ils ne mangent qu'une fois le jour, encore un peu de souppe rechauffee, avec un demy trait de piscantine trouble, qu'ils hument tousjours en grongnant, par l'ordonnance de leurs chiches proviseurs, et si font, à ce qu'ils se plaignent, de grands despens en mesnage; et mettants pour ceste cause tout leur soin et contentement à faire amas de vieux drapeaux, et d'escuz tant qu'ils peuvent, lesquels, quand ils en peuvent avoir, frottent perpetuellement, peur que la rouille s'y mette, content, repreignent, remettent, rejettent, resserrent en leurs tirelires, clouees à doubles bandes de fer, avec autant de serrures, enfermants l'une dans l'autre; outre le coffre bien garny de bonnes serrures à cent ressorts, bien enchaisné, et cadenacé contre la parroy ou ils se tiennent, comme j'ai jà dict, faisants le guet journellement, crainte des bienveillants.

> Miserables humains, qui à chose si vile
> Rendent et leur raison et leur ame servile.

Au reste, c'est une coustume fort observee entre eux qu'ils veulent tousjours faire croire à ceux qui les vont veoir qu'ils sont les plus habiles, accomplis de tout le monde, cuidants par ce moyen gaigner la monarchie en matiere de ravauderie, et persuader à leurs creanciers qu'ils sont quittes et francs de toutes dettes. Comme autresfois j'en ay veu qui, par subtile invention, faisoyent d'une cedule une quittance, ainsy que les patissiers de deçà d'un regiment de mousches un pasté d'assiette; en quoy vous apprenez que c'est de la jurisprudence et des somptuositez de ces guilmins. Quant à la police, elle estoit prise sur le modelle des Mathurins à Paris, ou messieurs les maistres inertes se bourrent *in modo et figura*, à grands coups de bobelins, et chaperons; car premierement ils sont fourrez de mesme, et s'assemblent par precureurs nationnaux, tous en belle ordonnance, bedeaux deçà, bedeaux delà. Puis soudainement, comme si quelque arreste les tenoit au gosier, faisants premierement chascun trois tours en despit du loup garou, crient tous d'une voix: *Vivat! vivat! vivat!* chascun trois fois seulement, differents en ce point à nos grimaux, qui n'ont aucune cesse jusques à tant qu'on leur jette une benediction en gueule. Cela faict, se retirent chascun en leur chascuniere, verrouent leurs portes, et font le guet aux fenestres.

Entre leurs coustumes, celle est la plus mal plaisante, qu'on ne veoit leurs femmes qu'au travers des vitres, comme si ce fussent reliques, n'osants, les pauvrettes, estaller leur marchandise, ainsy que nos dames, non crainte qu'elles ayent d'estre battues, mais plustost de ne l'estre point : car c'est religion entre elles, comme en Moscovie, quand leurs maris les battent tres bien ; et s'estime celle la mieux mariee qui a plus de coups, ce que j'estime croyez difficilement, si ne forgeay je rien du mien, comme ces affronteurs, menteurs et imposteurs docteurs. Et à propos de docteurs, les gens de delà l'eau, nous disoit on, en ont eu bonne quantité, lesquels tirent au court festin à qui le sera, il n'importe qu'ils ayent sçavoir ou non, pourveu qu'ils ayent bonne trongne ; mesme, s'il est trop sçavant, ils en font un heretique, et le chassent d'entr'eux ; ainsy n'ont ils garde de devenir fols d'estudier, comme plusieurs. S'il arrive quelquesfois qu'ils ne soyent bien saouls et repeuz, ils prendront plaisir de sermonner de continence, et estants à table, de discourir de guerre : ainsy que souvent on veoit entre nous des mirolets, couchez sur la plume à leur ayse, maintiennent que le dormir sur la dure n'est pas si grand mal qu'on le faict ; comme d'autres qui, en gaillarde santé, donnent avec si grande confiance consolation aux malades, ou qui, assis auprès du feu, le verre à la main, en temps d'hyver, soustiennent que le froid est salutaire pour corroborer les parties vitales. De belles. Ce n'est pas tout, il faict bon courir la poule en ce pays là ; car les hommes y sont si coyons, qu'ils se cachent en l'eau et soubs terre, de peur des feuilles. Vray est qu'ils ont assez bon geste derriere un pourpoint de muraille, et sçavent faire les petits moulinets avec les deux espees au temps de desbauche, qu'il faut aller empescher le passage aux hannetons qui s'assemblent pour ronger leurs vignes, et sur tout ont bonne grace à porter la pannache au bonnet pour effrayer les mousches. C'est la cause pour laquelle Jean de Lagny les prit tous soubs sa protection, et s'en disoit roy, comme le heron des grenouilles, dont depuis ont esté quelque peu deniaisez, n'osants monstrer le nez hors leurs gistes, ny porter aureilles à descouvert, de peur des mauvais vents, se tenants nuict et jour en sentinelle, pour ouyr nouvelles des terres neufves, d'ou secours ils attendent. Que si ainsy advient, il n'y aura pendart ny belistre, qui n'ayt liberté, ny femme qui n'ayt son congé. Mais c'est en vain, les nefles seront molles avant ce temps là. Cependant les plus esveillez d'entr'eux se tiennent mignons, propelets, frisez, testonnez. Lors que nous les contemplions là haut ils faisoyent leur monstre, par fortune, habillez à l'Espagnole, marchants le col levé comme oysons, un pied icy, l'autre là. S'ils se mouchoyent, c'estoit par ceremonie; s'ils se tournoyent, chascun se reculoit crainte d'endommager leurs fraizes; s'ils mangeoyent, on leur portoit avec petites fourchettes les morceaux tous maschez jusques au gosier, pour ne leur gaster les dents, et ainsy n'avoyent qu'à avaller tout doucement. En somme, c'estoit un peuple, comme nous pusmes apprendre, et à ce qu'en remarquasmes en ce peu de temps que fusmes à les contempler de là haut, bien maussade, ennuyeux et faincant; aussy ne vous en diray je plus mot, pour ne demancher vostre patience. Je viens au reste.

## CHAPITRE VIII.

De la seconde salle lunatique ou nous furent monstrez toutes sortes de manouvriers, et principalement des alquemistes.

Enguerrand, qui s'estoit jusques icy teu, ne se peut tenir de demander au compagnon s'il luy pouvoit monstrer sa fortune de ceste trape, comme il nous avoit monstré ledict pays. A quoy ayant faict response qu'ouy, bien si tant estoit, qu'il la voulust prendre en la façon qu'il la luy monstreroit. De cela, dit Enguerrand, ne me chaut, pourveu que je l'attrape ; voire mais, repliqua l'autre, elle est souvent de mauvaise prise, dont s'ensuit un repentir qui se faict de loin sentir. Non, non, dy je lors, telle ne voulons nous veoir ny avoir ; mais oubliant toute allegorie en parole, enseignez nous, beau sire, les moyens de devenir riches bien tost : car ceste est la fortune que demandons. Les richesses, respondict il, qui viennent à la haste, s'en vont à la haste aussy : il faut, pour les acquerir, travailler et estre diligent. Or, plusieurs sortes sont entre les hommes de labeur, et de ce maintenant en veoirez les idees dans la seconde salle de la lune icy pres. Ce disant nous mena tous quatre au dict lieu, prenant devant congé de la dame qui nous avoit emmenez. Devant la porte, sur le plan du perron, estoit posee une piramide d'excessive hauteur, laquelle estoit en toutes ses trois faces enrichie de compartiments, lesquels contenoyent les vœux de chascunes personnes. Et de faict, y remarquasmes chascun les nostres et de plusieurs de nostre cognoissance, qui estoyent bien difficiles à comprendre, pour estre notez en lettres hieroglifiques. Vous n'y entendriez notte qui vous le diroit. Aussy ne voulusmes nous tarder long temps à ceste entree. Le lieu n'estoit guere different du premier, sinon qu'il s'y oyoit plus de bruict; car toutes sortes de manouvriers y travailloyent, et les voyons chascun à part faisants leur besogne. Les orfevres surtout, mareschaux, serruriers, quinqualliers et bateurs d'or, entre lesquels remarquions en idee des alquemistes, souffle en culs, je n'entends ceux qui, par une honneste estude, s'employent à la science, mais seulement ces albrenez qui tousjours sont au cul d'un alembic, cuidant qu'il n'y a qu'à souffler pour devenir riches.

> Ce sont des inventions,
> Des folles conceptions,
> Qui, par soupçon humees,
> Ne produisent que fumees.
> Leur raison est de vapeur,
> De vapeur est leur bonheur,
> Et tout leur bonheur encore
> Avec le vent s'esvapore.

Ils avoyent autour d'eux bonne provision de drogues convenables à ce qu'ils disoyent pour la composition du parfaict elixir, principalement de la ceruse, qui se faict de plomb bouilly en vinaigre; de la calchite, qui est un atrament plus noir, du soulphre avec du bitum, qui approche de la nature du soulphre; du naphté, qui est une sorte de bitum, pour mieux dire, une liqueur qui conçoit feu incontinent que la personne en est frottee. C'est la drogue mesme dont Medee frotta la couronne et le voile qu'elle donna à la fille de Creon. Puis du sandaraca et de l'arsenic, qui se trouvent és mines d'or et d'argent. Le sandaraca se faict aussy par art, avec la racine de cedre, item du sel armoniac qui se trouve dans les sablons; de l'orpin, duquel, selon Pline, un des Cesars tira du fin or, à force de feu; du syncope, qui est rougeastre, et duquel Homere faict tant de cas quand il dict que les navires des Troyens en estoyent peinctes; du cinnabre, qui est tiré du sang de dragon; du minium, qui se trouve és mines de plomb; du vitriol, qui tire sur le bleu; du leton, que les anciens appeloyent *auricalcum*; du sel et du nitre, qui, cuits en soulphre, s'endurcissent comme fer. En somme, toutes ces matieres assemblees avec le charbon, vous les eussiez pris proprement pour des faux monnoyeurs; neantmoins ils s'asseuroyent de quelque bonne fortune sans tresbucher, d'autant, disoyent ils, qu'en la transsubstantiation des quatre elements, toutes choses se faisoyent. Voire mais, leur dit nostre maistre Aliboron, qui estoit versé en fine philosophie, estimez vous pauvres aveugles par force d'ainsy sublimer et calciner, que les elements se rendent à vous? Ce sont bayes : vous n'engrosserez jamais vos femmes que de caqueroles, puis que ne leur soufflez au cul que du vent. Ils ressemblent, dit Roger, aux perdrix, lesquelles conçoivent si tost que le masle chante, et aux jumens d'Espagne, qui n'ont qu'à ouvrir leurs fentes quand le zephyre est par pays. A ce mot, un de la troupe se leva, et, nous tirant à l'escart, nous monstra dans un papier la pierre philosophale, qu'il avoit faicte, de laquelle, en nostre presence, il fit la dissolution avec une livre de plomb, qu'il transmua en fin or; et ce nous apprit le secret, nous disant : Bons amis, je suis l'idee du grand Theophraste. Paracelse, ne vous estonnez : tous ces calcineurs que voyez sont des imposteurs; moy je suis entre eux, et si ne me voyent point, bien que je les voye tous. Allez, et tenez le secret caché. Lors soudain disparut de nous. Vous me demanderez de quelle couleur estoit ladicte pierre, de quelle grandeur, de quel goust : si vous le sçaviez, vous feriez bien des vostres; le roy ne seroit pas vostre amy ; vous auriez tousjours la garce à commandement, le bon vin en cave, la table bien garnie, force faveurs, belles maisons, habits de toutes sortes, force musiciens, bref tout ce qu'on sçauroit souhaiter pour vivre à l'ayse, et ne rien faire ; mais vous ne le sçaurez pas, car vous ne valez rien. Seulement diray je en faveur de mes amis, que c'est une alliance d'esprit avec le corps, comme vous diriez un coup de fourche sur vos aureilles ; et en cela sont fort trompez les extracteurs de quinte-essence, car ils prennent bran pour farine. Si vous dy je encore apertement qu'au cas que le plus brave foireux des antipodes vinst à en avaler aussy gros que la teste d'un camion de damoiselle, par le sarment de la vigne, il ne seroit qu'or à vostre gorge. Pource ne vous esbahissez si les Espagnols ont tant de doublons, ils vont lescher le cul aux femmes du Bresil, dont advient que souvent les Anglois en ont la quinte par attraction. Voulez vous la chose plus claire ? je vay la vous dire.

> Car que sert tant de langages,
> Entremeslez d'obscurité ?
> Qui veut dire la verité
> Ne doit point chercher d'ambages ;
> Et qui veut cacher le faict,
> Doit se taire tout à faict.

Ouvrez donc les aureilles.

> Quatre chopines font un pot,
> Qui ne le croit est un gros sot.

Pour conclusion, et fin et le principal, c'est la projection qui doit estre faicte au signe de gemini, lors qu'il faict beau rapporter ses pieces, et jouer de la chalemise à trois parties. Gebei en a touché pertinemment au chapitre de Venus et de Mars : voyez le passage. Si le destin veut qu'y puissiez comprendre quelque chose, tout ira bien pour vous. Mais gardez bien, à force de resver, que n'entriez en de fausses imaginations qui sont sans substance : car vous vous trouveriez en l'estat de ces poursuivants de cour, qui songent toute nuict des monceaux d'or, et quand le jour est venu n'empoignent que du vent : de sorte qu'au lieu de Junon n'auriez que nues, et au lieu d'enfants que centaures. Ou comme celuy qui jouoit Colin maillard les yeux bandez, cuidant tenir monsieur Boucher, docteur de la Ligue, se trouva les mains sur un veau. Ainsy seriez vous deceuz à mon grand regret, et pour la cape de broderie porteriez la besace de gueuserie.

## CHAPITRE IX.

Discours qui nous fut faict par un compagnon, des manieres diverses pour faire son proflct.

Outre le moyen susdict, trouvé par les aventuriers de philosophie, nous furent montrez plusieurs sortes de personnes, gaignants cahin caha leur chetive et paillarde vie. Lors nous fut faict un magnifique discours par le compagnon qui nous conduisoit, touchant la manière de trouver argent entre les hommes, commençant en ceste façon : Vous sçavez assez, gens de bien, que telle est la fatale influence de tout temps, dominatrice en la cervelle humaine, que chascun ne pense, ne vise, ne tasche, ne songe, et ne travaille qu'à son profict particulier, c'est à dire, à vivre à son ayse sans incommodité s'il est possible. En sorte qu'il n'y a raison qui puisse persuader le contraire, ny discours theologal qui soit maistre contre cela : et ceux là mesmes qui preschent le mepris des richesses, ne disent pas ce qui leur en semble, les bonnes gens qu'ils sont. Jà n'est besoin d'user de preuves pour cela confirmer. Il ne faut que sonner la piece, lors avocats debout, gens d'armes à cheval, artisants en besongne, prestres tous prests, menestriers à la dance, taverniers à la cave pour tirer à boire : bref, gens de toutes qualitez à vostre service jusques aux papes et potentats. Que si d'adventure quelqu'un, faute de pratique, et d'avoir hanté les lansquenets, ignoroit encore cela, qu'il aille à l'audience, qu'il fasse tour et demy à la foire de Francfort, qu'il visite les boutiques, qu'il hante les cabarets, ou pour le mieux, qu'il s'aille esbattre un an ou deux en Italie, ainsy que la coustume est d'y envoyer messieurs les enfants de maison, qui pour avoir esté tousjours en caillettes, cuident que les pastez se soyent liguez avec les allouettes, et qu'il ne faut qu'avoir appetit quand il faut manger, dont la plus-part meurent de la foire, qu'on appelle en Ballory la va tost; et, pour y remedier, seroit besoin de les laisser seulement un demy an au service du magnifique seigneur, faute d'argent, et autant à la suite d'un *cavallero* d'Espagne, pour apprendre à cognoistre les oranges, et à s'escurer les dents avant disner : car c'est la seule methode pour faire aller amble tels guildins. Et pour ceste cause, je trouve par mes papiers originaux que faire de necessité vertu n'est chose si impossible qu'on dict coustumierement, car la vertu ne sçauroit estre ny paroistre sans la necessité. Necessité est inventrice de tous arts : c'est le point plus certain pour gaigner sa fortune.

A ce mot Enguerrand leva les aureilles et luy demanda comment il ne l'avoit trouvee, puis qu'il estoit devenu necessiteux jusques aux fesses. Vous ne l'estiez encore assez, respondict il, il le falloit estre jusques au dos, voire jusques aux os. Qu'ainsy ne soit; demandez à quel jeu ils ont gaigné tant d'escuz, ces capucins de Bearn. Par nostre dame, qui est la lune, ils vous respondront valeureusement, avec un leve nez, qu'ils n'avoyent rien à perdre, mais beaucoup à gaigner; et que tout bien compté et rabatu, ils ne doivent rien à personne : ce qu'ils s'offriront de prouver quand voudrez, la raison au poing, et la main à la gorge. Le conte qu'on nous faict du soldat d'Antigonus n'est pas mal à propos, non plus que les andouilles de Troyes en caresme. Ce soldat estoit devenu maladif, et degousté du bon vin; de sorte qu'estant ennuyé de vivre sans boire, il chercha par plusieurs fois, et en diverses rencontres, l'occasion de s'ensevelir honorablement dans les armes, comme vous sçavez que parlent nos desesperez.

Ce qu'ayant son roy recogneu, sans sçavoir pourtant la cause, marry de son indisposition, fict faire assemblee de ses plus experimentez et fameux medecins. La consultation faicte, les receptes ordonnees et prises, le soldat reprit sa santé, recouvra son appetit; de là en avant il faisoit bonne chere, beuvoit du meilleur, carressoit la garce, estoit tousjours de nopces; mais le pis fut qu'il devint faineant, fuyard, et las d'aller, ne voulant plus aller aux coups. Ainsy perdit son renom, et l'occasion de sa fortune qui estoit preste. Voylà le premier poinct par lequel vous apprenez que necessité faict tout. Et pour ce fassent les Espagnols en France diables, tant qu'ils voudront avec leurs lingots, les Gascons valent mieux qu'eux aux coups ; aussy sont ce gens qui gaignent leur vie en une heure, au lieu que la plus-part usent l'esprit et les mains pour neant. Quant au second moyen, par lequel on peut faire son profict aysement, c'est de n'aller jamais en cour ; car on ne rapporte de ces pays là que de bons jours enfilez, et quelques especes de faveurs en graine, qui ne viennent qu'en terre bien fumee, et en temps bien serain, ainsy que les melons aux Orcades. Mieux vaudroit courtiser les vieilles, et estre adopté de quelque gros abbé, pour danser à l'ombre de sa mittre, en esperance d'en estre coiffé quelque jour. Pource faut estre versé au droit canon, avoir leu la legende saint François, et sçavoir faire une fricassee d'heretiques. Mais encore n'est ce pas là que je voudroy que cherchissiez vostre fortune, et sçay tres bien que les coyons aujourd'hui sçavent de plus courts chemins pour l'atteindre ; car pour bien dire entre eux,

> Il faut flater, mentir, rompre sa foy,
> Faire une ligue à l'encontre son roy,
> Voler, piller, n'observer droit ne loy,
> En ce dur temps, qui veut avoir de quoy.

C'est la raison pourquoy les belistres tiennent leurs grands jours en nostre miserable royaume de France ; mais vive ceux qui ont bon courage, jà ne vous conseilleray je d'estre brigands, encore que la plus-part du monde en suyve la regle, non pas mesme d'estre honnestes larrons, comme se disent aucuns, qui en jugement ne prennent rien que par honnesteté, qu'ils nomment encore moyens de vous enrichir à la façon des financiers, par substraction; car ils ont les griffes dangereuses, et n'est pas sans cause qu'on les accompare aux espreuviers; car nous sçavons que les os des pates de tels oyseaux attirent l'or. Que pleust à Dieu qu'ils fussent tous bien escouillez, ainsy qu'estoit l'ancienne coustume des Macedoniens, de ne commettre la garde de leurs thresors qu'à ceux qui estoyent tels. Par ce moyen ils n'auroyent tant de soin d'acquerir pour leur posterité, et ne seroit mention entr'eux du tour de baston, que quand il viendroit à propos sur leurs aureilles mydeanes, suyvant la taxe instituee de tout temps aux bestes qui ne vont pas droit; et c'est dequoy on se doit peiner, pour retablir en nature la disposition des hommes, qui, par coustumes illicites, crevent les yeux à qui n'y pense mie. D'ou vient que plusieurs ne pouvants mordre de ce costé là se sont engagez au roy des Lipus, pour porter la pistole au nez de qui bon luy semble, apres avoir touché devant mourir somme grande de doublons, qui est en Espagne la plus supresme relique, pour faire des miracles en poste; aussy bien qu'en Italie le gobelet medicinal, qui fut trouvé premierement à Florence, et depuis transporté par procession generale en France, dans l'église Saincte-Catherine-la-Cousture, ou on le veoit encore par devotion avec indulgences pour mille tant d'annees, octroyees par le pape Jules, à la charge et condition que les benoists religieux de l'ordre auroyent leurs repues franches, qui est une observation que plusieurs ne sçavent pas, et de laquelle je vous fay expresse mention pour vous apprendre qu'il faut peu de chose pour mettre en teste aux jaloux que leurs femmes jouent à cachemitula; moyen aussy par lequel plusieurs maisons se sont agrandies, car les femmes d'esprit ont tousjours leur mesnage en recommandation. Je dy d'esprit, au tesmoignage de Bodin, qui maintient que les esprits couchent avec les femelles, pour comme ils peuvent sans lesion des parties, vuider l'argent d'une bourse, dont ne trouvent plusieurs que les pendants au costé quand se vient au payement : et de tels s'en voyent les exemples partout. Quant à ceux qui se servent de la poudre d'Oribus, ils ne sont que trop communs. Mais il y en a de rares, lesquels usent de miroirs ardents, bruslants par reflexion du soleil toutes sortes de laines; d'autres qui, sans bouger de leurs places, font en leurs coffres venir la bourse d'autruy, et quelquesfois par termes significatifs conjurent chascun à leur apporter, dont advient que tant s'en faut qu'ils en soyent obligez à nul, que chascun teste baissee leur compte argent; encore bien heureux qui peut gaigner un traict de leurs faveurs, donnant tout son bien. La cause de ce, comme nous l'avons apperceue d'icy, n'est autre que leur geste grave, et contenance fiere, depend plus de l'opinion vulgaire, que de leur vertu propre, au contraire des quemands et belistres qui, pour abuser le monde, mettent de a paille en leurs souliers, se salpaudrants les jambes pour mieux trembler le grelot. D'iceux se veoit la genealogie aux Quinze-Vingts de Paris, lieu ou les hommes gaignent leur vie à ne veoir goutte, comme aussi en plusieurs autres lieux. Contre quoy les muets voudroyent bien intenter procez, s'ils pouvoyent parler, et les larrons voudroyent que chascun, fors eux, fussent de ceste confrairie, afin de n'estre plus contraincts d'aller si bellement, ny de se cacher; j'entends aussi les coupe bourses, lesquels à la facon des bons chirurgiens endorment le nerf, faisant ainsy passer le rasoir par ou ils veulent, sans donner aucune esmotion au patient. Voire leur fallut il couper les couilles au plus brave Lorrain de Nancy, ce sera tout en riant. Je croy bien que les femmes du pays s'en fascheroyent. Mais baste! il n'y en a que trop à leur commandement. Au defaut de ceux cy on leur donneroit ces amoureux de Bretaigne, afin d'engendrer de nouveaux conquereurs. Or devez vous, gens de bien, disoit il, parlant à nous, suyvre un chemin contraire à ceux cy pour acquerir. Retenez le beau secret qu'avez jà appris, et ne laissez de travailler, aller, venir, courir, tracasser, car c'est la loy donnee au commencement par l'autheur de nature : qui ne l'observera aura beau crier les mules en temps d'hyver, le monde est devenu sourd, il ne respond plus. De cela souvenez vous tousjours, et faictes bien. Vray est que plusieurs espions de fortune ne s'arrestent là, ains disent ordinairement qu'il en faut avoir en quelque façon que ce soit. Mais aye, aye, ne les ensuyvez; car ils prennent le court en montant, pour estre apres citoyens de Montfaucon en belle apparence.

## CHAPITRE X.

*Du troisiesme quartier de la lune, où furent veues les prouesses de Jean de Lagny en peincture.*

Le compagnon n'avoit du tout achevé de parler, qu'au devant de nous se presenterent en idées trois personnages diversement vestuz, et sembloit l'un estre gendarme, l'autre marchand, et l'autre avocat. Ils nous inviterent de veoir leurs quartiers, car ils tenoyent de la lune : ce que nous voulusmes refuser pour l'envie qu'avions de veoir tout. Lors nous menerent par divers chemins desolez et ennuyeux. Le premier, qui estoit le gendarme, nous voulut faire veoir ses possessions, comme le plus fort ; mais les deux autres s'y opposerent, disant le marchand, qu'il estoit bien digne d'estre le premier honoré de nostre venue, puis que le gendarme et l'avocat ne vivoyent que de luy. C'est mal conclu, repliquoit l'avocat ; il faut que j'aille devant ; car c'est moy qui vous fay vivre quand estes en differend. Ne pensez gaigner vostre cause contre moy ; ne m'attaquez qu'il ne vous en mespreigne, car je vous chicaneray, et tant et tant, qu'y perdrez vous, monsieur le gendarme, les arçons, et vous, monsieur le marchand, la raison. Ventre de bœuf, respondit le gendarme en courroux, qui m'a amené ce limier de barreau ? si je prends mon cymeterre, peu s'en faut que je ne le vous couppe en deux, couilles, bourlet, et tout. Ce disant, mettoit la main à la poignée, escartillant les jambes, et tournant l'œil de costé ; mais il tenoit au fourreau, et de l'effort qu'il y fit, laissa cheoir le pennache de son chappeau, qu'un de nous luy ramassa tout doucement. Appaisez vostre colere, beau sire, luy dy je, nous consentons vous visiter le premier, vous en estes digne ; il faut prendre patience par force. Le pauvre avocat d'autre costé estoit demouré tout peneux de cest effroy, et n'osoit plus toussir que par le congé du rodomond. Le marchand avoit tres bien lasché en ses chausses, encore qu'on n'en voulust à luy, et demanda congé humblement pour s'aller tenir blanchement : Va, va, foirimardis, lui dict le gendarme, bouchant son nez, avec nous, retire toy bien loin d'icy ; et reviens quand il sera temps pour monstrer de ta marchandise à ces gentils-hommes cy. Suyvez moy, vous autres messieurs. Nous le suyvismes, le pauvre avocat derriere nous, la teste basse, jusques à ce qu'arrivasmes au chasteau. Le pont levis abbaissé, lors se presenta à nous une grande dame qu'il nommoit Escoupeterie, laquelle n'estoit vestue que de bourre et de papillottes. Si pensions bien du commencement que ce fust grande chose, car elle ne faisoit demarche que tout ne tremblast. Mais en effet ce n'estoit qu'une roupie, et son corps estoit imaginaire, sans substance, qualité ny quantité. Nous entrasmes sans la regarder, et fusmes droit menez sur le rempart dudict chasteau, ou à l'instant plusieurs estafiers dudict seigneur nous environnerent, nous donnants à tous l'accolade. L'un nous apportoit à veoir un rouet d'Allemagne, l'autre un coutelas damascin, cestuy ci sa cuirasse, cest autre son casque. Icy les uns nous monstroyent une rangee de canons doubles, simples, moyens; là les autres un magazin de poudres, boulets, grenades et lances à feu. Nous eusmes la teste rompue de leurs fortifications, parapets, contrescarpes, chausses, cavaliers, bastions, boulevards, retranchements, mines, contremines, et d'autres mille passe temps qu'ils ont. Ledict seigneur estoit au milieu, ayant son chapeau mis perpendiculairement sur l'aureille, et se filant la moustache en contenance joyeuse; aussy avoit il le pourpoint à la nouvelle façon, son haut de chausse à l'espagnole, demy detaché, sa fraize à la confusion, et juroit tres elegamment quand il parloit. Un grand pendart de ses gens nous carressoit de sa baguette, et sembloit bien estre Espagnol Neapolitain à sa façon, car il festoyoit les survenants de nazardes confites, et ne nous traictoit que de bravades, dont le goust ne nous plaisoit aucunement, d'autant quelles estoyent servies mal à propos. Somme, nous pensasmes perdre contenance en ce lieu là, et prismes congé aussy tost de l'assemblee ; encore, au sortir nous voulut il faire veoir deux dames siennes, dont la premiere se nommoit Camisade, et estoit, à ce qu'il disoit, dame de grand esprit, accorte, vigilante, subtile, preste à remuer mesnage ; la seconde, Embuscade, qu'on tenoit par tout le pays pour une fine mouche ; mais nous ne la peusmes contempler en face, d'autant qu'elle avoit tousjours son cache nez, et ne se descouvroit que bien à propos. Son mary s'appeloit Assaut, et son fils Pillage, tous deux grands remueurs de paillasse. Ils n'estoyent pour lors presents, mais estoyent allez au service du Turc en Autriche, pour faire leurs besongnes, et devoyent bien tost aller en Flandres, puis en Espagne, à la suite des Gascons pour mesme effet. Or ne fut nostre sortie dudict chasteau par la porte mesme qu'estions entrez, mais par une fausse porte, hors de laquelle, à la portee du canon, environ du plus ou du moins, vismes une grande place couverte, de laquelle nous estants enquis, sceusmes que c'estoit l'endroict ou se voyoit la representation de plusieurs vaincuz et victorieux au naturel. Vrayement, dict lors Roger, je verroy volontiers ce lieu là, pour sçavoir auquel rang on a mis Jean de Lagny, nagueres decedé d'un mal de ventre. Il y est, respondict un soldat : venez, je vous le monstreray, et tous les exploicts qu'il fit dernierement en France. A sa parole, tirasmes vers ledict lieu, qui estoit tout remply de tableaux, et de diverses histoires des choses passees. Ce seroit chose trop longue à vous les raconter, vous suffise que je vous declare quelles prouesses estoyent là attribuees audict Jean de Lagny. Premierement se voyoit sa venue du pays de Veloux, en grand appareil, force Lombards, maranes, et putains avec luy, car il vouloit que celles cy fissent la queue à la mode des Perses : ainsy ressembloit proprement son armee à un serpent qui a belle teste et laide queue. Un peu devant estoit ledict seigneur en l'assemblee de ses devins qui luy disoyent sa bonne adventure : car il ne vouloit point qu'on luy en dist de mauvaise; et faisoit, à une place destinee, jouster des cocqs et des cailles, pour sçavoir, ainsy que Marc-Anthoine, à qui demoureroit la victoire de ses ennemis ou de luy. En un autre tableau, joignant le premier, estoit peinct un pavillon, ou il estoit couché entre deux belles Flamandes, lesquelles, comme porte l'histoire, luy donnerent la verolle pour la septiesme fois : ainsy fut il passé maistre au jeu du trou madame pour ce coup. Ses gens estoyent autour dudict pavillon representez, faisant le guet, toutesfois à l'escart, afin ce croy je, d'imiter encore lesdicts roy de Perse, lesquels faisoyent punir de mort non seulement celuy qui osoit tant que de parler ou toucher en passant à leurs concubines, mais aussy qui par indiscretion approchoit en allant des chariots ou elles estoyent. Au tiers se voyoit toute son armee comme lassee à un plein champ, autour de laquelle se faisoyent fossez et bastions, comme si elle y eust deu demourer long temps, mais c'estoit crainte de surprise, et suoyent à grosses gouttes ses gens darmes, non du travail des chemins, mais de peur; car comment se fussent ils lassez qu'ils estoyent encore sur la frontiere de leur pays, qu'ils avoyent atteint en un mois ce que feroit un de nos basques en un jour. Non, non, ne le croyez, badauds, pour vostre salut. Tel n'estoit ce Jean de Lagny dont je vous parle. O qu'il se donnoit bien garde, le paillard, de se trop avancer ! Avez vous ouy jamais parler de la machine de batterie qu'avoit le roi Demetrius, appelee Eleopolis dans

Plutarque, laquelle se poussoit avec si grande difficulté, qu'on ne la pouvoit avancer que d'un demy quart de lieue en deux mois. Telle estoit l'armée du champion, et ainsy marchoit elle : combien que ne la vissions marcher dans ses tableaux, si estoit elle representée en telle façon, que la veue se rapportoit à ce qu'en avions autrefois ouy dire, et apperceuz, nous presents.

Les champs aux environs estoyent en feu, non de villes prises et bruslees, mais de gerbes de pauvres gens. En un endroict, on le voyoit assis à table, engoulant des petits oyseaux tous vifs, pour le guarir de son mal, ressemblant ainsy à un Bacchus Omestez, lequel les faisoit en ceste sorte jargonner dans son ventre; car il avoit le gosier enormement large à telle vollee, et y en pouvoit bien jetter trois ou quatre douzaines à coups perduz, le tout à la plume. Il ne faut pas demander s'il beuvoit là dessuz à tonneau defoncé, encore que le peintre eust oublié cest article. Au cinquiesme tableau se voyoit la conqueste qu'il fit de Lagny sur Marne, dont il a retenu le nom, et estoit moult grand plaisir de veoir nos gens qui luy venoyent donner sur le derriere : car ainsy qu'un limaçon, si tost qu'on touche l'une de ses cornes, l'autre se retire, se recrobile en sa coquille; ainsy faisoyent ces Lombards dans leurs tranchées, qu'ils avoyent tousjours doubles, craignants merveilleusement les dents de nos limiers, et n'estoit jamais asseuré leur capitaine conquereur, qu'il ne vist trois rangs de fossez devant et derriere luy, tous bien herissez de picques et hanicroches, tant il estoit de sa nature sujet à estre effrayé : ce qui me faict croire le proverbe qui dict en substance :

> Gens cruels ont tousjours peur,
> Et jamais n'ont rien de seur.

Quoy que quelques uns ayent voulu maintenir estre prudence militaire à luy d'ainsy bien garder sa queue, si ainsy est, les moyneaux gaigneront la monarchie sur les aigles, et fera beau voir les renards avec leur queue en plaine campagne. Mais laissons ceste dispute à Machiavel. Enfin, Jean prist Lagny, et Lagny Jean, l'un vaut l'autre. En cest assaut rien n'y estoit espargné, autant le maigre que le gras, tout estoit mis en broche. O belle conqueste! il ne falloit plus qu'Homere avec sa vielle, pour en chanter les louanges. Cependant estoit au sixiesme tableau ledict conquereur peinct sur un coursier de Naples, faisant la ronde autour du village conquis, la plume au bonnet, et abattoit on toutes les maisons d'autour, afin qu'il se promenast plus à son ayse; et ce fut lors qu'il parloit de rompre la caveche à tout le monde, luy promettants les almanachs de ceste annee là, que le grand Seigneur luy viendroit faire hommage tout botté, le baisant au cul. Bref, estoit si hagard qu'on ne le pouvoit tenir : et de ceste gloire s'engendra en luy l'envie de manger des pesches de Corbeil, mais il luy cousta bon. Et se voyoit en un mesme tableau la prise de ladicte ville, comme il fit despeche, et furent ces gens despechez, comme chascun des siens portoit la hotte, et luy demouroit seul pensif, se mordant furieusement la lèvre inferieure. Ores s'accoudant en un autre endroict sur l'espaule de quelqu'un qui estoit là à propos, pour le destacher, si d'aventure, force de se pourmener, il luy prenoit envie de faire matiere cuite. Ores frappant du pied contre terre, pour faire sortir si grande quantité de taupes, qu'en un instant les tranchees en fussent parfaictement eslevees; ou, comme se promettoit le grand Pompee, faire sourdre des gens armez en campagne, prests et defrayez à son service. En un petit quartier du tableau se voyoit un lieu clos, ou personne n'entroit que ses plus favoris. Là faisoit il un grand amas de cordes, en intention de garotter la ville tout autour, pour puis apres la mener en lesse, ou la renverser avec ses habitants sens suz dessoubs, et en faire comme d'un coche versé, torque lorgne, combien que quelques uns en ayent voulu dire, que c'estoit plustost pour l'enlever en Espagne, en quelque lieu, *a remotis*. Mais pourquoy que ce fust, il y eut bien du jeu, car la corde rompist, et la plus-part de ceux qui estoyent destinez pour faire ce tant celebre garrotage, furent pris au pied du mur, et penduz à la barbe de ce discret personnage Jean de Lagny, qui de fascherie qu'il en eust, comme sçavons tres bien, cuida chier dans ses chausses, et assomma ce jour plusieurs des siens, tant il estoit vaillant, colere, et fit chevroter toutes les chevres de dix lieues à la ronde à force de crier. Ses plus privez amis n'osoyent pas mesme l'accoster ce jour là, ains se tenoyent tous loin de luy muets comme poissons, attendants qu'il eust deschargé son Thomas ; mais ils ne gaignerent rien, car le mal luy tint tousjours depuis ; et quelque part qu'il passoit, personne n'osoit paroistre devant luy, et escarteloit luy mesme les arbres pour se faire place, s'y prenant aussi les doigts quelquefois joliement, comme un Milo Crotoniates. Ce que le peintre n'avoit oublié de bien representer, aussy bien que ceste tragicomedie qu'il joua, quand ses amis furent d'avis de luy envoyer un menestrier pour jouer la pavanne : car il vous prit incontinent le violon, et le fit sonner sur la teste du pauvre here tant qu'il fut en pieces. Et fut lors qu'il fit sommer la ville, et qu'il menaçoit ceux de dedans qu'il les escacheroit comme grenouilles ; car il avoit, disoit-il, pouvoir de tonner comme Dieu. Mais un gentil compagnon, qui estoit sur la muraille, luy monstra son derriere, luy faisant signe de mettre le nez dedans; et voyoit on au tableau comme il entroit à la breche, ou furent neantmoins une grande partie des siens tuez et atterez, tant que fut faicte la composition à cause du brave capitaine Rigault qui y mourut sur le haut de la breche; dont fut faicte son epitaphe, attachee contre la muraille de la ville, en la sorte qu'il s'ensuit, et qu'elle fut leue par nous audict tableau.

>Brave Rigault, que la vertu fit naistre
>Pour nostre bien, et pour sauver l'honneur
>De nos François, à qui desjà le cœur
>Vouloit flechir dessoubs un nouveau maistre.

>Que puisse tu entre les dieux paroistre,
>Et, nouvel astre, au ciel pour ta valeur,
>Comme un Castor nous predire bonheur,
>Puis que tu as aux dieux changé ton estre.

>Quand tu vivois pesle mesle parmy
>Les gens ça bas, tu n'estois à demy
>Recogneu tel que portoit ta fortune.

>Mais maintenant qu'absent tu es là haut,
>Nostre air ne bruict que ton nom de Rigault,
>Et de clameur la France t'importune.

Apres ceste piece de peincture de la prise et reprise de Corbeil, se voyoit en une septiesme la retraite de Jean de Lagny, et premierement comme il assembloit son conseil, pour sçavoir le moyen de retourner seurement, car les chemins estoyent dangereux pour luy; et puis estant sujet à ceste maladie chancreuse d'ambition, il se faschoit de s'en retourner, ayant si peu faict de choses. Je ne sçay pas ce qu'ils disoyent en ce tableau : bien ai je maintes foy ouy conter que plusieurs furent de ceste opinion, qu'il s'enfuit aussy viste qu'il estoit venu bellement; alleguants, pour le consoler de sa colique passion, que ce n'estoit en cela qu'imiter son predecesseur Alexandre, lequel autrefois contrainct par Ariobazanes, s'alla cacher dans les rochers de Suze, ainsy que tesmoignoyt Diodore en sa vie, livre sixiesme; et d'abondant, s'efforçoyent de luy prouver que pour cela il ne desrogeoit aucunement au tiltre de vaillant, ains auroit toute sa vie la reputation d'homme de bonne conscience, attendu que c'estoit un signe infaillible d'un bon cœur, que de fuyr les coups. Et de ce en avoyent, disoyent ils, tesmoignage dans Pline, chapitre vingt et huit, livre septiesme, là ou est escrit qu'en la celebre bataille de Cannes, les plus gens de bien gaignerent au pied; et que Plutarque, en la vie du grand Alexandre, recitoit aussy que Darius fuyoit sans melancholie, monté sur sa jument borgne. Bref, vouloyent maintenir les nobles fuyarts, que les plus braves capitaines, à commencer depuis Nembroth le cocodrille, jusques à luy, avoyent fuy sans aucun interest, et qu'il devoit à leur exemple prendre le galop. A quoy enfin il consentit, à cause de l'habitude de sa nature, comme je vous ay jà dict, beaucoup sujette aux frissons, syncopes, et palpitations de cœur; aussy estoit il gaillardement representé au tableau, fuyant, c'est à dire pasle, defaict, serrant les jambes, sans regarder derriere luy, laissant par tout ou il passoit du bagage et des chevaux avec leurs maistres; vous pouvez penser que les brides y demeuroyent aussy, non à la façon que les laissoit le grand Alexandre aux Indes, à sçavoir plus grandes que ne porte la coustume, et faictes expres pour donner au peuple du pays plus grande opinion de luy. Jean de Lagny, dy je, ne laissoit les brides de ses chevaux à ceste intention ; mais de belle peur qu'il avoit, de par tous les diables. Encore, disoit il, quand il fut arrivé en son pays de beurre, que le monde n'estoit pas digne de le veoir ; et pource, afin que le peuple aussy ne se soulast de luy, s'il le voyoit continuellement, il ne se presentoit que par intervalles, et ne sortoit que bien peu en public, se reservant non plus ne moins qu'on faisoit à Athenes la galere Salamienne. Et comme ce roy de merde Dejoces, Mede, vouloy je dire, qui ne vouloit permettre, dit Herodote, qu'on le regardast, de peur que les siens voyants qu'il estoit pareil à eux, n'entreprissent sur luy, pour le desthrosner. Avec ce qu'il estoit devenu merveilleusement laid, à cause d'une courtoisie de sa dame, qu'il avoit entre les jambes, c'est à dire d'un beau poulin de quinze jours, duquel aussy tost qu'il fut guary, et ne se souvenant plus de sa premiere peur, il remit ses esprits comme devant à faire quelque nouvelle conqueste. La conqueste qu'il vouloit faire estoit du royaume d'Yvetot, laquelle avoit aussy les tableaux comme la precedente. Au premier se veoyoit son arrivee differente de la premiere, seulement en cela qu'il advança pour reculer, puis recula pour advancer ainsy comme les nouveaux mariez. Au second se remarquoit comment il fut acculé dans un bois avec les siens par les capitaines Tire-avant et Taille-tout, dont il perdit bonne partie de ses gens, et y fust demouré, sans la nuict qui survint, laquelle estoit nayvement representee avec les fuyarts, et leur duc qui pleuroit comme une vache : ce fut lors que commença la chaleur de ce beau conquerant à refroidir avec ses amours ; car il perdit de bonne encontre la moitié du membre à ceste charge, et demoura long temps dans ce bois à se faire panser. Cependant on le voyoit environné de tous costez au troisiesme tableau, et la famine fut meslee parmy son camp, qui affama tous ses soldats : si bien qu'ils ne parloyent plus d'acquerir honneur, et conquester pays, mais, comme Troglodites, s'entrefrottoyent à qui auroit le lopin. Ce que nous observions en la peincture, aussy bien que si nous y eussions esté presents en effect; car nous les voyions representez Acridophages, mangeants les sautereaux et hannetons. Ainsy la rencontre de Titus Quintius et des mouches qui s'attachoyent dessuz l'eau du bourbier à Philipœmen, ne convenoit pas mal lors à Jean de Lagny, quand il luy disoit en se mocquant de son armee, tu as de belles mains et de belles jambes, mais tu n'as point de ventre. Aussy fut l'eau si chere en son camp, que plusieurs beuvoyent l'urine ; ce que le peintre signifioit par ceux qu'il avoit peincts tirants la langue comme corbillards : l'eau du bourbier, comme on sçait, s'y vendoit autant que le plus cher vin de Candie, mais n'y avoit que les capitaines qui y peussent avoir part, et ne leur falloit pas cligner les yeux, ny user du gobelet que les Laconistes appelloyent Cothon, pour ne point veoir les ordures qui estoyent au fond, car il y avoit presse à qui en humeroit. Et l'alteration estoit si grande par tout son camp, que plusieurs en mouroyent de mort subite, non plus ne moins qu'entre certains peuples d'Égypte, ceux qui, pour estre en un pays continuellement chaud, meurent tout soudain, s'ils ne boivent tout soudain. Ce vous est une belle exemple à vous autres petits beuvreaux, qui faictes tant des scrupuleux quand il faut payer chopine, et qui ne daignez seulement penser à vostre salut, mais laissez une infinité de vos amis en langueur, sans leur donner toute vostre vie une seule occasion de boire à vostre santé. Aussy voyez comme les catherres vous surprennent, encore n'en ferez vous rien. Et bien, tenez vous y à vostre damnation; je retourne à mon discours. La famine donc estoit si grande au camp de Jean de Lagny qu'il n'en fut jamais de pareille; et ce nous fut monstré au quatriesme tableau, qu'on divisoit les soldats par dizaines, pour renouveller l'antique decimation, et punir de dix l'un, que dy je punir, mais esgorger, embrocher, larder, carbonader, fricasser, et manger de broche en bouche; et de faict mangea sa part, ledict Jean de Lagny, de la fesse d'un Souysse qui estoit à son service. Peu le voudront croire, mais que m'en chaut-il? Au cinquiesme se voyoit le bastiment du pont qu'il fit sur Seine, ou plusieurs furent noyez, et maints beurent de l'eau, mais elle estoit salee, à cause de la mer proche de là, ce qui les faisoit tousser comme brebis morfondues, j'entends les delicats : car ceux qui avoyent esté long temps sans boire, la trouvoyent bonne, et en beuvoyent comme du vin marin, que les Grecs appellent Talassite. D'une part plusieurs s'amusoyent, à l'exemple des Lydiens en pareil faict, à jouer aux dez et aux cartes, pour passer leur bonne envie de soupper. Mais que ne se pendoyent ils pour le plus court? Je ne sçay, pour le moins n'amenderent ils guere de leur fortune, car ils feurent presque tous assommez en ce passage, ce qui ne fut pas oublié au sixiesme tableau. Quant au septiesme et dernier, c'estoit leur voyage de là en Brie, et de Brie en leur pays, avec la mort de leur breneux duc, ou le peintre n'oublia d'en representer plusieurs boiteux et crochuz, pour les difficultez qu'ils eurent par les chemins. Ce qui est averé aussy par bons tesmoins, qui les ont veuz sur les lieux ainsy crochuz comme Bretons, en danger que s'ils ont de la race pour l'advenir, qu'ils ne baillent les crochets à vos femmes. Tenez y l'œil vous autres speculatifs, car la lune nouvelle vous en menace. Or escoutez l'epitaphe de Jean de Lagny, telle qu'elle estoit escrite au susdict tableau dernier, apres qu'il fut mort, la vessie du cul tournee.

> Cy gist Jean de Lagny, qui s'en fit trop accroire,
> Qui fut grand conquereur, et perdit tout le sien,
> Qui se nomme vaillant, et jamais ne fit rien,
> Qui pensoit estre Dieu, et mourut de la foire.

## CHAPITRE XI.

### Comment fusmes visiter les logis de l'Avocat, et du Marchand, au dernier quartier de la lune, et de notre descente en terre.

Cest avocat duquel je vous ay tantost parlé, nous avoit tousjours suyvys pour nous faire veoir des singularitez, et eusmes pitié de l'avoir faict tant attendre; mais si tost qu'eusmes pris congé du seigneur de la forteresse, et de tous ses soldats, nous nous mismes d'un consentement à le suyvre. Il sembloit bon compagnon à veoir, sinon qu'il estoit un peu fantasque, et parloit quelquefois tant, qu'en avions les aureilles estourdies. Pource n'en demandions que la despesche, attendu que nostre descente en terre approchoit, afin d'y estre au decours de la lune. Arrivez donc que fusmes au quartier de ce penart, soudain, estant encore bien loin du lieu ou il se retiroit, ouysmes un grand murmure; dequoy estant interrogé pour sçavoir que c'estoit, respondit en riant : Hé ne sçavez vous pas, gens du monde, que l'on plaide ceans? Comment, dy je, y a il des plaideurs en ces lieux cy, comme entre nous? Oui dea, respondit il, mais c'est en idee, comme avez veu des gendarmes et des tableaux, et moy mesmes ne suis qu'une idee, quoy que je parle à vous et me voyez. De cela ne fusmes esbahis, car jà avions veu telles idees : toutesfois le grand bruit de voix qu'oyons nous estonnoit aucunement, et destournoit d'entrer en ce lieu là. D'entrée voyions des idees de procureurs attendants au banc pratique, et des idees de messieurs, assis en pareille contenance qu'ils feurent à Rome quand les Gaulois y entrerent, sans se mouvoir ny parler. Je seroy d'advis, dit lors Roger, que ceux cy fussent payez en idee aussy, puis qu'ils sont des idees. A cela ne respondit rien nostre avocat, et sembloit bien avoir honte de dire ouy. Lors me doutay de quelque ruse, et demanday à veoir le greffe. Il nous le monstra; mais au lieu de greffe y lisions griffe, et n'y avoit à dire que d'un *e* changé en *i*, ce qui est peu de chose : je ne m'en rompray la teste, pour sçavoir qui est le mieux escrit. Cela veu, nous furent monstrez sur une grande table force volumes reliez de diverses sortes, grands et petits, avec des bouetes et vases sur lesquels estoit escrit :

*PAROLES DE CONSERVE.*

Nous cuidions que ce fussent conserves, mais ce n'estoit que beaux mots, et puis c'est tout. Nous goustasmes quelque peu de paroles succrees, qui nous revinrent incontinent au cœur, car elles estoyent ameres en l'estomach, et de mauvaise digestion, ce qui nous fit abandonner incontinent le lieu; considerants aussy, qu'ainsy se repaistre de paroles estoit à faire aux avocats, non à gentils hommes. Sur ce propos arriva le marchand qui nous avoit fait sentir en idee le fond de ses chausses, pour nous mener à la foire, qui estoit à trois pas de là; car le palais et la marchandise s'entendoyent fort bien, et n'est quasy qu'une mesme chose. Rien ne fut veu par nous de remarquable en ces deux lieux là que ne sçachiez tres bien, fors les coupe bources que vismes en grand nombre, et des plus apparents. Chascun y tenoit pour ceste cause la sienne à deux belles mains, et ne s'entre saluoyent les personnes qu'à la judaique, avec baissement de teste, et levement de cul. Qui vouloit avoir marchandise bonne, il falloit estre mauvais marchand; car j'ouy dire à un qui marchandoit, vous estes un bon marchand, comme par risee, voulant dire, vous ne valez gueres. Nous eussions volontiers souhaité d'acheter quelque chose en ces contrees là, mais nous n'avions argent ny monnoye d'idee, et quand eussions eu la marchandise pour vous l'apporter, vous n'en eussiez donné un festu. J'entends bien que me demanderez si le caquet des femmes s'y oyoit aussy, et quoy donc? Toutes parloyent du bas mestier, car c'estoit franchise que ceste foire. Mamie, disoit l'une, mon mary est un gras oyson, il me luy faut acheter une bride pour sa foire, et sera oyson bridé. Ne sçavez vous, disoit l'autre, où on vend de bon drap du seau, pour faire un bonnet cornu au mien, je luy ai desjà acheté une cornette. O qu'il me couste, le bon Jean, encore me tanse il : si encore il y retourne, qu'il s'asseure d'une corne. Voire, disoit une affetee, mon mary fait ce que je veux, j'ay la bource à commandement; il n'a rien si je ne luy donne, encore s'estime il bien heureux. Nous ne voulions nous amuser à ouyr toutes leurs parloires; aussy, qui eust esté si sot? Mais craignants de demourer trop long temps en ce pays là, et ne sçachants à qui nous addresser pour retourner d'ou estions venuz, nostre plus grand soin estoit de nous enquerir de nostre marchand, des moyens que devions observer pour nous retirer, estants fort ennuyez, et l'appetit commençant à nous revenir, qui nous avoit laissé depuis le temps qu'entrasmes en la caverne. Mais comme nous estions en ceste peine, la dame dont je vous ay jà parlé se presenta à nous, en nous donnant courage. Lors nous bien aises la saluasmes courtoisement, et, quittants ceste foire, la suyvismes bien deliberez. Lors nous usa de tels ou semblables propos à l'escart. Enfants, vous sçavez que par mon adresse vous n'avez eu mal encontre aucune en ces regions, ains sans peine avez tousjours trouvé qui vous conduyse, d'autant que j'y avoy donné ordre ; ne vous mettez en peine de vostre retour, car je feray en sorte que descendrez avec beaucoup moins de difficultez que n'avez monté. Considerez qu'encore qu'on n'apperçoive rien icy qu'en idee, toutesfois tout ce qu'avez veu est veritable, et n'y a rien à veoir davantage pour ceste fois. Vray est que les choses futures sont aussy icy cachees, mais nul n'en a la veuë, s'il n'est du tout esprit comme sont les idees. Bien vous veux je monstrer pour le regard de la France ou devez retourner, ce qui a esté, est encore, et sera. Ce disant, nous ouvrit un papier escrit des deux costez, ou estoyent sommairement les vers qui s'ensuyvent :

> En l'an de pleurs que la France impudique
> Aura foulé aux pieds ses vieilles loix,
> En peu de temps luy naistront plusieurs rois
> Qui raviront son ornement antique.

> En ce temps là, sous une peau de laine,
> Un monstre affreux, d'une louve conceu,

Sera pour Dieu entre les gens receu,
Et infectra le ciel de son haleine.

Le throsne mesme ou se sied la Justice
Sera par tout souillé de son venin;
Il n'y aura ny sentier ny chemin,
Ny lieu plus sainct ou soudain il ne glisse.

Lors les amis, par un desir avare,
Se guigneront l'un l'autre de travers;
La foy sera par tout prise à l'envers,
Et sera mesme entre les freres rare.

La pieté qui sur tout nous oblige
A Dieu premier, et puis à nos prochains,
S'envolera aux peuples plus hautains,
Et nul sera qui lors ne la neglige.

De fer, de feu, de meurtre, de ravage,
D'erreur, d'horreur, de fureur, de terreur,
Tout sera plein; et, pour dernier malheur,
Sera changé l'homme en beste sauvage.

Et à l'autre costé du papier, separement ce que dessuz, en grosses lettres :

Voicy le beau soleil que le jour nous rameine,
Ce triomphant Henry, rejetton du bon temps,
Soubs le regne duquel tous les pauvres contents,
En repos et santé auront la bource pleine.
Je veoy desja, je veoy marcher en la campagne
Une suite de gens fideles et guerriers,
Qui, s'assemblants en un de trois divers quartiers,
S'en vont planter les lys au beau milieu d'Espagne.
Flamants aux blonds cheveux, preparez un hommage
A vostre liberté qui s'appreste au retour;
Et vous, Ligueurs, pleurez, car voicy vostre tour
Qu'il faut prendre le frain et le joug de servage.
Dy ton Confiteor, Savoyard, de bonne heure;
Tes pechez sont cogneus, tu ne peux eschapper.

> Quand tu seras bien las de rire et de tromper,
> Encore faudra il à la fin que tu pleure.

Je les retiray tels que je vous les baillay, de la main de ladicte dame, qui, après que les eusmes leuz et receuz, nous toucha tous quatre d'une verge qu'elle tenoit; lors fusmes assoupis de sommeil profond, et en ce poinct nous fit descendre en terre sans nous blesser. De quelle façon que ce fut, je ne vous en sçauroy que dire, car je dormoy, et n'en sceusmes rien ny l'un ny l'autre, tant que nous fusmes reveillez. C'estoit environ sur les dix heures de nuict, que les larrons faisoyent leur trafic, au premier coup de la messe de minuict, la veille de Noel passé. Je vous laisse à penser comment nous fusmes estonnez de nous veoir ainsy tous le cul à terre; et ce qui nous donnoit encore plus d'occasion, c'est que ne pensions tous quatre n'avoir seulement faict qu'un songe de tout ce qu'avions veu, et dormy une seule nuict depuis qu'avions couru ces pays lunatiques. Voulez vous sçavoir aussy le propre lieu ou fusmes ainsy plaquez de la haut? Ce fut droictement contre la porte d'un beau et noble cabaret à Tours, à l'enseigne de *la Mitre et de la Crosse*. Par bonne encontre, chascun estoit couché; mais l'hostesse qui nous cognoissoit à nostre voix, nous ouvrit sa porte, et entrants dedans avec son congé, trouvasmes encore à table Dandin et Perrin, qui estoyent sur leur gageure à qui beuvroit le mieux.

La semonce avoit esté faicte de Perrin à Dandin des le poinct du jour. Il ne fut refuté. Dandin s'y trouva avec deux tesmoins, et Perrin aussi avec les siens. Voulez vous sçavoir qui l'emporta? Je vous le diray, ainsy qu'il nous fut rapporté, et qu'en peusmes veoir la fin: car nous fusmes les opineurs de ceste cause avec l'hostesse, et Roger le president qui prononça l'arrest definitif. Il avoit esté convenu premierement entre eux deux que les saulcisses ne manqueroyent point, non plus que les andouilles; car ce sont les cordes dont on devalle le vin aux bonnes maisons. Dandin à son arrivée demande à taster du vin du logis : on luy apporte un pot ; il n'en fit qu'un petit traict pour gouster. Perrin s'esmerveilloit d'une telle gorge. Comment, disoit il, tu ne pourras mie tantost plus bere ; men bon fieul, mange de ceste tranche de salé, elle te desseichera. Hure, hure, repliqua Dandin, par la mort gueine tu as bien trouvé ton homme, je t'en humeray bien tantost d'autre. Hé ! hé ! tu te mesles donc de festoyer les gens ? Apporte, apporte, garçon ! crioit il, ceste mesure d'escumage, que je te la rinsse. Ha ! dit Perrin, tu fais du compagnon, mais je gage encore le disner, qu'en presence du venerable docteur Mousche, que bevray mieux que toy. A ce mot, Martin s'eschauffa en ses brayes, envoya querir le pere susnommé, fit mettre argent sur la salliere : mais qui gaigna a vostre advis? Dandin mit à sec un demy poinçon, Perrin en beut tant soit peu plus que ses trois chopines. Le juge se trouva fort perplex à donner sentence. Enfin Roger fut receu à la donner. Nous opinasmes tous pour Perrin. Il prononça l'arrest que Perrin avoit mieux beu que Dandin, et voici ce que nous alleguions par nos raisons : La gageure ayant été faicte à qui bevroit le mieux, non qui bevroit le plus, c'estoit une consequence infaillible que Dandin l'avoit perdue et Perrin gaignee : *Nam habenda est ratio verb. in contract. t. si. 15, qui ff. ad leg. falc. in c.* Aussy ne se pouvoit soubstenir le pauvre Dandin, et alloit par la chambre en dandinant, et rendant sa gorge, ne sçachant la perte de sa cause qu'au lendemain, encore m'a on dict depuis qu'il s'est faict de la Ligue pour ne rien payer, et que le borgne Boucher, avec un distingo qu'il a trouvé, luy promet cause gagnee; mais laissons escorcher ce veau à ce Boucher. Ce petit conte vous est faict seulement pour vous apprendre la vraye methode de boire, à vous autres qui ne sçauriez entendre les choses qu'à coups de bourlets. Vous me direz que c'est signe d'une forte nature que de beaucoup porter de vin. Je ne le croy pas. Bien trouve je qu'entre les vertus qui faisoyent estimer un roy de Perse, le bien boire en estoit l'une comme bien entendre la magie; et le grand Alexandre proposoit une couronne de prix à celuy qui bevroit le mieux. Mais que prouve cela? sinon qui est jà dict.

### QUATRAIN.

Le bien entre le trop et le trop peu, se treuve;
Le grain au centre gist, la force gist au cœur;
L'arbre ne produit rien, s'il a faute d'humeur;
Et ne peut croistre aussy, si par trop on l'abbreuve.

FIN DU SUPPLEMENT DU CATHOLICON.

# HISTOIRE

## DES SINGERIES DE LA LIGUE,

### DEDIEE A MESSIEURS DE PARIS,

PAR JEAN DE LA TAILLE.

> Aymez Dieu, le roy et justice,
> Qui sont les vrays fleaux du vice,
> Et unis en religion,
> Fuyez la rebellion.

MESSIEURS,

Il m'a semblé estre bien convenable qu'auparavant entrer en lice, et expliquer nostre carte ou tableau des Estats de la Ligue, tenuz ou à vray dire jouez à Paris, presque toute l'année 1593, les assortir et accompagner de quelques autres pareilles singeries, tendantes à mesme fin, et soubs mesmes pretextes de devotions, afin de n'en frustrer aucune de ses pretendues singularitez. A quoy nous commencerons à la monstre qui fut jouee environ le mois juillet, l'an 1590, ou une grande quantité de prestres et moynes, je ne dy pas religieux et novices, en forme de goujats, la Seiziere, accompagnee d'un grand nombre de pedants, le tout de divers ordres et nations, armez à la legere, sur le moule du pourpoint de l'antiquité catholique, à peu pres de l'encoleure de ceux qui gardent le sepulchre en Avignon, qui, dançants au son et cliquetis d'un tabourin de Biscaye, à l'imitation de Mardy-Gras, se faisoyent veoir en ce follastre et risible equipage, par les rues de Paris, au grand regret et mescontentement des gens de bien.

Apres eux cheminoit, faisant l'arriere-garde, un assez malostru personnage, que l'on disoit estre un avocat fol, armé de mesme, comme si ce mesme jour il eust eu à combattre les Pigmeans sauvages, à qui les roytelets et autres oisillons du ciel font la guerre à toute reste, à sçavoir, d'un vieil corps de cuirasse de fer blanc, une bourguignotte d'Auvergne en teste, pannachee et enharnachee d'un superbe trophee de plumes de paon, une fourche fiere sur son espaule gauche, le bec tirant contre bas en forme de sergent de bande, un cornet de verre pendu à sa ceinture, qu'il disoit avoir apporté de Sainct-Mathurin de l'Archant en la faveur duquel il faisoit accourir une infinité de badaux de Paris, jà plus qu'à demy desbauchez de ces nouvelles adventures, auxquels, à petit bruict et basse notte, predisoit comme il s'ensuit, que ceste momerie n'estoit autre chose que les signes et appeaux d'un nombre infiny de detresses et malheurs à advenir.

> Messieurs, asseurer se faut
> Puis qu'en juillet l'on voit faire
> Du Mardy-Gras le mystere,
> D'avoir Caresme bien haut.

Ainsy je veoy ceste nouvelle armee passer outre sur le pont Notre Dame, et cheminer en gros devers le petit Pont, pres duquel rencontrant de bonne ou malle fortune, le coche ou estoit monsieur le legat Cayetan : ce qu'ayant recogneu les capitaines et conducteurs d'icelle, comme chose deue à leur chef, se delibererent *gratis* faire une salue et reverence militaire, commandants expressement à tous ceux de leur troupe guerriere tirer chascun d'estoc et de taille, tant du devant que du derriere, sans exemption de personne, y obligeants autant ceux qui portoyent des arbalestres à jalet, que ceux qui avoyent des arquebuses à croq sans fourchettes. Dequoy l'un d'entre eux ne voulant pas plus faire de bruit que de besongne, tira si promptement, qu'il abbattit du mauvais vent l'un des domestiques dudit sieur Legat, qui ce mesme jour alla en poste en porter les nouvelles en paradis, si ceste singerie fut autant saincte et salutaire qu'ils nous la cuidoyent faire croire, et fut plus ledit occis enterré honorablement un peu à petits frais que n'estoyent pas les anciens Romains; sur le sepulchre duquel fut gravé, pour servir de memoire à la posterité, ce qui s'ensuit:

> Celui qui gist icy fut de la gent romaine,
> Victime du salut du Cayetan legat,
> Heureux pour un tel sainct d'avoir perdu l'haleine,
> Par les guerriers effects d'un moyne renegat.

Ceste momerie estant entree en la cervelle de plusieurs idiots, tant masles que femelles, et recogneuz par iceux pour sainctes actions, ne se firent pas beaucoup tirer l'aureille pour y apporter du leur, et vendre jusques à leurs communes hardes, le tout pour la conservation, manutention et defense de la TRES SAINCTE LIGUE, ne trouvant rien presque en tous les commandements de Dieu ny de nostre saincte Eglise, si precieux, ny recommandable que l'établissement d'icelle. Aussy pour ce faire, poussoyent hardiment à la roue ces diables de ministres, à sçavoir les Seize et autres gens de mesme farine, battants, comme l'on dit en commun proverbe, le fer pendant qu'il estoit chaud, feignants que pour ceste cause ils y apportoyent du leur à bon escient, remonstrants mesme que pour ceste necessité on avoit desjà inventorié jusques aux sainctes reliques des eglises de Paris, pour les exposer en vente, si besoin estoit : ce que toutesfois ne se feroit pas, tant ils trouvoyent messieurs de Paris gens de bien et tres affectionnez à ceste saincte cause ; tandis que chez eux resteroit de la vaisselle, et autres piafferies d'or et d'argent, belle adulation s'il en fut.

Un jour, l'un de ces messieurs les zelez, s'allant pourmener devers le cimetière Sainct-Jean, et voyant passer plusieurs servantes de bonne maison, les unes à part, les autres apres leurs maistresses, à qui il restoit encore leurs demy ceints d'argent sur le cul, en tira quelques unes devers luy, et ne fut point honteux les exhorter en ceste sorte :

> Nourrices et chambrieres,
> Qui portez sur vos derrieres
> D'argent les gros demy ceints,
> Donnez les pour nostre cause,
> Je donneray mon haut de chausse,
> Mon valet, ses vieux pourpoints.

Peu de temps apres, quelques propos s'esmeurent entre deux voisins, marchands demeurants en la grand'-rue Sainct-Denys, dont l'un comme homme de bien et d'honorable conversation, sçachant que ce sien voisin, dont est question, s'estoit depuis quelques journees embarassé et embourbé en ceste miserable engeance des Seize, s'il en fut jamais.

> Que l'espagnole nation,
> De la France, monstre execrable,

> Pour une traistre paction,
> S'attend lui estre favorable.

Taschant à l'attirer à la raison par les conjectures honnestes de ses plus saines affections, luy remonstrant que luy et ses semblables eussent à prendre si proprement à son droit fil le sainct exercice de la religion, dont à faux tiltre ils se disoyent les principales colomnes et arcboutans, de miserable argent, par lequel, comme chetifs esclaves du Pérou, estoyent vendues leurs propres vies, fut capable et suffisant pour en racheter une infinité d'autres, qui par luy et ses semblables avoyent esté peries et ravies pauvrement; par lesquelles remonstrances, comme forcené de rage, n'ayant pas des raisons convenables pour dresser une responce, commença à changer de couleur, mouver les levres, et grincer les dents à la façon de quelque singe esmeu contre un page de cour, tout prest à venir aux escarmouches de coups de poings, si quelques autres voisins des environs ne fussent veneuz en grand haste à la recousse. Ce qui toutesfois n'amenda pas beaucoup le marché du pretendu scandalizé; car comme ils furent tous amassez, et ayant sceu la cause de leurs questions si outrageusement debattues, rapportees de mot pour mot par l'adverse partie de monsieur le Seize : lequel fut par tous grandement honoré de ses franches et libres propositions, et au contraire, monsieur le Seize, et sa societé blasmee à dire : d'où venez vous? en faveur desquels un de la compagnie fit ceste couronne et epithete prognostique :

> Ce sont voleurs à couvert,
> Que quelque temps à venir,
> La raison à descouvert,
> Fera lourdement punir.

Au recit dequoy plusieurs se prirent à rire à gorge desployee, pensants luy avoir baillé belle, selon le commun usage de messieurs de Paris, qui est quand un chien se noye chascun luy offre à boire, dont monsieur le Seize voyant que chascun se mocquoit de luy, se retira chez soy, ou estant parvenu, sa femme qui le voyant ainsy transporté de colere n'en sçavoit que penser, pourquoy fut deliberee, comme cela depend de la coustume des femmes d'estre curieuses de tout entendre, de cognoistre les principales causes et motifs de ses douleurs, ce que luy ayant declaré par le menu comme ils luy estoyent advenuz ; elle, prenant le mieux au pis et le pis au mieux, pensa à elle mesme que ce sien voisin estoit poussé de quelque envie ou indignation à leur endroict, l'en voulut aller remercier : ce qu'elle fit, ou sans dire, Dieu gard, ny benie, ne recognoissant ny voisins, ny voisines, commença à monter sur ses ergots, leur publiant le formulaire de sa confession de foy, l'adressant à celuy qu'elle pensoit estre le principal causeur et engendreur de la noyse, bien qu'elle la decella devant tous en ceste sorte :

> Mon voisin, vous n'avez que faire
> De cuider mon mary distraire
> D'estre des Seize en l'Union,
> Car bien que ce soit piperie,
> Si est ce bonne droguerie,
> Pour faire chere à sa maison.

Ce qui donna occasion de rire mieux que pardevant à toute la compagnie, dont l'un d'iceux voulant poursuyvre l'histoire, se ressouvenant qu'en ses promenades, le jour precedent, ils avoyent traité luy et un sien familier amy, des miracles singuliers des bons saincts espagnols, saincte Dalle, et sainct Doublon, qui lors estoyent envers plusieurs en grande recommandation et reverence, raconta en faveur d'iceux ce qui s'ensuit :

> Ainsi que je disoy hier,
> Tres mal ont faict les imprimeurs,
> Qui n'ont mis au calendrier
> Les saincts des confreres ligueurs
> Issuz de la noble famille
> Des minieres des Indiens,
> Envoyez du roi de Castille
> En France, pour les faux Chrestiens.
> Pouquoy, s'il advient que l'on face
> Des almanachs l'annee qui vient,
> Trouver il leur faut quelque place,
> Arriere un peu de la Toussainct :
> Car les mettant au mois d'octobre,
> Sainct François jaloux en seroit,
> Qui se ressentant de l'opprobre,
> En leur pays les chasseroit.
> De ces saincts les noms venerables
> Sont saincte Dalle et sainct Doublon,
> Qui font mettre cousteau suz tables,
> De ceux qui vivent à recullon :
> C'est pourquoi les ligueurs confreres,
> Ayant ces saincts logez chez eux,
> N'ont point soucy de nos miseres,
> Ains vivent gaillards et joyeux.

Apres, comme estant venu le jour de la Magdelaine, un jeune Cordelier se mit ainsy qu'il venoit bien à propos à prescher de la penitence, ou ne trouvant chose plus propre à son advis pour faire un bel assortiment des angoisses et extresmes necessitez de messieurs de Paris, que la conference de leurs miseres à celle de l'enfant prodigue, ce qui leur communiqua publiquement, en faveur de la saincte Ligue; comme il s'ensuit : Messieurs, je sçay bien que

>Plusieurs pour la saincte Ligue
>Souffrent plus que l'enfant prodigue :
>Car disnant avec les pourceaux
>Il mangeoit choux, raves et naveaux,
>Et eux avec leurs maigres lippes,
>Sont bien heureux manger les trippes,
>Et boudins d'asnes et chevaux,
>Faute de si friands morceaux.

Puis *et Reliqua*, leur proposant que leur agonie estoyt la vraye eschelle pour parvenir à la beatitude celeste; en donna asseurance en ces propres termes fidellement recitez en ces vers :

>Si en prenant patience,
>La mort vous serre les dents,
>*Ergo* sera penitence :
>Doncq serez en recompense
>Grands au ciel comme Geants.

Telles furent les sententieuses considerations qui furent mises en usage en ceste predication.

Quelques journees suyvantes ainsy que je passoy par la Rue-au-Maire, pres Sainct-Nicolas des champs, ou se tenoit boucherie ouverte des chairs d'asnes et chevaux, estallez à la maniere accoustumee, au plus offrant et dernier encherisseur : ou il me souvient qu'un notable bourgeois, bien que quelques uns ayants jà publié que ce fut une damoiselle, recherchant les reliques de son asne ligueur, trouvant sa commere, laquelle s'informa de la cause legitime de sa tristesse, la luy raconta, avec une infinité de larmes.

Or, comme durant un si long siege que Paris a si

laschement souffert et enduré, advint qu'un pauvre homme et sa femme, desquels, pour l'extreme necessité qu'ils avoyent eue, ne leur restoit plus que la peau collee sur les os, ne pouvants presque plus respirer, allerent suyvant l'ordonnance de messieurs les Seize, qui par une exterieure apparence de bienfaicts, ayants ravy les grains des greniers de plusieurs bons bourgeois qui en avoyent faict provision en la saison, c'est à dire des l'annee precedente, pour la commodité de leurs maisons, dont en fut quelque portion divisee par les quartiers, et distribuee par un chascun des capitaines, tellement quellement, qu'ils firent moudre et convertir en petites miches, par eux baillees à raison de six blancs pour piece, qui estoit le pain quotidien seulement de ceux qui soubs leur conduicte alloyent aux gardes des portes et sentinelles : charité qui toutesfois ne dura gueres; car ces messieurs ayants trouvé moyen de le vendre jusqu'à six vingts escuz le septier, en coupperent bien tost la broche : ces pauvres gens donc allants devers ces gros diables de messieurs de la saincte Union, pensants qu'en les voyants en si pauvre equipage, incontinent seroyent esmeuz de pitié et misericorde en leur endroict. Ce qui fut tout au contraire : car sans y avoir egard quelconque, ny pitié ne pitasse, chasserent les chiens apres les talons de ces pauvres et miserables mandiants, vulgairement dicts pauvres honteux, le tout par une tres grande charité chrestienne et fraternalité catholique, les consolants en ceste sorte par leurs sainctes et salutaires propositions, disants les uns aux autres comme il s'ensuit :

> Il faut chasser ceste vermine
> Qui ne presche que de famine,
> En quoy disant mourir de faim :

> Mettons dehors ceste racaille,
> Qui toujours apres nous criaille,
> Que fassions la paix pour du pain.

Voilà, messieurs, les sainctes resolutions de ces grands replanteurs pretenduz de la foy, qui bien pires que ne fut oncques le valet de Marot, meritent estre au registre de ses propres qualitez, comme

> Sentants la hart de cent pas à la ronde,
> Au demourant les meilleurs fils du monde.

Or, comme dit Pierre de Ronsard, l'honneur des poetes de nostre temps :

> Fortune est de chascun la maistresse puissante,
> Louable toutefois : car apres qu'elle a faict
> Par sa legereté aux hommes un malfaict,
> Un bien suit son malheur, tant elle est inconstante.

Ayants donc ceste variable deesse trop long-temps, à nostre prejudice, tourné le front vers ceste canaille, leur presentant toutes choses à souhait, bien que trop tard, commença à s'en lasser, et, au contraire de ses faveurs passees leur promit, par ces divins oracles, d'oresnavent tous les malheurs du monde. Pourquoy la cuydants forcer, les pauvres fols se pensants hausser et asseurer leur synagogue, qui par la longueur de nos miseres commençoit desjà à s'esbranler et tomber peu à peu, cognoissants qu'il restoit encore quelques hommes de bonne cervelle et grande consideration, qui ne se lairroyent pas corrompre aysement par leurs menees et façons de faire, voire qui au peril de leurs vies, comme vrays François se fussent virilement opposez au violement par eux pretendu faire contre tout droict divin et humain, aux lois fondamentales du royaume de

France, comme chose trop prejudiciable à l'estat royal et couronne d'iceluy, duquel à faux tiltre ils se disoyent les conservateurs et tres fideles protecteurs, mais Dieu le sçait. Ils mirent, pour revenir à ma premiere proposition, leurs bourrelles mains sur ceux qui par leurs authentiques authoritez, pour un simple hola, eussent brouillé leurs mysteres, qui sans forme de procez ny ordre judiciaire, ains de puissance absolue, furent par eux cruellement mis à mort.

Et bien que vous autres messieurs les Seize, haussants bravement les cornes quand quelqu'un vous en regardoit de travers, pensants estre au-dessuz de vos affaires, estiez assez prompts à reciter, afin de vous faire craindre, ce qui s'ensuit :

> Heureux celui qui pour devenir sage,
> Du mal d'autruy faict son apprentissage.

Ce que tost apres cogneustes à vos despens : car les plus huppez de vous autres en payerent l'usure : c'est à sçavoir, que pour trois que vous aviez cruellement occis, en furent bravement penduz et estranglez par leurs cols jusques au nombre de quatre des plus reguliers de vostre societé, Ameline, Anroux, Aymonnot, et Louchard : puis la chance tournee, au lieu que morguiez les autres, fustes morguez à bon escient, et faicts à vostre devotion les vers qui s'ensuyvent, en forme de chanson assez commune et usitee.

> Que plus on ne brigue
> Estre de la Ligue,
> De saincte Union :
> Car ne leur desplaise,
> Puisqu'on pend les Seize,
> Il y a de l'oignon.

Apres cest accident, ceux qui resterent de vostre robe eurent fort à faire, comme en pourroit bien tesmoigner quelqu'un d'iceux, qui un jour ainsy qu'il s'alloit promener hors les portes de la ville, fut rencontré d'un notable bourgeois qui le frotta en enfant de bonne maison, puis rapportant cela chez soy pour faire bonne mine, comme il faict bon battre orgueilleux, et pour cause qu'ils n'ont garde de s'en plaindre; aussy luy ne se plaignoit il pas des coups qu'il avoit receuz, encore qu'il y parust assez lourdement : mais trop bien que celuy là qui l'avoit si gratuitement chatouillé n'avoit point joué ses jeux sans parler, pourquoy il disoit faire faire des informations, attendu que par plusieurs et diverses fois il l'avoit appelé voleur et larron public, ce que sa femme ne voulust consentir estre faict, craignant que la cause ne fust mal affectee à son endroict, attendu que la saison n'y estoit pas, et qu'ils estoyent couruz comme chiens enragez : pourquoy luy conseillant mettre ceste opinion hors la teste, le consola comme il s'ensuit :

> Mon mary, point ne vous chaillez,
> Si grand voleur l'on vous appelle,
> Moy mesme croy que sans aisle
> Ne pourriez estre des zelez.

En quoy je puis juger et cognoistre qu'il estoit marié en pigeon, pource que la femelle valloit beaucoup mieux que le masle.

Ainsy les Seize reduicts au petit pied au nombre des Apostres, tels qu'anciennement estoyent jouez à la feste Dieu, furent vannez à toute reste, et lardonnez par plusieurs personnes, à qui mieux mieux, mesme en faveur desquels un notable personnage dressa ce plaidoyer :

> Les Seize à douze on a reduits,
> Et si encor seroy d'advis,
> Pour le bonheur de nostre France,
> Que l'on envoyast ces derniers
> Aux diables apres les premiers,
> Afin d'exterminer l'engeance.

Ici je lairray donc messieurs les Seize reprendre haleine, et plorer leurs avant coureurs compagnons.

Comme ces divisions estoyent ouvertes tant de part que d'autre en la ville, furent une grande quantité de vaches et autre bestail pris hors les portes, ainsy que l'on les menoit paistre, par les garnisons de Chevreuse, Sainct-Denys, et autres voisines, avec celles qui les gardoyent, tant chambrieres que nourrisses, mesme des bourgeoises : le tout exposé à la devotion des regents. Ou j'oseray dire qu'un cavalier, que l'on dit estre de la garnison susdicte de Sainct-Denys, eust bien ceste asseurance de venir donner le coup de pistolet jusques à la barriere de la porte, sans qu'aucun luy en fist empeschement, ayant le loisir par bravade reciter ceste niaiserie :

> Suz, sortez, pauvres badaux,
> Ne souffrez ces improperes,
> D'ainsy, comme bastards veaux,
> Nous laisser ravir vos meres.

Voylà les occasions que ces manieres de gens avoyent, outre une infinité de bravades de rire encore à vos despens et à bonne cause : car

> Puisque ne vouliez point de roy,
> Leurs raisons n'estoyent que tres bonnes,

> Aussy c'est la cause pourquoy
> Ils ont espuisé vos couronnes.

Par un nombre infiny de recettes, de rançons, de rachats, de peages, outre l'ordinaire et maniere accoustumee, ce que maintenant, Dieu mercy, pourrez facilement cognoistre; et reproches, si à l'advenir nos maistres proditeurs vouloyent remuer mesnage soubs quelque pretexte que ce fust, nous pensants mettre à la misericorde des estrangers, comme ils ont faict en ces derniers temps, nous ayons à les payer de ceste monnoye tiree du cabinet du sieur de Brach, qui s'ensuit :

> Miserables François, hé! que voulez-vous faire?
> Et pourquoy voulez vous, enyvrez de courroux,
> Enfellonants vos cœurs, vous occire entre vous,
> Et de vos propres mains vous mesmes vous deffaire?
> Miserables François, hé! qu'avez vous affaire,
> En nous remutinant de nous eslever tous;
> Mais encor qui pis est, hé! pourquoy pauvres fous,
> Armez vous l'estranger pour vuider vostre affaire,
> Las! c'est le plus beau jeu qui luy pourroit venir,
> Soubs couleur de vouloir un party soubstenir,
> De pouvoir envahir la France desolee,
> Un jouet plus plaisant il ne pourroit avoir,
> Que de veoir ceste guerre entre vous s'esmouvoir,
> Pour pescher, comme on dit, quand la mer est troublee.

Reste maintenant à traiter de la tenue des Estats de la Ligue, convoquez au dixiesme de fevrier mil cinq cents nonante trois, desquels j'ay bien voulu representer le tableau, tiré au plus pres de la verité, ou est demonstré la disposition des seances, selon ses qualitez, pour satisfaire à ce qui manque à la *Satyre Menippee*.

# FAMILIERE DESCRIPTION

DES

# ESTATS DE LA LIGUE.

### A.

Le tableau ou pourtraict de l'espousee de la Ligue, ou infante d'Espagne sise à haute veue, preste d'aller au moustier, et prendre à partie le premier qui sera pourveu, confirmé et recogneu par la saincte Ligue pour roy de France; au dessoubs dudict pourtraict estoit escrit ce qui s'ensuit :

> Pourtant si je suis brunette,
> Amy, n'en prenez esmoy,
> Car autant aymer souhaite
> Qu'une plus blanche que moy.

### B.

Le magistrat costoyé des deux dames d'honneur de ladicte future espouse, duquel la proposition fut telle que s'ensuit :

> Qui garde la place d'autruy,
> Sçachant qu'elle est propre pour luy,
> N'est il pas fol de s'en demettre?
> Chascun donc garde ce qu'il a,
> Et chantons re, my, fa, sol, la,
> Moins vaut estre valet que maistre.

Au recit de quoy fut quelque murmure, ce qui donna occasion à iceluy, comme superieur mal recogneu, entrer en colere, qui toutes fois fut amoderee par ces bonnes dames, lesquelles mirent en jeu la consideration suyvante :

> Maistre Jean, mon amy, c'est bien raison qu'il faut,
> Sauf un meilleur advis, que chascun soit le maistre;
> Vostre maintien poly, gros et gras faict paroistre,
> Qu'est icy, non ailleurs, la cour du roi Petaut.

### C.

Les Seize reduicts au nombre de douze portants chascun les faveurs d'icelle future espouse, telles qui s'ensuyvent. Un colier de l'ordre du reprouvé des Apostres, ou pend pour enseigne l'image d'une bource, au dedans de laquelle sont quelques pillules rondes, composees de la plus fine drogue du Catholicon d'Espagne, du poids et valeur de douze livres tournois chascune. Un bonnet d'escarlatte grivelee, fourré de peaux de connin, qui servoit de doubleure à l'un de ses vieils cotillons, auquel bonnet estoit attachee une des plumes du coq qui chanta à la broche pour leur servir de reveil matin : le tout envoyé d'Espagne par grande excellence.

### D.

La noblesse de la Ligue jointe avec marchandise et labeur, le tout à la devotion de ladicte dame, desquels les harangues et propositions sont amplement descriptes à la Satyre Menippée.

### E.

Les deputez de Lyon, Poitiers, Orleans, et Rheims en Champagne, devisants les uns aux autres de la fabrication du pretendu roy, et ne sçachants par quel bout y commencer, prirent ceste resolution commune, disants pour toute conclusion ce qui s'ensuit :

> Je veoy bien que de nos Estats
> Jà n'aurons bonne nouvelle,
> Et que vains sont nos debats
> Puisque leur force est femelle.

### F.

Un pauvre meneur d'asne, pour avoir à l'improviste en chassant son baudet usé de quelques paroles pretendues scandaleuses, fut emmené devant messieurs des Estats, où estant recitees, fut procedé à son procez criminel, et iceluy executé exemplairement, la sentence duquel j'ay mise en vers comme s'ensuit :

> Un pauvre asnier ne pensant pas
> Que fust un crime manifeste,
> Dit : Allons, gros Jean, aux Estats,
> Pensant faire haster sa beste :
> Alors passant le commissaire
> Des zelez, nommé Guillaudet,
> Qui sans s'informer de l'affaire,
> L'emmena luy et son baudet
> En ceste saincte synagogue,
> Ou, ayant le faict declaré
> Au chef qui, d'apparence rogue,
> S'en monstra estre coleré :
> Pourquoy l'assemblee condamne

> Que seroit le pauvre affligé
> Attaché au cul de son asne,
> Battu de verges et fustigé.
> Voylà comment ce pauvre diable
> Eut aux Estats son passe-temps,
> Laissant son baudet responsable
> Pour la taxe de ses despens.

### G.

Les Seize presque desesperez, voyants que tout leur alloit mal à propos, et qu'en ces Estats l'on ne s'avançoit point à l'expedition d'un roy, mirent robe bas, et s'efforcerent en forger un à leur poste qui, à la premiere apparence, pour s'y estre employez trop chaudement, joint aussy qu'il n'estoit pas de bonne matiere, se rompit et divisa en plusieurs pieces et morceaux, en faveur de quoy un personnage a faict ce quatrain :

> Les Seize à force de doublons,
> S'efforcerent forger un roy,
> Qui en plusieurs pieces se rompt
> Pour n'estre pas de bon aloy.

### H.

Phelippotin le roupieux, jadis trompette des Amazones, depuis par cas fortuit ayant perdu la veue, vielleur de ligue, accompagné de boute-tout-cuire, son suffragant, joueur de cymbales, garny de sa besasse, entretenu aux despens de la future espouse : afin de servir de passe-temps, et remplir les pauses et intermissions des harangues et propositions faictes en icelle assemblee.

## I.

Corps de garde composé de quatre soldats armez à l'Espagnole, ayants chascun un baston à deux bouts, devisants ensemblement de leurs grades à advenir.

Dans la salle ou estoyent tenuz les Estats se voyoyent plusieurs placards scandaleux, affichez au destroit d'icelle, en faveur de l'Infante, entre lesquels j'ai recueilly ceux qui suyvent :

> Si vous avez au cul la rage,
> Retournez en vostre village,
> Car les ligueurs vous ont deceue,
> Vous promettants estre pourveue ;
> Forçants la raison et les loix
> De la couronne des François :
> Pourquoy ne croyez en parolles,
> Pleines de promesses frivolles,
> Car quand d'Estampes les sablons
> Auriez transformez en doublons,
> Rien n'y feriez, j'en jure Dieu :
> Pourquoy cherchez quelque autre lieu,
> Retournez en vostre village,
> Si vous avez au cul la rage.

A l'autre estoit escrit :

> Faictes service à l'espousee :
> Portez luy la chaise percee ;
> Car KK veut faire à plein fons,
> Vous voyant faire vos affaires
> Moins ne peut que de contrefaire
> Vos sales operations.

Voylà ce que j'ay peu recueillir et remarquer en ces

Estats, au plus pres de la verité, et vous puis bien asseurer que

> Quand je fus entré en ce lieu
> Je me signé au nom de Dieu,
> Voyant si grande diablerie,
> Puis ayant un peu demouré,
> Plus resolu, fus asseuré
> Que ce n'estoit que singerie.

Durant iceux Estats les Seize et leurs adherants, proditeurs de leur patrie, voyants que rien ne s'advançoit à leur devotion, ils commencerent à s'ennuyer, pensants avoir desja perdu leur credit : pourquoy se desliberent remettre sur le pied, et faire parler d'eux à bon escient, tenants tousjours nos miseres en longueur, faire assemblee au convent et monastere des Carmes à Paris, laquelle ne fut pas de grand effect, et seulement pour cause qu'il falloit necessairement que ceux qui avoyent faict le serment de maintenir ceste saincte congregation de la Seizerie fussent tous appellez auparavant que celuy qui devoit proposer, ou haranguer, osa commencer, craignant l'appel des absents; dont advint que quelqu'un d'iceux estant malade au lict, sçachant bien ce reglement, y envoya sa femme, tant pour l'en excuser, qu'aussy pour y estre receue par procuration, comme elle avoit esté autrefois aux consuls, playdant pour les lanternes et autres fratrasseries communes et usitees au public, à condition des marchandises receues et non payees. Bref pour le faire court, elle communique sa pretendue authorité à ces messieurs les unis, qui sans la recognoistre, en femme de mepris, la mirent hors la porte ; ce qui luy donna sujet et occasion de se mettre en colere en leur reprochant plusieurs fautes commises, comme aussy c'est la coustume des femmes de celer ce que ne sçavent point : toutesfois ne voulant point les abandonner sans leur dire ce qu'il luy sembloit, leur proposa ce qui s'ensuit :

> Messieurs, gardez que l'on s'accorde
> Sans vous en demander advis;
> Car apres, sans misericorde,
> Pourriez bien, au bout d'une corde
> Faire la moue à vos amis.

Durant donc ces fredaines de messieurs de la Ligue, quelques notables personnages solicitoyent au contraire vers la personne du roy pour le repos et soulagement des pauvres habitants de Paris, qui le desiroyent recognoistre en icelle, comme leur roy legitime et naturel seigneur : et cependant qu'ils furent sur les deliberations, le chef de la Ligue se sentant mal asseuré en icelle, eust desja bien voulu avoir ployé bagage et s'en estre retiré, ce qui ne se pouvoit pas aysement faire, sans la liberalité du roy. Pourquoy ainsy que l'on me l'a raconté depuis, il fit tous ses efforts de faire prier sa majesté pour avoir passe port et asseurance de sortir hors, ou un bon personnage, fidele serviteur du roy, fit entendre à sa majesté que c'estoit le moyen le plus certain pour la reduction de Paris à son obeyssance et service, luy proposant ce qui s'ensuit en ces vers :

## AU ROY.

Sire,

> De la belle Paris bientost vous jouyrez,
> S'il vous plaist consentir que le renard en sorte,
> Et au gré d'un chascun paisible y entrerez,
> Louant Dieu qu'aurez mis le petar à la porte.

Par la sortie duquel les Seize, et autres semblables vermines, se voyants destituez de supports, furent constraincts caller le voile et faisants bonne mine,

> Crier au Roy misericorde,
> Pour les affranchir de la corde.

Venu le vingt deuxiesme jour de mars, mil cinq cents nonante quatre, environ sur les quatre heures du matin, le roy entra à Paris en toute asseurance, dont tres grande en fut la joye des habitants d'icelle ville, comme ayants recouvert leur pere de famille et roy legitime, et naturel seigneur qui, par une saine prevoyance, donna si bon ordre et reglement aux soldats, qu'en toute la ville ne fut faict tort à aucun bourgeois de la valeur de cinq sols : chose à la vérité grandement admirable, et outre pardonna aux Seize, qui ne s'attendoyent pas d'en estre quittes à si bon marché.

Voylà donc ce que j'avoy envie de reciter, Messieurs de Paris, priant Dieu que par sa grace et bonté inestimable, luy plaise jeter sur vous son œil de pitié, afin que pour l'advenir vous n'ayez plus envie, chatouillez de quelque nonveauté, retomber à vos frenesies passees, mais au contraire tous unaniment recognoistre que

> Les roys, enfants du ciel, sont de Dieu les images;
> Jupiter en prend cure et les garde d'outrages;
> Il les faict reverer, reputant les honneurs,
> Estre à luy mesme faicts, qu'on rend à ses seigneurs.

Et si faictes autrement vous ne faudrez jamais à encourir l'indignation de la misericorde de nostre Dieu, et cognoistre à vos despens l'utilité du proverbe commun, qui dict, n'estre pas encore eschappé qui traine son lien. Pour tesmoignage de quoy je reciteray ce quatrain de Pierre Ronsard.

> Quand le Dieu eternel se sent trop irrité,
> Soudain ne destruit pas ceux qui l'ont merité;
> Mais en temporisant punit le demerite,
> Au double de celuy qui pensoit estre quitte.

A quoy je feray fin, messieurs, vous suppliant entendre si bien à l'utilité des choses deues, que n'en puissiez plus encourir scandale, vous recommandant sur toutes choses l'obeyssance de vos superieurs, chose qui à la verité est la vraye asseurance de la paix et tranquillité publique, pourquoy je termineray suivant ma proposition premiere :

> Aymez Dieu, le roy, et justice,
> Qui sont les vrais fleaux du vice,
> Et unis en religion,
> Fuyez la rebellion.

FIN DES SINGERIES DE LA LIGUE.

# NOTES.

NOTE A. — *Page* 40.

## HARANGUE DE MAYENNE.

Mayenne, deuxième fils de François de Lorraine, duc de Guise, naquit en 1554. Ses partisans lui donnèrent le surnom de *Preneur de villes* et de *Prince Constant*, ce qui est, ainsi qu'on l'a vu, en contradiction avec la *Ménippée*, et, comme on le sait, avec sa vie politique et militaire. Après l'assassinat de ses frères, il quitta le gouvernement de Bourgogne pour se rendre à Paris, où il fit son entrée le 12 février 1589, investi du titre de lieutenant général de l'État et couronne de France ; il exerça dans les conseils de la Ligue une influence supérieure à celle des Seize eux-mêmes. Ce fut lui qui, après bien des hésitations, convoqua les États généraux de 1593. Après la réduction de Paris, Mayenne, qui avoit à venger les désastres d'Arques et d'Yvry, continua la guerre en Bourgogne ; mais, en 1596, il se rallia à Henri IV, et le servit utilement au siége d'Amiens. Voltaire a pu dire de lui qu'il

Fut le meilleur sujet du plus juste des princes.

Il mourut à Soissons en 1611.

NOTE B. — *Page* 61.

## HARANGUE DU LÉGAT.

Voici la traduction de quelques passages de la *Harangue du légat* que Gillot a rédigés dans un italien bouffon qui vaut presque le latin du *Malade imaginaire*. Nous en devons la piquante traduction à la gracieuse obligeance de l'habile interprète d'Alfieri et de Pellico, M. Antoine de Latour :

« *In nomine Patris*, etc. Je me réjouis et me sens presque hors
» de moi (ô seigneurs et bourgeois plus catholiques que les Romains
» eux-mêmes) de vous voir ici rassemblés pour un sujet si grand
» et si catholique. Mais, d'autre part, je suis grandement aba-
» sourdi d'entendre tant d'opinions balourdes s'élever du milieu
» de vous autres ligueurs catholiques, et il me semble voir re-
» naître cette antique faction des *noirs* et des *blancs* : car les uns
» demandent blanc et les autres noir. Mais une seule chose me
» paroît nécessaire au salut de vos âmes : c'est de ne jamais parler
» de paix, moins encore d'y travailler, que tous les François ne
» soient morts à la façon des Macchabées, et ne se soient fait
» vaillamment occire comme Samson, écrasés et enterrés parmi
» les ruines de ce méchant paradis terrestre de France, pour
» jouir plus vite du repos immortel du paradis céleste. La guerre
» donc, la guerre, ô valeureux et magnifiques François! car chaque
» fois qu'il est question de paix ou qu'on parle de trêve avec ces
» sycophantes pendards d'hérétiques, j'aimerois autant que l'on
» me donnât un lavement avec de l'encre ; considérant d'ailleurs
» qu'il vaut beaucoup mieux pour la tranquillité de l'Italie et la
» sécurité du saint Siége apostolique, que les François et les
» Espagnols se fassent la guerre en France, ou véritablement en
» Flandre pour la religion ou la couronne, qu'en Italie pour
» Naples et Milan. Car, à vous dire la vérité, le très-saint père
» ne se met guère en peine de vos querelles, et de tout ce qui ne
» va pas à le dépouiller des annates et commendes, et autres ex-
» péditions qui se payent à Rome de votre or et de votre argent.
» Donnez vos âmes, si bon vous semble, à tous les diables d'enfer;
» il n'en a cure, pourvu toutefois que les *provendes* de Bretagne
» et l'antique révérence due à sa sainteté ne lui manquent pas.

» Tant plus grande et révérée sera sa sainteté, que vous autres
» pygmées serez petits et très petits, et ne me parlez plus de
» tant de biens, de tant d'honneurs que vos devanciers ont pro-
» digués au Saint-Siége apostolique, encore moins des richesses
» et des pays que les papes tiennent des bienfaits de Charlemagne
» et des rois de France, ses successeurs : tout cela c'est de l'his-
» toire ; les pardons que vous avez reçus en si peu d'années, les
» indulgences gratuites et les jubilés sont d'un bien autre prix.
» Suffit d'ailleurs que toutes les couronnes et tous les sceptres du
» monde sont dans la main de sa sainteté, et se peuvent, à son
» gré, changer, déplacer, enlever et rendre :

. . . . . . . . . . . . . . . . . .

» Mais j'allois oublier de vous faire savoir une excellente nou-
» velle que j'ai reçue de Rome, en toute hâte, par l'intermédiaire
» de Zamet ; c'est que sa sainteté excommunie, maudit, anathé-
» matise tous les cardinaux, archevêques, évêques, abbés,
» prêtres et moines qui tiennent pour le roi, si bons catholiques
» qu'ils soient. Et pour ne laisser aucune différence ni sujet de
» jalousie entre les Espagnols et les François, le très-saint père
» s'arrangera pour que les François aient les écrouelles, comme
» les Espagnols, et deviennent comme eux fanfarons et hableurs.
» De plus, indulgences plénières à tous bons catholiques lorrains
» ou espagnols-françois, qui tueront pères, frères, cousins, voi-
» sins, magistrats, princes du sang, politiques-hérétiques dans
» cette guerre chrétienne, jusqu'à concurrence de trois cent mille
» années de véritable pardon. Et ne craignez pas que le Saint-
» Esprit ne vous manque, car le saint Consistoire le fait des-
» cendre à volonté des bras de Dieu le père, comme vous savez
» que depuis bien des années il a pris le parti de n'élire aucun
» pape qui ne fût d'Espagne ou d'Italie. Enfin, faites-vous un roi,
» de grâce, pour l'amour de moi. Point ne me chaud qui vous
» prendrez, fût-ce le diable, pourvu qu'il soit serviteur et feu-
» dataire de sa sainteté et du roi catholique, par le moyen duquel
» j'ai été fait cardinal, grâce au bon duc de Parme. Je vous dirai
» bien que je donnerois volontiers ma voix à l'infante d'Espagne,
» parce que c'est une noble dame et que son père l'aime fort.
» Néanmoins vous ferez ce qui plaira à monseigneur le duc de
» Feria, et à *monsour lo loutenant*. Mais sur toutes choses, gardez-
» vous bien d'ouvrir la bouche pour parler de paix ou de trêve,

» autrement le sacré collége reniera le Christ. *Ego me vobis com-*
» *mendo iterum. Valete.* »

NOTE C. — *Page 68.*

## HARANGUE DE PELVÉ.

Nicolas de Pelvé naquit au château de Joui, en 1518. L'étude et l'enseignement du droit l'occupèrent dans sa jeunesse ; mais le cardinal de Lorraine, auquel il s'étoit attaché, lui procura l'évêché d'Amiens, en 1553. Bientôt il fut envoyé en Écosse, vers 1559, dans le but de ramener les hérétiques, et, à son retour, il obtint l'archevêché de Sens, en récompense de son zèle. Pelvé se déclara, dans le Concile de Trente, contre les libertés de l'église gallicane, et un séjour de vingt ans en Italie, ainsi que le chapeau de cardinal, qu'il reçut de Grégoire XIII, contribuèrent à exalter encore son zèle pour la cour de Rome. La Ligue le compta au nombre de ses champions les plus dévoués. En 1585, il souscrivit la bulle de Sixte V, qui déclaroit le roi de France et celui de Navarre indignes de la couronne. Ces deux princes, sur les remontrances du parlement, en appelèrent comme d'abus ; Henri III fit même saisir les bénéfices que le cardinal avoit en France. Pelvé vécut dès lors des bienfaits de la Ligue et du pape. Henri III lui accorda main-levée en 1587, mais cet acte de clémence ne put le réconcilier, et Pelvé, mis en possession de l'archevêché de Reims en 1592, tint dans cette ville une assemblée avec les princes de la Maison de Lorraine, et, peu de temps après, il fut élu chef du Conseil de la Ligue et président du clergé aux États. Il mourut dans l'impénitence politique, en 1594, à l'âge de soixante-seize ans.

NOTE D. — *Page 80.*

## HARANGUE DE M. DE LYON.

D'Espinac, doyen de l'église de Lyon et archevêque de cette ville, eut, au seizième siècle, la réputation d'un homme éloquent et spirituel. Ses harangues, aux assemblées du clergé de France, obtinrent un grand succès, et sa réputation d'orateur habile le fit choisir pour chef de la députation des catholiques à la célèbre Conférence de Suresne. Espinac, dont l'ambition étoit fort éveillée, souhaitoit vivement le chapeau de cardinal. Henri III promit de le demander pour lui, mais la promesse ne reçut pas son exécution. Espinac, par dépit, se jeta dans le parti des Guise, et comme son irritation alloit toujours croissant, le roi le fit arrêter avec le cardinal de Lorraine, en 1588, et il est probable que, sans la protection d'Edmond de Malain, son neveu, qui étoit auprès du roi, la Ligue eût inscrit un nouveau nom, dans son *Martyrologe*, auprès de celui des Guise. La clémence ne le corrigea point cependant. Il intrigua avec une nouvelle colère, pour conserver Lyon au duc de Mayenne, et il garda jusqu'au dernier moment de sa vie toute la vivacité de ses haines politiques. L'on assure même que sa mort fut causée par la douleur qu'il éprouva de voir, par la réduction de Paris, Henri IV maître du royaume.

D'Espinac a laissé une Exhortation au peuple de Lyon, un bréviaire à l'usage de son diocèse, et des poésies françaises qui n'ont point été imprimées.

---

NOTE E. — *Page 94.*

## HARANGUE DE M. ROSE.

Guillaume Rose, que Bayle appelle *le plus enragé ligueur de France*, était né à Chaumont. Entré fort jeune au collége de Navarre, il ne tarda point à se faire une grande réputation dans les chaires de Paris, et le roi, charmé par la facilité de son élocution, le nomma son prédicateur ordinaire. En 1583, Rose fut appelé à l'évêché de Senlis; sa conduite, dans son diocèse, fut d'abord assez modérée; mais bientôt il se jeta dans les déclamations les plus violentes, afin d'arriver au Conseil de l'Union. Il oublia vite, lorsqu'il y fut appelé, les bienfaits qu'il avoit reçus du roi, et l'exagération de ses opinions l'entraîna jusqu'à dire que tous ceux qui entreroient dans la Ligue seroient sauvés après leur mort et pour jamais bienheureux, alors même qu'ils auroient tué père, mère, frère, sœur, et commis toute sorte d'atrocités. Les ligueurs accueillirent avec enthousiasme ces doctrines impies. « Quelle est cette rose? disoit-on dans divers latins composés en l'honneur de l'évêque de Senlis; c'est la rose des rois, la rose des princes, la rose des théologiens, rose que l'envie des hérétiques ne sauroit faner, rose dont les tempêtes qui agitent l'Église ne pourroient disperser les feuilles. » L'évêque de Senlis porta dans les chaires de Paris les mêmes exagérations, les mêmes colères, et il fut accueilli par les partisans de l'Union avec la plus grande faveur. On le trouve à cette triste époque mêlé à tous les excès; la veille même de la prise de Paris par Henri IV, il annonçoit encore qu'il alloit prêcher une huitaine pour *parfaire le procès au Béarnais*. Henri IV lui pardonna cependant, et lui rendit son évêché; mais le fougueux ligueur n'étoit point converti, il se permit contre le roi de violentes attaques, et, le 5 septembre 1598, il fut condamné par le parlement à faire amende honorable debout et tête nue en présence des chambres réunies et des gens du roi. Cet arrêt le frappa d'impuissance, et il retourna à Senlis, où il mourut en 1602.

On lui a attribué à tort le fameux libelle intitulé : *De justa reipublicæ christianæ in reges impios et hæreticos auctoritate* (Paris, 1590, in-8°, Anvers, 1592).

---

NOTE F. — *Page* 120.

## HARANGUE DE D'AUBRAY.

Claude d'Aubray, ancien prévôt des marchands et secrétaire du roi, étoit regardé comme le chef des *Politiques* à Paris. Habile, actif, courageux, il déploya mille ressources pour fortifier son

parti. Lutte persistante contre les Seize; démarches auprès de madame de Nemours pour la disposer à la paix; correspondance continuelle avec les hommes éminents de son opinion, entre autres les Seguier, rien ne coûtoit à son zèle. Aussi les zélés de l'Union voyoient-ils dans d'Aubray leur ennemi le plus dangereux. C'est pour cela que dans le *Dialogue du Maheustre et du Manant* il est traité avec tant d'aigreur: « C'est, y est-il dit, un homme per-
» fide, couart, et cruel, venu d'un petit teinturier, premier
» métier de son père, lequel enfin avoit amassé des biens qui
» n'avoient servi qu'à enfler le ventre à des enfants nourris en
» usure et en rapines. »

FIN DES NOTES.

# TABLE.

Avertissement de l'éditeur. . . . . . . . . . . . . . . . ı
NOTICE PRÉLIMINAIRE. . . . . . . . . . . . . . . ııı
Avis de l'imprimeur mis en tête des premières éditions. xxxııı

## SATYRE MÉNIPPÉE.

La vertu du Catholicon et avant-propos du lecteur catholique zelé. . . . . . . . . . . . . . . . . . . . . . . . . 1
Abrégé des Estats de Paris. . . . . . . . . . . . . . . . 13
Les pièces de tapisserie, dont la salle des Estats fut tendue. 20
De l'ordre tenu pour les séances. . . . . . . . . . . . . 35
Harangue de monsieur le lieutenant. . . . . . . . . . . 40
Harangue de monsieur le légat. . . . . . . . . . . . . . 61
Harangue de monsieur le cardinal de Pelvé. . . . . . . 68
Harangue de monsieur de Lyon. . . . . . . . . . . . . 80
Harangue de monsieur le recteur Roze. . . . . . . . . . 94
Harangue du sieur de Rieux, sieur de Pierrefont, pour la noblesse de l'Union. . . . . . . . . . . . . . . . . . . . 115
Harangue de monsieur d'Aubray pour le tiers-estat. . . . 126
Epistre du sieur d'Engoulevent. . . . . . . . . . . . . . 243
Épigrammes latines et françoises. . . . . . . . . . . . 246
A madamoiselle ma commère sur le trespas de son asne. Regret funèbre. . . . . . . . . . . . . . . . . . . . . 267
Discours de l'imprimeur. . . . . . . . . . . . . . . . . 272

## PIÈCES JUSTIFICATIVES.

Supplément au Catholicon, ou Nouvelles des régions de la lune. . . . . . . . . . . . . . . . . . . . . . . . . 293
Les Singeries de la Ligue, par Jean de la Taille. . . . . 371
Notes. . . . . . . . . . . . . . . . . . . . . . . . . . . . 395

www.ingramcontent.com/pod-product-compliance
Lightning Source LLC
Chambersburg PA
CBHW071114230426
43666CB00009B/1957